雪廬居士

佛學思想暨行述研究

許淑華 著

序 一

　　吾師雪廬老人一生為法忘軀，自浮海渡台，即儒佛兼弘，興辦各種文教慈善事業，於佛法廣演五時教典，深知末法眾生根鈍，使自力了生死，恐皆絕分無望，遂以淨土為導歸，發願鯤島遍傳彌陀名號。

　　蓋淨土一門廣大無邊，三根普被，利鈍全收，根利如普賢、文殊、善財等菩薩，皆導歸極樂，以圓滿菩提；根鈍者，如吾輩生死凡夫，但具足信願，臨終心不顛倒，縱未能斷惑，亦蒙佛接引，剎那頃，即登蓮邦淨域，橫超五濁，了分段生死，雖為俱縛凡夫，卻已例同等覺，一生補處。

　　老人見此等利益，每每苦口婆心，特以拈示《彌陀經》乃世尊親口宣說，無問自答，末後十方諸佛齊作證明，誠如蕅益祖師《要解》所云：「此皆教網所不能收，剎網所不能例。」又云：「當知吾人大事因緣，同居一關，最難透脫。唯極樂同居，超出十方同居之外。了此，方能深信彌陀願力。信佛力，方能深信名號功德。信持名，方能深信吾人心性本不可思議也。具此深信，方能發大願。」倘十方諸佛現前證明，吾輩凡夫仍未能深信乃至信受奉行，非愚即狂！

　　老人為破邪見魔軍，闡明正法，特著《彌陀義蘊》以申明佛旨，以三根普被之絕妙文章為文法奇特處，復以三根普被利鈍全收之教法為法門奇特處，不可等閒視之。復於六塵說法，特示兩土欣厭之觀，別顯隨文入觀之功，以示經文字字句句，皆法華奧髓，華嚴秘

藏。老人特重日用平常，一心不亂之功，並以持名時六方諸佛頓現，理事皆備，持一佛名即已於無量千萬佛所植善根，獲不可思議功德，何待往生淨域，方遊歷諸佛國，種諸善乎？

　　雪門再傳弟子淑華此作，將老人一生之事功及佛學思想，闡述詳盡，可謂理事兼備，文富義豐。老人往生二十週年，正值此書付梓之際，囑為之序，意義非凡，勉為此文，以為隨喜云爾。

志道　**連淑美**　謹識

民國九十五年歲次丙戌仲夏

序　二

　　淑華學長示後學以其研究成果，題為「雪廬居士佛學思想暨行述研究」命為之序。追想當年同預慈光法會，親聆老人大鼓法螺之演音，不覺時光荏苒，太老師已示寂二十年矣。

　　回顧老人一生以弘揚佛法，化導人心，轉移社會污俗為職志。尤於世間、出世間二法皆能兼融並蓄。其對在家居士常示以：「白衣學佛不離世法，必須敦倫盡分，處世不忘菩提，要在行解相應」，欲藉此以消除大眾對於佛法乃消極出世之錯誤觀點，實大有功於今日佛教也。

　　後學有幸蒙雪公太老恩師之澤化，至今始知興辦一弘護正法之事業，實非易易。觀太老師一生，創辦台中佛教蓮社、菩提仁愛之家、慈光育幼院；興建慈光圖書館，舉辦兒童德育週、國學啟蒙班、大專佛學講座、內典研究班；成立社教科、念佛班、助念團、佈教所等機構與事業。其悲心之深，願力之弘，誠所謂一心度眾，為法忘身也。

　　淑華學長此論文，將太老師一生弘化事業詳為敘述，且深契其深弘悲願；讀之不啻為頂門神針，令魯鈍如後學，歷事而忘卻練心，行解不能相應者，重拾疏忽已久之菩提心也。普願讀是著作者，深體雪公之弘法護教精神，並進而效法之，以喚起社會大眾之良知良能；立住人格，匡正社會風氣；同發菩提心，普作往生資糧。是為序。

弘明實驗學校校長　張宏儒

民國九十五年六月

序　三

　　雪廬居士乃佛教界巨擘，一生弘護正法，興辦各類文教慈益事業，對於宗教及社會安定，貢獻良多。於近代中國佛教史上，論其事功之影響及佛教思想之弘演，少有能出其右者，故知居士於佛教史上地位至要，惟多被定位為宗教界之大德。對於居士一生思想及事功之研究，雖有不少論述，然多未能標明其思想體系，且鮮有將事功與思想做一貫串者，使得居士之思想價值與其行為實踐，無由呈現完整而富系統性之全貌；再加以居士一生著作等身，尚未出版者仍不在少數，倘非長期親炙居士，聆聽演音，要能入手即掌握居士思想主軸及其價值與貢獻，恐非易事；若此，對於居士未竟景仰之心，惟居士之佛學思想及其事功之影響與貢獻，皆深具學術探討價值，卻未能廣弘於海內外學界，於居士度生本懷，猶未圓滿。

　　觀淑華學長（以下簡稱學長）之論文，再三研讀，覺其多能盡廬山面目之勢，僅略舉數條說明：首先，釐清雪廬居士一生以弘揚佛家思想為主體；再者，居士雖功在淨土，亦密護諸宗，此見於居士之佛學總體觀。第三，居士除專宗弘揚淨土外，亦廣弘三藏教，法法皆指歸淨土，俾居士弘揚淨土旨趣，更加明朗化。第四，以「啟發菩提覺性」詮釋「廣學三藏教」；以「引領涅槃解脫」詮釋「不改彌陀行」。開顯居士之行止，深合佛陀度生本懷，誠屬創見。

　　學長論文之特色，除將居士之佛學思想及行述體系化外，另一為科判表解化。尤於各章結尾處，列以科判表解，使得各核心思想間之橫豎聯繫關係，一目了然，此鮮少見於一般論文中，誠為體例

之創舉。雪廬居士一生講經度眾，皆做科判表解，而學長亦能仿而效之，不愧為居士之再傳弟子。

　　末後，於此論文完成付梓之際，遙想學長寫作過程，必定嘔心瀝血，艱難重重，復以工作繁忙，時間逼迫，竟能克盡全功，寧非雪廬居士神力加被乎？遂為之序，以表讚歎隨喜。並祈三寶加被，以廣弘雪廬居士之度生悲願於學界。

　　　　　　　　　　　　　　三寶弟子　賴國誠　敬識
　　　　　　　　　　　　　　民國九十五年七月一日

自　序

　　本研究定題為「雪廬居士佛學思想暨行述研究」。其動機可以追溯至大學時代，參加輔仁大學大千佛學社，研討《佛學十四講表》、《唯識簡介》、《百法明門論》、《般若波羅蜜多心經》、《佛說阿彌陀經》等課程；且每年寒暑假，參加居士所創辦之明倫講座未嘗間斷，乃至親聆居士晚年之講學。大學畢業後，就讀中興大學中文研究所，仍醉心於佛學領域之探究，故畢業論文即以《彌陀淨土研究——以淨土五經為線索》作為主題。

　　為深入探究佛學課題，碩班畢業後即進入明倫書院，修習《天台》、《唯識》、《淨土》等課程，共計四年。後雖於輔仁大學中文博士班就讀，卻仍留心於佛學。為能擴展研究領域與方法，充實日後佛學之研究，博論乃改以《史記》作為研究主題。其間並於輔仁大學大千佛學社授課，如《唯識簡介》、《百法明門論》等。博班畢業後，任教於明道管理學院中文系，除講授《文字學》、《史記》等課程外，於通識教育中心並開有「菩提人生」、「佛學與人生」等佛學課程。課餘也在弘明書院義務講授《佛學概要》、《淨土五經》、《唯識簡介》、《百法明門論》等科目。除講授外，在期刊與學術研討會中，亦嘗試發表佛學類之學術論文，多年來，可說一直依傍著佛學研究範疇，不敢一日或離。

　　由於早年學佛深受老人影響，多年來卻未能對老人的思想與行述事蹟有全盤性了解；又晚近學界雖不乏對於老人學行的研究與論著，惜多未能盡廬山全貌。因此，在弘明書院連院長的鼓勵下，淑

華便嘗試蒐集與整理。由於雪廬居士著作等身且行深願廣，要能掌握綱要，實非易事。因之多次萌生放棄之念，幸賴連院長及張宏儒等諸位師兄的鼓勵與協助，方盡其功。其中陳雍澤老師大著《雪廬老人儒佛融會思想研究》的出版，更提供了直接與寶貴的資料。本論文付梓之際，正值雪廬老人往生二十週年，謹以此研究，紀念老人為法忘軀之精神，與普施法乳之深恩於萬一，也盼望此研究能於愛好雪廬居士佛學思想者有所助益。

許淑華　於明道管理學院中文系謹誌
民國九十五年七月三日

目次

第一章
緒論

第一節 研究動機與目的

一、研究動機

近代中國佛教史上，雪廬居士可以說是居家學佛之典範，由其一生之行誼及貢獻檢視，除公務時輔弼孔子奉祀官府外，於大陸期間即隨緣弘法，辦理通俗教育；於莒縣時，抗賊安民，德化獄囚；六十歲（1949）浮海來台，大暢度眾本懷，創建台中佛教蓮社、設立各處佈教所、成立念佛會及助念團，設立慈光圖書館、辦理菩提醫院、菩提救濟院、慈光育幼院等機構；又辦理啟蒙教育、國文補習教育、論語講習班、大專佛學講座，成立明倫社、社教科等社會文化教育事業，並推動空中弘法，成立明倫廣播節目供應社，製作蓮友之聲、中華文化、教育漫談等電台弘法，發行《明倫》月刊等。居士來台三十幾載，一般人在居士之齡，早已於家中安養天年，含飴弄孫，豈料居士效法天行健君子自強不息之精神，捨己弘法利生，大吹法螺，令人仰慕不已，遂興研究居士之思想與行述之動機，以為吾人學習之圭臬，此其一。

再者，雪廬居士之行誼風範照耀千古，至今仍「未減清光照」，其貢獻及影響自不待說。今或有學者為文專論，然觀諸學者所言：

有偏於部分思想者，如僅言其儒家思想、或僅探究其佛學思想，縱有揉合二家之說，或流於淺析廣論，或未能聚焦闡述；有偏於居士一生行誼者，如僅羅列其事功、或僅談生活行誼點滴等，凡此種種，惜未能深入雪廬居士之思想精髓，迺至全面觀照，故難突顯居士思想之時代價值，又恐後生無緣接觸居士德風者，崇敬之心況且難起，遑論能繼而紹隆佛種，如此，居士示現之悲願，恐將如荒煙蔓草，漸為人所淡忘，竟成歷史遺跡，豈不可惜！此為研究動機之二。

其三，雪廬居士一生自行化他，實以「廣學三藏教，不改彌陀行」為宗旨，慧眼獨具。後有繼之者單以廣學三藏教為居士之解門功夫，以不改彌陀行為其行門功夫，乍看似亦合理；然僅以此說審視居士一生弘化事功，畢竟未能透徹其深符佛陀悲願本懷之幽微，故僅守此解，則於居士慈悲濟世之弦外音，仍未大明，故作此研究。

其四，居士一生儒佛兼弘，不明者或以為居士僅是儒家學者，乃至以《論語》之說為其一生言行終極標竿，然考索居士一生，不唯大興法雨，普潤眾生，所倡所弘，終歸離苦得樂了生脫死之說，此於前說似有不合者在！故思：居士弘揚儒家思想與弘揚佛法間之關聯性為何？又居士一生行誼與弘化事功，其精髓旨趣為何？何故能在晚年仍孜孜不倦，為法忘軀，如其〈殘燭〉一詩所云：「未改心腸熱，全憐暗路人，但能光照遠，不惜自焚身。」其用心如〈時計鐘〉所說：「警眾太殷勤，曾無間寸陰，幾人長夜醒，不負轉輪心。」一生警眾太殷勤，只求不負轉輪心，其道理何在？於種種疑惑推波助瀾下，興此研究動機。

二、研究目的

在近代中國佛教史上，雪廬居士可說以一介白衣，再次中興佛教法運，其遺風至今仍為人稱頌。承前研究動機，進一步擬出本論文之研究目的：

(一) 雪廬居士一生講演佛家經典，其旨趣為何？實是吾人至為關心之處。隋天台智者大師以五時判教，使佛陀教典義理大明，倘仿此法，將雪廬居士一生弘演教典判釋，予以系統式分析，將可以客觀而又全面性地理解居士一生講經歸趣，以解答其弘演目的究歸何處之疑。

(二) 雪廬居士其淨土念佛所提倡之思想為何？特色為何？對於帶業往生與消業往生之爭執，居士如何以教理融通，並導歸正見，皆為近代佛教史之大事，佛法雖不強調論諍，然不得已而辯，卻能使真理愈見明白，欲解諸惑，詳究居士對於「業」之看法，實屬必要。

(三) 雪廬居士一生以「廣學三藏教，不改彌陀行」為自行化他之目的。就廣學三藏教其目的為何？僅止為解門乎？不改彌陀行目的為何，僅止於行門乎？與佛陀教法之關聯為何？依此目的，所行之事功，如文教事業、社會慈益事業，彼此應如何聯繫？又廣學三藏教與居士平生所弘揚之儒教有何關聯？儒佛二家如何相融？如何安置？如何表現？廣泛言之，居士之貢獻與影響為何？解諸眾疑，皆是本文研究目的所在。

第二節　研究範圍、大綱與方法

一、研究範圍

　　雪廬居士為當代佛門巨擘，學問淵博，著作等身，舉凡佛學、儒學、詩學、醫學等範疇，不僅涉獵，且多有專著傳世。本論文主要研究居士之佛學思想及行述，故以其佛學著作為基本文獻，詳如本論文第二章「雪廬居士生平與著作」之第三節「佛學重要著作述要」所列為主，其他學門，如見青蓮出版社所出版之《李炳南老居士全集》之儒學類、詩文類、遺墨類、醫學類等資料為輔。此外，凡刊載於《覺生》、《菩提樹》、《明倫》等刊物之居士論述，皆徵引為第一手資料。

二、研究大綱

第一章　緒論
　　第一節　研究動機與目的
　　第二節　研究範圍、大綱與方法
　　第三節　前人相關研究評述
　　第四節　預期成果
第二章　雪廬居士生平與著作
　　第一節　時代思想背景
　　　　一、清末民初的政治背景
　　　　二、東西衝擊的文化因素
　　　　三、台灣光復前後的佛教
　　　　四、學佛思想的淵源傳授
　　　　五、小結
　　第二節　學佛背景及弘化事蹟
　　　　一、蘊育期
　　　　二、奠基期

三、研究方法

本論文之研究方法，各章節不一，分述如下：

第二章「雪廬居士生平與著作」之第一節「時代思想背景」，主要採文獻分析及歷史考察法，藉以了解居士生處年代之社會背景及思潮，如此方能探究居士接觸佛法之時機。又於第二節「學佛背景及弘化事蹟」一文，除以文獻分析及歷史考察方式外，亦採歸納法，尤於「淬鍊期」，特將居士之年表，於此一時期之各類弘化形式，分門別類歸納，則可以見其梗概。至於第三節「佛學重要著作述要」，主要採文獻分析法，將居士於佛學之重要著作，依釋題、緣起、大義、特色四點分別析述，如此可見居士為文之因緣、旨趣，便利往後之探析考究。

第三章「雪廬居士的佛學思想」，主要先採歸類法，將居士一生所講之所有經典做一歸類，並引入天台宗智者大師之五時判教法，以歸納所講之經典屬於何時，並依五時判教之特性，再檢視淨土典籍之特色，與該期講說之契合度，如此便可知雪廬居士所講之五時教典指歸淨土之情形。其次，以居士親筆之《佛學問答》所論教下宗門情況，分析其「密護諸宗」之苦心孤詣。

第四章「雪廬居士的淨土思想─兼破邪說」部份，主要採文獻分析法，並探究原典，以詮釋居士對於淨土要義及淨土法門殊勝處之見解，此外，特就居士對於《佛說阿彌陀經》之義蘊多有闡發，擬以歸類法，表列其要。至於對消業往生之商兌，則探究原典教理，加以分析探討，藉以突顯其謬誤。

第五章「雪廬居士一生行誼及其貢獻」：於前兩節之論理部分，採文獻分析法，並以中國哲學思想史及佛教唯識學為範疇探究之；

至於前兩節之興辦文教事業及社會慈善事業，則採文獻分析法，且
將較具代表性之事業機構陳述說明之。至於第三節乃就前兩節之事
行抽繹歸納，以明居士一生之重大貢獻及影響。

　　為求更精要掌握各章重點，擬於各章之文末，將該章之重點歸
納濃縮成一表解，便於讀者一清眼目，能迅速掌握雪廬居士之佛學
思想及行述重點。

第三節　前人相關研究評述

　　本論文旨在研究雪廬居士之佛學思想及行述探討，因此，就論
文結構上，主要分為兩大部分：第一為佛學思想之探討，第二部分
則為行述之探討。觀雪廬居士一生，主體以弘揚佛法為主軸；至於
儒家學問，則以做人處世及倫常觀為主，旨在把握「立住人格為學
佛基礎」以學習孔聖人之思想，並旁及《禮記》等相關禮教之問題
為輔助，並不多闢專題探討儒家思想之流變、諸子學思想等問題，
並以五乘佛法來統攝儒家之思想，使儒佛成為一個系統。就雪廬居
士一生之著作，已被整理出者，幾乎以佛學為主流，如佛學類包括：
《阿彌陀經接蒙義蘊合刊》、《華嚴經講述表解》、《講經表解》、《大
專佛學講座初級教材》、《弘護小品彙存》、《佛學問答類編》、《佛說
四十二章經表注講義》、《無量壽平等覺經眉批》、《修學法要》、《修
學法要續編》、《雪廬述學語錄》、《雪廬老人淨土選輯》、《聽經筆記》
等，次之以儒學類，包括《論語講要》、《禮記選講》、《曲禮選讀講
述筆記》、《大學中庸講述筆記》、《常禮舉要》等為輔，另一類則為

詩文類，包括：《詩階述唐》、《雪廬詩集》、《雪廬寓臺文存》等，其他尚包括少數之醫學類、遺墨類、書牘類之著作。其中詩文類，除了《詩階述唐》、《雪廬詩集》等為詩之專論或創作外，《雪廬寓臺文存》多為短篇之佛學專論，因此可看出居士一生以弘揚佛法為宗旨之用心。至於第二部分則為雪廬居士之行述研究，檢視居士一生行述，主要在實踐其所秉持之理念。其一生以「廣學三藏教，不改彌陀行」信念自行化他，細究之，廣學三藏教，乃為啟發菩提覺性，不改彌陀行，實為趨入涅槃妙境，合此二者方契佛陀出世度生之本懷。掌握上述兩個部分，方能得出雪廬居士一生之佛學思想與行述之全貌。

就雪廬居士佛學思想之總體觀，主要可參考吳思飛居士〈廣學三藏教不改彌陀行──雪廬老人對佛教八宗的看法〉[1]一文，作者憶述雪廬居士對「大乘八宗的觀點」之所見所聞，從雪廬居士早年學習唯識、禪宗、密宗、淨土，到後來雖專弘淨土，卻不廢棄或排斥他宗，教演天臺、唯識、華嚴、般若，嚴持戒律、專修淨業、兼或持咒觀想，皆是稟持「廣學三藏教，不改彌陀行」之根本宗旨，行解相應，以淨土為會歸。一生講經說法，弘法護教，一概以此自行化他。故知「廣學三藏教，不改彌陀行」，實為居士一生最精當之寫照。惟吳文以問答方式申述，無法觸及三藏教典如何指歸淨土修行，又對於居士如何詮釋彌陀行，均難發揮，尤為可惜。

就雪廬居士如何將三藏教典指歸淨土法門，主要有連淑美居士〈廣弘三藏教指歸彌陀行──雪廬老人講經與修行歸趣探析〉[2]一

---

[1]　《明倫月刊》，306 期，2000.7.8.

[2]　《紀念李炳南教授往生 20 週年學術研討會論文》，台中：國立中興大學中國文學系，2006.4.，頁 1~25.

文作深入探討。本文綜觀雪廬居士在臺弘化近四十年間，所宣講之
經典，以天台別五時加以分判，發現雪廬居士四十年來所講教典，
遍及經、律、論三藏，貫攝華嚴、阿含、方等、般若、法華涅槃等
五時；而此五時經典演示中，雪廬居士皆處處指歸淨土：華嚴時，
如講《華嚴經》即是大部《彌陀經》、《彌陀經》即是小部《華嚴經》；
阿含時，以四阿含通說無常苦空之理，明世間因果善惡之理，乃為
淨業助功；方等時，彈斥偏真小乘，讚歎圓滿大乘，令眾生安住眾
相，圓顯淨德，以淨土亦令眾生立相住心；般若時，蕩滌執情，破
除虛妄眾相，以顯發真性淨德，而淨土經典無非要令眾生顯發性
德；法華涅槃時，開權顯實，以是心作佛是心是佛之理，闡發成佛
之極致，然西方極樂亦是成佛極致，此迺雪廬居士深明釋迦牟尼佛
一代教化之權實密意，而能圓轉法輪，無所障礙。雪廬居士一生不
論自行或化他，皆以「廣弘三藏教，指歸彌陀行」作為行解歸趣，
連文實為一創舉，將雪廬居士廣弘三藏教與彌陀行相結合，方能使
理事圓融，不致有雙頭馬車之惑。惟作者限於篇幅，於指歸彌陀行
部分較簡略，相較於五時經典指歸淨土部分，有頭重腳輕之勢，因
此若可以此文為架構，繼續充實勻稱其內容，相信更可見雪廬居士
一生弘法之旨趣。

　　就雪廬居士淨土思想部分，主要有吳聰敏居士〈寶島遍栽九品
蓮——由《佛說阿彌陀經義蘊》管窺雪廬老人的淨土思想〉[3]、鳥
慚〈雪廬老人的淨土思想〉[4]、陳雍澤居士《雪廬老人儒佛融會思

---

[3]　《紀念李炳南教授往生 20 週年學術研討會論文》，台中：國立中興大學中
　　國文學系，2006.4.，頁 162~184.
[4]　《明倫月刊》，263、264、265 期，1996.4.、5.、6.

想》[5]等，其中吳文〈寶島遍栽九品蓮──由《佛說阿彌陀經義蘊》管窺雪廬老人的淨土思想〉，首先將雪廬居士修學佛法的經歷略分：蘊育期、奠基期、抉擇期、淬鍊期、圓熟期等五個階段，並說明各期之特色，以及抉擇淨土之關鍵。此亦分類之創舉，可作為本論文生平事蹟之架構。惟限篇幅所囿，僅稍加描述，未能從其生平抽絲剝繭，歸納居士各期之學佛歷程，以及該期之弘化目標及過程，頗有「點到為止」之憾。此外，作者特別拈出《佛說阿彌陀經義蘊》一書申述教典之創見，從文法上論，《佛說阿彌陀經》文題相副，純粹佛語；前呼後應，文理周密；兩大綱領，脈絡貫通；事例相類，分別較量，是所謂「深者見深，淺者見淺」三根普被之絕妙好文。從教法上論，《佛說阿彌陀經》將淨土法門擴大，利鈍全收；難信之法，無問自說；兩土世尊，激揚欣厭；門餘大道，弘傳無盡等殊勝特別和盤托出。從行持上論，針對當前眾生之根性，痛下鍼砭。在慧行方面，解釋諸多疑惑以增強信願；在行行方面，配合世俗日用生活，執持憶念，增進三昧。綜觀全文，對於《佛說阿彌陀經義蘊》剖析深入，對於了解雪廬居士抉擇淨土知見、對於佛法理解與實踐，吳文可謂極具價值。此皆為雪廬居士對於淨土教典從古以來之新解，惟限篇幅，僅重點式分析，未能地毯式蒐羅析述，使雪廬居士之淨土創見得以全彰，令人扼腕。

　　對於淨土思想之要義，為居士所提倡者，可見鳥慚〈雪廬老人的淨土思想〉一文，本文闡述雪廬居士淨土思想之建立，除了時代因緣外，主要受到淨土宗印光大師的啟發與自我深入佛法的體證；而其淨土思想大要略為八點：（一）華嚴導歸：華嚴圓頓大法，專

---

[5]　《雪廬老人儒佛融會思想》，台中：青蓮出版社，2006.4.

明一生成佛之理，非法身大士能領悟，於是全經之末，即以行願品的十大願王導歸極樂，作為歸頂結穴一生成佛的下手處，所以「華嚴是大本彌陀，彌陀是小本華嚴」；（二）帶業往生：彌陀願力弘大不可思議，凡夫眾生雖未斷惑，若得伏（見思）惑，即可蒙佛接引往生；（三）當生成就：淨土求當生成就，絕不是自了漢的作風，而是志在千秋萬世迴入娑婆、廣度含識的大人胸襟；（四）但念無常：世間真相，即是「無常」，因念無常，而求出離，是入道要門；（五）常行三事：倡導「時時懺悔、時時隨喜、時時迴向」三事，作為淨業助功；（六）敦倫盡分：奉行「做人是成佛的根本」，善盡倫常之道，誠以自處，敬以治事，仁厚以待人；（七）專持佛名：倡導專一持名，不勞作觀；（八）法有對治：對一般知識分子，藉由學理研究的輔助，念佛才能有個入處。以上八條：（一）華嚴導歸，是立信之大宗；（二）帶業往生，是信佛力之可依賴；（三）當生成就，是信自力不可仗恃。前三條是依時代環境，堅定信眾的信心不受惑動，可總括為「信」。（四）但念無常，旨在引出欣厭之心；（五）常行三事，不出十願。（四）、（五）兩條可總括為「願」。（六）敦倫盡分，是助行；（七）專持佛名，是正行，這兩條正助雙修，合為「行」。前來七條，是淨土三資糧—信、願、行。第八條是說明雪廬居士度眾之善巧方便，所謂「法無定法」，因應時節因緣的需要而施設不同。由此思想，付諸於實踐：在自行方面，早晚二課不斷以求「定」，隨時憶念以求「熟」；在化他方面，講經弘法，處處指歸；集眾念佛，自護助他。最後臨終現瑞，往生有徵，足為淨土驗證。藉由本文，對於雪廬居士淨土思想的形成、淨土思想的大要、以及淨土思想的實踐與驗證，得到一完整簡要的輪廓，對於以信願行、正助雙修來歸納居士對於淨土之知見，頗具參考價值。

　　就淨土法門殊勝處，為雪廬居士特別提倡者，可以參見陳雍澤居士《雪廬老人儒佛融會思想》一文，作者提出當生成就二次橫超、不經回向直登佛地、立相住心伏惑往生、以果為因、蓮胎斷惑之殊勝特色。考此實引自雪廬居士〈新元講席貢言〉為架構而發揮，極具參考價值；然雪廬居士曾點示淨土法門三特別處：先離輪迴而後證果、不經次第橫超三界、不能自去如來接引等三處，作者較少著墨，實是陳文可再增補與發揮之處。

　　就淨土法門之弘揚歷程，曾引發「消業往生」一案，激起一波旋風，對於此一公案，雪廬居士受弟子祈請曾特別為文析辨之，有釋祥雲《帶業往生與消業往生》[6]一書，載明贊成帶業往生與消業往生兩派之說法，惟雪廬居士斬釘截鐵，以淨土法門之特色在於帶業往生，唯佛業盡情空，即便等覺菩薩亦帶業駁斥之，於此陳雍澤居士《雪廬老人儒佛融會思想》一文，引述經典及歷代古德之看法申論之，並歸結雪廬居士〈新元講席貢言〉之說，先釋業之定義，並申論斷惑之難易。惟居士特申論「下等動物，不能皆知事理一心，必然帶業，否則不曰三根普被。」、「若不帶業往生，何有凡聖同居土？」、「各家注經，不離本宗，然各有方便，殊途同歸。」於陳文未加援引申論，於帶業往生一說之論據略顯單薄。

　　就雪廬居士一生行誼及貢獻而言，主要仍扣緊其「廣學三藏教，不改彌陀行」之信念，其一生以廣學三藏教為自利弘法之目標，由此把握立住人格為學佛基礎，故弘揚儒學，以儒佛同源為根本，並以外儒內佛為行儀，藉此化導人心，而以學佛求解脫為終極目標，以此理念而辦理各類文教事業，以啟迪菩提覺性。就不改彌陀

---

[6]　《帶業往生與消業往生》，台北：天華出版社，1983.

行而言，除自行外，亦倡導戒殺放生、深信因果之觀念，以此為解脫正因，並以持名念佛為正行，而以興辦社會慈善事業為助行，此即眾善奉行之表現。循此線索，即可掌握雪廬居士一生行誼之旨趣，方不致霧裡看花，缺乏思想理念之連貫。

就居士一生行誼及貢獻而言，探討儒佛同源說者，有陳雍澤居士《雪廬老人儒佛融會思想》一文。探究外儒內佛說者，有吳聰敏居士〈雪廬老人學術思想與貢獻〉[7]、吳希仁居士〈憶—雪公恩師內佛外儒的風範〉[8]、陳雍澤居士《雪廬老人儒佛融會思想》等。就深信因果言，主要有陳雍澤居士《雪廬老人儒佛融會思想》等。探討雪廬居士興辦文教與社會慈善事業及其貢獻者，計有于凌波〈雪廬老人李炳南〉[9]、朱斐〈炳公老師與我—兼述台中早期建社弘法的經過〉[10]、闞正宗〈李炳南居士與台中佛教蓮社〉[11]、劉靜宜〈雪廬老人儒佛教化事業探述〉[12]、吳麗娜《李雪廬炳南先生研究》[13]、陳雍澤居士《雪廬老人儒佛融會思想》等。

就儒佛同源說而言，陳雍澤居士《雪廬老人儒佛融會思想》一文，於「雪廬老人儒佛融會思想特色」一節中，立一小節專門探討儒佛同源思想，從歷來古德儒佛同源思想論述，直至雪廬老人承繼

---

[7] 《明倫月刊》，267、268、269 期，1996.9.、10.、11.

[8] 〈雪公恩師逝世十週年紀念集〉，《明倫月刊》，263 期，1996.4.

[9] 《李炳南居士與台灣佛教》，台中：財團法人台中市李炳南居士紀念文教基金會，1995.10.

[10] 《朱斐居士文集》，台北：慧炬出版社，1991.12.

[11] 〈李炳南居士與台中佛教蓮社〉，《1949 年之後台灣佛教的區域性格——以李炳南與台中佛教為例》，2002.

[12] 《紀念李炳南教授往生 20 週年學術研討會論文》，台中：國立中興大學中國文學系，2006.4.，頁 134~159.

[13] 《李雪廬炳南先生研究》，台中：國立中興大學中國文學系碩士論文，1997.7.

印祖思想為止，次序井然，惟作者尚未就中國哲學史上三教同源之思想作更深入探究，是美中不足之處。

就外儒內佛說而言，有吳聰敏居士〈雪廬老人學術思想與貢獻〉一文，就思想指歸，歸納出居士有八點立身行道之準則：（一）儒佛兼修、內佛外儒；（二）博涉各家，折衷孔子；（三）博學於文，約行以禮；（四）諸宗並弘、淨土為歸；（五）專乎持名、正助雙修；（六）帶業往生，當生成就；（七）人格為基，成佛為的；（八）懷出世心，興入世業。其中第一點即論述外儒內佛，為求能習於社會風俗，符合現實需要，故採內佛外儒；亦即內心仰止於佛陀，浸淫於佛法教理，潛修出世定慧，然外表言行則遵行儒家禮儀，不妨出將入相，各行各業，發揮才幹，以奉獻社會國家，甚具參考價值，惜立論過於簡要，未能淋漓盡致。另有吳希仁居士〈憶雪公恩師內佛外儒的風範〉一文與吳聰敏居士〈雪廬老人學術思想與貢獻〉內容相仿[14]，不加贅述。又陳雍澤居士《雪廬老人儒佛融會思想》一書，亦為文專論，從前人之界定，一直論述至雪廬老人之觀點，內容豐富，極具參考價值。惟作者缺乏社會現實面之探討，較重理論分析，此或為陳文可以加強之處。

就深信因果者言，主要有陳雍澤居士《雪廬老人儒佛融會思想》一文，提出因果觀點，倡明雪廬居士要人深信因果之觀念，非常中肯。惜作者對於儒佛因果之理論探討或仍不足，就佛學而言，應引入唯識之觀點，以強化因果之理論性；至於儒家之因果，或可廣引諸經之因果概念或事實，以支持儒佛皆具因果觀之論點。就「提倡因果挽救劫難」，立論過於簡要，說服力應可再加強增補。

---

[14] 按：吳聰敏、吳希仁為同一人。

　　最後就雪廬老人興辦文教與社會慈善事業及其貢獻而言，計有于凌波〈雪廬老人李炳南〉、朱斐〈炳公老師與我─兼述台中早期建社弘法的經過〉、闞正宗〈李炳南居士與台中佛教蓮社〉、劉靜宜〈雪廬老人儒佛教化事業探述〉、吳麗娜《李雪廬炳南先生研究》、陳雍澤居士《雪廬老人儒佛融會思想》等文論述之。泰半論文多有大略敘述居士教化事業，然各有所偏，或詳略不一。其中以劉靜宜〈雪廬老人儒佛教化事業探述〉之資料最完整新穎，唯對於雪廬居士所創辦之事業，仍有遺漏，如慈光圖書館、菩提救濟院、慈光育幼院等，皆未列入探析；此外，對於雪廬居士一生提倡持名念佛及助念風氣等貢獻，亦未特別拈出，殊為可惜。

　　總之，就上述較具代表性之前人論述分析，以陳雍澤居士《雪廬老人儒佛融會思想》較為全面且深入，惟作者旨在探討雪廬居士儒佛融會思想，若就觀察雪廬居士一生之思想及弘化事蹟，實以佛學為其終極目標，儒家思想迺為立住人格以為學佛之基，雖然亦強調儒佛融會之思想，然此僅代表居士之部分思想，若以雪廬居士之佛學思想及行述為探討主題，更可見其「廣學三藏教，不改彌陀行」之苦心孤詣。綜上，由於尚未見全面而深入之探究者，故本文定題為「雪廬居士佛學思想暨行述研究」，期能暢述居士一生自行化他之本懷。

第四節　預期成果

　　本論文經大綱架構探討，將各類研究法並用，預期能獲致以下之成果：

一、綜觀居士學佛歷程各階段之因緣、境界以及度眾之目標，引為楷範。

二、深明居士重要佛學著作之寫作因緣及特色，足為後世學習之指南。

三、探究居士五時講經之旨趣，皆能會歸淨土法門，以擴大淨土法門之廣義性，並堅固淨業行者信願。

四、重新分析居士「廣學三藏教，不改彌陀行」之信念，期能另作解人，探玄索隱發抉居士深合佛旨之妙。

五、了解居士對於淨土教典之闡發，及其適應時代環境狀況，使佛學與生活結合，增強佛學之可行性與務實性。

六、藉由居士對淨業之詮釋，及獨到眼力，使淨土殊勝處，能系統化，同時更具說服力。

七、破除消業往生之迷思，開啟帶業往生之正解，並深解「業」之概念。

八、期能完整將居士一生事功加以分類呈現，使思想之關聯性系統化，以達事理一致，俾益後人對居士思想及行述能作縱向橫向全面性理解。

第二章
雪廬居士生平與著作

第一節　時代思想背景

一、清末民初的政治背景

　　雪廬居士（西元 1890～1986）一生歷經中國清末、民初、洪憲、復辟、北伐、易幟東遷等六個朝代，[1]這些階段正是國家走向衰亡、內外戰亂連年，民心最為動盪的時期。如此的時勢，遂引發他傳承民族文化的使命感，以及拯救蒼生遠離苦難的悲心大願。

　　鴉片戰爭失敗後，儒學淪為士子貪圖功名及國力積弱的代罪羔羊，開始被國人所質疑；其後中國又遭逢庚子拳亂、太平天國等內亂，以及甲午戰爭、八國聯軍等外患，並簽訂諸多喪權辱國的條約，在西方接二連三的文攻武嚇下，國人對於固有文化的信心更是蕩然無存。因此，從清末以後便產生了一連串的中西學術論戰，直到民國初年固有文化仍被主張西化的人士大力抨擊。雪廬居士在青少年時期，也曾受新思潮的影響，而崇儒斥佛。[2]古人曾說：「欲亡其民

---

[1]　吳碧霞：〈雪廬風誼——俠骨詩情醇儒本色，悲心忍力菩薩真行〉，《明倫月刊》，363 期，2006.4.，頁 7.

[2]　就讀於尚志書院，上新式學堂，由於接觸西方科學新知，受新思潮的影響，以奉佛為迷信，乃崇儒而斥佛，甚至焚毀家中佛經像，而造謗佛之業，約長達六、七年之久。其後，由於研究哲學，涉及佛學，且加入文學界，聞

族者，必先滅其文化。」居士深解孔子「士志於道」之究竟意義，認為儒學本是安身立命、經世治國之道，漢唐盛世因之開展，中國歷史因之綿延；造成清末民初內憂外患的局面，乃因國人對於固有文化的內涵沒有真切的認知，多半流於形式，甚至將之誤解誤用成為名利的踏板，導致倫常正道無法伸展，國人的信心亦無法建立，西風東漸之時，即見風轉舵；然而西方文化不拜祖先，不重倫常，與中華文化重本崇德、慎終追遠的思想，大相逕庭；國人竟捨棄國故精神，一味崇洋，無異是邁向亡國滅族之路；故居士力倡「儒佛並重，融會互用」，除了希望提振國運於危急存亡之秋，亦體認孔子之道，確實有助於吾人之身心性命。

　　民國初興，國人還未回復安定的生活，卻又遭受稱帝復辟、軍閥割據、國共內戰、日本入侵等等戰禍。十六年至二十年間莒縣屢遭戰亂兵禍，舉城危急之際，縣知事卻棄城不顧，城內無人坐鎮，秩序大亂。居士此時正於典獄長任內，神勇率領城內警力，武裝露刃，日夜巡邏彈壓。或不顧生命危險縋城以說敵，或親自登上城堞以勸阻犯軍。民命雖賴以保全，但居士此時已對世法之幻化無常，感悟良深。又十九年二月，西北軍閥高桂滋倒戈，強行佔領莒城，與國民革命軍對抗達半年之久，城內不斷遭軍機砲擊，人民生命財產朝不保夕，居士在槍林彈雨之中更體會生命無常的真諦。時偶閱豐子愷《護生畫集》，深悟弭兵之本，乃在戒殺放生；遂為蒼生發心立誓：是難不死，決定終身茹素。[3]居士仕莒期間，體會無政府

諸師友，多有推崇佛學者，方開啟探究之興趣。參見：吳聰敏：〈寶島遍栽九品蓮──由《佛說阿彌陀經義蘊》管窺雪廬老人的淨土思想〉，《明倫月刊》，363 期，2006.4.，頁 48~49.

[3]　雪廬居士曾自述：「那時城內外軍隊相拒不下，人們被困住，連吃的都沒有

狀態下的人民，身同草芥，命如游絲；更目睹官軍與賊寇，交相擾民虐殺的慘狀，心中生起無限悲懷。莒圍方解，適獲蘇州弘化社所寄贈之佛書，[4] 又聞印祖是通儒高僧，遂興起皈依之心，經印祖之弟子林氏函介，得以通信入室，賜號德明。數年間，與印祖問答法要，郵遞頻繁。二十三年冬，居士又蒙印祖關中開示，大受感召，[5] 爾後所到之處，或習或弘，道業未曾間斷。二十六年七月蘆溝橋事變後，由於日軍猛烈攻擊，中央政府被迫遷都重慶。居士亦隨奉祀官府避居重慶。一日過長安寺，聞久仰之太虛大師住錫寺內，[6] 即求引見，竟與梅光羲大士重逢，復隨之研學唯識，深入法相經論；此間數度於監獄弘法，感化囚犯，頗受太虛大師器重。不久陪都亦遭日軍轟炸，渝州各地幾成焦土。當時孔德成先生「兩易其居，俱化灰燼」，不得已，祇有「城鄉互徙」，故又遷入重慶西郊之歌樂山，結廬林間。[7] 這種驚魂未定的日子中，居士已虔信佛法，了知因緣果報的道理，並肩負著保護孔聖後裔及孔府重要文獻之使命，故能

了，時值春天，我在庭園間，見一雙蝴蝶自由自在地飛舞著，想著怎麼人反而不如蝴蝶呢？便發願，若能解危，我從此茹素！後來果然解了危，我也就從此長齋。」參見──吳碧霞：〈雪廬風誼──俠骨詩情醇儒本色，悲心忍力菩薩真行〉，《明倫月刊》，363 期，2006.4.，頁 13.

4　獲讀印光大師蘇州弘化社寄贈《學佛淺說》《佛法導論》等佛書，深能契入。回顧從前所讀《金剛》《楞嚴》《法華》《圓覺》諸大部經書，及所作眉批旁注，不免望文生義，囫圇吞棗。遂於淨土，漸生信心，不復輕視反對，然猶憚人譏為淺薄，唯密行耳。參見──李炳南老居士全集編輯委員會：〈李炳南老居士年表（一）〉，《明倫月刊》，363 期，2006.4.，頁 21.

5　同〈李炳南老居士年表（一）〉，《明倫月刊》，363 期，頁 21.

6　雪廬居士昔在鄉里，讀《海潮音》雜誌，久慕太虛大師之德風。參見──李老居士炳南教授治喪委員會：《李雪廬居士事略》，1986，頁 3.

7　孔德成口述，王天昌筆記：〈李炳南居士傳略〉，《明倫月刊》，263 期，1996.4.，頁 6.

安然忍受；並能奔走於硝煙彈雨間，賑濟災民，毫無懼色。八年的
蜀居歲月，居士深覺國家無道久矣！對弘揚儒佛學說，有了更深層
的體會及更堅定的信心。抗戰勝利後，國民政府未能撫孤安民，反
而沉迷於凱歌逸樂中，中國共產黨趁隙蓬勃，幾經會戰，國民政府
於三十八年遷都台北。居士因要押運孔府文物亦隨奉祀官府浮海來
台，鄉關遠阻，更甚於重慶，居士雖感慨萬千，終自轉念云「隨
處因緣應有契」[8]，毅然放下家國私情，本著菩薩隨緣度眾的精神，
將其六十歲以後的生命奉獻給台灣，開創了在臺儒佛教化的一片
天地。

二、東西衝擊的文化因素

　　自鴉片戰爭到一九一九年的五四運動約八十年間，由於深受西
洋文化衝擊，中國出現思想上、文化上的巨大演變。知識分子明白
固守中國傳統，終非救亡之法，遂沿著「師夷制夷」的路向變革，
奠定了西化的基礎。民國建立後，外力侵逼猶甚，新的知識分子更
認為中國傳統政教是改革的羈絆，並意識到局部抄襲是無法收效，
決意盡數摒棄中國傳統，將西方精神來一次大移殖；既要打破舊文
化，又要建立進步的新文化，意圖從最根本的思想文化層面將中國
西化，發展出「中學為體，西學為用」的所謂洋務派思想。[9]民國

---

[8]　其〈避亂舟發台灣〉詩云：鯨濤翻墨怒排空，回首神州一夢中；國社輪棋
　　餘錯子，親朋落葉散秋風。孤帆衝霧人千里，遠島橫天綠萬叢；隨處因緣
　　應有契，不妨萍絮轉西東。參見：〈避亂舟發台灣〉，《李炳南老居士全集‧
　　雪廬詩集上‧浮海集上》，頁 277.

[9]　引自：輔大大千佛學社網站 http://w.haihui.org.tw/uddha/spect/4/spect1.html.

建立後，政治未上軌道，南北軍閥互相對抗，民生困苦，外交亦處劣勢。最令國人引以為恥的，是日本強奪山東所引發的「山東問題」，激發國人愛國反帝的「五四運動」。[10]這運動又結合約在1915年出現的新文化運動，掀起了「反傳統、反儒教、反文言」的思想及文學革命。學界聞人如胡適、吳虞、陳獨秀、吳稚暉、傅斯年等，更主張打倒孔家店，將孔家店裡的國產道地精品，五倫十義、四維八德，堯舜禹湯文武周公以來的文化，仁、義、禮、智、信，全部推翻，甚至丟進茅坑裡，說線裝書是攔路石、禮教是吃人的東西；反而大肆提倡充塞整個社會是非孝、公妻、棄禮、滅義的舶來品，在年輕人的腦海裡、身體裡灌輸了這些毒品，民族文化遭到從根拔起的破壞，當然民族思想也起了分化。從民國八年到民國三十八年，這三十年之間，五四運動反傳統的風氣，可說是瀰漫全國，形成一股時代風尚；[11]優良的傳統美德，寬厚的人格情操，逐漸從人心流失。而最驚天動地的莫過於五、六十年代批孔揚秦的「文化大革命」。民國五十五（1966）年八月，毛澤東為清算異己，利用「紅衛兵」發動「文化大革命」，提出清除「四舊：舊思想、舊文化、

---

10 辛亥革命以後，北洋軍閥袁世凱奪得政權。他清除異己，鎮壓各地的反對勢力。在文化思想方面，掀起了一股十分反動的尊孔復古的逆流。袁世凱企圖在「保存國粹」的名義下，公開下令尊孔讀經，加強對人們的思想控制。北京和許多地方紛紛組織「孔教會」、「尊孔會」，並發行報刊。1917年以來，新文化運動的提倡者，不斷推動文化改革、革新政治，激起了不少學生的使命感。面對袁世凱及段祺瑞的通奸賣國，終於激起國人的怨恨。1919年5月，中國在巴黎和會受到不平等待遇的消息傳回北京，北京學生二千餘人遊行示威，釀成「五四運動」。這次運動，激化和擴大了新文化運動的範圍，同時深化了新文化運動的影響。參見：歷史出版社所發行《話當年──五四事件回憶錄》〈五四運動篇〉及〈新文化運動篇〉。

11 參見──高大鵬：《經──中國人的身份證》，影印再版，台中：青蓮出版社，1987，頁6.

舊風俗、舊習慣」，藉以整肅知識份子，及當權派走上資產階級的份子。徹底的焚燬祖先神主牌位、古書，拆毀寺廟宗祠，搗毀佛像。在這「十年浩劫」裡，中華優良文化已被徹底破壞得體無完膚。針對此一事件，蔣中正總統隨即提出「中華文化復興運動」，佛教雜誌界也提出「聲討共匪毀滅佛教文化宣言」[12]。此時，居士在其〈斯文〉一詩中歎道：「斯文應向壁間儲，遯世無知品自如，省識深坑秦火後，有誰還讀十年書。」有感於當時復興中華文化只被當成口號，實質上中華文化是遭到遺棄，學校體系不能支援教育中華兒女，大家不肯耐著性子讀書，所以，居士只得以民間講學方式，來做保存文化，教育子弟的工作。[13]

三、台灣光復前後的佛教

　　雪廬居士於民國三十八年初抵台，當時台灣佛教普遍的現象是還保留日據時代僧俗不分情況，當時台中的寶覺寺、法華寺都是如此；又有鸞堂的求神明、問吉凶的情況；亦有龍華先天的齋教，以為吃齋就是佛教信徒；根本不知了生死求解脫的真義。以台中來說，佛教信徒雖多，卻零散且苦無善知識加以開導。除極少數具正信者外，大部分都是非正知見的信仰，有用牲體來敬觀音菩薩者；[14]或以為拜王爺、拜土地等神像，就是拜菩薩；甚至何者為佛教？佛教之真義諦與人生有何關係？尤為一般人所誤解。台灣日治時期的

12　《菩提樹》，168 期，1966.11.8.，頁 8~9.

13　吳碧霞：〈雪廬風誼──俠骨詩情醇儒本色，悲心忍力菩薩真行〉，《明倫月刊》，363 期，2006.4.，頁 7.

14　賴棟樑：〈雪公來台講經一週年誌感〉，《明倫月刊》，164 期，1986.4.~5.，頁 70.

佛教情況，是民俗佛教，只知燒香許願、吃齋念佛。人們時常仙佛不分，儒道佛兼容並包，片面強化神明秩序，只是一種知其然而不知其所以然的迷信狀態。齋徒往往擇善固執不同流合污，器量雖小，卻也不危害社會；但在善良的團體中，卻潛藏著一些敗類，連橫說：「假借淨修，潛行邪慝，情緣未泯，穢德彰聞。」這是連橫寫出當時敗德的假修行人，真的是「佛教之罪人」[15]，難怪連橫感嘆說：「台灣之佛教緇徒既乏高明，檀信亦少智慧；其所以建寺造像者多存僥倖之心，求福利而釀禍災也。其下者則墜入外道，穢垢心身，歷萬劫而不起，此其可哀也。」[16]日據以前的台灣佛教尚且如此頹敗。

　　日據時期由日本傳來台灣的佛教，出家人可以蓄妻食肉，破壞出家的根本戒律，造成不僧不俗的景象，無怪乎楊慶豐批評說：「中國民間一般對僧侶的價值地位看得不高，其來有自，最重要是一般僧侶並沒有發揮精神本質，徒賴信徒供給施捨，甚至僧伽裡有不乾不淨的事類，使得僧團式微，民間輕蔑。」[17]此迺光復之初，本省民眾對正確的佛學常識，普遍認知水準都不高。原因之一是日本僧人的傳教，只是假藉宗教達到其政治目的，並未教導信眾真正了生死、出三界、得解脫的佛法。因此，台灣光復以後，本地佛教仍以注重眼前消災免難為主要目的、經懺佛事居多，佛教於是被看成庸夫村婦的信仰；或是感情失落者的避難所。李志夫說：「這種依存宗教者，又多為教育程度較低、年齡較大，或弱勢之團體與個人。」[18]可說切合事實。雪廬居士來台以前的佛教現象，正是如此。

---

[15] 連橫：《台灣通史》卷二十二，〈宗教志〉，頁 657.

[16] 連橫：《台灣通史》卷二十二，〈宗教志〉，頁 655~656.

[17] 楊慶豐：《佛學與人生》，台北：頂淵出版社，1992，頁 239.

[18] 李志夫：〈現代台灣宗教與社會變遷之因果關係〉，《當代台灣社會與宗教佛

　　以上所述台灣戰後佛教被外人看輕的局面，主要因素是學佛的人不知佛法教理，只注重外在儀式，更乏人講經說法，因此不明學佛的真正目的，與學佛的大利益。信眾佛理的膚淺，素質的低落，怎能讓人產生敬意？但是自從雪廬居士浮海來台以後，此種局面完全改觀了。陳榮捷談中國佛教時說：「幾十年以來，著名居士所扮演的角色遠比出家僧侶給人深刻的印象。……他們促成了中國佛教──尤其是佛教哲學與經典──的發達。」[19]自從清末楊仁山居士中興佛教，栽培出不少傑出的居士以來，中國佛教逐漸發達起來。雪廬居士又私淑楊仁山，所以效法仁山精神，將佛教的正法，傳入台灣。

四、學佛思想的淵源傳授

　　雪廬居士年少之時曾一度受誤導而毀謗佛法，但終能痛改前非，進而積極弘揚佛法。其思想主要承繼淨宗十三代祖印光大師，居士皈依印祖座下，影響甚深，並甚得印祖青睞。又印祖對淨宗第九代祖師蕅益大師推崇倍至，尤對蕅祖之《阿彌陀經要解》讚為雖古佛再來所著亦不過如此，居士亦深有同感，故居士之思想，遠承蕅祖法脈，近依印祖芳規；又清末楊仁山居士，不但融貫儒釋道三家，更開創近代佛教中興之契機，實乃居士私淑之善知識，對之啟發甚大。故為探析居士思想淵源，依時代先後，略述其受淵源傳授梗概。[20]

　　學研究論文集》，台北：佛光出版社，1996，頁 16.

[19] 陳榮捷：《現代中國的宗教趨勢》，台北：文殊出版社，1987，頁 112.

[20] 陳雍澤：《雪廬老人儒佛融會思想研究》，台中：青蓮出版社，2006，頁 240~242.

（一）受（明）蕅祖影響者

蕅益大師（1599～1655）法名「智旭」，號「西有」，自名「八不道人」，[21]晚稱「蕅益老人」，蘇州吳縣人，為淨土宗第九代祖師（以下簡稱蕅祖），乃明末四大高僧之一。蕅祖七歲即茹素，年方十二，聞孔聖之學，即千古自任，誓滅釋老。十七歲，閱讀蓮池大師《自知錄》及《竹窗隨筆》，始痛前非，不再謗佛，遂焚其所著之闢佛言論。二十歲，喪父，聞地藏本願，始萌生出離之心，二十四歲，從憨山弟子雪嶺剃度。[22]蕅祖一生遍學諸宗，然皆會歸淨土。教理上注重天台教觀，主張融會性、相二宗；修持上則提倡淨土持名念佛法門。蕅祖於佛學，除倡導性、相融通外，並主調和儒、釋、道三教，倡導三教同源學說。[23]故蕅祖在《儒釋宗傳竊議》序文則提到：

> 大道之在人心，古今唯此一理，非佛祖聖賢所得私也。統乎至異，匯乎至同，非儒釋老所能局也。[24]

並解釋何以分三教以求「道」之由與著重之別。其云：

---

21 釋蕅益：《靈峰宗論上》，〈八不道人傳〉，台北：佛教出版社，1976.1.，頁 10220。蕅祖於此篇自序中提到：「八不道人。震旦之逸民也。古者有儒。有禪。有律。有教。道人既蹩然不敢。今亦有儒。有禪。有律。有教。道人又艴然不屑。故名八不也。」

22 釋蕅益：《靈峰宗論上》，〈八不道人傳〉，台北：佛教出版社，1976.1.，頁 10220~10222.

23 林文彬：〈試論智旭《周易禪解》天台學之特色〉，《興大人文學報》，32 期，2002.6.，頁 148.

24 釋蕅益：《靈峰宗論下》，〈儒釋宗傳竊議〉，頁 11026.

　　道無三，安得分三教以求道？特以真俗之跡，姑妄擬焉，則
　　儒與老，皆乘真以御俗，令俗不逆真者也；釋乃即俗以明真，
　　真不混俗者也。故儒與老主治世，而密為出世階；釋主出世，
　　而明為世間祐。至於內丹外丹本非老氏宗旨，不足辯。然則
　　言儒，而老與孔皆在其中矣。言釋，而禪與教皆在其中矣。
　　故但云儒釋宗傳竊議。[25]

雪廬居士認同這種觀點，故在〈蕅益大師淨土集序〉有：「始知蕅
祖不獨道果圓明而其世法助行，更有其至不可及者」[26]讚辭。因此，
居士將此道理，繼承並發揚光大。蕅祖實上根利智之人，但自述其
學佛過程卻謙稱：「年二十三參禪，而不知禪；年二十七習律，而
不知律；年三十六演教，而不知教」[27]，直到大病之後，始對淨土
生起萬牛莫挽之心。[28]蕅祖未深入教海前，對淨土曾有鄙視之心，
其後既知持名念佛之可貴，故力求融貫各宗，歸導淨土。雪廬居士
初學佛時，亦對淨土法門有所輕視，直至拜謁印祖之後，始得深信
力行。其中「融會各宗、導歸淨土」之思想，頗受蕅祖影響。

（二）受（清）楊仁山居士影響者

　　楊文會（1837～1911），號仁山，安徽石埭人，生於清朝末年
的書香之家，是雪廬居士私淑仰慕之大善知識，其於《題楊仁山居

---

[25] 釋蕅益：《靈峰宗論下》，〈儒釋宗傳竊議〉，頁 11026.
[26] 《李炳南老居士全集‧雪廬寓台文存》，〈蕅益大師淨土集序〉，頁 30.
[27] 釋蕅益：《靈峰宗論下》，〈四書蕅益解自序〉，頁 11098～11099.
[28] 釋蕅益：《靈峰宗論下》，〈彌陀要解自跋〉：「後因大病，發意西歸，嗣研妙
　　宗、圓中二鈔，始知念佛三昧，無上寶王；方肯死心執持名號，萬牛莫挽
　　也。」，頁 11276.

士像》詩[29]中，充分的顯露他對仁山居士的仰慕與推崇。雪廬居士
之才情義氣，與豪俠風範，更與仁山居士相仿，所做之佛教事業，
也有相互輝映之處。[30]仁山居士二十六歲開始學佛，其讀《大乘起
信論》時甚為歡喜，學佛信心始得建立。仁山居士初學佛即遭喪父
之痛，家計全落在他身上，因此只能一面工作，一面學佛。這種自
食其力，但於修行上能夠精進不懈之風範，實乃當代學佛居士之榜
樣。雪廬居士曾說過：「白衣學佛，必須敦倫盡分」，並自以身作則，
一生自食其力，於正業之餘，從事弘法利生工作，此正符應仁山居
士之風範與主張。仁山居士之佛學思想，在教理上雖屬法性宗，然
亦通達法相之理，主張融會性、相二宗；修行則以淨土法門為依歸。
推究仁山居士融通性相之思想，乃受《大乘起信論》之影響，故其
在《成唯識論述記敘》曾說：

> 性相二宗有以異乎？無以異也。性宗直下明空，空至極處，
> 真性自顯。相宗先破我（執）法（執），後彰（顯）圓（成）
> 實（性），以無所得而為究竟。乃知執有執空，互相乖角者，
> 皆門外漢也。[31]

其實，佛所說之一大藏教，只在詮釋三界唯心、萬法唯識之理。惟
佛滅度後，弘法之菩薩詮釋教義，或依唯心立「性宗」，或依唯識
立「相宗」。後性相二宗卻各守門庭，乃至不能融通，直至馬鳴菩

---

[29] 《題楊仁山居士像》：「憶昔金陵禮像設，展圖猶識容與裳。搔首感時憫於
　　古，法城傾圮思金湯。」
[30] 陳雍澤：《雪廬老人儒佛融會思想研究》，台中：青蓮出版社，2006，頁
　　240~242.
[31] 《楊仁山居士遺著‧等不等觀雜錄》卷3，〈成唯識論述記敘〉，頁780.

薩作《大乘起信論》融通性相而後已。仁山居士之融通性相，亦得
力於此；然《大乘起信論》不僅融會性相二宗之要書，[32]其於第五
止觀門更提到：

> 如修多羅說，若人專念西方極樂世界阿彌陀佛，所修善根迴
> 向願求生彼世界，即得往生。常見佛故，終無有退。[33]

由此可知仁山居士之歸心淨土、修習念佛一法，是受到《大乘起信
論》之啟發，因此不但自己勤修淨業，更極力勸人修持淨土法門。
並主張：

> 此時（指末法時期）學佛法，不能求證道。若求證道，反遭
> 魔障，但須專念彌陀求生淨土，捨報之後，不受輪迴。若欲
> 斷絕世務，方能學佛，則舉世之人，得出輪迴者尠矣。[34]

依照經典之說，末法時期不但人根陋劣，環境更是渾濁，想學其他
法門了生脫死，甚是不易。不但明師難求，自己更無暇修道，故捨
淨土持名念佛以外，難以當生成就，是故仁山居士普勸大眾持名念
佛。況且居家念佛者，不但能自食其力，縱使塵世誘惑力強，亦可
學習蓮花之「出污泥而不受污染」，如此歷境練心，同樣可以了生
死。雪廬居士以居士身分自行化他，期間並未捨棄世間職業，惟用
公暇才從事弘法利生之事，可說是採行仁山居士之作風。仁山居士

---

[32] 釋聖嚴：《明末中國佛教之研究》，〈第五章智旭思想的形成與發展〉，頁 450：
「二、楞伽經、起信論與智旭」。

[33] 梁・智愷：《大乘起信論》，頁 24.

[34] 《楊仁山居士遺著・等不等觀雜錄》卷 6，〈與廖迪心書〉，頁 971~972.

晚年更在金陵刻經處，創辦祇洹精舍，[35]招收緇素青年二十餘人，[36]研究佛學及漢學。課程之設計除佛學及漢學外，更教授英文，以為進修梵文、巴利文之基礎。入學人數雖不多，後來卻大都成為中國佛教之領導人物。此栽培人才計劃，為時雖短，卻是全國第一所由居士創設之弘法人才培育所，[37]已為後來中國佛教界撒下紹繼佛法之菩提種。[38]雪廬居士在台期間亦然，不但創辦「明倫大專佛學講座」接引大專青年學佛，培養佛教人才。更於民國六十三年，設立「內典研究班」，專門培養弘法人才。此外，仁山居士有鑒於佛法之推廣，必賴佛書之普及，故於三十歲時，在南京成立金陵刻經處，專刻佛經流通，宣揚佛法。在動盪的時代中，經書之保存實為不易，隨著戰亂之關係，亡佚之經書不知凡幾，幸賴仁山居士與其日本友人之關係，乃得搜購失傳之古德註疏多種，此對法寶之保存與宏揚，功德大矣！故雪廬居士讚曰：「傳經有術託梨棗，紙上獅吼同

---

[35] 趙楊步偉：〈先祖　仁山公之生平〉，〈楊仁山居士示寂五十週年紀念號〉，《菩提樹》，95 期，頁 7：先祖與當代名流往來，皆以佛學為主。兼或談及時局，但莫不以立學校為第一要務。即對於佛學，亦極力提倡佛教學校，就家中餘屋，創始試辦，自編佛學課本，以興佛教。惜個人之力有限，經費不能持久，雖有同志協助，亦不能有大發展，兩年後只得停止。蓋其時革命之風已漸起，而與先祖往來者，已有不少人犧牲於革命矣。

[36] 《楊仁山居士遺著・事略》，頁 10：「就刻經處開佛學學堂，曰『祇洹精舍』，……就學者緇素二十餘人，日有進益，未及兩稔，因經費不給而止。」

[37] 《楊仁山居士遺著・等不等觀雜錄》卷 8，〈與日本南條文雄書二十七〉，頁 1060：「……敝邦僧家學校才見肇端，欲得貴國佛教各宗大小學校，種種章程以備參考。非仗大力，不能多得。此等章程雖係和文，敝處亦有能譯之者。與學諸僧，甚為盼望也。」由此信函可知楊氏創辦祇洹精舍，辦學章程及課程等，亦參考日本之經驗。

[38] 《中國佛教近代史》（上），第二項：金陵祇洹精舍，頁 80.

廣長。如來智鐙久照世，利鈍慧命應新昌。」[39]可見，雪廬居士之思想得其薰陶，故一生所辦之佛教事業，乃至所研究之教理，所修之法門，均與私淑的仁山居士高度雷同。

（三）受（民）印祖影響者

印光大師（1861~1940）法名聖量，字印光，別號常慚愧僧，陝西人。[40]乃淨土宗第十三代祖師（以下簡稱印祖）。生於清咸豐十一年，寂於民國二十九年；享年八十，僧臘六十。印祖幼讀儒書，頗以聖學為己任，惟受韓歐影響，也闢駁佛法；後因重病，始悟前非。二十一歲，出家為僧。印祖於湖北蓮華寺任知客時，於曬經中，見殘本《龍舒淨土文》，方知有念佛往生之淨土法門，乃當生可成就之了脫生死要道。從此於空閒時，專心念佛。夜大眾睡後，更起而念佛，後竟感得眼病痊癒，由此深體念佛功德不可思議，故後來自行化他，皆以淨土為歸。印祖修習淨土，實繼承淨宗第十二祖徹悟禪師芳規－倡持名念佛。又除念佛正行外，更研大乘經典。由是深入經藏，妙契佛心；徑路修行，理事無礙。至於印祖之弘法，除講過一次《阿彌陀佛要解便蒙鈔》與「上海護國息災法會」八天開示外，便多以文字般若來開示大眾。初高鶴年居士取其文數篇，刊入上海《佛學叢報》，署名常慚。惟因開示內容非但契理，亦契時代之機，終而結集成《印光法師文鈔》，廣泛流通，乃至益人無數。《文鈔》內容不但儒佛並闡，雖深通宗教卻不談玄說妙，其耳提面命者，多在開導學人重視因果、老實念佛，內容或平凡無奇，然都

---

[39] 《李炳南老居士全集・雪廬詩集》（上），〈題楊仁山居士像〉詩，頁 300.
[40] 陳海量編：〈印光大師傳〉，《蓮宗正範》，台中：青蓮出版社，1987.3.，頁 99.

在使聞者能當下受益，尤其印祖本身言行一致，更使親近者無不佩服而依教奉行。何以印祖獨倡念佛法門？印祖於〈棲真常住常年念佛序〉有云：「末法眾生，福薄慧淺，障厚業深；不修此法，[41]欲仗自力斷惑證真，以了生死，則萬難萬難。」由此可見印祖之苦口婆心，特弘淨土念佛一法，乃為末法眾生尋一真可了生死之速成捷徑；而雪廬居士寓台期間在《覺生》及《菩提樹》雜誌闢有「佛學問答」專欄，以文字般若弘演佛法，內容也是如印祖一樣，儒佛並闡、不談玄說妙、重視因果、提倡老實念佛等。此外，印祖之悲心弘化更擴及監獄之受刑人，如其應定海縣陶知事請，乃推智德法師至獄中宣揚佛法；其後王一亭、沈惺叔等居士，發起江蘇監獄感化會，印祖亦任為名譽會長。其中於獄中弘法之講師，[42]皆印祖之皈依弟子，獄中所弘揚者，皆為印祖所耳提面命之注重因果、念佛求生淨土等內容。當時獄官監犯，因之改過遷善、歸心佛法、吃素念佛者，大有人在。雪廬居士於莒縣監獄之教化，及在台期間於台中監獄、台中看守所、少年觀護所等地之弘法，亦是受到印祖之啟發。

　　至於印祖對教門之維護更是不遺餘力，如歐戰期間，政府本有移德僑駐普陀山寺院之議；印祖特轉託他人代為疏通，其事遂寢。而江蘇義務教育期成會會長等，呈准省府借寺廟以作校舍；印祖亦請人設法請願，才蒙當局明令保護。後有人提倡廟產興學，更頒驅僧奪產條例，皆仗印祖之德而取消，如此之事不勝枚舉。幸有印祖德暉庇祐，教難才得以解除。民國四十四年，臺灣經濟仍然一片蕭條之際，雪廬居士為護持「影印大藏經委員會」不但率先響應訂閱，

---

[41] 指淨土念佛法門。

[42] 如鄧樸君、戚則周、喬恂如等居士。

並介紹台中地區蓮友助印，共得四十餘部，破各地團體預約之最高
紀錄，使得印藏大事能順利展開。於佛教志業，印祖雖未親自主持，
然憑其德望其弟子開辦之慈幼院得以順利成就。其中經費之籌措，
印祖非但自己率先捐款，更以自己德行號召眾人護持。當然，印祖
除了對慈善志業著力外，於善法之弘通更不輕忽，最初除自己印送
《安士全書》外，後更創辦弘化社，以流通法寶。幾十年來，所印
諸書，少說有數百萬部，流通之廣，實乃中外蒙利。雪廬居士於台
灣不但創辦育幼院，收養孤苦兒童；更辦印經會、出版社，以及免
費印贈經典善書廣為流通，此皆受印祖之啟發。印祖之不慕虛名亦
為人所讚，如民國十一年，大總統題賜「悟徹圓明」匾額一方，送
與普陀，當時緇素無不欣羨，然印祖卻若無其事。他人問之，則答
以虛空樓閣，自無實德，慚愧不已等話。雪廬居士亦是不慕虛名，
其創建台中蓮社、慈光圖書館、慈光育幼院、菩提救濟院等慈善機
構，到了諸事底定後，即功成身退，辭去各機構負責人的名位，僅
以導師身份為蓮友服務。教育部頒獎表揚，雖來不及推辭，但卻謝
絕慶功；後被推為好人好事代表，更是全力婉謝不受。印祖於人雖
寬厚相待，於己卻是儉以自奉。凡有善信男女供養，全數代人種植
福田。其每日飲食，只求充飢；衣則取其禦寒，不取華美。印祖於
貧困者，必權其輕重，於所急者，必為助之。如民國二十四年，陝
省大旱，即取存摺，令人速匯一千圓助急賑。雪廬居士自奉亦極儉
樸，但也樂於濟眾，故在四川曾辦「賑濟會」，在台灣辦「急難救
濟會」、「放生會」等，此皆受印祖之影響。而印祖雖宗教兼通，然
其一生自行化他之旨，單提淨土，乃淨宗十三位祖師之中，唯一入
手即專修淨土法門者，其教化影響之深遠，於近代可說是少人能
及。雪廬居士早期於佛學上僅止於道理上之了解，並談不上信仰。

後雖對佛法生起信心，但對淨土念佛之法有堅固之信念，卻是在與印祖相見之後，其後所辦之弘法護教事業，皆與印祖有著深厚關係。此從雪廬居士日常言語與文章中，可明顯了解其受印祖影響之處。再從印祖致雪廬居士之信函中，[43]及《印祖文鈔》之話語，更可確定雪廬居士之思想，是直接繼承印祖法脈無疑。

五、小結

從清末的「鴉片戰爭」至民國六十六年的「十年浩劫」（1840-1977），中華民族處在固有文化的信心崩潰當中，經歷一百餘年，誰可挽此頹運？儒佛思想即是中華文化的內容，今日台灣學府，仍舊忽略固有文化；縱有文化課程，也都流於考試應景而已。對於聖賢人格的提倡，與學生人格的陶冶，則只有零星的熱愛文化之士在播種。由以上的說明，這一百餘年國運民命的板蕩，正是中華文化淪喪的映照，也是策勵雪廬居士極力振興儒佛兼修思想的時代因素。

雪廬居士一生學佛廣學多宗，然受溈祖「融會各宗、導歸淨土」之思想影響頗深，故能將所學之各宗要旨會歸於淨土，使之性相圓融，不立門派知見。雪廬居士之佛學思想得以薰陶，乃至所研究之教理，以至一生所辦之佛教事業，多受楊仁山居士之影響。雪廬居

---

[43] 印祖致函雪廬居士之書信，現存之文獻共計九札。分別載於：（1）《印光大師文鈔續編》卷上，〈復李德明居士書〉，頁 105~109 有二札，但其第二札與《印公遺墨》，頁 61~67 之第三札內容相仿。（2）《印光大師文鈔三編》上，〈復德明居士書〉，頁 364，有一札。（3）《印公遺墨》，頁 55~80，共收錄七札，皆是印祖親筆字跡。

士早期於僅止於佛學道理之了解，談不上仰信佛法。後能仰信佛法，並堅固淨土信念，即在與印祖相見之後，其後所辦之各項弘法護教事業，多與印祖有著深厚之關係。觀雪公一生弘法護教，興辦社會文教事業，解行並重，正助雙修，乃受諸位大師之影響，方能成就無與倫比之佛法事業。

第二節　學佛背景及弘化事蹟

　　雪廬居士（1890～1986），本名艷，字炳南，號雪廬，法號德明，別署雪僧、雪叟、一漚、寄漚，後以字行。籍貫山東濟南，世居城內南券門巷，享年九十七歲。[44]雪廬居士生於儒佛世家，門庭嚴竣，少時雖有紈綺之氣，然好擊劍任俠，一生雖遭逢清祚鼎革之變、日寇侵華之難，末後又離鄉來台，深體人間之苦難與不平等，再加以受印光祖師及楊仁山居士等多位大德影響，以其豐富之學養與人生閱歷，遂轉擊劍任俠之氣，興佛教慈悲濟世之志，廣弘三藏教，以化導人心；不改彌陀行，倡持名念佛，興辦社會慈善事業，以期能究竟暢佛慈悲濟世之本懷。觀雪廬居士一生以弘法利生為其本務，期於世間及出世間皆能圓融兼顧，居士於世間法即以儒家思想為其倫常基礎，至於出世間法即以佛法為其究竟之歸趨，可以說佛學思想為居士一生思想之主軸，掌握此一脈絡便可以明了其一生

---

[44] 明倫社：〈李炳南老居士年表（一）〉，《明倫月刊》，第363期。雪廬居士生於民前二十二年（1890），清光緒十六年，夏曆十二月初七日，為濟南南券門巷之李氏望族後代；於民國七十五年四月十三日（夏曆三月初五日）上午五時四十五分，卒於台灣省台中市正氣街九號的寓所，享年九十七歲。

之行誼風範。茲以其修學佛法之時期為綱要來探究，見居士一生約略可分為蘊育期（1～26 歲）、奠基期（27～41 歲）、抉擇期（42～56 歲）、淬鍊期（57～89 歲）、圓熟期（90～97 歲）等五期[45]，倘此五期為線索，便可掌握雪廬居士一生思想之重心與行誼風範。

一、蘊育期（1～26 歲）[46]

　　雪廬居士祖父景純公，父壽村公，好禮尚義，崇德博學。母翟氏，諱師遠，持家有方，頗具膽識。居士幼時，每逢賓客至，祖父必令其侍側習禮；也常攜之訪友赴宴，然返家必訓宴會禮儀諸事，奠定日後事事留心之習慣[47]。故知居士庭訓嚴竣，立下日後成就大業之人格基礎。

　　雪廬居士自幼穎悟，6 歲入私塾，熟讀諸經子史，奠下深厚之國學基礎。後又就讀於尚志書院，接觸西方科學新知，兼學中醫、古琴、劍術，而於傳統詩歌，興趣尤濃，吟詠推敲，屢屢忘食。然以奉佛為迷信，遂崇儒斥佛，亦曾於家中焚燒佛典佛像。19 歲至山東法政學堂學習法律，攻讀監獄專修科。23 歲居士膺選為濟南學界組織「通俗教育會」之會長，積極推動社會教育，提倡忠孝節

---

[45] 吳聰敏：〈寶島遍栽九品蓮──由《佛說阿彌陀經義蘊》管窺雪廬老人的淨土思想〉，《紀念李炳南教授往生 20 週年學術研討會會議論文》，台中：中興大學中文系，2006.4.8.，頁 163~167。

[46] 明倫社：〈李炳南老居士年表（一）〉，《明倫月刊》，第 363 期。

[47] 陳雍澤：《雪廬老人儒佛融會思想研究》，台中：青蓮出版社，2006.6.，頁 35。註 2 云：雪廬居士嘗云：余少時，外出赴宴，返家後，祖父必問及宴會中之禮節應對、菜餚品目、食物內容、上菜次第等細節；若有不知，輒遭訓斥，以故養成事事留心之習。日後頗能曉廚藝，奠基於此。

義。25 歲歐戰爆發，日本攻下膠澳，於青島遍植櫻花，邀請地方
官紳名士前往觀賞，公亦受邀，感慨而賦詩云：

> 古曹吾魯南之疆。花產牡丹稱厥王。年來寂寞少車馬。春雨
> 春風空斷腸。安得移栽遍此地。使我物華重發揚。何時如願
> 眼中見。再與諸公歡舉觴。

可以說雪廬居士二十歲以前，好義逞勇，不喜讀書。二十歲以後，
才知恥奮發，苦學勤參。[48]

　　總之，雪廬居士於蘊育期內，由於祖庭嚴竣，奠下了良好的人
格基礎，自其進入私塾後，熟讀國學，之後進入學院，亦留心於西
學，惟此時謗佛崇儒，自弱冠後，居士亦奉獻於教育界，歐戰爆發，
流露出愛國之情操。

二、奠基期（27～41 歲）[49]

　　雪廬居士少時曾謗佛，後研究哲學，方悔其錯謬之處。於 27
歲時，從學於法相學大師南昌梅擷芸大士習唯識，時大士任山東高
等檢察廳長，並於濟南組佛學社，開設唯識講座，居士自此奠定日
後深入佛學教典之基礎。

　　雪廬居士於 31 歲時出掌莒縣獄政，倡德化，醫囚疾，代收瘞。
然目睹舊監房湫隘傾圮，即謀興革。紆折數年，協商邑紳，重建監

---

[48] 陳雍澤：《雪廬老人儒佛融會思想研究》，台中：青蓮出版社，2006.6.，頁
　　41。註 14 云：此係民國 68 年 10 月 21 日（星期日）雪廬居士為台中蓮社
　　暨聯體機構辦事人員及中興大學智海學社幹部與畢業學生開示的話。
[49] 明倫社：〈李炳南老居士年表（一）〉，《明倫月刊》，363 期.

舍，使得房舍寬敞炳煥，設施完善，頗受好評。居士 39 歲時，內戰連年，前後數年間，莒縣頻遭兵燹，幸賴居士周旋其中，民命得以保全。然於城危之際，縣知事棄城逃走，城內秩序大亂，居士親率警兵，或遣人縋城說敵，或親登城堞，勸阻犯軍等，以保全民命。該年四月，大盜吳振山、史義成等謀襲莒城，知事王頌揚北去，縣府無人領導，居士聯合各機關及邑紳，組織「臨時縣政委員會」，暫維現狀，以待軍援。41 歲二月，復有軍閥高桂滋倒戈，橫據莒城，頑抗中央軍。城內遭圍軍砲擊，居士身困城中，達半年之久，民食殆盡，朝不保夕。見居家園菜圃中，蝶飛款款，逍遙自在，乃扼腕嘆曰：「人反不如蝶」。偶閱豐子愷《護生畫集》，深悟弭兵之本，乃在戒殺放生。遂為蒼生立誓，是難若不死，將終身茹素。

　　總之，雪廬居士於奠基期內，開始習唯識學，以為日後學佛之階漸。又於莒縣化囚德政斐然，然時局混亂，居士亦獻身保家衛土，方使城內人民性命得以保全。可見居士慈悲愛民，視民如子之襟懷。又於某次城危深陷圍城之中，見蝶飛方悟解脫之迫切性，並以戒殺放生為消弭戰亂之根本，此即雪廬居士以「觀受是苦」，方能真為了生脫死而求解脫，以為學佛入道動力之依據。

三、抉擇期（42~56 歲）[50]

　　雪廬居士於 42 歲時，因友人楊子餘之協助，遂獲印光大師蘇州弘化社寄贈之《學佛淺說》及《佛法導論》等佛書，閱讀後，方悟從前所讀之《金剛》、《楞嚴》、《法華》、《圓覺》等諸典籍，多屬

---

[50] 明倫社：〈李炳南老居士年表（一）〉，《明倫月刊》，363 期.

望文生義，不知諸經深義，遂對淨土法門，漸生信心，不復輕視反對，然猶憚於人譏諷，唯密行之。後又閱《印祖文鈔》，而興皈依之念，又因發起為鄰縣土匪埋屍之事，遂得遇印祖弟子林氏函介，通信皈依，蒙印祖許可，賜號「德明」，並親筆開示。爾後，數年間，與印祖問答法要，書信頻繁。復於 45 歲時，至蘇州報國寺，親謁印祖，適祖師閉關，蒙關中開示終日，大受感召，居士對印祖印象深刻，曾題詩回憶：「青蓮目啟泛慈光，乘戒從容問短長；我自不知根利鈍，金鎞宛似割心盲。」又云：「求法慚無斷臂誠，叨恩深懼損師明；遺文每讀增怊悵，兩利蹉跎白髮生。」[51]居士自皈依印祖後，即熱心隨緣弘化，亦常引介信眾皈依，甚得印祖嘉許。印祖〈復宋慧湛居士書〉有云：「莒縣監獄官李炳南，提倡不二三年，莒縣人皈依者，已有一百多，皆士農工商政界之男子。」觀雪廬居士一生以弘法為務，並倡持名念佛，實乃依印祖之訓示而行，可以說印祖為居士發心學佛之轉捩點。又於此前後，適值濟南城東淨居禪寺，改建為十方叢林，開十輪金剛法會，祈請北平真空禪師駐錫開示，居士遂依之學禪，並與該寺方丈可觀法師共同參究，達八年之久。居士 46 歲亦涉獵歧黃之術，並獲中醫師執照。47 歲莒縣縣志重修完畢後，遂北返，任職濟南省法院。於該年在山東濟南淨居禪寺，依可觀法師求受五戒。復於山東濟南女子蓮社，依大雲法師進求菩薩戒，由是道業益進。

居士 48 歲時，應聘入「大成至聖先師奉祀官府」，任教讀先生及主任秘書職。該年由於日軍入侵山東，遂隨孔奉祀官德成避居重

---

[51] 李炳南：〈吾師印祖涅槃二十年追思十首〉，《李炳南老居士全集・雪廬詩集上》，頁 301~302.

慶。於造訪重慶長安寺時，遇見太虛大師，受命於監獄弘法，頗受大師讚賞器重，並與梅大士擷芸重逢，再度深研唯識。

居士 50 歲時，為躲避日軍轟炸，隨奉祀官遷入西郊歌樂山，結廬林間，並於山巔雲頂寺任講席，為賑濟災黎而奔走，不懼硝煙彈雨。復依白教噶噶呼圖克圖，紅教諾那呼圖克圖修持密法百餘門，經八載，居士自稱愧無所成，方於淨土念佛一門，死心塌地，專修專弘，深體印祖之開示。於此期間，見唯識學者，有藐視淨土為權宜之說，遂撰《阿彌陀經義蘊》以駁斥之。51 歲時，感印祖將不住世，於該年十一月初四，印祖果圓寂生西，行荼毘禮時，居士以戰禍未靖，不克參加，悲痛逾恆。54 歲夏，慈母翟太夫人在濟南往生，又因國難未克奔喪，悲慟欲絕，並於寺延僧超度。後多以母難日（夏曆十二月七日）為興辦諸事業機構之成立日，足見居士孝思不匱之情。

總之，雪廬居士於抉擇期，受印祖道風影響甚深，正式進入佛門，開始皈依、受持五戒、菩薩戒，深研唯識，又同時接觸密與禪，終於抉擇以淨土持名念佛法門，為專修專弘之關鍵期，並初步展開弘法利生的生涯。

四、淬鍊期（57~89 歲）[52]

雪廬居士 57 歲時（1946 年 9 月），由四川重慶返抵南京，從奉祀官住京三載，於普照寺、正因蓮社等處講經說法度眾。58 歲

---

[52] 明倫社：〈李炳南老居士年表（二）〉，《明倫月刊》，364 期；〈李炳南老居士年表（三）〉，《明倫月刊》，365 期。以及陳雍澤：《雪廬老人儒佛融會思想研究》，台中：青蓮出版社，2006，頁 649~723.之附錄 24，「雪廬老人大事年表」。

時（1947 年 10 月），流亡十年，方回故鄉濟南。60 歲時（1948 年），神州變色，隻身浮海來臺，續任奉祀官府主任秘書，寓臺中。初居新生日報社巷內，繼居復興巷，再遷和平街，後寓正氣街。居士利用公務閒暇，展開弘法利生事業。

　　雪廬居士於此一時期，除前三年是在大陸弘法利生，自 60 歲後，皆是貢獻於台灣土地上。觀居士於此一時期，乃漸轉自行為主，化他為輔的階段，而趨入自行化他並重的階段。居士從 61 歲（1950 年）至 89 歲（1978 年）間，依止《梵網經》菩薩戒法，朝暮定課，深入三昧，且公務之餘，念珠不離手，遍弘大小經論四十多種。以一心念佛，正助雙修自度，以導歸淨土，萬善回向為度他[53]，實不離「廣學三藏教，不改彌陀行」之範疇。歸納此一時期之弘法利生事業，就形式上而言，有講經說法（包括儒佛經典）、興辦社團及道場（以講經說法、念佛、助念、放生為主）、辦理文教事業及機構（如雜誌社、廣播社、圖書館）、辦理社會慈善事業及機構（如育幼院、醫院、安養院）等。

（一）講經說法

　　就講經說法方面，雪廬居士六十歲來台後，即以講經說法為度眾之先務，以下表列其淬鍊期之講經說法活動。（包括宣講經典、法會開示、巡迴演講）

---

[53] 吳聰敏：〈寶島遍栽九品蓮──由《佛說阿彌陀經義蘊》管窺雪廬老人的淨土思想〉，《紀念李炳南教授往生 20 週年學術研討會會議論文》，台中：中興大學中文系，2006.4.8.，頁 166-167.

年歲	西元紀年	民國	講經弘法事蹟	備註
60	1949	三十八	4 月，即在臺中市居仁路法華寺開講佛法，是蒞臺首度正式說法。並於寺內設「施診處」，親自義診，接引聽經。5 月，於法華寺開講《心經》、《四十二章經》等，設圖書組，倡印《歧路指歸》、《光明畫集》、《無量壽經》、《學佛淺說》、《勸人專修淨土法門》、《龍舒淨土文》，編印《當生成就之佛法》、《佛說阿彌陀經摘注接蒙義蘊合刊》。並成立「放生組」，每月放生兩次。	浮海度台
61	1950	三十九	夏曆 1 月初八，法華寺舉行世尊成道慶祝會，居士受邀解說三皈意義。並行方便法，領眾皈依四川定光寺如岑法師。又講解皈戒意義時提及：「奉祀官府孔德成居士，擬派其至臺北任職。」聽眾聞已痛哭跪求「請老師勿棄我們！」居士深受感動。遂有創建蓮社之議。又至員林居士開演講佛學，講題為「佛教的本質」。又赴臺中監獄弘法，受聘為名譽教誨師。同年 2 月，於臺中靈山寺首次春季佛七中開示法要，至此每年皆應邀參加，直至 1986 年為止。又靈山寺星期念佛會舉辦佛學演講，居士應邀開講《無量壽經》。同年 4 月，隨中國佛教會臺灣省分會在中部巡迴演講。台中市北屯慈善堂及霧峰贊化鸞壇，原為一般神壇，因執事等常參加靈山寺、法華寺念佛、講經法會，受居士感化日久，均改而皈依佛陀，成為淨土道場。6 月起，至豐原慈龍寺、慈濟宮、龍意堂，台中寶善寺、二份埔慈善堂、彰化曇華堂、鹿港龍山寺等處弘法，大扇蓮風。	

62	1951	四十	2月，臺中市慎齋堂建堂二百周年紀念會，應邀講演，講題為「在世間出世間入世間的界說」。8月，於彰化曇華堂，開講《八大人覺經》。又赴鹿港龍山寺講演佛法。9月，靈山寺星期講經法會，《觀無量壽佛經》圓滿，續講《無量壽經優婆提舍願生偈》。10月，應臺中寶善寺邀請，每周末舉辦「佛學通俗講座」，訓練佛學講演人才。11月，於臺中市法華寺續講《佛說四十二章經》。	台中市佛教蓮社成立
63	1952	四十一	2月，夏曆正月初九，居士先在蓮社開講佛學，連續六日，爾後每周講經，率以為常。並舉行春節講演大會，及成立天樂班樂隊。4月，創辦「國文補習班」，義務傳授中華文化。禮聘孔德成、傅文平、劉汝浩諸師，講授論語。周邦道、許祖成二師，講授國文。居士則親授唐詩等課程，並親編《佛學常識課本》。9月，孔子聖誕，應邀至臺中市中山堂演講。11月，於法華寺、佛教會館講述「仁王護國經大要」。	
64	1953	四十二	5月，於臺中蓮社開講《阿彌陀經》，採教學方式，分科判段落，俾令弘法人員學習。6月，臺中蓮社與靈山寺合辦「佛學講習班」，第二屆開學，居士與周邦道、許祖成、劉汝浩、賴棟樑等任講師。8月，親率女子弘法團，至大甲、大安，慰問妮娜颱風災胞並宣揚佛法。	
65	1954	四十三	2月，於臺中慎齋堂開講《阿彌陀經》。3月，於臺中靈山寺開講《妙法蓮華經》。5月，應邀至屏東東山寺、鳳山蓮社、高雄連雅佈教所、岡山龍湖庵等處巡迴弘法。夏曆11月，在大寮坑樂生醫院講《佛說阿彌陀經》七天。	

66	1955	四十四	6月，臺中蓮社禮請斌宗老和尚，傳授菩薩戒，前後得戒者數百人。爾後常禮請懺雲老和尚於白月黑月，主持誦戒「布薩」盛會。每年舉行「佛七」數次，居士常親自主持，並殷切訓示。又隨章嘉大師至臺南、豐原等地協助弘法，並代表大師講演數次。	
67	1956	四十五	10月，在臺中蓮社開講「唯識境略舉」。	
68	1957	四十六	2月，基隆佛教蓮社落成，念佛七日，居士受邀開示佛七要義。並赴棲蓮精舍開示念佛法要，在桃園蓮社講述《大勢至念佛圓通章》，及新竹文雅佈教所說法座談。	
69	1958	四十七	5月，慈光圖書館開幕，兼任館長，開講《佛說尸迦羅越六方禮經》。爾後每周三晚間於此講經，直至往生前一月，未嘗間輟。約有《地藏菩薩本願經》、《阿彌陀經》《法華經普門品》、《大勢至念佛圓通章》、《普賢行願品》、《維摩詰經》、《金剛經》、《楞嚴經》、《圓覺經》、《八十卷華嚴經》等。又應聘靈山佛學苑教席。6月，私立中國醫藥學院成立，居士為創辦董事之一，受聘為兼任教授，授「黃帝內經素問」專課。7月，利用暑假為大專學生講授佛學概要，奠定慈光講座因緣。	慈光圖書館設立
70	1959	四十八	7月，各地大專學生，包括海內外僑生，聽完講授佛學概要後，踴躍要求成立慈光講座。11月，於臺中蓮社講授手編之「常禮舉要」，倡導禮節，以轉移社會風氣。	
71	1960	四十九	臺中靈山寺春季佛七開示。	
72	1961	五十	5月，創辦「慈光學術講座」，每週六晚上，於慈光圖書館，接引中部大專學佛青年。居士親編《佛學概要十四講表》為教材。於台中蓮社，主持每周日「大專青年佛學座談會」，為青年解惑。	慈光講座成立、慈光育幼院落成

73	1962	五十一	3 月，於慈光圖書館舉辦「慈光學術暨國學講座」，居士每週二講授《禮記》、週三講授《金剛經》。週六學術講座，由居士講授「佛學」及「唐詩」。7 月，應邀每週二晚間，往中興新村，介紹佛法。與會者均省府公務員及眷屬，約百餘人。日後成立「中興佛社」。賦詩〈題中興佛社〉紀念。10 月，對台中蓮社念佛班「四十八願會」蓮友，開示〈人生三苦〉。應「慎齋堂」邀請，自農曆十一月一日至七日，每天下午在該堂宣講《佛說八大人覺經》。應邀至中國醫藥學院大體解剖慰靈祭典演講，連續數年。撰〈壬寅中醫學院解剖公祭致詞〉講表，其後甲辰、乙巳、丙午、壬子、癸丑諸年，亦與祭並講演。	試辦佛眾菩提醫院
74	1963	五十二	1 月，撰寫〈《內經》摘疑抒見說明〉論文，獲得中國醫藥學院研究獎金。2 月，於慈光圖書館開講《地藏菩薩本願經》。5 月，主持台中蓮社霧峰佈教所落成典禮，對蓮友開示「安靜、改心、有恆。」12 月，應邀至中國醫藥學院「醫王學社」年會講演。	小型佛教菩提救濟院開幕
75	1964	五十三	1 月，元旦應慎齋堂之邀，宣講「唯識」三天。5 月，應中興大學（前台中農學院）「智海學社」邀請，講述〈東方哲學概述〉。	
76	1965	五十四	1 月，元旦應慎齋堂之邀，前往宣講《仁王護國般若波羅密經護國品》。5 月，應邀台中逢甲學院（今逢甲大學）「普覺學社」講演。6 月，每周二應邀至中興大學「智海學社」國學講座，講授《大學》、《中庸》、《曲禮》、《樂記》等課程。9 月，中興大學中文系成立，居士受聘為兼任教授，講授《大學》、《中庸》等專課。	

77	1966	五十五	4月，全國大專佛學社團聯誼會，假慈光圖書館舉辦中部「第一屆演講比賽」。講題「民族文化與國運」「青年應有的修養」，居士與周宣德等教授擔任評審。5月，慈光圖書館舉辦第七期大專佛學講座，居士講授《十四講表》課程。	大陸推行文化大革命。菩提醫院於大里開幕。
78	1967	五十六	11月，每週二應邀至中興大學「智海學社」，講授《禮運大同篇》。	
79	1968	五十七	1月，慈光圖書館結七念佛，每日前往開示，撰偈七首。7月，慈光圖書館舉辦第八期大專講座，共廿八天，學員約百名。居士講授《十四講表》、《阿彌陀經》、《古文》及《唐詩》。10月，每週三晚上於慈光圖書館開講《華嚴經》直至民國74年底，講至〈十回向品‧第九回向〉，全經未竟而往生。	
80	1969	五十八	1月，元旦應「慎齋堂」邀請，演講〈徹悟禪帥轉變因果開示〉。4月，「太虛紀念館」二樓，設為長期講經道場，居士作通俗講演五次。內容為〈佛法大意〉、〈佛法不離世間法〉，〈世間真相火宅不安〉、〈出要解脫〉、〈門餘大道〉。後即開講《佛說四十二章經》。5月，台中蓮社國文補習班第十八屆開學。居士於每週五講授「國文」。7月，慈光圖書館舉辦第九屆大專講座，共二十一天。居士講授《十四講表》、《阿彌陀經》，並撰〈慈光大專佛學講座第九屆開學講話〉一文。10月，為台中蓮社青蓮念佛班，講述〈《大勢至菩薩念佛圓通章》要義〉。	
81	1970	五十九	9月，於中興大學中文系夜間部講《詩階述唐》專課。一直講至92歲止。	菩提救濟院落成、明倫社成立

82	1971	六十	1月，元旦應慎齋堂之邀，開示〈西方合論修持門選講〉。2月，明倫社假臺中蓮社舉辦「第一期明倫大專佛學講座」，擴大接引學佛青年。為期二週，居士講授《彌陀要解》、《大乘起信論》、《實用講演術》等專課。又於善果林開講《觀世音菩薩普門品》。7月，明倫社舉辦大專佛學講座第二期，共三週。居士講授《十四講表》及《阿彌陀經》。8月，居士與臺中蓮社弘法人員赴桃園蓮社，弘法二天。	明倫大專佛學講座成立
83	1972	六十一	1月，元旦應慎齋堂邀請，開示〈已聞佛法不可空過〉、〈淨法解脫要義〉、〈念佛一心必知〉。2月，台中蓮社念佛班員假靈巖書樓打佛七，居士前往開示「信自、信他、信因、信果、信事、信理」。3月，為台北蓮友念佛團開示〈淨學知要〉。4月，台中水湳蓮社成立週年紀念，居士應邀慶賀並開示法要。5月，中國醫藥學院醫王學社十週年社慶，居士任指導老師，特往慶祝並演講「醫王學社十年紀念」。7月，明倫社舉辦第四期大專佛學講座，居士講授《十四講表》、《阿彌陀經》。並親題「白衣學佛不離世法，必須敦倫盡分；處世不忘菩提，要在行解相應」墨寶，嘉勉學子。11月，台中蓮社青蓮念佛班舉行三天佛法研習，居士講授《蕅益大師法語》。	
84	1973	六十二	7月，明倫社舉辦第六期大專佛學講座，為期一個月，居士講授《大乘起信論》。9月，居士應聘中興大學中文系佛學課程教授。編撰《佛學實況直介》講義。又赴台中體專講演《復興文化即是復興國家》專題。	
85	1974	六十三	4月，世界佛教友誼會副主席畢俊輝率「南洋大學佛學研究會港臺泰佛教文化考察團」	內典班成立

			十七人，來華訪問兩週，九日參觀臺中蓮社暨聯體機構，居士代表致歡迎詞。7月，明倫社舉辦第八期大專佛學講座，共二十一天，居士講授《十四識表》、《阿彌陀經》。8月，於「佛經註疏語譯會」內，附設「內典研究班」，為期四年，培養佛學人才。居士任導師，講授《彌陀要解》、《顯密圓通成佛心要集》、《八大人覺經》、《御批歷代通鑑輯覽》、《常禮舉要》等課程。	
86	1975	六十四	8月，受臺中監獄趙典獄長邀請，至臺中監獄弘法；爾後，每週五由弟子前往佈教。	
87	1976	六十五	1月，元旦應邀至慎齋堂，開示《彌陀要解》中「善根福德因緣」要義。2月，明倫社舉辦第十期大專佛學講座，講授《華嚴經》中之「慚愧二藏」與「國學提要」。3月，中慧念佛班結期念佛，開示「知果畏因宜謹慎，逢緣遇境好修行」。4月，在台中蓮社新建講堂，每週四晚上開講《法句譬喻經》。7月，明倫社舉辦第十一期大專佛學講座，共二十一天，講授《十四講表》及「國學提要」。	
88	1977	六十六	2月，明倫社舉辦第十二期大專佛學講座，共十天，講授《大勢至菩薩念佛圓通章》。7月，明倫社假慈光圖書館舉辦第十三期大專佛學講座，共二十一天，講授《十四講表》。每週四於台中蓮社宣講《四十二章經》。9月，在東海大學中文研究所，陸續講授《杜詩習知類選》、《李杜詩選》、《陶謝詩選》及《古詩十九首》等專課。	
89	1978	六十七	1月，元旦應慎齋堂邀請，開示〈雲棲法彙節要〉。臘八聞雷，賦〈臘雷〉詩，並開示蓮友，宜精進道業。9月，台中蓮社國文補習班第二十二期開辦，居士講授《禮記》。	

　　可以看出，雪廬居士從 60 歲至 89 歲，從未間斷講經弘法之職志，且以佛學為主，國學為輔，同時兼治醫學。除了對一般社會大眾演法外，亦以大專知識青年為弘化重點，將系統化之佛學灌輸於青年心中，使得佛法能大規模地被上層知識界所接受，對於佛法之推廣，貢獻良多。

（二）興辦社團及道場

　　就興辦社團及道場而言，主要使弘法有固定場所，並凝聚大眾力量，以下分別表列居士於淬鍊期之貢獻：

年歲	西元紀年	民國	興辦社團及道場	大事摘要
62	1951	四十	1 月，與周邦道、董正之、徐灶生、朱炎煌、張松柏等，籌組臺中市佛教蓮社，於庚寅臘月初七日，正式成立。社址暫設法華寺內，居士當選首屆社長。5 月，應屏東東山寺圓融師之邀，宣講《阿彌陀經》，並成立念佛會。6 月，台中蓮社假靈山寺召開臨時會員大會，商討社址問題，覺得南區居士所對面房屋為社址。7 月，由許克綏、朱炎煌施貲，購綠川南湄綠堤巷民舍一棟為社址，開始正式辦公。居士每逢星期一三五下午到社辦事。各念佛班，亦每月定時，借蓮社開會，研討佛學，親為解答。10 月，於台中蓮社成立男女二眾弘法團，男眾弘法於台中監獄，女子弘法於蓮友家庭。	臺中市佛教蓮社正式成立、設立念佛會、念佛班、成立弘法團
63	1952	四十一	臘月七日，禮請證蓮老和尚，傳授三皈五戒。12 月，撰〈參觀癩病樂生療養院因緣記〉，登載《菩提樹》呼籲各方捐助，籌建佛堂。兩年後新建佛堂落成，請居士命名，	棲蓮精舍成立、成立助念團

			曰「棲蓮精舍」。其後常受邀演講佛法。並於台中蓮社成立「往生助念團」。	
64	1953	四十二	6月，台中蓮社與靈山寺合辦佛學講習班第二屆開學，居士與周邦道、許祖成、劉汝浩、賴棟樑等任講師。8月，親率女子弘法團，至台中縣大甲、大安等地，慰問妮娜颱風災同胞，並宣揚佛法。	合辦佛學講習班、率女子弘法團弘法
66	1955	四十四	3月，撰〈為一個小佛國呼援〉，登載《菩提樹》，呼籲各界贊助樂生療養院「佛教徒醫療基金」，居士慨捐千元為倡。6月，台中蓮社禮請斌宗法師，傳授菩薩戒，前後得戒者數百人。以後常請懺雲法師於白月黑月，主持誦戒「布薩」盛會。7月，台中蓮社首次舉行佛化婚禮，居士應邀福證。10月，中華佛教文化館組識之「影印大藏經環島宣傳團」訪問台中蓮社，居士呼籲請購藏經，蓮友共訂四十餘部，為全省之冠。11月，桃園蓮社落成，居士受聘為名譽社長。	呼籲贊助佛教徒醫療基金、受戒誦戒、籲請購藏經、桃園蓮社落成
68	1957	四十六	2月，基隆蓮社落成，念佛七日，居士受邀開示佛七要義。	基隆蓮社落成
71	1960	四十九	1月，親赴霧峰、后里兩地，主持成立台中蓮社霧峰佈教所、后里佈教所。6月，台中蓮社紀念創社十週年，假慈光圖書館，舉辦「居家千人戒會」。禮請證蓮老和尚，傳授五戒、菩薩戒。	成立霧峰佈教所、后里佈教所，舉辦「居家千人戒會」
72	1961	五十	3月，台中農學院成立「智海學社」，居士致勉同學：學佛要從基層做起，有恆心，不疲不厭，能改造環境，知行合一。	「智海學社」成立
73	1962	五十一	6月，中國醫藥學院成立「醫王學社」，居士親臨祝賀，為第一任指導老師。7月，應邀每週二晚間，往中興新村，介紹佛法。與會者均省府公務員及眷屬，約百餘人。日後成立「中興佛社」，賦詩〈題中興佛社〉紀念。	「醫王學社」成立，成立「中興佛社」

74	1963	五十二	5月，主持台中蓮社霧峰佈教所落成典禮，對蓮友開示「安靜、改心、有恆。」9月，台中蓮社啓請居士以「名譽董事長及導師」身份，繼續領導聯體機構。	霧峰佈教所落成、居士任「名譽董事長及導師」
76	1965	五十四	7月，受印順法師等人之託，於大里菩提救濟院動土興建「太虛紀念館」，次年12月落成。	興建「太虛紀念館」
77	1966	五十五	5月，蒞臨中興新村，主持「中興佛堂」動土儀式。	主持「中興佛堂」動土儀式
81	1970	五十九	3月，設立「明倫社」於台中蓮社，專門負責接引大專青年。	設立「明倫社」
82	1971	六十	6月，菩提救擠院附設寶松和尚紀念療養院落成，特請省主席陳大慶夫人剪綵，省府社會處長邱創煥啓鑰，居士簡報承建經過。	寶松和尚紀念療養院落成
84	1973	六十二	6月，印祖舍利輾轉來台，供於菩提救濟院之靈巖書樓，居士前往參拜，設齋供養。	印祖舍利輾轉來台
85	1974	六十三	2月，承美佛會沈家楨之助，開辦「佛經註疏語譯會」，培養譯注人才。8月，於「佛經註疏語譯會」內，附設「內典研究班」，為期四年，培養佛學人才。居士任導師，講授《彌陀要解》、《顯密圓通成佛心要集》、《八大人覺經》、《御批歷代通鑑輯覽》、《常禮舉要》等專課。	開辦「佛經註疏語譯會」，並附設「內典研究班」
86	1975	六十四	3月，主持臺中蓮社改建工程動土典禮。5月，受周榮富委託成立「榮富文化基金會台中辦事處」，興辦多項文化慈益事業。	主持臺中蓮社改建工程動土典禮，成立「榮富文化基金會台中辦事處」
88	1977	六十六	12月，台中蓮社舉行重建落成典禮，居士致詞：（1）蓮社要務在研究學術，辦理社教、慈善事業。（2）在家人決不許傳授皈依、或收受供養。（3）應堅持戒法，不可變質。	台中蓮社舉行重建落成典禮

雪廬居士於淬鍊期，其於興辦社團及道場方面，最重要成立台中市佛教蓮社，以此而成立各地佈教所、念佛會（班）、助念團、成立明倫社、成立大專佛學社團等，使法音遍及各地，並為助念立下規矩與風氣，同時使佛法植入知識分子心中，致使今日佛法興盛，居士其功厥偉。

（三）辦理文教事業及機構

雪廬居士一生弘法利生，雖為弘揚佛法，實以文化為基礎，並以教育為方法，有別於一般純宗教立場，以招攬眾多信眾為目標，居士於淬鍊期興辦文教事業，實欲化導人心、轉移社會污俗為目標，茲表列示之：

年歲	西元紀年	民國	辦理文教事業及機構	大事摘要
60	1949	三十八	5月，於法華寺開講《心經》、《四十二章經》等，設圖書組，倡印《歧路指歸》等書。編印《當生成就之佛法》、《佛說阿彌陀經摘注接蒙義蘊合刊》。	佛經流通
61	1950	三十九	2月，《阿彌陀經義蘊》、《佛學問答》在《覺群》月刊連載。6月後，《覺生》取代《覺群》，居士任社長，撰「創刊辭」。《阿彌陀經義蘊》、《佛學問答》在《覺生》繼續連載。由賴棟樑等人發起，於法華寺舉行李炳南老居士講經壹週年謝恩會，並發行特刊。智雄師則在《覺生》撰文（紀念炳公老居士一年間的弘化工作）。12月，假法華寺舉行「印公大師入寂十週年紀念日」大會，主持上香，並撰祝文及〈印光大師圓寂十周年紀念回憶錄〉文。	以《覺群》、《覺生》月刊弘法，任該刊社長，祝文追悼印祖。

63	1952	四十一	1月於《覺生》撰〈敬對佛徒兼修龍華先天等教者進一忠告〉文。台中蓮社舉辦首次冬令救濟。並舉行春節講演大會，及成立天樂班西樂隊。於《覺生》撰載「素菜譜」，引人吃素學佛。3月，於《覺生》撰〈佛教代人受過四面楚歌〉文，消除外教對佛法之誤會。4月，創辦台中蓮社國文補習班，義務傳授中華文化。禮聘孔德成、傅文平、劉汝浩諸師，講授論語；周邦道、許祖成二師，講授國文，居士親授唐詩。並親編《佛學常識課本》。9月，孔子聖誕，至台中市中山堂演講中華文化，作〈四十一年孔子聖誕在中山堂講辭〉表。11月，辭《覺生》社長職。12月，撰〈《菩提樹》月刊創刊辭〉，提出五條編刊誓言：提倡淨土、勸導持戒、宣揚大乘教義、和平維護正法、灌輸愛國思想，文末附七律詩偈一首述志。佛學問答專欄，繼續在《菩提樹》連載。	創辦台中蓮社國文補習、撰〈《菩提樹》月刊創刊辭〉
64	1953	四十二	12月，撰〈《菩提樹》月刊一周年紀念感言〉，重申揀魔辨正弘護正法的決心。	重申弘護正法決心
65	1954	四十三	5月《菩提樹》雜誌聘居士為社長。10月，於台中蓮社倡辦「兒童德育週」，以正童蒙。在《菩提樹》撰文〈敬為在家眾新受菩薩戒諸尊進一言〉。12月，撰〈《菩提樹》兩周年本願重申與立場檢討〉，強調「弘揚淨土法門，建設人間佛教」立場不變。	任《菩提樹》雜誌社長、倡辦「兒童德育週」、為文強調「弘揚淨土法門，建設人間佛教」立場不變。
66	1955	四十四	4月，編撰教材，訓練台中蓮社二十位女青年，於佛誕節前舉行演講大會。10月，中華佛教文化館組識之「影印大藏經環島宣傳團」訪問台中蓮社，居士呼籲請購藏經，蓮友共訂四十餘部，為全省之冠。12月，撰〈檢討臘月八日《菩提樹》三周年紀念〉。	居士呼籲請購藏經

67	1956	四十五	1月，為《菩提樹》第三十八期撰寫〈卷頭語〉專欄，直至民國47年6月第六十七期為止。3月，籌備創建「佛化圖書館」。7月，居士偕章嘉大師、莫德惠、趙恆惕、孔德成、蔡運辰、周邦道、徐灶生、朱斐等共同具名，撰〈臺中佛教文化圖書館籌設緣起〉文。居士另撰〈籌建臺中圖書館樂捐啟文〉，登於《菩提樹》，呼籲各界隨喜功德。	為《菩提樹》撰寫〈卷頭語〉專欄、籌建「佛化圖書館」。
68	1957	四十六	5月，慈光圖書館（原佛化圖書館）奉教育部核准立案，為國內私立圖書館奉准之首例，眾推居士為第一屆董事長。	慈光圖書館（原佛化圖書館）奉教育部核准立案，居士為第一屆董事長。
69	1958	四十七	5月，慈光圖書館開幕，兼任館長，開講《佛說尸迦羅越六方禮經》。爾後每週三晚間於此講經，直至往生前一個月，除法體違和由弟子代講數次外，說法不息。又居士應聘台中靈山寺靈山佛學苑教席。6月，私立中國醫藥學院成立，居士為創辦董事之一，受聘為兼任教授，授《黃帝內經素問》專課。並將教學薪資所得壹萬元，以台中蓮社名義，獎助優秀學生。12月，推展兒童教育有功，榮獲台中市政府頒獎表揚。	慈光圖書館開幕，兼任館長。私立中國醫藥學院成立，居士為創辦董事之一。
70	1959	四十八	1月，撰〈新春敬為台中蓮友進一言〉。4月，創立《慈光半月刊》，俾各念佛班藉此觀摩、研究、進修。11月，撰〈重印學佛初階序〉。	創立《慈光半月刊》
71	1960	四十九	5月，撰〈創建台中市私立慈光圖書館碑記〉。8月，於《菩提樹》刊登啟事止謗，賦詩〈講學十年來者日眾因召嫉謗述懷〉。又撰文〈律航法師文鈔序〉云：「舍報前夕，夢赴蓮池海會，次日告人曰：『吾其去矣，召吾淨侶李居士來訣。』」余至，互證淨功，	撰〈創建台中市私立慈光圖書館碑記〉、於《菩提樹》刊登啟事止謗

			不及世態。再一日，安詳西逝。荼毗，得舍利一缽。吾道聞之，咸振奮焉。」。12月，賦詩〈吾師印祖涅槃二十週年追思〉十首，追仰印祖並自勵。	
72	1961	五十	2月，撰文〈新春敬向同修恭喜〉。5月，創辦「慈光學術講座」，每週六晚上，於慈光圖書館，接引中部大專學佛青年。居士親編《佛學概要十四講表》為教材。8月，台中蓮社舉辦國小、初中學童，免費暑期修身補習班。10月，辭台中蓮社董事長職，眾尊居士為導師。11月，辭慈光圖書館、慈光育幼院董事長職俾專心弘法。	創辦「慈光學術講座」，舉辦國小、初中學童，免費暑期修身補習班
73	1962	五十一	2月，《菩提樹》連載之〈佛學問答〉，集結出版。3月，於慈光圖書館舉辦「慈光學術暨國學講座」，居士每週二講授《禮記》、週三講授《金剛經》。週六學術講座，由居士講授「佛學」及「唐詩」。11月，因平日推行社會教育有功，與趙麗蓮博士、陳致平教授、郝更生博士四人，同獲教育部頒贈銀杯及獎狀。居士以事前未悉，不及婉謝。《雪廬詩集》開始在《菩提樹》連載。12月，應邀至中國醫藥學院大體解剖慰靈祭典演講，連續數年。撰〈壬寅中醫學院解剖公祭致詞〉講表，其後甲辰、乙巳、丙午、壬子、癸丑諸年，亦與祭並講演。撰文〈般若波羅密多心經講義再版序〉。	舉辦「慈光學術暨國學講座」、推行社會教育有功，獲教育部頒贈銀杯及獎狀。
77	1966	五十五	4月，全國大專佛學社團聯誼會，假慈光圖書館舉辦中部「第一屆演講比賽」。講題「民族文化與國運」、「青年應有的修養」，居士與周宣德等教授擔任評審。	舉辦中部大專佛學社團「第一屆演講比賽」
79	1968	五十七	五月，撰〈印光法師文鈔重刊序〉。7月，慈光圖書館舉辦第八期大專講座，共廿八天，學員約百名。居士講授《十四講表》、	第八期大專講座、《雪廬闡佛彙稿》列入

			《阿彌陀經》、《古文》及《唐詩》。12月，由「李炳南老居士八秩祝嘏委員會」，出版《雪廬述學彙稿》八種，為居士祝嘏。《雪廬闡佛彙稿》列入中華大典。	中華大典
80	1969	五十八	5月，台中蓮社國文補習班第十八屆開學，居士於每週五講授「國文」。5月，慈光圖書館舉行中部大專青年第二屆演講比賽，居士與周宣德等擔任評審。7月，慈光圖書館舉辦第九屆大專講座，共二十一天。居士講授《十四講表》、《阿彌陀經》，並撰〈慈光大專佛學講座第九屆開學講話〉一文。11月，主持台中蓮社國文補習班第十八屆結業典禮。	國文補習班第十八屆開學、舉行中部大專青年第二屆演講比賽、舉辦第九屆大專講座
81	1970	五十九	3月，設立「明倫社」於台中蓮社，專門負責接引大專青年。5月，詹氏基金會與臺中蓮社舉辦「中部大專學生佛誕講演比賽」，居士任評審。10月，創辦《明倫月刊》，闡揚中華儒佛文化。撰《零刊辭》，闡述「明倫」二字止義。	明倫社成立、舉辦「中部大專學生佛誕講演比賽」、創辦《明倫月刊》。
82	1971	六十	2月，明倫社假臺中蓮社舉辦「第一期明倫大專佛學講座」，擴大接引學佛青年。為期二週，居士講授《彌陀要解》、《大乘起信論》、《實用講演術》等專課。又於善果林開講《觀世音菩薩普門品》。4月，日月潭玄奘寺住持道安法師及陳子平居士來訪，讚揚《明倫月刊》為青年學子最佳精神糧食。5月，明倫社假臺中蓮社舉辦「中部大專同學講演比賽」，居士任評審。7月，明倫社舉辦大專佛學講座第二期，共三週。居士講授《十四講表》及《阿彌陀經》。12月，撰《淨土叢書序》。《菩提樹》出版二十週年紀念，居士撰銘文為頌。	「第一、二期明倫大專佛學講座」開辦、舉辦「中部大專同學講演比賽」
83	1972	六十一	7月，明倫社舉辦第四期大專佛學講座，居士講授《十四講表》、《阿彌陀經》。並	舉辦第四期大專佛學講座

			親題「白衣學佛不離世法，必須敦倫盡分；處世不忘菩提，要在行解相應」墨寶，嘉勉學子。	
84	1973	六十二	3 月，助圓弟子黃懷中（曾任風聲電臺臺長、董事長）開創「蓮友之聲」電臺弘法節目之願。撰文〈蓮友之聲開播宣言〉。後又增播「中華文化」節目，獲九所民營電臺聯播，開始展開空中弘法。5 月，中部大專佛學青年演講比賽，於慈光圖書館舉行，居士與蔡念生、呂佛庭等任評審。 7 月，明倫社舉辦第六期大專佛學講座，為期一個月，居士講授《大乘起信論》。	「蓮友之聲」開辦、第六期大專佛學講座
85	1974	六十三	1 月，慈光圖書館新建「藏經樓」，居士主持動土奠基。2 月，承美佛會沈家楨之助，開辦「佛經註疏語譯會」，培養譯注人才。3 月，成立「青蓮出版社」，專責出版、印贈儒佛典籍。7 月，明倫社舉辦第八期大專佛學講座，共二十一天，居士講授《十四講表》、《阿彌陀經》。8 月，於「佛經註疏語譯會」內，附設「內典研究班」，為期四年，培養佛學人才。居士任導師，講授《彌陀要解》、《顯密圓通成佛心要集》、《八大人覺經》、《御批歷代通鑑輯覽》、《常禮舉要》等專課。	開辦「佛經註疏語譯會」、舉辦第八期大專佛學講座、設立「內典研究班」。
86	1975	六十四	5 月，受周榮富委託成立「榮富文化基金會台中辦事處」，興辦多項文化慈益事業。6 月，創辦「蓮友子弟輔導團」於慈光圖書館，嘉惠蓮友子弟。	成立「榮富文化基金會台中辦事處」、創辦「蓮友子弟輔導團」
87	1976	六十五	2 月，明倫社舉辦第十期大專佛學講座，講授《華嚴經》中之「慚愧二藏」與「國學提要」。5 月，詹氏基金會、慈光圖書館、明倫社合辦中部大專學佛青年演講比賽，居士	舉辦第十、十一期大專佛學講座、舉辦中部大專學佛青

			任評審。7 月，明倫社舉辦第十一期大專 學講座，共二十一天，講授《十四講表》及 「國學提要」。	年演講比賽
88	1977	六十六	2 月，明倫社舉辦第十二期大專佛學講座，共 十天，講授《大勢至菩薩念佛圓通章》。5 月， 詹氏基金會、慈光圖書館暨明倫社舉辦中部 大專學佛青年演講比賽，居士任評審。 7 月，明倫社假慈光圖書館舉辦第十三期大專 佛學講座，共二十一天，講授《十四講表》。	舉辦第十二、 十三期大專佛 學講座、舉辦 中部大專學佛 青年演講比賽
89	1978	六十七	6 月，內典研究班四年卒業，主持結業典 禮，期勉學子學以致用奉獻社會。9 月，台 中蓮社國文補習班第二十二期開辦，居士講 授《禮記》。	內典研究班四 年卒業、國文 補習班第二十 二期開辦

　　可見，雪廬居士於淬鍊期內所辦理之文教事業，一部分則藉《覺生》等期刊雜誌以宣揚佛法；另一部分則實際創辦雜誌社、廣播社，辦理大專講座，開設國文補習班，創內典班，立佛學講演等方式，權巧度生，大開方便，以利益眾生。

（四）辦理社會慈善事業及機構

　　雪廬居士除講經說法、辦理文教事業外，於淬鍊期亦從事社會慈善事業，並成立相關機構，以暢菩薩慈悲濟世之本懷，茲列表示之：

年歲	西元紀年	民國	辦理慈善事業及機構	大事摘要
60	1949	三十八	4 月，於台中市法華寺開講佛法，是蒞台首 次說法。設「施診處」，親自義診，接引 信眾。5 月，於法華寺成立「放生組」，每 月放生兩次。	義診、放生

63	1952	四十一	2 月，台中蓮社舉辦首次冬令救濟。並舉行春節講演大會，及成立天樂班西樂隊。	辦首次冬令救濟
64	1953	四十二	8 月，親率女子弘法團，至台中縣大甲、大安等地，慰問妮娜颱風災同胞，並宣揚佛法。	慰問妮娜颱風災胞
66	1955	四十四	3 月，撰〈為一個小佛國呼援〉，登載《菩提樹》，呼籲各界贊助樂生療養院「佛教徒醫療基金」，居士概捐千元為倡。12 月，台中市保護動物協會，假台中蓮社舉行成立大會，居士受聘為監事。	呼籲各界贊助樂生療養院「佛教徒醫療基金」、台中市保護動物協會任監事
68	1957	四十六	6 月，流行性感冒襲臺，居士在台中蓮社義診施醫。	義診
69	1958	四十七	7 月，於慈光圖書館附設「慈光托兒所」。	設立「慈光托兒所」
70	1959	四十八	5 月，籌設慈光育幼院於瑞光街九號，專收孤兒，並受聘為第一任董事長。8 月，發動台中蓮友，響應救助八七水災受難同胞。	籌設慈光育幼院、響應救助八七水災受難同胞。
71	1960	四十九	7 月，主持國內第一所佛教慈光育幼院動土典禮。	佛教慈光育幼院，動土典禮。
72	1961	五十	6 月，慈光育幼院落成，盛況空前。附設慈德托兒所成立。居士題「長宜子孫」之塑膠錢袋，與觀禮者結緣。	慈光育幼院落成
73	1962	五十一	12 月，試辦「佛眾菩提醫院」。院址暫租於台中市台中路 26 號。	試辦「佛眾菩提醫院」
74	1963	五十二	4 月，小型佛教菩提救濟院於台中路開幕，並著手籌建「菩提救濟院」。10 月，中國醫藥學院附設中醫診所啟用，居士以中醫課程教授，與諸名醫，輪流前往應診。	小型佛教菩提救濟院開幕、籌建「菩提救濟院」
76	1965	五十四	4 月，主持菩提醫院動土典禮。	菩提醫院動土
77	1966	五十五	7 月，「菩提醫院」於大里開幕。10 月，主持菩提救濟院附設「安老所」及「功德堂」	「菩提醫院」於大里開幕、「安

			動土典禮，建物於民國六十一年落成。	老所」及「功德堂」動土
79	1968	五十七	7月，菩提醫院重新改祖，醫院積欠百餘萬元債務，均由居士典賣私產，設法償還。	解決菩提醫院債務，並重新改祖
81	1970	五十九	10月，菩提救濟院安老所落成，居士禮請臺灣省社會處長邱創煥蒞臨剪綵。	菩提救濟院安老所落成
82	1971	六十	6月，菩提救濟院附設寶松和尚紀念療養院落成，特請省主席陳大慶夫人剪綵，省府社會處長邱創煥啓鑰，居士簡報承建經過。	菩提救濟院附設寶松和尚紀念療養院落成

　　雪廬居士於淬鍊期，對於社會慈善事業，除了個人義診外，亦辦理冬令救濟、慰問災胞，並設立育幼院、養老院、醫院，以發揚佛陀慈悲濟世之胸懷。

五、圓熟期（90~97歲）

　　雪廬居士自90～97歲自行化他已臻於圓熟，從自行化他並重之淬鍊期，進入捨己以化他之外弘精神，期能圓滿菩薩度生志業。[54]於90歲前後（1979年），就世間法上，其講學方向，略有轉變，特重在立住人格基礎，以敦倫盡分為首務，如89、90歲仍講授《禮記》，並於91歲（1980年10月）創辦「台中論語講習班」，以培養弘揚文化人才，自91至92歲亦重講《論語・上論》，93歲講授《常禮舉要》，94歲講授《論語・下論》，[55]於94、95歲之第一、

[54] 吳聰敏：〈寶島遍栽九品蓮──由《佛說阿彌陀經義蘊》管窺雪廬老人的淨土思想〉，《紀念李炳南教授往生20週年學術研討會會議論文》，台中：中興大學中文系，2006.4.8.，頁167.

[55] 吳聰敏：〈寶島遍栽九品蓮──由《佛說阿彌陀經義蘊》管窺雪廬老人的淨

二屆論語講習班結業開示立住人格來學佛，特重品格教育，於
97 歲之寒假明倫大專講座，居士特別以《論語‧述而篇》之「志
於道，據於德，依於仁，游於藝」，勉勵學子以道德為首，自利
利他。

　　於佛法上，交待弘法者不宜談玄說妙，特重因果[56]，並指歸淨
土，如 89 歲元旦慎齋堂開示〈在家學佛之道〉，以〈雲棲法彙節要〉
警眾念佛，92 歲元旦慎齋堂開示〈往生問答〉，94 歲元旦慎齋堂開
示〈業相略舉〉，以澄清〈帶業往生〉之真相，95 歲元旦慎齋堂開
示〈修淨業須知、世間解簡述〉，96 歲元旦慎齋堂開示〈無眾苦受
諸樂〉，97 歲元旦慎齋堂開示〈極樂真詮〉，皆以淨土為歸。

　　於 92 歲（1981 年）對暑期明倫講座學員開示〈研求佛法之次
第〉，並導歸以極樂，94 歲（1983 年）為台北淨廬蓮友開示〈淨土
法門惟佛乃能究盡〉，96 歲（1985 年 5 月）對大專佛學社團之講習
活動開示〈淨念相繼〉，同年於暑期明倫講座開示〈大專生如何修
學淨土法門〉，亦見居士導歸極樂之用心。

　　於 95 歲（1984 年）新春，於華嚴講座開講前，特製「世出世
法，本立道生」為新年貢言，共講演十九次，達七個多月，藉以開
示蓮友，須深信淨土法門乃橫超生死出苦之捷徑，不為「消業往生」
所惑。[57]於 96 歲（1985 年 6 月 12 日）華嚴講座，講至第十回向之

土思想〉，《紀念李炳南教授往生 20 週年學術研討會會議論文》，台中：中
　興大學中文系，2006.4.8.，頁 166.

[56] 吳聰敏：〈寶島遍栽九品蓮──由《佛說阿彌陀經義蘊》管窺雪廬老人的淨
　土思想〉，《紀念李炳南教授往生 20 週年學術研討會會議論文》，台中：中
　興大學中文系，2006.4.8.，頁 166.

[57] 李炳南：〈新元講席貢言──世出世法，本立道生〉，《修學法要》，台中：
　青蓮出版社，1997.9.19.，頁 359.

「安住梵行」，居士依唐朝善導大師《觀無量壽經四帖疏》，講述淨土安心法門，普勸蓮友將心安住在「至誠心，深心，迴向發願心」。[58]又 97 歲（1986 年 3 月 19 日）住世最後一年，於前往生一個月之最後一次華嚴講座，講至《華嚴經》第十回向之「十法界無量回向」時，特別叮嚀「少說一句話，多念一句佛，打得念頭死，許汝法身活」，以為老實修行方能成功之秘訣。

除講經說法外，於 90 歲設立「明倫廣播節目供應社」，91 歲成立「台中論語講習班」，92 歲成立「國學啟蒙班」，94 歲創辦「台中蓮社動畫研習班」，後改名為「社教科研習班」，95 歲成立「明倫之聲」，96 歲「六吉樓」動土，可見居士至往生前，仍不忘為推動社會教育、發揚文化、培育人才而努力不懈。

雪廬居士一生以「廣學三藏教，不改彌陀行」，為其自行化他之信念。居士於往生一年前即預知時至，隨即召集台中蓮社及各聯體機構負責人訓勉之，又成立「內學質疑組」，答覆疑難，詳闡《阿彌陀經》要義，並安排各機構人事，期勉弟子能眾志成城。又自 95 歲（1984 年 12 月）至 96 歲，居士主動提議至各佈教所講演，普勸蓮友「信願堅固，老實念佛」，期能當生成就。又於 97 歲（1986年）元旦慎齋堂演講時，云：「明年換人講」，且殷殷垂勉大眾「要一心念佛」，更於新春後之華嚴講筵，叮嚀大眾：「少說一句話，多念一句佛，打得念頭死，許汝法身活。」並於最後一次之華嚴講座，對大眾說：「我到這裡為止，大家只要淨念相繼就對了。」往生前二天，由侍者鄭勝陽居士陪同，至本淨寺放生，並向阿彌陀佛行禮

---

[58] 李炳南：〈淨土安心法門〉，《修學法要》，台中：青蓮出版社，1997.9.19.，頁 535.

致意。於是夜告侍者：「我要走了！」4月13日（夏曆三月初五日）卯時，囑咐弟子：「一心念佛」，即於助念聲中，右手持念珠，現吉祥臥，如佛陀入涅槃相，安詳往生極樂國土。經助念二十四小時，並於五日後入殮，面容安詳如生，手足身軀柔軟，至6月8日，於慈光圖書館舉行公奠告別儀式，隨即至南投水里鄉福德寺，由會性法師主持荼毘大典，送別行伍達千餘人，感動天地。荼毘後，得舍利子千餘顆，殊勝異常。綜觀居士一生弘法利生，倡淨土念佛，末後亦預知時至、心不顛倒、正念分明，必親往蓮邦！居士一生言行合一，實為末世學佛親證之楷模。

六、小結

　　雪廬居士一生之學佛歷程及弘化事蹟，可以分述為五期：蘊育期主要學習世法為主，惟謗佛崇儒，後方悔悟。於奠基期內因身陷烽火，觀受是苦，感悟蝶飛翩翩，始萌解脫之念；後學唯識於梅光羲。於抉擇期則開始深入諸宗，並受印祖感召，抉擇淨土，為日後專修專弘之基礎，於此期以自行為主，化他為輔。至淬練期，則專修專弘淨土，大興度生方便，自行化他兼重。於圓熟期，則二利功圓，弘法特重人格教育，要人深信因果，並以堅固淨業為本，最後化緣已畢，示寂往生。觀雪廬居士一生由世間而出世間，感悟人生是苦，宿世善根萌生，又得遇善知識，終以自行化他為一生職志，論其一生功業，照耀千古，堪為後世典範。

　　以下羅列雪廬居士學佛歷程及弘化事蹟表解：

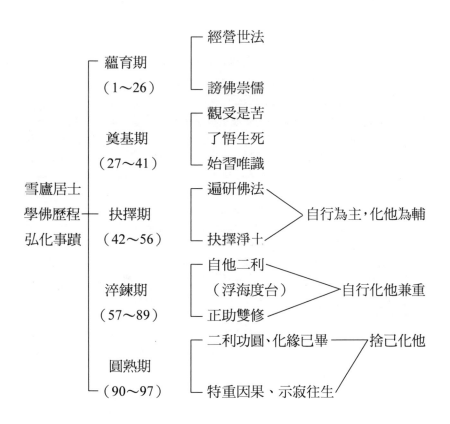

第三節　佛學重要著作述要[59]

一、總說

　　雪廬居士一生，勤於講學，縱於事務冗忙之際，每遇講席，必覓靜室，摒除萬緣，專意備課。故雖不以名山事業為重；然有德者

---

[59] 本研究以佛學思想為主軸，故雪廬居士其他著作，僅列其目，藉供線索之需：【儒學類】：（一）《論語講要》（二）《禮記選講》：《曲禮》、《禮運》、《學記》、《樂記》、《中庸》、《大學》、《月令》。（三）《中國歷史綱目表》【詩文類】：（一）《詩階述唐》（二）《雪廬詩集》（上）：上集收錄者計有五種，即：1.《爨餘稿》、2.《蜀道吟》、3.《還京草》、4.《發陳別錄》、5.《浮海集》。（三）《雪廬詩集》（下）：下集收錄者，計有二種，即：1.《辛亥續鈔・上・中・下》、2.《雪窗習餘》（四）《雪廬寓台文存》【其他類】：（一）醫學類：《黃帝內經選講》：此書收錄二篇，即：（1）《素問表解》，（2）《內經素問摘疑抒見》。（二）（遺墨類）：《雪廬老人題畫遺墨》（上）（下）此輯遺墨類有：題字、題畫、題書、題詞、斗方、橫披、中堂、聯對、函牘、信箋、詩稿、文稿、筆記、講表、藥方、便條、眉注等約二十種，分輯二冊。1、上輯內容為：1.聖像類，2.人物鞍馬類，3.山水類，4.花鳥類，5.刺繡類等五種。2、下輯內容為：1.題畫類，2.題辭類，3.墨寶類，4.其他類等四種。（三）書牘類：1、《李炳南老居士手札墨跡選輯》此輯收錄家書，及致法師、居士之函，與經書隨緣。或序天倫，或談事務，或示修持，或探玄義，皆能開啟覺心，深入經藏。亦可窺其待物之道、讀書之方，瞻其是儒是佛之風範也。2、《李炳南老居士復蔡榮華居士書函輯》蔡榮華居士僑居馬來西亞，為華胄子弟。1960年弱冠負笈寶島，入政治大學攻文學。參加首屆慈光大專佛學講座，蒙雪廬居士器重，多次為其授課，殷盼來日弘法海外。果不負所託，返馬成立佛教會、蓮社等道場，並常赴星、馬各地弘法。此輯收錄致蔡榮華居士之函札、墨寶、勉語、教學札記，並附照片多禎。雪廬居士一生講經宣教、講學弘法，皆注重當下悟道，當機獲益；故其著作，專書者，計有《弘護小品彙存》、《雪廬寓台文存》、《佛學問答》、《詩階述唐》、《雪廬詩集》等數部。另有講經、講學、講演之提要表綱，文約義豐，故待輯之資料尚多。

必有言，其隻字片語，煥發為文字般若，皆足振聾發聵，獨耀靈根。居士之講學，本諸古註，融貫諸家，捨疵用精；故言不虛發，詞不冗廢，創意迭生。或自編講表，目張綱舉；或眉批旁注，畫龍點睛。若謂其有所發明，輒曰「所見不出古人」，「吾如錄音帶耳」。其謙抑如此！至於居士之口宣者，由弟子筆錄，登諸佛學雜誌，為數亦不少，正陸續集結付梓。

　　就居士之佛學著作，包括已出版者及尚未付梓者，其中已出版之佛學類著作，表列如下：

雪廬居士重要佛學著作出版概況	
已出版之著作	未出版之著作
(一)《佛說阿彌陀經摘注接蒙・義蘊合刊》	(一)《佛說孛經講述筆記》
(二)《大方廣佛華嚴經講述表解》	(二)《法句譬喻經講述筆記》
(三)《講經表解上・下》	(三)《觀世音菩薩普門品講述筆記》
(四)《大專佛學講座初級教材》	
(五)《弘護小品彙存》	
(六)《佛學問答類編上・中・下》	
(七)《佛說四十二章經表注講義》	
(八)《無量壽莊嚴清淨平等覺經眉注》	
(九)《修學法要》	
(十)《雪廬述學語錄》	

　　總括雪廬居士之佛學著述，其性質大致分類為親筆著述類及弟子筆錄類。就親筆著述類，則可再細分為經典註解類、講座教材類、問答釋疑類及其他類。其中經典註解類，又包括：摘注類，如《佛說阿彌陀經摘注接蒙・義蘊合刊》；表注類，如《大方廣佛華嚴經講述表解》、《講經表解上・下》；眉注類，如《無量壽莊嚴清淨平等覺經眉注》。又講座教材類，如《大專佛學講座初級教材》。至於

問答釋疑類，如《佛學問答類編上・中・下》。最後，其他類則不為上述所歸類者，如《弘護小品彙存》。

　　至於弟子筆錄類，則括經典講述類及講說語錄類二類。其中經典講述類，包括：《佛說四十二章經表注講義》、《觀世音菩薩普門品講述筆記》、《佛說孛經講述筆記》、《法句譬喻經講述筆記》。又講說語錄類，包括：《修學法要》、《雪廬述學語錄》。

二、分述

　　以下謹依釋題、緣起、大義、特色四項重點，來闡述雪廬居士之佛學著作，其中釋題者，以題為一書之眼目，必先消釋停當，方收綱舉目張之功。又緣起者，以法不孤生，起必有因，識其緣起，可推知本書之作用。至於大義者，以掌握書之主體、宗旨，方能探驪而得珠，識其精義。最後，特色者，以匠心獨運之處，吉光片羽之文，使讀者善會知味。

　　（一）《佛說阿彌陀經摘注接蒙・義蘊合刊》

　　本書實際為《佛說阿彌陀經摘注接蒙》及《佛說阿彌陀經義蘊》二書之合刊本。茲分述之：

　1、《佛說阿彌陀經摘注接蒙》（簡稱《摘注》）

　　（1）釋題

　　《佛說阿彌陀經》，為釋迦牟尼佛於舍衛國祇樹給孤獨園所說。大要為稱讚阿彌陀佛不可思議之依報、正報功德莊嚴，並舉六方諸佛共同護念以勸進。經中明白指出淨土之三資糧為信、願、行；

並於行門中，特標持名念佛法門。本書即為《佛說阿彌陀經》之注解。用以接引初機，故名「接蒙」。至於書名「摘注」，因本書大多摘錄《阿彌陀經疏鈔擷補》[60]一書之注解。

（2）緣起

本書之作，乃因雪廬居士避寇巴蜀，受太虛大師之邀，往雲頂寺等處講說《阿彌陀經》。居士深覺《阿彌陀經》之注解甚多。古注之中或明乎心性、或圓其事理、或判科精嚴、或析句詳盡，分枝吐芳，皆有獨到之處；可惜，初學研究，則力有未充。近人雖有直解、句解、白話等著作，非傷之繁，即病乎略。故採用《阿彌陀經疏鈔擷補》為藍本，而摘錄疏釋；以言淺旨備，繁簡適中為原則，作為接引初機之注解。[61]

---

[60] 《阿彌陀經疏鈔擷補》：（明）蓮池袾宏大師注解《佛說阿彌陀經》而成《阿彌陀經疏鈔》，六卷，十三萬餘字。卍字續藏第三十三冊。文廣義豐。（清）徐槐庭，擷而簡之，成《阿彌陀經疏鈔擷》，一卷，一萬餘字。並分經文為十二分：法會證眾分第一、佛土依正分第二、寶樹蓮池分第三、天人供養分第四、禽樹演法分第五、佛德無量分第六、往生發願分第七、修持正行分第八、同讚勸信分第九、聞法信願分第十、互讚感發分第十一、流通普度分第十二。（民國）徐珂，復增而補之，成《阿彌陀經疏鈔擷補》參毛惕園編：《淨土叢書》（一），台北市：台灣印經處，1972.4.，頁 15-33.書中引注十餘種，有：1.《阿彌陀經義記會本》，（隋）智顗說，灌頂記；2.《阿彌陀經通贊疏》，（唐）窺基；3.《佛說阿彌陀經義疏聞持記》，（宋）元照述，戒度記；4.《阿彌陀經句解》，（元）性澄解；5.《阿彌陀經略解圓中鈔》，（明）大佑述，傳燈鈔；6.《佛說阿彌陀經疏鈔》，（明）袾宏述；7.《阿彌陀經疏鈔演義》，（明）古德演義；8.《阿彌陀經略註》，（清）續法錄註；9.《阿彌陀經直解正行》，（清）了根纂註；10.《阿彌陀經摘要易解》，（清）真嵩述；11.《佛說阿彌陀經要解》，（明）智旭解；12.《佛說阿彌陀經要解便蒙鈔》，（清）達默鈔；13.《修西定課》，（清）鄭澄德、鄭澄緣注。雪廬居士之《摘注》，乃依《阿彌陀經疏鈔擷補》而簡化之。

[61] 《佛說阿彌陀經摘注接蒙》弁言：「（古德）競起宣揚。代有注釋。求其義

（3）大義

　　本書大義，仍承接明‧蓮池袾宏大師《阿彌陀經疏鈔》所標舉：
「一心不亂，為一經要旨」。《佛說阿彌陀經摘注接蒙》云：「一心
者，專注正念也；不亂者，不生妄念也」，「當前一念，是心是佛，
不生雜想，不昏沉掉舉，是謂一心。不為一切外境所奪，是謂不亂。」
（頁57）此可謂一心不亂之最精切注解，亦是一書之大義。

（4）特色

　　① 採取《彌陀疏鈔擷補》為藍本。因《擷補》析句解釋，
　　　 簡而易明；語錄古德，要而有本。
　　② 依《擷補》分經為十二分，便於初學研究。
　　③ 凡經文有顯明易解之句，古注略而不注者，加以疏順補釋。
　　④ 凡古注中或理涉深奧、或言及名相者，則加以注釋。
　　⑤ 名相術語，非片言可解者，另列附表於後。
　　此外，本書之注解有特別精彩獨到處，茲錄二則於下：
　　① 解釋「經」云：「經通五塵為體」

　　《佛說阿彌陀經摘注接蒙》：「又經通五塵為體。此方只具三
　　塵。謂文經。語經。即觸塵為經。文經即色塵。語經即聲塵。
　　若禪宗棒喝之教。喝即聲塵。棒即觸塵也。他方如香積國即

　　　句通詮。言淺旨備之作。愧予譾陋。而竟未獲覯焉。近人雖有直解句解。
　　　白話等著。非傷之繁。即病手略。其於啟蒙之功。總未覺其盡洽。蘆橋之
　　　役。避兵入川。時應淨侶之邀。各地開演。因取疏鈔擷補。作為範本。根
　　　雖等差。語尚契眾。積久集其摘錄。遂成卷帙。至經中未釋之文。妄僭補
　　　足。間亦旁引他書。附加考證。名數則列表另疏。為免畏繁生厭也。稿脫
　　　自視。堪助初機。

以香塵為經。彼國眾生聞香。便能悟道故。又西方彌陀國土。即具五塵為經。若是。經之一字。又豈文字言語哉。凡使此心悟道契理者。皆是經也。拈來一法無非是道。禪宗不立文字。蓋有其由。是故一香一色皆經教矣。」（頁 20）

②　解釋「今現在說法」云：今指此土，現在指彼土

《佛說阿彌陀經摘注接蒙》：「今現在說法，《疏鈔擷》佛皆度生。指度生之軌曰說法。正當釋迦說法之時。彌陀亦在彼說法。【按】今指此土。現在指彼土。文不重複。」（頁 36）

2、《佛說阿彌陀經義蘊》（簡稱《義蘊》）

（1）釋題：

本書乃將《佛說阿彌陀經》經文中含蘊之義理，闡而發之。如《義蘊》〈小引〉所言：「本編所述。專為經文含蘊。偶舉片羽。可想吉光。冀人咸知本經構造。表裏精微。事理法軌。攝無不盡。從生尊重。藉堅信行……」（頁 131）

（2）緣起

本書為雪廬居士寓居渝州，時往親炙梅光羲大士。聞大士之同門道友，妄議《阿彌陀經》：或認為此經專契下根鈍機；或謂此經文理不通；或曰佛未說法，但如廣告宣傳。居士乃發憤著述《義蘊》；一以暢論經中妙義，破諸迷惘；一以師法天親，興教補前謗法之愆，並為謗此經者，普作懺悔。一如《義蘊》〈小引〉：「本經文法。更為奇特。不談玄妙。然無一處不含玄妙。深者見深得深。淺者見淺得淺。亦可謂三根普被之絕妙文章。惜乎減劫之時。眾生福薄。或

文字障重。或我慢貢高。胸橫成見。未曾深求。輒對經文。妄生誹謗。遂使大好慈航。不肯乘渡。區區悲若輩惶惑。兼悲經道蹇遇。是述義蘊之動機也。」（頁131）

（3）大義

本書亦與《摘注》同以「一心不亂」為大義。書中論一心不亂之義甚詳，且有「功一心不亂」與「行一心不亂」之別。所謂「功一心不亂」者：即是定功「等持」，此處廣引修止得定次第以釋。

甲、修止九行相

① 内住：最初攝所緣，繫於內心。

② 等住：相續內緣，心動漸細，等似於住。

③ 安住：若念外馳，即復斂念，令其安住。

④ 近住：經上三度，能令心不外散，常依所念而住。

⑤ 調順：由於所緣色等散心起過患想，而調伏其心，令不流散。

⑥ 寂靜：由於所起惡覺散心深見過患，而攝伏其心，令不流散。

⑦ 最極寂靜：所有散心率爾起時，即便制伏，令不更起。

⑧ 專注一境：於此精勤加行，無間無缺，相續安住勝三摩地。

⑨ 平等攝持：如是善修習故，不由加行，遠離功用，定心相續，離散亂轉。

　　此九種行，初之四行，為一階段。從第五起工夫漸深。至第七又為一階段。此後發起身心輕安。至第九而等持成矣。

　　乙、定有三義：

> ① 等持（三摩地）：心住一境。平等維持。但於境轉故通定散兩位。
>
> ② 等至（三摩缽底）：身心安和謂之等定。能令至此平等位。是定非散。
>
> ③ 等引（三摩囉哆）：謂等至之心。能引功德。亦是定非散。

　　《義蘊》云：「觀此則修止至第九行相。方入等持。或謂持名至一心不亂。即同等持。而等持既通定散兩位。實非深定。已操往生左券。較諸通途法門。難易判然。果能心念口誦耳聽。不必如止觀次第而進。一入手便自超等持矣。縱不至此境界。只信願具足。亦得往生。不過仍希眾生取法乎上而已。」（頁 161）

　　其次解釋「行一心不亂」，《義蘊》云：「萬事隨緣，不取不著。厭離娑婆，息心淨土。一句洪名，不事雜修，是為一心。富貴不淫，貧賤不移，威武不屈，恩愛不牽，怨讎不憎，此身尚覺為累，況乎身外，是為不亂。念常爾者，是此土機緣已斷，淨域蓮胎已成矣。」（頁 162）

　　（4）特色

> ① 約注經體例：此為經注之注，是融會各家見解，參酌一己之得，不訓字詞，只闡述各段的旨趣。

② 約揭示密義：洞見本經，文法奇特。經文似只敘述樂邦
　　諸事，依正二嚴，及此土眾生，往生條件，毫無玄妙。
　　實則無一處不含妙理。所謂淺深自見，各蒙法益。此即
　　符合淨土念佛法門「三根普被」之宗旨。

（二）《大方廣佛華嚴經講述表解》

（1）釋題

　　「大」以曠兼無際，「方」以正法自持，「廣」則稱體而週，「佛」
謂覺斯玄妙，「華」喻功德萬行，「嚴」謂飾法成人，「經」乃注無
竭之涌泉，貫玄凝之妙義，攝無邊之海會，作終古之常規。本書是
雪廬居士於講述《大方廣佛華嚴經》時，所編寫之講表。為助說者
講解，亦助聽者理解。

（2）因緣

　　雪廬居士宏闡淨土法門，常云「阿彌陀經是小華嚴經[62]，華嚴
經是大阿彌陀經」，因阿彌陀經所說，皆是阿彌陀佛之境界，即是
十方諸佛之境界。為令淨土行者，深入教理，信心堅固，乃於民國
五十七年十月起，至民國七十五年三月止，每週三於慈光圖書館，
開講「華嚴經」，講至〈十回向品之第九品〉，未竟而往生。

---

[62] 《李炳南老居士全集・雪廬述學語錄》，〈彌陀經為小華嚴〉，頁 153：華嚴
　　經演自毘盧遮那，即是法身所說。而法身橫遍十方，豎窮三際，故十方三
　　世無不有法身演說大法，第以凡夫如盲如聾，不能聞見耳。……今聞華嚴，
　　乃知西方淨土無處不是彌陀法身，亦無處不是彌陀說法，故可謂「彌陀經
　　為小華嚴」。

（3）大義

天台宗隋朝智者大師，判定釋迦佛一代時教，有「五時說法」之談，第一時即「華嚴時」。佛初成道，首先開講之法，即是華嚴毗盧遮那法界之大法。是從一真法界自性清淨心中，所流露出來之無上妙法，揭示佛果德中之境界，及成就佛道之菩薩因行。在座有五千比丘，不解玄理，退席而去，故有日照高峰[63]之喻。蓋初昇旭日唯照高山，山谷丘陵，仍處暗冥。故華嚴經乃經中之王[64]，無盡教海，皆從此經流出，所謂「無不從此法界流，無不還歸此法界」宋・溫陵法師《大方廣佛華嚴經要解》云：「此經所詮，以毗盧法身為體，以文殊妙智為用；依智斷習，則普賢妙行為因；習盡智圓，則補處彌勒為果」，又華嚴經於最末入法界品，普賢菩薩既為善財童子稱歎如來勝功德已，復說十大願王導歸極樂世界，是此經之重要指歸。

（4）特色

本書之注解，以唐・清涼國師澄觀之《華嚴經疏鈔》為主。雪廬居士依其科判脈絡及注釋文字，編成表解，綱目清晰，務使講者有序，聞者了然。本書於講表之外，另有紅色旁註及眉批，乃雪廬居士講前備課之作。或為補充文意，或為提示要旨，或為指歸淨土；

---

[63] 此喻出自晉譯《華嚴經・性起品》34 卷說：譬如日出先照一切諸大山王，次照金剛寶山，然後普照一切大地。此意即全部佛典，可按佛說之時間先後次第，分五時期；第一華嚴時，第二鹿苑時（或稱阿含時），第三方等時，第四般若時，第五法華涅槃時。參：潘桂明・吳忠偉：《中國天台宗通史》，南京市：江蘇古籍出版社，2001.12.1.，頁 185.

[64] 清・楊文會：《楊仁山居士遺著，十宗略說》，台北市：河洛圖書出版社，1973.12.，頁 336.

總令機理雙契，言不虛發，聞不唐捐；而每次講筵必會歸淨土，更為修行者之南針圭臬。《華嚴經》是圓頓大法，專為法身大士說一生成佛之理，文末竟以普賢菩薩之十大願王，引領華嚴海眾菩薩，往生極樂世界。故研習華嚴，更能深明淨土法門之殊勝。雪廬居士之華嚴講座歷時十八載，為其一生主講一經最久者，講述的表解集為一鉅冊，可見雪廬居士於華嚴修學之勤，與用心之深[65]。

（三）《講經表解上·下》

（1）釋題

雪廬居士講經，好隨文編寫講表。依表研求，次序井然，有條不紊。一方面幫助講者解說，一方面幫助聽者理解。本書收錄雪廬居士一生講經所留存之部分講表及筆記，有上、下二鉅冊，尚有未及收錄者。約此以蠡窺海，亦可推之其研教既博且深也。

（2）緣起

本書所錄各經，講述皆有因緣。如：

① 為振興倫常，故講《六方禮經》。

② 為修身齊家，故講《玉耶女經》。

③ 為厚培善根，故講《四十二章經》、《佛遺教經》、《八大人覺經》

④ 為提倡孝道，故講《地藏經》、《盂蘭盆經》。

---

[65] 居士每逢周三經筵，是日均摒除外務，閉關於慈光圖書館之藏經閣，俾深入於教海。數十年不間斷。其重法、敬事之心，類此。

⑤　為增強信願，故講《阿彌陀經》、《普賢行願品》、《無量壽經》、《觀無量壽經》。

⑥　為蕩滌情執，故講《金剛經》、《般若心經》。

⑦　為開解圓慧，故講《圓覺經》、《楞嚴經》

⑧　為助發悲心，故講《觀世音菩薩普門品》

⑨　為融通性相，故講《大乘起信論》。

⑩　為入佛知見，故講《妙法蓮華經》。

（3）大義

本書為弟子祝賀雪廬居士八十大壽時所彙集，計收錄講經表解四十三種，其中有一經宣講多次者，實計經論二十八部。其編排大體依天台五時判教（華嚴時、阿含時、方等時、般若時、法華涅槃時）之原則歸類，唯其次序則先小乘後大乘，且將論頌另歸一類，茲列於下：

①　阿含時：《尸迦羅越六方禮經》、《玉耶女經講表》、《佛遺教經筆記》、《阿難問事佛吉凶經筆記》、《佛說摩訶迦葉度貧母經筆記》。

②　華嚴時：《大方廣佛華嚴經入不思議解脫境界普賢行願品記（加眉注）・筆記》、《大方廣圓覺經筆記》。

③　方等時：《佛說大乘無量壽莊嚴清淨平等覺經講表》、《無量壽經筆記・講述提要》、《無量壽經優婆提舍願生偈論》、《阿彌陀經筆記（加眉注）・講表・材料》、《觀無量壽佛經筆記》、《地藏菩薩本願經筆記》（加眉注）、《首楞嚴經講述表解》（加眉注）、《大勢至菩薩念佛圓通章筆記》（加眉注）、《維摩詰所說不可思議解脫經筆記》（加眉注）、《大

方便佛報恩經發菩提品筆記》、《盂蘭盆經講表》、《佛說四
十二章經表解・筆記》、《八大人覺經講錄》。

④　般若時：《金剛般若波羅密經講述筆記》（加眉注）、《仁王
護國般若波羅密多經概述・護國品筆記》、《般若波羅密多
心經筆記》。

⑤　法華涅槃時：《妙法蓮華經筆記》、《妙法蓮華經觀世音菩
薩普門品筆記（加眉注，白話講錄，講表・求實鈔)》。

⑥　論頌：《八識規矩頌筆記》、《大乘起信論講表・五分體系
略表》、《始終心要講表》。

（4）特色

①　叢林講經，入文之前，先談玄義，或依天台五重玄義，或
採華嚴十玄門[66]。今少採十玄，多依五玄，求簡要故。亦
有不取五玄，然必釋經題，經之眼目故，餘四則以「內容
大意」括之，如《阿彌陀經筆記》之文：

（甲）釋題；（乙）內容大意：◎性質（圓融三諦法性實相），
譬轉花筒；◎宗旨（以信願行三要為修法）；◎作用（往生
出要不退成佛）◎教相（大乘圓頓三根普被四期通流十方共
贊）。[67]文中內容大意，仍具四玄之意，概觀機而行，權變
而不失法度。

---

[66]　圓瑛法師曰：天台宗解經總以五重玄義在前，賢首宗解經則用十門分別居
先，此乃二宗解經之家法也。見《阿彌陀經（藕益大師）要解（圓瑛法師）
講義》，台中：青蓮出版社，1982.11.，修訂初版，頁 32.

[67]　《李炳南老居士全集・講經表解上》，頁 308.

② 講述《普賢行願品》不取十玄門，而依五重玄義，可見雪
廬居士不囿於門戶之見，而以契機說法為要。

③ 五時教典，應機而施，聞者咸蒙法益，故知雪廬居士深入
經藏，性相圓融，諸宗並闡，導諸行人入佛知見；誠所謂
「廣學大藏教，不改彌陀行」之實踐也。

（四）《大專佛學講座初級教材》

（1）釋題

民國五十年，雪廬居士首創為全國大專青年，開設佛學講座。
初期於慈光圖書館上課，名為「慈光講座」；後期成立明倫社，改
於台中蓮社上課，名為「明倫講座」；統稱「大專佛學講座」。講座
分初級班（暑假開課）、高級班（寒假開課），此教材為雪廬居士專
為大專學佛青年所編寫之初級班佛學教材。

（2）緣起

本書內含六種課程，乃民國五十年，雪廬居士為全國大專學佛
青年，創辦佛學講座並親自編訂此書。爾後，各期佛學講座，皆奉
以為圭臬。書中所列六門功課，由雪廬居士及弟子分任講授，其中
《十四講表》必定親講，因此教材為雪廬居士採擷經論，如實介紹
佛學真義之書，亦積其學佛數十年心得之心血結晶也。例如：《十
四講表》〈介言〉曰：「所幸各大專同學，猛發深省，自動起來研究，
可憐三藏十二部，浩如煙海，不知何處可入，難以滿他的求知欲。
這才編了這份十四表，明佛學內容是什麼？怎樣學？怎樣行？得什
麼結果？依經教規範，依科學方法，也含有倫理的成分，概不空發

議論。使人學一句，得一種法門，省時間，得實用。」由此段文字亦可管窺雪廬居士編寫本書之緣起。

（3）大義

本書分六種教材，略述如下：

甲、《佛學概要十四講表》：

透過十四張講表，將整個佛學作一概述，可說是最精備的佛學概論。

〈第一表：先明佛義〉：佛是覺悟了無窮無盡宇宙人生的智者，自己如此，也慈悲教導眾生如此。

〈第二表：研究佛學需先略知別相〉：學習佛陀的教導，應先具備如下之信心：宇宙人生的疑問，都可以在佛法中找到答案；宇宙人生的困境，都可以在佛法中獲得解決。其次應進一步了解，佛法在解釋宇宙人生時，所運用的基本規則（八個基本規則分為三組）。

〈第三表：消除幾種誤會〉：對於佛學的誤會，往往起源於對宇宙人生的錯誤觀察。

〈第四表：人生當前之所受（觀受是苦）〉：正確的人生觀為何？仔細觀察人生當前的感受，會發現本質上充滿了痛苦。痛苦，來自於從前的惑業，更引生出新的惑業。人生，不停地在惑業苦中流轉。

〈第五表：人生三際之抉秘（十二因緣）〉：眼光放遠來觀察，前世、來生，同樣在惑業苦中流轉不停。苦是結果，惑業是因緣。生命輪迴與因果業力，是人生的真理。

〈第六表：宇宙有情概況〉：正確的宇宙觀為何？可分兩方面觀察：一、有感知的動物界（有情）。二、無感知的植礦物等（器界）。

觀察動物界，可發現如下之情況：負面業力引生低層次存在形式——畜生、餓鬼、地獄。正面業力引生高層次存在形式——天、人。

〈第七表：宇宙器界概說〉：透過器界之觀察，可以發現宇宙是廣大無邊的。其中，心靈層次愈高，所受時空限制愈少，而煩惱除盡，則完全不受時空限制。

〈第八表：內容設施梗概〉：了解宇宙人生真相之後，尚須研究解決宇宙人生困境之方法，並加以實行。在佛陀的教法中，指導了極為詳盡的方法，其總綱領為：戒（正確的生活方式），定（寧靜的心靈狀態）、慧（清明的觀照抉擇），而詳細內容則記載於經律論三藏之中。關於方法的實行，應遵守如下原則：諸惡莫作，眾善奉行，自淨其意。學佛者對於方法之了解（解門）與實行（行門），應該同等重視。

〈第九表：方便五乘解脫〉：綱領原則雖然不變，但因程度上的差異，在了解與實行佛法時，分出五個層次（五乘）。

〈第十表：五戒十善〉：五戒十善是人天乘，指導我們累積正面的功德，提昇心靈層次，避免低層次的存在形式。然而，光是累積正面功德，並不究竟。向解脫邁進，才是學佛者應行的道路。

〈第十一表：四諦十二因緣〉：四諦十二因緣是小、中乘，指導我們超越時空的束縛，得到初步解脫。

〈第十二表：六度萬行〉：六度萬行是大乘，指導我們以無我利他的胸懷來開發慈悲與智慧，而契入菩提覺悟。得到究竟解脫。

〈第十三表：行門中一特別捷徑〉：在邁向解脫的菩提路上，靠自力有二層困難：一者斷惑難：惑本身難斷；未斷惑，要行菩薩道，甚難。二者時間長：自力斷惑，須時甚長；行菩薩道，要生生世世不退以圓滿佛果，尤難。因此，凡夫學佛修行，亟需一特別捷

徑。所謂「特別」在於具備二力（佛力、自力），只要深信切願，持佛名號，縱未斷惑，亦能蒙佛接引，往生淨土。當生便能免除低層次存在之威脅，進而解脫時空之束縛，開發慈悲智慧覺性。

〈第十四表：吾人應有之警覺〉：既知宇宙人生之真相，又得解決困境之方法，若不能讓佛法對於吾人生命產生正面影響（免除低層次之威脅，解脫時空之束縛，開發慈悲智慧覺性），則此生豈非虛度？

乙、《佛說八大人覺經（附表）》：

判釋八覺含攝大小乘教理，是其創見。前一、二覺，為小乘人斷見思惑，證阿羅漢果之法門；後六覺為大乘法，依序配合禪定、精進、智慧、布施、持戒、忍辱等六度。而以進趣菩提，速登正覺，永斷生死，常住快樂為終極目標。

丙、《唯識簡介（附百法明門講表）》：

以「識原於性」、及「萬法唯識」為綱領。「識原於性」討論法性及心識，並說明心識之三能變：初能變（第八識）、二能變（第七識）、三能變（前六識）。「萬法唯識」說明諸法之相用，千差萬別，皆由識之四分（相分、見分、自證分、證自證分）生起。其中，以能緣為主的後三分，有現量、比量、非量三種量，以所緣為主的相分，有性境、帶質境、獨影境三種境。了解唯識之教理，更要透過唯識修觀而返源歸本。唯識修觀以三性觀法為主。簡言之即於一切依他起性之萬法上，遠離一切遍計所執性，即能當下契入萬法本具之圓成實性。然此三性觀法，非一蹴可幾，故分五重次第。觀成，則能轉識成智，遣相證性。

丁、《般若波羅密多心經（附表）》：

雪廬居士以天台宗五重玄義的法度，把一部心經深奧幽玄的道理勾勒出來，而讓研究者得一概括性的認識。

本經五重玄義如次：

① **釋名**——本經為七例選題當中的法喻立題，法就是教法，指「般若」，喻是比喻，指「波羅蜜多」，「心」是法喻兼具。

② **顯體**——顯示此經內容主體，亦即一經指歸的處所。般若心經以「實相」為主體，是為「實相般若」。究其實，大乘經典都是以一法印實相為主體。

③ **明宗**——如何達到經體所示之處所？要靠修行。明宗即是修行的宗旨，是主要的修行辦法。此經以一心三觀為宗，空、假、中三觀在一心中得，也就是「觀照般若」。

④ **辨用** 辨明依此經修行之功用。此經以自度度他為功用。即經文所云「度一切苦厄」。一切痛苦、災厄，皆能消除。而苦厄之中，最嚴重的是「生死」，包括分段生死及變易生死。二死永亡，一切苦厄就沒有了。這是本經最大的功用。

⑤ **判教**——判別教相。天台智者大師，以五時八教，判釋東流一代聖教。時間分為五時：華嚴（乳味）、阿含（酪味）、方等（生酥味）、般若（熟酥味）、法華涅槃（醍醐味）。教法分為化法四教（藏、通、別、圓）；化儀四教（頓、漸、秘密、不定）。本經：約五時——般若時，約化法——帶通別，正說圓教，約化儀——漸教之終，約五味——大乘熟酥味。

　　戊、《佛說阿彌陀經略記》：

　　經文之三分科判，採用明・蕅益大師《彌陀要解》之說。並以序分中之經文「從是西方過十萬億佛土，有世界名曰極樂；其土有佛，號阿彌陀；今現在說法」建立正宗分之三綱領：依報莊嚴、正報莊嚴、說法莊嚴。正宗分分為四段，前三段即序分所提三綱，總以說明極樂世界，「無有眾苦但受諸樂」：無有生老病死之八苦，但受天時、地利、人和，食衣住行自在及聞正法、得正念之樂。第四段則標舉往生法門：多善根福德及信願持名之要義。

　　己、《華嚴經普賢行願品》：

　　舉十大願王，導歸極樂：

　　一者禮敬諸佛、二者稱讚如來、三者廣修供養、四者懺悔業障、五者隨喜功德、六者請轉法輪、七者請佛住世、八者常隨佛學、九者恒順眾生、十者普皆迴向。

　　（4）特色

　　本書六門功課，各具特色，已於大義中略述。今復舉出雪廬居士設計此六科之完整性及一貫性。《佛學概要十四講表》為一完備簡要的佛學概論，而學佛當依法不依人，故列《佛說八大人覺經（附表）》以為印證，此二科，相輔相成，為重要之佛學基礎。既明佛法大意，當進而尋求教理。佛學教理，不外法相唯識學與法性般若學二大學派。《唯識簡介（附百法明門講表）》是法相唯識學之簡說，《般若波羅密多心經（附表）》唯僅 260 字，卻是 600 卷大般若經之縮影。研此二科，則對教理之二大學派有一初步了解。修學佛法，重在解行並進。解則不妨廣學大藏教，行則必須一門深入。雪廬居

士之門風，乃傳承蓮宗第十三代祖師印光大師，勸人專修淨土。《佛說阿彌陀經（附表）》即是指導淨土修行之重要典籍。然而，淨土法門是大乘法，首重發菩提心，自度度他，發願往生，乘願再來，廣度眾生；故輔以《華嚴經普賢行願品》十大願王，導歸極樂。由此觀之，本書六門功課，可說脈絡一貫且結構完整。研學後，能對佛法的教、理、解、行可有一正確而完備的認識。

（五）《弘護小品彙存》：

（1）釋題

　本書所收，多為雪廬居士早期弘法護教之文字。文採語體，篇幅短小，弟子恐年久散逸，故彙集之以寶存之。

（2）緣起

　如本書徐師自民序文所云：「東魯雪廬老人，悲心無盡，早歲師靈巖，善承師志，駕慈航，巡苦海，驅鯨救溺，援往樂土。嗣以行都在臺，浮海來扈，乃於臺中建淨業道場，益勤驅救，世法內典，循循然，盡其口宣筆述，寢餐無時，積二十載，群魔辟易，眾生知津矣。由是道風遠被，諸方參訪日多，其於老人著述，尤奉為匡時圭臬，故凡梓行之者，輒為請索一空。常隨學子，慮時久而文逸，遂議輯印雪廬叢書，以利後世。惟以卷帙浩繁，不能猝就，茲蒐毛角易逸之簡，皆為誘掖初機所發，輯為一編，先付鉛鑄，呈訂老人，顏曰弘護小品彙存。」（見《弘護小品彙存》頁 9）由此可知，弘護小品所收文字，多為雪廬居士來台前廿年之著作，大多以方便接引初機學佛之文字為主。

（2）大義

此書收錄十二類弘法及護法之文，各有專名。其內容大要，略敘如下：

① 《小宣傳集錦》：有十三篇小品文，圖文並茂，或自設問答，或寓言表義，間以輕鬆插圖，頗富趣味性及通俗性。

② 《兩個世界的味道》：全書以喻顯理。菜餚具苦辣酸味者，比喻此土有已定之苦（生、老、病、死、求不得、愛別離、怨憎會）、未定之苦（水災、火災、地震、刀兵）、永久不斷之苦（六道生死輪迴）。菜餚具香甜味者，比喻極樂世界之樂事，有三處莊嚴：地上莊嚴（黃金鋪地及寶樹樓閣）、水際莊嚴（七寶池及八功德水充滿其中）、空中莊嚴（六時雨花，天樂鳴空，鳥樹演法）。及食衣住行四事自在。令聞者生欣厭心，再教以深信發願念佛往生之法。

③ 《佛誕節宣言》：輯十四篇文章，皆為慶祝佛陀聖誕而發，介紹佛法之功德，學佛之好處，佛教對中國之貢獻等。其中有融會儒佛之高見，如〈佛誕節談民族文化〉、〈民族掃墓節與佛教〉等篇，讀之發人深省。

④ 《叩鳴集》：收十三篇文章，為早期弘法，遇到教外團體人士，與當時被政府認定之邪教團體，蜂擁而來毀謗問難，作書面之辯駁與宣示正道，皆本教忠教孝，愛國愛家而為。彼來叩問，我做鳴應，故謂之叩鳴集。立論鏗鏘，邪魔喪膽。其〈佛教與中國之命脈〉、〈佛教世間法的一部分〉二篇，亦融會儒佛之見地。

⑤　《逆耳言》：收錄二十八篇之小品，多為針砭教內不如法之作為而發。所謂良藥苦口利於病，忠言逆耳利於行，故謂之逆耳言。強調欲興佛教必重戒律，有道高僧住世，佛法必昌，故僧伽在精，不在多，戒律宜嚴，不宜寬。盛贊台籍高僧斌宗法師之精持戒律，不圖名利，深入教海，以為後昆典範。

⑥　《佛學常識課本》：初學佛者，每苦於名相術語（即專有名詞），尤以真如實相之理難明難悟，乃編此課本。以三十六課單元，分門別類，含理論、方法、行儀，事理圓融化難為易，令初學者有一入門方便，不受專有名詞所困，據此根基，則入佛道不難[68]。

⑦　《當生成就之佛法》：介紹淨土念佛法門，教導學人當此生之際，如法而修，臨命終時，即得蒙佛接引，往生極樂。說理懇切易曉，舉事痛切易覺，方法簡便易行，引證確實易信。並指正二種錯誤心理：心好強似念佛，及太忙無暇念佛。又解釋幾個誤會問題，讀之皆極為受用。

⑧　《通俗講演稿表暨佛七開示稿表》：此為應邀至各道場，各級學校，各機關團體，或私人聚會，所作之講演稿表。內容或單言佛學、儒學，或融貫儒佛，皆隨機善用。其弟子弘法，亦皆取為教材。講表之末，或以詩偈作結，頗富警策之效。其佛七開示，皆有偈言，亦極精要。

---

[68]　《李炳南老居士全集・弘護小品彙存・佛學常識課本》，〈小序一〉、〈小序二〉，頁 225~227.

⑨　《內典講座之研究》：為應座下學人之請，編訂之講經法
　　度。由講前預備，至講時措施，與威儀須知，及身語病忌，
　　均妥善交代，鉅細靡遺。雪廬居士自身講經法度，依此規
　　矩；訓練弟子講經，亦復如是。謂其昔日數十年講經心得
　　固可，謂其創作亦無不可。蓋講經有別於通俗講演，後者
　　但不離本題，皆可稱興而談；講經則為重法故，儀節嚴謹，
　　必有師承。是以創作此書，藉流芳型，且勵來茲。其〈自
　　序〉云：「古人講經，非可率爾，既尊戒相，亦重師承。
　　戒相非本文範疇，暫不涉及，惟師承有關法度，未可漠
　　觀。嚴格而論，講必注重修持，由心發言方有真氣，雖
　　無粲舌亦能感人。降格以求，則只有採諸技術，意在利
　　眾無妨從寬。然諸家吐秀競芳，各有學派，初機當本所
　　學先遵所專。」[69]

⑩　《實用演講術要略》：孔門四科，言語高列第二，知口才
　　之重要；雪廬居士教學亦有四科，此書乃語言科之教材。
　　其於此書（甲）「言語學之重要」云：「講演之道為處世之
　　大端，中外古今莫不崇尚。釋門說法常贊無礙辯才，孔氏
　　四科言語高列次要；燭武數語，能退秦師；展喜片言，立
　　存魯國；富翁費里浦願學演說，不樂資本家；鐵王卡尼基
　　屢擬退休，擬學講演術；可見言語之學，重且要也。」[70]
　　初學講演，難免困難，然明其技巧，勤習熟練，自易成功。
　　書中詳述資料結構（即講演內容）、講態儀式、言語聲調，

---

[69] 《李炳南老居士全集‧弘護小品彙存‧內典講座之研究》，〈自序〉，頁 475~476.
[70] 《李炳南老居士全集‧弘護小品彙存‧實用演講術要略》，（甲）「言語學之
　　重要」，頁 523.

乃至觀察聽眾根器程度，皆詳為指陳；末以嚴守時間，[71]
勿掛鈴鐺，止所當止，深符事故人情也。

⑪　《為廣元法師集聯》：廣元法師為書法名家，此為早歲雪
　　廬居士應其邀請而創作者。計有〈集繹山碑二十聯〉與〈集
　　正氣歌字聯語〉，共三十九聯，皆氣象萬千，足以振奮人
　　心，可做勵志格言，或節慶聯語。

此書之後附有〈居士春聯新編〉，已為蓮友廣作新春聯語，茲
錄數聯：

　　「經書涵養心如鏡，福德薰陶語似蘭」
　　「吉人皆得無量壽，綠島齊栽上品蓮」
　　「新濬柳川功德水，遍澆鯤島菩提芽」。[72]

⑫　《佛歌》：今以《梵音集》之名，單篇行世。

此篇收錄四十五首佛教歌曲，除〈三寶歌〉、〈兒童福〉二首外，
餘皆雪廬居士作詞，禮請當代音樂名家作曲。普遍傳唱深受大眾所
喜愛。蓋因公精於音韻，妙筆所揮，感格之深，自異常人，觀蔡念
生大德序文之言，諒非虛語。〈梵音集序〉云：「雪廬居士，島居十
年，座下千指。今以講誦餘暇，製為歌曲四十餘章，儷以新式樂譜，
文字深入淺出，善說法要，製譜皆當代名家，旋律之佳，更不待言。
吾知是集一出，必為緇素共欣……」[73]

---

[71] 《李炳南老居士全集・弘護小品彙存・實用演講術要略》，頁 524~537.
[72] 《李炳南老居士全集・弘護小品彙存・為廣元法師集聯》，頁 542.
[73] 《梵音集》，台中市佛教蓮社，1999.6.，第 6 版，頁 3.

（4）特色

　　本書十二類，各具特色，已於大義中闡述，茲更引徐師自民序文以明全書之特色：「是編所收，都十二類，文短閱不厭疲，語警深搔癢處，出門問道者，此即其山川藍圖，有志法將者，此實其堅甲利兵。體采時言，可誘中下，義原內典，兼攝上根。有緣而獲者，毋以淺近忽之。嚴佛魔，契正道，援沈溺，登彼岸，蓋有之矣。且開而廣之，匯藏海而不盡，合而一之，悟無生於微塵。小知大用，莫非在人。法無正末，亦知見所趨而已。嗚呼！得讀是編，而尚有不識所趨者耶？吾不信也。」（《弘護小品彙存》頁 10）故知讀此書者，當深體雪廬居士度生之善巧不思議用，及悲願之弘深難可測量也。

（六）《佛學問答類編上・中・下》：

（1）釋題

　　學佛者，於佛法之教理修行、名相術語有疑惑者，雪廬居士為之一一作答，令其疑惑煥然冰釋。

（2）緣起

　　雪廬居士初抵台灣，見佛教正法不興，且學佛環境不利。舉其大者如：外教挾洋自重，屢以刊物傳單謗佛。[74]島民神佛不分，先天龍華齋教盛行。[75]內地來台法師，良莠不齊，知見不一。[76]標榜

---

[74] 《李炳南老居士全集・弘護小品彙存・叩鳴集》，〈佛教代人受過四面楚歌〉，頁 139-146；〈答辯嘉義真耶穌教的傳單〉，頁 147~154.

[75] 同上注，〈敬對佛徒兼修龍華先天等教者進一忠言〉，頁 133~139.

佛徒者，只知求福，不知修慧，更少聞淨土往生之理。[77]居士處佛法沙漠之台灣，見島內居民人心敦厚可堪教化，乃吹法螺、震法鼓。於佛教雜誌設立問答專欄，故問者接踵，達千人以上，各得殊勝法益。禪門宗匠釋融熙說：「其應付論敵，時如程不識刁斗森嚴，時如李廣利解鞍縱祖，而未嘗或墮負處。」[78]這是說雪廬居士善於觀機應答，智辯外道的狀況。《佛學問答》，發表於《覺群》、《覺生》、《菩提樹》等刊物，後由陳慧劍等，分類編纂成書。時間自民國39年至民國65年9月《菩提樹》286期截止，共計二十七年，約佔雪廬居士來台三十八年中，三分之二以上之時間，可說文字弘法方面，最契機、最重要之貢獻。

（3）大義

全書統計：問者約1133人，問題共2663條。內容歸為12大類：（1）通問[79]（2）析疑（3）質難（4）因果（5）持戒（6）名相（7）修持（8）唯識（9）禪觀（10）心性（11）密宗（12）淨土。可說包羅萬象，應有盡有。

---

76 《李炳南老居士全集・弘護小品彙存・叩鳴集》，〈敬為在家眾新受菩薩戒諸尊進一言〉，頁184：「因著末法時期，魔外繁興，龍蛇混雜，門外的魔外易知，混進來的魔外難辨。若不認識清楚，對於求法弘法都走錯路。」

77 《李炳南老居士全集・弘護小品彙存・叩鳴集》，〈菩提樹月刊創刊詞〉，頁157：「編者的誓言：『提倡淨土』這是夙願，因它三根普被萬修萬去，必期學者注重實修，不偏空說。能得到當生成就，方不負世尊的悲心。」

78 星洲大覺寺沙門融熙：〈佛學問答類編序〉，《李炳南老居士全集・佛學問答類編上》，頁11.

79 「通問」包含佛學常識、知見、經義、儒學、辨別邪正、養生、命理等.

（4）特色

①融性相以歸淨土

　　學般若者或疑《金剛經》無相，淨土有相，難以相融，雪廬居士釋云：「僅入手修法不同，但淨土之寂光，亦是無相。此皆是一真法界，有何不相融處？」或謂《金剛經》：「凡所有相皆是虛妄」，有疑淨宗臨終佛現，寧保非魔」，雪廬居士為釋云：「《金剛經》言性空之理，《彌陀經》言成佛之法、魔者障礙也，因與果違為障。修禪斷惑見性，忽現有相，即是相違，故曰魔障。修淨感佛，報化來現，是因是果，並不相違，安得稱障，故不是魔。然亦有實相念佛，頓超寂光。九品四土，是又不能執一而論淨也。」[80]凡此種種，可往見第三章般若時，雪廬居士融性相以歸淨土之論點。此外，亦列舉數條問答示之：

　　問：如言佛國則應超三界，此如何說？（劉定一）

　　答：極樂佛土有四，曰寂光、曰實報、曰方便、曰同居。寂光
　　　　實也，餘三專為應機度眾而現。亦猶佛有法報化之三身，
　　　　法身，則言語道斷，心行處滅，何以普度乎。不有文字般
　　　　若，何得悟入實相，不有前三土，何能證入寂光？

　　問：如何謂為修般若行？（林聖崑）

　　答：般若是真智權智，及一切智之總名。其修或依名師參究，
　　　　或無師自向經中探討，依之而修，悟到相空，空空，不空
　　　　亦空，即是般若之行。

---

[80] 同《佛學問答類編下‧淨土》註，頁 1404.

問：有人念佛能見種種瑞相，何以《金剛經》說：「若以色見我，以音聲求我，是人行邪道，不能見如來」呢？（洪榮保）

答：如來言真空之體，瑞相言妙有之相，相依體有，體因相顯，此是中道。凡夫往往迷相遺體，偏執一端，不得真實，故金經澈底破之，不變是體，隨緣是相，果能識其體矣，再與言相，始能會空色相即，空有不離之旨，便知寂光是真空，瑞相是妙有，一而二，二而一，非矛盾也。（190.頁22）

②融儒佛歸心性

雪廬居士曾引楞嚴經義，及唯識宗第八識具有見分、相分、自證分、證自證分之理，並融合儒學而作答。如：

問：我生命最初起源如何而有？（李世影）

答：真如本性，無始無終，法爾如是，不假因緣。儒家言性，則曰天命，推至太極，天然而有。儒佛所言，義同辭異。楞嚴大略：真如本覺，不覺而動，遂有無明，幻妄而生四大種。四種幻變，生諸妄相。不覺則起見分，幻妄則生相分，見相互緣，如萬花筒，妄相無量。人乃妄相之一，其元素即四大也。[81]

問：佛說因果定律，絲毫不爽。放眼看人間，宵小得易，行者多乖，因果之可靠性，究竟有多少？

答：此問題人人皆曾有聞，皆能上口，囫圇吞棗而已，說事說理，甚難言也。雖然匹夫匹婦，常聞常說，但其極則，聖

---

[81]　《李炳南老居士全集・佛學問答類編上》，〈一、通問〉，頁493.

人亦講不詳盡。所謂「語大天下莫能載焉，語小天下莫能破焉」。佛經三藏十二部，何處不是因果？世間十三經、二十五史，何種不是因果？冷眼觀察，學佛者，袈裟底下失人身之數若干。學儒者，王莽篡漢，曹操逼宮，秦檜賣國等，又若干數。經史煌煌，事實昭昭，因果可靠，宵小自迷惘耳。實以此事此理，知之甚難。惟上焉者，不能言而澈知；中焉者，信疑參半，有所畏懼；下焉者，一竅不通，故肆無忌憚。[82]

故知此書誠如周邦道所言：《佛學問答類編上・序文》：「文辭簡約，義理圓融，順道契機，開權顯實。能近取譬，廣引梵經，左右逢源，儒釋互通。息邪說，正詖辭，以閑先聖之道，用宏蓮社之宗。[83]斷疑起信，自行化他，各有所得。」（頁 13）

（七）《佛說四十二章經表注講義》：

（1）釋題

《佛說四十二章經》乃東漢明帝遣使西域求經，請來高僧迦葉摩騰及竺法蘭，由二位高僧所譯之最早佛經。為逗引初機，條列四十二章，每章文義獨樹一幟，如四十二條箚記。蕅益大師標初學必讀三經[84]，此為其一，故知其要。本書有雪廬居士自著之講表，另附弟子徐自民之筆記，故稱「表注講義」。

---

[82] 《李炳南老居士全集・佛學問答類編中》，頁 867.

[83] 周邦道：〈佛學問答類編序〉，《李炳南老居士全集・佛學問答類編上》，頁13~14.

[84] 范古農：〈三經蕅益解刻行序〉，《佛說四十二章經解・佛遺教經解・八大人覺經略解》：此三經者乃末法之導師，括三藏而無遺，統三乘而宗極。古德

（2）緣起

是書為雪廬居士在「太虛紀念館」講經之筆記，內含自編之講表。

（3）大義

《佛說四十二章經表注講義》云：「四十二章者，為逗初機，條列四十二章，每章文義獨樹一幟，如四十二條剳記。世法教育，約分幼稚園、小學、中學、大學。佛法教育，亦有階次，此經如幼稚園教材。諸學者雖為佛教之幼稚生，然既入學，成佛可階矣。」（頁2）由此段引文可知本書之大義。

（4）特色

雪廬居士講經，以導歸淨土為特色，參見第三章附件三《佛說四十二章經》會歸淨土一覽表，茲列舉數條以示之：

《佛說四十二章經》會歸淨土略舉

章別	會歸淨土
第一章	◎佛法八萬四千，若不斷愛，無一能入其門，惟淨土一宗，能順眾生貪愛之心，導入西方極樂世界，既入極樂，愛心自除，是為特別法門。
第三章	◎在家佛子，修念佛法門，五欲離之不淨，可帶業往生，然離之愈多，往生愈妥。
第四章	◎如戒此十惡，可保生天無虞，否則不惟不能生天，極樂亦為之障，念佛同修勉之。

列之於日誦，或合刊而單行，令學者童而習之，良有以也。……是以靈峰蕅益大師，歸心淨土而解此三經，以為後學津梁。台中市：雪廬受託印經處，歲次乙未佛成道日香港佛經流通處影印。

（八）《無量壽莊嚴清淨平等覺經眉注》：

（1）釋題

　　《無量壽經》為《大寶積經》第五會〈無量壽如來會〉之抽譯本。歷來譯本有四：東漢・支婁迦讖《佛說無量清淨平等覺經》、曹魏・康僧鎧《佛說無量壽經》、東吳・支謙《佛說阿彌陀三耶三佛檀過度人道經》、宋・法賢《佛說大乘無量壽莊嚴經》。民國夏蓮居[85]居士彙集無量壽經，漢、唐、宋諸譯本，歷經三年而成《無量壽莊嚴清淨平等覺經》，梅大士擷芸曾譽之為最善之本[86]。雪廬居士曾於鯤島講述一次，講述本經時，經上有眉注與旁注。

（2）緣起

　　無量壽佛，即阿彌陀佛。《無量壽經》為淨土宗之重要典籍。雪廬居士除講說《無量壽莊嚴清淨平等覺經》一次外，更宣講曹魏・康僧鎧《佛說無量壽經》三次（於台中市靈山寺宣講二次，於善果林「太虛紀念館」講一次）。

（3）大義

　　佛住耆闍崛山，與萬二千比丘俱；及普賢、文殊、彌勒、賢護等無量無邊菩薩，皆來集會。阿難問佛光瑞希有之故，佛為說往昔

---

[85]　《李炳南老居士全集・講經表解上》，頁204：會集人夏繼泉，字溥齊。山東鄆城縣人。清，附生，官至鹽運使。治學：詩文考據性理禪相密淨。

[86]　黃超子：〈初印原序〉，《李炳南老居士全集・無量壽莊嚴清淨平等覺經眉注》，頁6.

法藏比丘四十八願，現成無量壽佛；讚極樂世界依正莊嚴之妙，極勸發願往生。

（4）特色

於經典之關鍵緊要處，加上畫龍點睛之眉注旁注，由此可觀雪廬居士學力之深厚，及見其研學見解獨到處。

（九）《修學法要》：

（1）釋題

本書顧名思義，即修學佛法之要領，在於解行並重。約解門則應建立正知正見：引證台、賢、性、相諸經論，闡釋淨土奧義；揭示儒家性與天道之理，匯通儒佛二家旨趣。約行門則應比較禪淨修持難易[87]，導歸持名念佛，一門深入，正助雙修，福慧二嚴。

（2）緣起

雪廬居士應各道場、聯體機構或佈教所之請，宣講演說；或於元旦新春，闡述法語；或於佛七道場，提攜開示。

（3）大義

內容有四十二單元，並陸續結集中，包含通俗講演、道場及佈教所講話、佛七開示、訪問談話等。可說是雪廬居士之演講筆錄總集。

---

[87] 《李炳南老居士全集・新元講席貢言——世出世法本立道生》，頁471：「現在我且把禪的修法說一下：」以下說明禪家由觀心，漸至伏惑、斷惑、開悟、證果之過程。

（4）特色

①破斥消業往生：

某密宗旅美居士，返台高倡，遍查經論，並無「帶業往生」四字，故極力主張消業往生之說。此說一出，行者修淨信心頗為動搖。雪廬居士乃隨機破邪顯正，弟子筆錄之而成三篇專論，即：《往生問答》、《新元講席貢言——世出世法本立道生》、《淨土安心法門》。究實言之，「帶業往生」係經文密義，乃淨土宗之勝異方便，是專為未斷惑之凡夫而開之特別法門；經文及祖師之註解，均明載之，雪廬居士乃引經據典，詳為指陳。

②融攝三藏教理：

民國七十三年新春，於「華嚴講座」開講之前，雪廬居士特以「世出世法本立道生」專題，作為新春獻言。強調立住世間法，及出世間法之道業根本，深信淨土法乃橫超生死之出苦捷徑，不受消業往生錯誤見解所迷惑。全文筆錄約五萬三千餘字，可謂其融貫台、賢、性、相、密、淨教理，與會通儒佛學說之結晶。

③堅定淨土信願：

《淨土安心法門》，依唐代善導大師《觀無量壽經四帖疏》，提出淨土對之安心法門，即圓發三心：「至誠心、深心、回向發願心」。

（十）《雪廬述學語錄》：

（1）釋題

雪廬居士之學風，述而不作，學不厭、教不倦；其平日言談

講學，吉光片羽，弟子寶而錄，有如師言集錦，名曰《雪廬述學語錄》。

（2）緣起

有德者必有言，其平日言談，雖片言數語，誠心契會，亦可為人天長夜之燈航，三途苦海之南針也。

（3）大義

仿《論語》體裁，皆以「師曰」起首。收錄 190 則，各有簡短標題。分儒佛兩大類。儒學類 34 則，內容或言禮記、大學、中庸、論語、左傳等經書，或品評古人作為。佛學類 157 則，多為華嚴經之要旨摘錄，或論淨土之解行。

（4）特色

①儒家修持方法：

儒家內在修為，並非只如宋儒所言之主敬存誠，或即物窮理，蓋儒典奧旨，非有佛家內功者，難以洞澈也。觀其〈念終始典於學〉之文，可知入儒之深。文云：「學記引兌命：『念終始典於學』，師曰：念者，妄念也。吾人之心，寂然不動，如水湛然，明足以照萬物。動成妄念，如水興波，失其照用矣。是以書云「克念作聖」。以凡念皆妄，克之始得歸真，終始者，人之妄念，終而復始，永無間斷也。典為聖人之經典，學者惟將妄念置於聖典，始能反妄歸真，若典之不明，則須求學。此儒家修持之一端。[88]

---

[88]　《李炳南老居士全集‧雪廬述學語錄》，頁 49.

②華嚴導歸淨土：

　　茲就《雪廬述學語錄》關於《華嚴經‧十行品》導歸淨土部分，可參見第三章附件一《雪廬述學語錄》關於《華嚴經‧十行品》導歸淨土一覽表即知，茲列舉數條示之：

《雪廬述學語錄》關於《華嚴經‧十行品》導歸淨土略舉

十行名	雪廬述學語錄題目	導歸淨土	備註
初、歡喜行		◎經云：「為學習諸佛本所修行」，學佛即學佛之修行，……一般言學佛三大阿僧祇劫才成功，……然佛法不呆板，……有當生成就之佛法，……念佛人皆知，「一念相應一念佛」，一念相應（本身）即是佛，「念念相應念念佛」，接續不斷，成功則快。 ◎十方三世諸佛皆是如此修行，咱學佛亦學此，即戒定慧，……修淨土之人，維摩詰經說的很好，行住坐臥皆可修定，……心不攀緣外面之六塵，即是定，……例如彌陀經云：「青色青光黃色黃光」，言四色光時，即是修四禪八定。但何以不教大家修此？我教大家念阿彌陀佛，此是彌陀大定，……一句阿彌陀佛即佛即心。念阿彌陀佛，行住坐臥皆可念，只要隨時照顧六字洪名，即可得定。	民國六十三年三月二十日，華嚴講席親聞記
二、饒益行		◎若求有滿福報，真正好處則得不到，若不著相，則無過錯。……走錯路，則不能得到真正好處。如我們念佛，若玉皇大帝帶了很多東西來接你去當玉皇大帝，你若跟著去，則走錯路了。	民國六十三年五月一日，華嚴講席親聞記

		◎持戒是為求解脫，若求威勢、種族、富饒等，就無法解脫。……例如念阿彌陀佛，我是教大家將來往生西方極樂，了脫生死。……如念佛是希望將來到閻羅處當財寶，那就太可惜了。	
三、無違逆行	安受眾苦	◎師曰：十行菩薩修忍辱時，自念從無始劫，住於生死，受諸苦惱，我今雖遭苦毒，應當忍受。……今行大道，受苦皆為眾生，愈苦愈能成就忍辱行，自他二利，故能安受眾苦。吾人亦從無始劫，備受生死諸苦，今修念佛法門，但苦數十年，即可了脫，所得之利，不言可喻。如此思惟，則一切苦亦當安受。	雪廬述學語錄 p178
	三事練磨	◎師曰：菩薩修忍辱度，遭大楚毒……以三事練磨其心，而不退屈故也。……此約修華嚴而論，勤苦多劫，至十行位，仍須如是練磨。吾人雖是凡夫，果然念佛不退，當生即在此土橫超極樂同居，再在同居橫超至寂光，而證一生補處，圓頓之法，復有逾於此哉？	雪廬述學語錄 p179

乙、未出版之著作

（一）《佛說孛經講述筆記》

（1）釋題

孛為國師之名，有賢德，為釋迦牟尼佛之前身。佛自說行菩薩道時，前身之本事因緣。

（2）緣起

　　雪廬居士云：此經專注重因果，講作人之道；不信因果，念佛縱至一心不亂，亦不可靠，多招魔障故也。

（3）大義

　　佛住祇園，外道殺孫陀利女埋於祇園以謗佛，至第八日卑先匿王察知其情；佛乃為說往昔行菩薩道時，其名曰孛，身為國師，受四臣及夫人謗，久後方明。

（4）特色

　　雪廬居士宣講本經，以導歸淨土為特色，參見第三章附件二《佛說孛經》指歸淨土文一覽表即知，茲列舉數條示之：

《佛說孛經》指歸淨土文略舉

宣講日期	經文	指歸淨土文
63.02.28	二、悲世間，欲令解脫。	世間在三界，三界如火宅，大皇帝，大總統，皆在三界不離八苦，生時作威作福，死時一兵一卒不能指使，任由鬼使牽去，可悲，悲憫眾生，必須教以方法，令其自行解脫。例如念佛，必須一心不亂，始能蒙佛皆引。
63.03.14	然皆佞諂，不為忠正。	學佛往生有無憑據，必須人格健全，世間法有成績，往生始有把握。
63.06.20	學曰：智者有十二念。	人天道修完善，方易學佛。 此經講世間法，人天之道，修之完善，方易於學佛，若人天道有虧欠，則屬三途眾生，如何學佛。念佛不得一心，即因人天私欲不能去。此經講作人之道，起念皆是人道，不能出三界，然若念念皆合人道，則易於解脫。

（二）《法句譬喻經講述筆記》：

（1）釋題

　本經乃集合法句而成，而對於法句的解釋，多用譬喻。

（2）緣起

　雪廬居士於民國六十三年於善果林太虛紀念館講說此經。因為此經具備五乘佛法，可以幫助初學者對佛法有大體的認識，對久修者也有勸進警策之作用。

（3）大義

　本經有 39 品，內容大致與《出曜經》相同，其品目如下：
　（1）無常品（2）教學品（2）護戒品（第二有兩品）（3）多聞品（4）篤信品（5）戒慎品（6）惟念品（7）慈仁品（8）言語品（9）雙要品（10）放逸品（11）心意品（12）華香品（13）愚闇品（14）明哲品（15）羅漢品（16）述千品（17）惡行品（18）刀杖品（19）喻老耄品（20）愛身品（21）世俗品（22）述佛品（23）安寧品（24）好喜品（25）忿怒品（26）塵垢品（27）奉持品（28）道行品（29）廣衍品（30）地獄品（31）象品（32）愛欲品（32）喻愛欲品（第三十二有兩品）（33）利養品（34）沙門品（35）梵志品（36）泥洹品（37）生死品（38）道利品（39）吉祥品

（4）特色

　雪廬居士宣講本經，以導歸淨土為特色，參見第三章附件五《法句譬喻經》指歸淨土一覽表即知，茲列舉數條示之：

《法句譬喻經》指歸淨土略舉

宣講日期	經文	指歸淨土文
64.01.09	一日過去，人命亦然	◎佛家警眾偈，是日已過，命亦隨減，如少水魚，斯有何樂。惜乎不能醒悟。未學佛者須即學佛，已學佛者須求往生。念佛者，今日不能一心不亂，即是大危險。
64.03.06	佛告比丘，汝寧自識本宿命不……五蓋雲除，即羅漢道。	◎懈怠則萬事不成，必俟事成，方能入眠，修到成就，方能入眠，為入定等。今生學佛，必須當生了生死，惟淨土法門可當生了。
64.03.20	令樹下坐，數息求定，知息長短安般守意。	◎數息可以求定，為念佛記數，亦易於得定。

（三）《觀世音菩薩普門品講述筆記》：

（1）釋題

此為《妙法蓮華經》之第廿五品，佛說觀世音菩薩之種種功德。

（2）緣起

古德謂《法華經》有四要品，即〈方便品〉、〈安樂行品〉、〈如來壽量品〉、〈普門品〉，而〈普門品〉另有別行本，稱《觀音經》。雪廬居士在臺講〈普門品〉共有七次。於宣講〈普門品〉時，提及《法華經・普門品》之梵本，有偈文讚揚彌陀之功德，今流通本無此偈文，係英國學者克爾恩氏，依梵本英譯《妙法蓮華經》，後由呂碧城居士依英譯本，再譯成華文，其篇末多七首偈頌，皆讚揚阿彌陀佛之功德，其最後二首偈頌云：「至尊阿彌陀，寶座蓮華上，華中放光明，照耀最無量，讚彼功德藏，三界無能比，彼為宇宙師，

我輩速依倚。[89]」此乃《法華經》導歸蓮宗之力證，其重要性，實不亞於《華嚴經・普賢行願品》。

（3）大義

　無盡意菩薩請問，佛為說觀世音菩薩十四無畏、三十二應，種種功德。

（4）特色

　雪廬居士宣說《法華經》力闡：「是心作佛，是心是佛。心即佛，佛即心。持名念佛一法，超出一乘、三乘教法之上，實為方便中之第一方便法門也。」如是嘔心瀝血之說，參見第三章附件六《法華經・普門品》指歸淨土一覽表即可知。

三、小結

　縱觀雪廬居士一生，雖不以著述名於世，然其著述之豐，內容之廣，誠所謂有德者必有言；而其結集之文字般若，足為苦海迷航之良導，末世修行之南針。茲以下列兩點，總結雪廬居士之佛學著述：

（一）三根普被、利鈍全收：

　雪廬居士之佛學著述，所教化之根機，下至孩童上至老者。其內容有為初學佛者介紹之佛學常識，有為大專知識份子編寫之佛學

---

[89]　《述學語錄・華嚴講前開示》，頁 149~150.

教材；有可歌可誦之佛曲，有深入剖析之經注。可以說上、中、下，三根普被；或利或鈍，兩機全收。其度生之方便不思議用，與不捨一人之悲心切願，實為深廣難測。

（二）千經萬論、處處指歸：

　　雪廬居士之佛學著述，縱該一代五時之教，橫收大小各宗之法。或阿含、或華嚴、或方等、或般若、或法華，無所不講；時談禪、時談密、時法相、時法性，無所不包。然歸納其要：如萬壑高峰，千里來龍，結穴一處；千經萬論，處處指歸，彌陀願海，此是雪廬居士一生著述之最大特色。

第三章
雪廬居士的佛學思想

　　淨宗學者，常於講筵與著述中，援引雪廬居士對各宗派之看法與評語，旨在仰仗居士之威望與德行，以證明淨宗之殊勝；然引用難免偏狹，顧此失彼，致使他宗學者心生反感，不僅引用人遭受抨擊，連帶居士也受無妄之災。[1]因此為使居士一生自行與教化之旨「廣學三藏教，不改彌陀行」，不因居士西去而模糊不清；且居士一生雖以弘揚淨宗為主，然對於他宗，實採密護態度，並未右袒淨宗。因此，本章擬以雪廬居士在臺弘化，近四十年間的講經活動為線索，綜合其開演梗概，歸納其佛學思想；並分析其修行概況，探索其行持宗要，一則救偏顯全：釐清他宗學者之誤解，二則會歸旨要：凸顯雪廬居士一生行述歸趣。

第一節　五時經典宣講梗概

　　佛以一大事因緣，出現於世，隨機化導，說種種法，無非欲令眾生開示悟入佛之知見。然眾生根器千差萬別，佛為說八萬四千法門，隨機設教，五時所說權實諸經，皆有照徹癡闇之德，若有見聞者，依之修行，皆能離苦得樂，乃至究竟成佛。雪廬居士在臺期間，

---

[1] 《明倫月刊》，306 期，2000.7~8.，頁 24.

實為承佛遺緒，宣演諸經，旨在利益眾生，令成佛道。唯其一生宣演者何？業經綜合分析結論如次云。

一、五時八教判教概述

釋迦牟尼佛說法四十九年，講經三百餘會，天台智者大師[2]分判為五時八教，曰華嚴時、阿含時、方等時、般若時、法華涅槃時。[3]簡述如下：

(一) 華嚴時——如來初成正覺，在寂（滅）道場，為一類成熟大機，直說大教（正說圓教，兼說別教），乃五時之首，一化之始也。如《華嚴經》。約化儀則為頓。[4]

---

[2] 智者所創天台宗是中國佛教史上的第一個宗派。奉《法華經》為宗經，宣揚經中「會三歸一」的理論，最先提出「五時八教」的判教學說（蔡惠明：天台智者大師的淨土思想：一、台宗實際創始人、理論奠基人，智者大師（五三八－五九七）諱智顗，字德安。隋時，為晉王廣授菩薩戒，王尊稱大師為智者。從此，人稱智者大師。師俗姓陳，家居荊州、華容（今湖南華容縣），祖籍潁州（今河南許昌）。生時，神光照室。十八出家。於大蘇山，依慧思大師修法華三昧，親見靈山一會，得無礙辯才。判佛一代所說為五時八教，大成天台教觀。佛陀一代時教，經由「五時八教」加以判釋之後，經典正義條理分明井然有序，故後人推崇他為「東土小釋迦」）

[3] 中國盛傳之大乘八宗（天臺、賢首、三論、唯識、禪、淨、密、律），教義固各有擅長，若論其判釋教網，則莫不共推天臺為第一。昔高麗·諦觀法師：《天臺四教儀》云：「天臺智者大師，以五時八教，判釋東流一代聖教，罄無不盡。」明末·蕅益大師（1599~1655）《法海觀瀾》卷二則記載：「唐京兆大興善寺含光（不空三藏弟子）至西土，有梵僧云：曾聞臺教定邪、正，曉偏、圓，明止、觀，功推第一。」而民初提倡八宗通弘之太虛大師（1889~1947）則於《教觀詮要》中，推崇天臺之判教云：古代判教諸大師，其受稟不同、其識見不同、其悟理不同，其所際之時代、所化之人根，種種不同，故其判之也，亦各有所出入，而莫或盡同者，然求其「精當而純全者」宜無如「五時八教」。

(二) 阿含時——對一類小機，不悟華嚴大教，尚須漸漸培養，佛乃為說小教（藏教）如《阿含經》等。約化儀則為漸初。

(三) 方等時——四教並談曰方，三根普被曰等。因一類小機聞小教，保守小乘偏真涅槃，而不前進，佛乃對三藏小教讚說通別圓大教。所謂「彈偏斥小，嘆大褒圓」，令彼「恥小慕大」是也。如《維摩經》等。約化儀則為漸中。

(四) 般若時——前經方等彈斥已，雖知有大乘，猶不肯回小向大，以其尚有小乘執情，故佛再為說般若（帶通別二教，正說圓教），以般若空慧之水，蕩滌其執情，令彼回小向大也。約化儀則為漸後。

(五) 法華涅槃時——既經三時調理，自鄙先心，成就大志，如來乃於法華會上開權顯實（打開權門顯示真實，亦即開藏、通、別之權，唯顯圓教之實），深明如來設教之始終（始設諸權，終引入實，如上所說），具發如來本跡之廣遠（此番八相成道為跡，權也；塵點劫前早已成佛為本，實也。）令彼悟入佛之知見，而如來出世本懷，於茲暢矣。約化儀則為會漸歸頓，亦名非頓非漸。若《涅槃經》，則因於法華會上有退席者，及被移他界之人天（以機尚未熟故），佛乃

4　八教即謂化儀四教（佛陀教化眾生所用之形式與儀則）與化法四教（佛陀教化眾生所採用之教法內容）。（1）化儀四教：頓、漸、秘密、不定。（2）化法四教：藏、通、別、圓。詳參《法華玄義卷一、卷十》、《四教義卷六》、《法華經文句卷六下》、《維摩經玄疏卷六》、《摩訶止觀卷五下》、《天台八教大意》、《學天台宗法門大意》、《天台四教儀》、《天台四教儀集註卷上》、《天台四教儀集解卷上》、《天台四教儀備釋卷上》。

再為說涅槃，使皆成就。故法華如破大陣，涅槃如收拾餘
黨也。[5]

可見智者大師以「五時」一辭，涵蓋釋迦牟尼佛一代聖教，亦
即「五時」概括世尊一大法藏教典。[6]檢視雪廬居士一生講經不斷，
其與釋迦一期教典，關係為何？試表列之，以清眼目。

二、表列宣講經典一覽

雪廬居士平生注重「解行並進」，因為解可以導行，確立知見。
以下乃就居士在臺三十餘年弘化行跡，表列如下：

5　此五時，有通有別。「別五時」者，如上所說，如來說法，番番培養，每一
　　時各有其一定次第與用意；如有一類最鈍聲聞根機，即須具經五番培養，
　　方得入實者是也。「通五時」者，謂如來說法，自在難思，初無一定，但隨
　　所應聞，即便得聞。如突來一人，其機宜聞般若，佛即為說般若，而不必
　　再從阿含、方等而來；又如突來一人，其機宜聞阿含，則雖此時早已說過
　　阿含，佛仍為彼說之，如是五時各各可以通前，亦可以通後也。吳明：〈天
　　台教觀簡介〉（一），《明倫月刊》，第129期，1983.1.，頁9。
6　佛滅度以後，諸弟子恐怕佛說的法日久失傳，又怕有人攙入異見邪說，所
　　以有結集的組織。
　　大概的情形，可分三說：一是王舍城外七葉窟，五百阿羅漢結集，阿難誦
　　經，優波離誦律，富樓那誦論，大迦葉為上首，名界內上座部；未及入窟
　　的，尚有多人，也組織結集，婆師婆為上首，名界外大眾部；這是小乘的
　　結集。文殊彌勒二菩薩，將阿難在鐵圍山昇座，說出菩薩聲聞戒律三藏，
　　是大乘的結集。金剛手菩薩、阿難尊者，又記出金胎兩部大經，這是秘密
　　結集。參考：青蓮出版社：《佛學常識課本》，第四課三藏結集，1996.4.，
　　頁5。

雪廬居士在台講經一覽表

五時	編號	經題	時間（民國）	地點	備註
一、華嚴時	1	大方廣佛華嚴經	57.10～75.3.19	慈光圖書館	
	2	大方廣佛華嚴經入不思議解脫境界普賢行願品	47.～？ 48.8～庚子夏五月朔	慈光圖書館 慈光圖書館	
	3	大方廣圓覺經	47.～？	慈光圖書館	
	4	顯密圓通成佛心要集	64	內典班	
二、阿含時	1	尸迦羅越六方禮經	47.5～？	慈光圖書館	依大藏會閱第二冊 P19，P69，長阿含經善生經之別譯；中阿含經亦有善生經
	2	玉耶女經	46.11.～？	臺中蓮社	依大藏會閱第二冊 P139：玉耶女經為增一阿含大愛道般涅槃品第五十二別譯
	3	佛遺教經			
	4	阿難問事佛吉凶經			
	5	佛說摩訶迦葉度貧母經			
	6	佛說孛經（抄）	63.2.14～63.12.19	善果林（太虛紀念館）	
三、方等時	1	佛說無量壽經	39.2.26～農曆年底 60.9.9	靈山寺 善果林	
	2	佛說觀無量壽佛經	40.2.18～40.9.16	靈山寺	
	3	佛說阿彌陀經	38.6.～38.9. 38～39 年間	靈山寺 贊化堂	

			39〜?	豐原慈濟宮	
三、方等時			39〜?	豐原龍意堂	
			39農曆7.8〜7.14	二份埔慈善堂	
			40.5.17〜40.5.21	屏東東山寺	
			42.5〜?	慈光圖書館、臺中蓮社	
			43.11〜?	棲蓮精舍	
			43.2	慎齋堂	
			46〜?	臺中蓮社	
			47.9〜48.1.28	慈光圖書館	
			53〜?	中興佛社	
			54〜54.5.8	慈光學術講座	
			56.7.18〜56.8.11	慈光講座	
			57.7.15〜57.8.11	慈光講座	
			58.7.20〜58.8.10	慈光講座	
			60.7.12〜60.8.1	明倫講座	
			61.1.8〜61.1.28	明倫講座	
			61.7.8〜61.7.31	明倫講座	
			63.1.29〜63.2.10	明倫講座	
			64.8〜?	內典班	
	4	無量壽經優婆提舍願生偈論（往生論）	40.9.23〜40.11		
	5	地藏菩薩本願經	52.2.13〜癸卯夏曆正月中旬之末	慈光圖書館	
	6	大佛頂首楞嚴經	53.3.11	慈光圖書館	
	7	大勢至菩薩念佛圓通章	38年〜39年間	靈山寺	
			46.3.15〜46.3.17	桃園蓮社	
			48.7.8〜48.7.30	慈光圖書館	
			66.2〜?	明倫講座	

三、方等時	8	維摩詰所說不可思議解脫經	49.6.15～51.1.17	慈光圖書館	
	9	大方便佛報恩經發菩提心品			
	10	佛說盂蘭盆經	39.農曆 8.1 分 3 次講	法華寺	
			53.6～？	桃園蓮社	
	11	佛說四十二章經	40.11.	法華寺	
			58.6.5	善果林	
			66.7	臺中蓮社	
	12	佛說八大人覺經	40.6.17～40.6.24	菩提場	
			40.農曆 7.16.～？	彰化曇華堂	
			50.10.8.	臺中蓮社	
			51.11.27～51.12.3	慎齋堂	
			52.5～52.6（約八次）	中興佛社	
			53.3.21.	慈光學術講座	
			64.～？	內典班	
	13	八識規矩頌	46.7		依大藏會閱第二冊 P448 為大乘論之瑜伽部
	14	大乘起信論	40.11（大約）	靈山寺	依大藏會閱第二冊 P456 為大乘論之集部
	15	法句譬喻經	63.12.26～65.9.2	善果林	依大藏會閱第三冊 P480 法句譬喻經為大乘論中之集經部
	16	十善業道經	42.4.8～？	靈山寺	依大藏會閱第三冊 P221 為大乘律
	17	勸發菩提心文			
	18	梁皇懺	44.～45.1.28.	臺中蓮社	

			45.2.4.	臺中蓮社	
四、般若時	1	金剛般若波羅蜜經	51.2.28～51.12.19	慈光圖書館	
			54.6.22	慈光學術講座	
			56.12.～？	中興佛社	
	2	仁王護國般若波羅蜜多經	41.11.4～41.11.10	法華寺	
			54.1.1～54.1.3	慎齋堂	
	3	般若波羅蜜多心經	38.5.2～39.農曆6.22	法華寺	法華寺係講經之始
			43.12		
五、法華涅槃時	1	妙法蓮華經	43.3.28.～？	靈山寺	
	2	妙法蓮華經觀世音菩薩普門品	38.9～農曆12.26	靈山寺	
			39.9.30～？	臺中寶善寺	
			48.2.25～48.7.1	慈光圖書館	
			48.9～49.5.25	慈光圖書館	
			53.1.1～53.1.3	慎齋堂	
			59.1.1～59.1.3	慎齋堂	
			60.2.18～60.7.15	善果林	
	3	始終心要講表	55.1	慎齋堂	
	4	勸發菩提心文	39.11～？	法華寺	

　　按：本表參考《李炳南老居士全集・講經表解》、《覺群月刊》、《覺生月刊》、《慈光半月刊》、《菩提樹雜誌》及慈光、明倫講座課程表編成。

　　由上表所示，近四十年來講經大略，可知雪廬居士一生弘化，可概括為：三十七載鼓法螺，五時教典並宣揚。既是五時並宣，則其歸趣為何？以下試就講經與修行，分述其最終之歸趣所在。

第二節　一代講經歸趣

　　雪廬居士在佛學概要十四講表的第八表（內容設施梗概）中，清楚地說明解行應該如何配合。解門由「研宗」而「閱藏」，意即先專宗深入（如天臺、賢首、唯識），然後再博閱三藏。至於行門，則要選擇契時契機之法，一門深入。為什麼行門必須一門深入呢？因若朝三暮四，則斷難成就。此正是雪廬居士何以博閱三藏，遍講諸經，卻處處指歸淨土的原因。以下就雪廬居士所講五時經典，略加舉例並探其歸趣。

一、別顯五時歸趣

（一）華嚴時──彌陀小華嚴、華嚴大彌陀[7]

　　雪廬居士寓台近四十年，弘法席不暇暖，而專講華嚴大經，已歷一十八載。雪廬居士宣講《華嚴經》，以八十華嚴為版本，採取唐朝清涼國師《華嚴疏鈔》為角本，每次經筵，皆編成表解，經雪

---

[7]　《華嚴》為經中之王，亦稱《大本彌陀》……師曰：華嚴法會六種成就中，主成就難解。此經七處九會，究以何身為主？通常所聞，法身佛不說法，然此經演自毘盧遮那，即是法身所說。而法身橫遍十方，豎窮三際，故十方三世無不有法身演說大法，第以凡夫如盲如聾，不能聞見耳。阿彌陀經云：「從是西方，過十萬億佛土，有世界名曰極樂，其土有佛，號阿彌陀，今現在說法。」然自是以後，至全經演畢，僅眾鳥演三七道品，餘未見有彌陀一語，究說之法維何？不無疑問。今聞華嚴，乃知西方淨土，無處不是彌陀法身，亦無處不是彌陀說法，故可謂彌陀經為小華嚴也。（徐自民：《雪廬述學語錄》，1994.6.，頁 153.）

廬居士融會貫通後，以言淺意賅之語，道出深廣之妙理，即使與會之老嫗也能法喜充滿。

　　雪廬居士對於《華嚴經》之弘揚與尊重，其一在於其教理之重要性。雪廬居士曾言：「不學佛，不達事理之本。學佛而不學華嚴，不得教理之全，莫窮世界之大。」[8]欲得教理之全貌，豈可捨《華嚴》之理，故雪廬居士亦言：「聞是經已，則見佛法的全體，不致互為障礙矣。」可見能通透《華嚴》之理，則各宗不致興爭謗之事。又《華嚴》詮性相之奧義，重重無盡，互攝互融之妙理，若能達此圓融之佛理，便可洞觀萬物，故不可不研《華嚴》。[9]

　　此時以《華嚴經》為根本經典。所謂「不讀《華嚴經》，不知佛境界。」《華嚴》一經，詳說不可思議之佛境界，並將臻此境界之菩提大道，從修因到證果，將歷十住、十行、十回向、十地等三賢、十聖之階位，闡釋圓融不礙行布，行布不礙圓融之理。依信、解、行、證之次第，而證入不思議解脫境界，每說一法，恆條為十，十十開演，重重無盡。其間詳述六相、十玄、四種法界，理事圓融，事事無礙之微妙道理，及華藏世界無盡緣起之殊勝境界。[10]

　　古人云：「不讀《華嚴》，不知佛之富貴」，而公云：「不學佛，不達事理之本；學佛而不學《華嚴》，不得教理之全。」[11]《華嚴》一經，闡述佛境界，淋漓盡致，教海汪洋，遍攝諸宗，如本經開頭之〈世主妙嚴品〉詳說毘盧遮那佛不思議境界，蕅益大師《法海觀瀾》卷三云：

8　《雪廬述學語錄・華嚴智》，頁150.
9　《雪廬述學語錄・華嚴智》，頁150~151.
10　〔唐〕清涼國師：《華嚴經疏鈔》，《大正藏》第35冊。
11　《雪廬述學語錄・華嚴智》，頁150.

此乃所謂大徹大悟，圓證心性之全體大用也，此之謂涅槃妙心，此之謂正法眼藏。

此即攝禪也。〈入法界品〉從觀阿字，至觀荼字，四十二字觀門，此攝密也。〈淨行品〉一百四十一願，毘尼日用中，諸當願眾生偈，皆出於此，另與〈十地品〉第二離垢地之無作十善業道，此攝律也。賢首宗以此經為立宗之本，唯識宗所據六經十一論，亦以此經為首要，此攝教也。本經處處宣說念佛三昧，此攝淨也。略言之，《華嚴》一經，統攝禪、淨、密、律、教，罄無不盡也。

　　雪廬居士何以晚年專弘《華嚴經》？會性法師曾以五義說之，[12]其中第五義云：

---

[12] 一、為令行者達佛境界故：古德說：「不讀《華嚴經》，不知佛境界」，意思即說：學佛修行的人、行菩薩道的人，如果沒有讀過《華嚴經》，就沒有辦法了知佛境界。如何能悟佛境界？《華嚴》第三十九品——入法界品，四十《華嚴》就叫做入不思議解脫境界普賢行願品，不思議解脫境界，即佛境界。如何「入」？經云：「若人欲識佛境界，當淨其意如虛空。遠離妄想及諸取，令心所向皆無礙。」這就是教導我們如何學佛入佛境界的要義。二、為令行者了知在菩提道上從因至果行位差別，不生上慢故：《華嚴經》中，詳說十住、十行、十回向、十地，這叫做三賢十聖的階位，說的最為詳盡。學佛行菩薩道的人，懂得階位，則不生增上慢，所以老人詳說《華嚴經》。三、為令行者心量廣大故：行人往往心量狹小，不能體會佛之廣大境界，讀《華嚴經》華藏世界品，能知華藏世界重重無盡，佛剎微塵數的殊勝境界。而把心量廣大到「心包太虛，量周沙界」，為學佛入門最重要的一著。四、為使行人破除「執理廢事、執事廢理」之錯誤偏見的緣故：《華嚴經》中，講述六相、十玄、四種法界，理事圓融、事事無礙。通達此理就能破除執理廢事、不落惡取空之境。也能破除執事廢理著於有見之病。為要破除此兩種病，所以必須通達《華嚴經》中，「圓融不礙行布，行布不礙圓融」的微妙道理，所以詳說《華嚴》。五、要以《華嚴》之境、行、果以莊嚴西方極樂淨土故：《華嚴經》普賢行願品最後說普賢十大願王，以十大願王導歸極樂，使華藏海眾同歸西方淨土。（上會下性法師說、弟子瑜凌

要以《華嚴》之境、行、果,莊嚴西方極樂淨土故:《華嚴經》普賢行願品,最後說普賢十大願王,以十大願王導歸極樂,使華藏海眾,同歸西方淨土。[13]

又唐朝清涼國師以為,不生華藏而生極樂,有四義:[14]

〈一〉有緣故:極樂世界阿彌陀佛與此界眾生最為有緣,所以家家彌陀佛。〈二〉使歸憑情一故:使眾生歸憑之心情能專一趣向一處,因為華藏世界不可說不可說重重無盡,當生何處呢?指歸極樂,使歸憑之心專一。〈三〉不離華藏故:往生西方極樂世界,極樂世界不離華藏世界,此界到西方極樂世界只有十萬億佛土,而華藏世界重重無盡,豎窮橫遍,所以極樂不出華藏;明白此理,生極樂即生華藏矣。〈四〉即本師故:經中云:「或有見佛無量壽,觀自在等共圍繞」。說的是:在華嚴會上,有人看到毘盧遮那教主,就是極樂世界無量光壽如來,觀世音大勢至等諸大菩薩圍繞身邊。應知:毘盧就是彌陀,毘盧彌陀無二無別。明白此理,到極樂世界親近極樂彌陀,就是親近華嚴會主毘盧遮那也。

可見雪廬居士晚年雖講《華嚴經》,實遵祖師之意旨,句句指歸淨土,切盼聽者皆能得其真實利益。

敬記:〈故李公炳南老居士封龕舉靈出殯法語〉(165 期,頁 22))

[13] 會性法師說、弟子瑜凌敬記:〈故李公炳南老居士追悼典禮法語〉,《明倫月刊》,165 期,1986.6.,頁 25.

[14] 唐朝清涼國師:《樂邦文類》卷一

印光祖師（以下簡稱印祖）於《印光大師文鈔》（以下簡稱為《文鈔》）中亦云：「無隱謂華嚴即廣本彌陀，彌陀即略本華嚴。」[15]又清彭際清居士所著《華嚴念佛三昧論》云：

> 是經專顯毗盧境界，云何必以極樂為歸。蓋阿彌陀一名無量光，而毗盧遮那此翻光明遍照，同一體故。[16]

又云：

> 觀音、彌勒一則次補彌陀，一則次補釋迦，二聖同會，以證樂邦、華嚴通一無二。[17]

雪廬居士於開講《華嚴經》時便云：「彌陀即小華嚴，華嚴即大彌陀」，弘揚華嚴，實即弘揚淨土也。且於演說華嚴時，處處抉剔淨土之微言大義，如公於宣講〈世主妙嚴品〉時云：

> 此品之種種妙嚴，亦是表法，如器世間之樹莊嚴，澄觀祖師引經偈云：信種慈悲根，智慧以為身，方便為枝幹，五度為繁密，……華嚴世界如是，極樂世界亦如是，寶樹蓮池眾鳥微風，一切色聲香味觸，無不有法。[18]

可知極樂之依正莊嚴，與華藏世界無二無別也，又云：

> 通常佛不以法身說法，然華嚴為毗盧遮那佛所說，即是法身說法，……又若《阿彌陀經》，自「其土有佛，號阿彌陀，

---

[15]　《印光大師文鈔・復永嘉某居士書三》。

[16]　《華嚴念佛三昧論》，高雄：高雄淨宗學會，1994.4.，頁 23.

[17]　《華嚴念佛三昧論》，高雄：高雄淨宗學會，1994.4.，頁 25.

[18]　《述學語錄・世主妙嚴品》，頁 151.

今現在說法」，以至讀盡經文，尚未見彌陀如何說法，然究
其實，無處而非彌陀法語，此亦是法身說法。[19]

可見極樂之五塵說法，乃阿彌陀佛之所變現，是法身說法，與華嚴
毘盧遮那佛法身說法無異。《彌陀經》佛自云：「是難信之法」，待
讀《華嚴》後，方能真徹了《彌陀經》義蘊也。

又如講〈十行品〉之第六〈善現行〉云：

華嚴之止，不偏空有，而止乎圓。修彌陀大定，止於六字洪
名，即如華嚴之止乎圓。觀者，明一切法皆是緣生，明了萬
緣而不隨萬緣。念佛不隨萬緣，但隨佛號，是謂之觀。[20]

淨宗所修之念佛三昧，即彌陀大定，乃至圓極頓之止觀，與華嚴三
昧又不二矣。又於〈如來現相品〉云：

華嚴世界重重無盡，眾生八識，亦重重無盡，此識不藏華嚴，
乃藏煩惱惡種，一演為十，十演為百，以至無窮，此之謂塵
沙惑，縱然學佛，亦汰之不盡，輪迴路險，前塵漆黑，可不
懼哉。惟有念佛可以救之，以佛號種子從心起念，復落識田，
念念相繼，即可轉識成智，頓見此心原在華嚴世界海中。是
故念佛一法，其妙不可思議。[21]

由上可知，念佛法門為十方諸佛之所護念，良有以也。

---

[19] 《述學語錄・法身說法》，頁 1.
[20] 《述學語錄・觀察音聲》，頁 187.
[21] 《述學語錄・念佛妙法》，頁 48.

　　雪廬居士於民國七十三年新春，因有人主張消業往生，為令蓮友不受迷惑，故於《華嚴》講座開講前，作《新元講席貢言—世出世法本立道生》共十九次開演，長達七個多月，以為淨土為難信難解之法，惟佛與佛乃能究竟，以佛方是「世間解」，才能徹了其義，並引《仁王經》云：「三賢十聖忍中行，唯佛一人能盡原。」以明惟佛一人能業盡情空，自等覺以還，尚有一分無明業相，若業已消盡，即已成佛，何須再求往生，以駁消業往生，似是而非之說，令大眾生信，凡夫唯有帶業往生，方能了生死，且「不必三祇修福慧，但憑六字出乾坤」，此是淨宗最特別處。以下謹略舉《華嚴經・十行品第二十一》徐自民先生《雪廬述學語錄》導歸淨土文為例證之，參見附件一。

　　又於民國七十四年六月，往生前一年之《華嚴》講座，講至第十回向之安住梵行時，據善導大師《四帖疏》，講述淨宗之安心法門，普勸蓮友，將心安住在至誠心、深心、迴向發願心上，懇切叮嚀大眾，萬勿雜毒，壞清淨至誠之心，要深信彌陀大願，攝取眾生，要深信釋尊說法，是真語者，要深信十方諸佛勸信，是實語者，決定依教奉行，求生極樂，證無生忍，乘願再來，廣度眾生，甚至諸佛再來，勸令改弦易轍，亦須堅如金剛，絕不變易也，臨終前歲，殷懃付囑，可見公之徹底悲心也。[22]

---

[22]　《修學法要・淨土安心法門》，《李炳南老居士全集佛學類之九》，台中：青蓮出版社，1999.11.

（二）阿含時[23]——因果善惡、淨業助功

　　此時經典多講於鹿野苑，故又稱鹿苑時，主要說《四阿含經》，另有《善生經》、《玉耶女經》、《佛說孛經》等。其中《增一阿含》明人天因果，為諸天世人隨時說法；《中阿含》名真寂深義，說離見思虛妄，離生死遷流之出世法義；《雜阿含》名諸禪定，為諸人說種種禪法；《長阿含》破外道，為說正因緣法，破邪因緣及無因緣；然四部《阿含經》通說無常之理，雪廬居士於〈十善三經合冊小序〉云：

> 佛為一大事因緣出現於世，學者而不發出世心者，背乎覺也。佛法在世間，不離世間覺，若僅高談出世，而昧於世法者，豈真知覺義耶？[24]

並以為法能演五乘，方能圓彰佛法全體。又說：

> 人基不樹，又安得優游聖域哉。是何嘗起建重樓，而擬不築下層，直欲起凌空懸立，寧有是處耶。[25]

此時教部廣演苦、空、無常、無我，令知苦、斷集、慕滅、修道之四諦理外，亦廣談世間善惡因果，父慈、子孝、兄友、弟恭等五倫

---

[23] 又云鹿苑時，說四《阿含經》，《孛經》、《遺教經》等。《妙玄》十初云：「增一。明人天因果。中。明真寂深義。雜。明諸禪定。長。破外道。而通說無常。知苦斷集。證滅。修道。」；《四教義》云：「三藏，明世間布施、持戒、禪定即是人天之教，並正因緣所生善法。」

[24] 《雪廬寓臺文存之一‧十善三經合冊小序》，《李炳南老居士全集詩文類之四》，台中：青蓮出版社，1999.1.，頁 15.

[25] 同上註。

十義之理。居士以為守住人格，乃學佛之基礎，諸惡莫作，眾善奉行，乃為淨業助功。蓋淨宗修行，有正有助，正助雙修，如鳥兩翼，缺一不可，雪廬居士曾云：

> 今之學人，念佛不得其力，皆有虧於助行，苟有一手拂塵，一手撒塵，人必見而笑之，然者，短時念佛，長時造業，可笑寧非甚於此者。[26]

其一之《尸迦羅越六方禮經》，此係《長阿含經》中，《善生經》之別譯（《中阿含經》中亦有《善生經》），佛為善生開示禮敬六方之真義，為說子事父母、父母視子；弟子事師、師教弟子；婦事夫、夫視婦；人視親友；主視奴婢、奴婢事主；人事沙門、沙門視人之道。雪廬居士講此經之動機，以為社會罪惡日增，人群倫常不講，將來受報亦重，故須補救，故詳陳做人之準則，以為五乘知津。[27]

其二之《玉耶女經》，此經係《增一阿含‧大愛道般涅槃品第五十二》別譯，佛為玉耶女詳說七婦，善者如母、如妹、如善知識、如婦、如婢，惡者如冤家，如奪命，而家道興衰，半由女子之故。居士於講此經因緣時，以為學佛從己之身心修起，並先在家庭表現，家庭即是小道場，家亂則身不安，道必不隆，家人不和，何以處眾？人道欠缺，佛道何成？而家庭多半由女子作主，而《玉耶女經》為婦道之楷範，故說此經。[28]

26　《述學語錄‧行》，頁 101.
27　《講經表解上‧尸迦羅越六方禮經》，《李炳南老居士全集佛學類之三》，台中：青蓮出版社，1993.3.，頁 3.
28　同上註，《講經表解上‧尸迦羅越六方禮經》，頁 17.

　　其三之《佛說孛經》，此經係佛在祇園，外道謗佛，佛藉此為大眾說，往昔行菩薩道時，其名曰孛，身為國師，助王治國，風調雨順，後亦受四臣及夫人毀謗，去而國亂，後王召回，再臻太平，居士於宣講時云：

> 此經專注重因果作人之道，此為因緣。不信因果，念佛縱至一心不亂，亦不可靠，多招魔障故也。[29]

要人深信因果，且要站住人格，方能做往生之助緣，故又云：

> 修行之大毛病，在不信因果，今學佛者，甚多不信因果，在此處選講此經，旨在保住人格，若能受持五戒，深信因果，保住人格，往生西方，方有把握。[30]

保住人格之法，在去私欲、存天理，復云：

> 念佛不得一心，不能解脫，即因私欲作祟，若念念合乎人道，必易於解脫。[31]

可見，雪廬居士所講此時經典，處處勸大眾止惡修善，自淨其意，以為淨業助功。以下謹舉阿含時經典《佛說孛經》講說內容，印證雪廬居士處處教人以因果善惡乃淨業助功之成例，參見附件二：《佛說孛經》指歸淨土文可知。[32]

---

[29] 徐自民老師：《親聞筆記》，1974.2.14.

[30] 徐自民老師：《親聞筆記》，1974.3.7.

[31] 徐自民老師：《親聞筆記》，1974.6.20.

[32] 此經專注重因果作人之道，此為因緣。不信因果，念佛縱至一心不亂，亦不可靠，多招魔障故也。只此一句，可知公講說趣向矣。

（三）方等時[33]──立相住心、淨之表詮

此時佛所說經論，如《維摩詰經》、《楞嚴經》、《地藏菩薩本願經》、《四十二章經》等，其中以《維摩詰經》最具彈斥特色，經中假維摩詰長者方便示疾，佛遣舍利弗為首之十大弟子，乃至五百弟子問疾，十大弟子皆述昔遭彈斥之事，皆辭不堪問疾，佛再遣彌勒為首之四大菩薩，及諸大菩薩問疾，亦述昔被彈斥，不堪問疾，末遣文殊師利往詣問疾，大眾同往，相見酬答，其間「禮座訶」、「著花訶」，極顯彈偏斥小，嘆大褒圓之教。

雪廬居士曾於宣講《四十二章經》之經文「世尊成道已，作是思惟：離欲寂靜，是最為勝，住大禪定，降諸魔道」四句時，曾言：

> 所謂四諦法。以寂靜最勝為滅諦，住大禪定為道諦，降諸魔道為苦集二諦。此為世尊成道而後，為度眾生而思惟者也。修道須捨五欲六塵，否則無由入門。而眾生捨之極難，故道業之成，亦極不易也。然西方極樂世界，特以五塵說法，學者蓋捨此以取彼。[34]

除了闡釋四諦法外，更引入淨土法門，以為斷惑證果，須捨五欲六塵，然此土行之不易，相對於極樂以五塵說法，眾生不須捨離五塵，反倒盡情追逐，道業自然成就，兩土實有天淵之別。

居士於開演《維摩詰經》時，於開頭〈佛國品〉，即指歸淨土，居士釋之曰：「若菩薩欲得淨土，當淨其心，隨其心淨，則佛土淨。」

---

[33] 方等時：小機保證偏真，故佛彈偏斥小，嘆大褒圓，廣啟褒嘆之方，等施彈斥之法，廣談四教，令羞劣慕勝，迴小向大也。說《維摩》、《思益》、《楞伽》、《楞嚴三昧》、《金光明》、《勝鬘》、淨土三經、《四十二章經》等經。

[34] 《佛說四十二章經表解注》，頁 6~9.

或謂求生淨土者，但自淨其心即可，何必念佛？然心如何淨？如不念佛，但念財色名食睡，心能淨乎？凡夫所緣者，為五欲六塵，故令心定於佛號，佛念，即淨念也，以楔出楔，孰逾於此也。[35]

　　雪廬居士以為人心不同各如其面，世間淨穢，端在居心，彌陀心平，故極樂無驚濤駭浪，眾生心險，故有高山深海，見居士所云：

> 境由心造，……願居何世界，則須居何心，居心凡夫，則有生死六道，居心彌陀，則有極樂淨土，是故修淨宗者，能否往生，不必求徵於人，但問自心如何爾。[36]

雪廬居士駐節中市，凡三十七載，弘揚淨土。所講經論，四教並談者：如《阿彌陀經》、《無量壽經》、《十六觀經》、《往生論》、《維摩詰經》、《楞嚴經》、《地藏菩薩本願經》、〈大勢至菩薩念佛圓通章〉、《大方便佛報恩經・發菩提心品》、《佛說盂蘭盆經》、《佛說四十二章經》、《佛說八大人覺經》、《八識規矩頌》、《大乘起信論》、《法句譬喻經》、《顯密圓通成佛心要集》、《龍舒淨土文》等，其中尤以淨土三經，凡近十次，用力最深。

　　淨土三經亦歸此時教部，所說法門，三根普被，《彌陀要解》云：「上上根無能踰其閫，下下根亦能臻其域。」

　　《文鈔》云：

> 九界眾生離此法，上不能圓成佛道，十方諸佛捨此法，下不能普利群生。

---

[35] 劉霜橋：《親聞筆記》，1960.8.31.
[36] 《述學語錄・造境》，頁 64.

居士亦云：

> 指歸淨土，雖可見諸千經萬論，然屬專經，則有如是三部，
> 一為《無量壽經》，可謂極樂世界之史籍，二為《十六觀經》，
> 乃修觀之法，三為《佛說阿彌陀經》，乃專指念佛之法，世
> 稱淨土三經，[37] 為淨宗之根據。[38]

詳說之，三經各有其作用，如《無量壽經》旨在詳說阿彌陀佛，於因地為法藏比丘時之所行，其所發四十八大願，並經兆載永劫廣修六度萬行，終至果地所成之極樂世界依正莊嚴，並陳所攝取十方國土眾生之殊勝情狀，末後備舉娑婆世界五惡、五痛、五燒，以啟眾生信願之思。[39] 至於《觀經》則詳說三福，此為三世諸佛，淨業正因，並陳十六觀法，其中首為日觀，末陳三輩九品往生觀，備舉極樂種種為所觀境，修十六觀法，而其中觀想之奧義，見第八佛菩薩相觀中云：

> 諸佛如來是法界身，入一切眾生心想中，是故汝等心想佛時，
> 是心即是三十二相，八十隨形好，是心作佛，是心是佛也。[40]

然《彌陀經》則廣陳彼土依正以啟信，特勸眾生求生以發願，正示行者持名以立行，具足信願行三資糧，單提彌陀名號，一心執持，而不及其它也。[41] 居士於三經奧義開示云：

---

[37] 三經外加《普賢行願品》及《大勢至菩薩念佛圓通章》為淨土五經，參見《印光大師文鈔》之〈復永嘉某居士三〉、〈復永嘉某居士四〉。

[38] 《述學語錄‧淨宗簡介》，頁 13.

[39] 〔隋〕淨影大師：《無量壽經義疏》。

[40] 〔唐〕善導大師：《觀經四帖疏》，及〔宋〕知禮大師之《觀經妙宗鈔》。

[41] 蕅益大師：《彌陀經要解》。

> 體尚乎圓，如梵書之伊，必聚三點，始完其形也。小本經潛
> 發真空，大本經詳示妙有，觀經融乎中道，遣其一則落邊見。
> 今有以持名為自力之行者，四八願為他力之行者，終忽於以
> 心作佛，乃為勝加行之力者也。以理論之，三諦圓融，斯即
> 實相，烏能背乎此哉？[42]

另有一論即《往生論》[43]，為西元五世紀時，印度世親菩薩晚年依
《無量壽經》作「願生偈」二十四偈，並造長行引伸述解，初名《無
量壽經優婆提舍願生偈》，又稱《無量壽經論》，以修五念門，求生
安養國。

　　居士在臺近四十年，弘揚淨土。所講經論，三根普被，其中尤
以淨土三經演說即有二、三十次之多，並以「立相住心」，闡釋三經
妙義，提撕學人，據《十六觀經四帖疏》（以下簡稱《四帖疏》）曰：

> 今此觀門等，唯指方立相，住心而取境，總不明無相無念也。
> 如來懸知末代罪惡凡夫，立相住心尚不能得，何況離相而求
> 事者，如似無術通人，居空立舍也。

故《觀經》立西方依正為所觀境，首觀落日懸鼓，用標送想之方，
次為水觀，以表琉璃之地，斯立相而安住眾生之妄心，使不四處攀
緣，又如《彌陀經》、《無量壽經》，立極樂依正及萬德洪名（名以
召德）為所緣境，故居士於《佛說阿彌陀經義蘊》（以下簡稱為《義
蘊》）中釋「從是西方」經文時，云：

---

[42]　《雪廬寓臺文存之一‧趙居士祝壽印施觀經妙宗鈔序》，《李炳南老居士全
　　集詩文類之四》，台中：青蓮出版社，1991.1.，頁 137.
[43]　《往生論註》為北魏高僧曇鸞大師（476~542），依菩提流支（？~527）所
　　授之《觀無量壽經》，注釋《往生論》，大弘淨土念佛法門。

惟其開端一語，說有西方，指教學人，心存執著，嘗為談空者流，輕加訕笑，豈知此正其善巧處，實以凡夫妄念，沸騰起滅，猶如瀑流打毬，剎那不止，茲先指趨西方，是將亂心收攏起來，安住一處，乃誘入道密要，心果安住西方，不緣其餘，散亂歸一，是有所定，執著何害。[44]

制心一處，無事不辦，《觀經妙宗鈔》（以下簡稱為《妙宗鈔》）云：「取捨若極，與不取不捨，亦非亦轍」，以諸佛正遍知海，從眾生心想生，是心作佛，是心是佛，故知立相住心，實為淨宗要旨也；再者，居士以為「浩浩三藏，無非明淨」[45]，蓋心覺為淨，心迷則為穢；心淨則土淨，心穢則土穢；佛說三藏教法，無非令眾生轉覺轉淨，故三藏諸法門，皆可稱為淨法門也，諸經教法，雖同為令眾生轉覺轉淨，然眾生根機，執情迥別，故佛說法亦隨機而異，或折或攝，或立或破，或表詮或遮詮。如方等諸經多立少破，立淨相，使眾生心安住眾相，終乃圓顯淨德，故方等諸經教法，可謂淨宗之表詮也，居士於講說方等諸經時，多做如是會歸。

　　以下謹舉方等時《佛說四十二章經》及《法句譬喻經》指歸淨土文印證雪廬居士時時調停指歸淨土之徹底悲心，參見附件三：《佛說四十二章經》會歸淨土文一覽表、附件四：《四十二章經》會歸淨土概況表及附件五：《法句譬喻經》指歸淨土文一覽表可知。

---

[44]　《阿彌陀經摘注接蒙義蘊合刊》，《李炳南老居士全集佛學類之一》，台中：青蓮出版社，1994.4.，頁136~137.

[45]　《雪廬寓臺文存·道源法師講觀無量壽經序》，頁135.

（四）般若時——破相顯性、淨之遮詮

般若時，由前方等，二乘雖發心樂大，故習猶堅，夫欲淘汰執情，必須空慧之水，故有般若時。從經題立時，般若翻智慧，智慧輕薄，即五種不翻之一。佛說諸般若經典，旨在淘汰執情，斷疑蕩相，相對於方等諸經而言，則般若諸經多破少立，破盡執情，淨德乃顯，故般若諸經，可謂淨宗之遮詮也。

此時所說之《摩訶般若》、《光讚般若》、《金剛般若》、《大品般若》、《小品》、《放光》、《仁王》、《天王》、《文殊問般若》等諸般若經，雪廬居士嘗云：「法門無量，要不離乎般若。般若卷六百，而以《金剛》為精粹。」[46]又曰：

> 夫梵典西來，三藏浩浩，此中旨趣稱難繹者，其惟《金剛般若》乎？經云：「摩訶般若波羅蜜，是諸菩薩摩訶薩母」；論云「般若波羅蜜，是諸佛母」。惟其如是，凡夫則痴聾不解，二乘則驚疑怖畏，故世尊心深憫之，慨然曰，或有人聞，心則狂亂。又曰，為發大乘及最上乘者說。溯以乾竺聖地，畢集聲緣，方便應機，尚稽至四時啟化，可想其然矣。[47]

唐玄奘大師所譯六百卷《大般若經》未出前，此土廣流通者為《放光經》、《光讚經》、《大品經》、《道行經》、《小品經》、《勝天王經》、《文殊師利所說經》、《金剛般若》等，世所謂「八部般若」，實是

---

[46] 《雪廬寓臺文存之一‧續印金剛經講義序》，台中：青蓮出版社，1991.1.，頁 129.

[47] 《雪廬寓臺文存之一‧金剛經要義序》，台中：青蓮出版社，1991.1.，頁 1.

《大般若經》之各會別譯,《大般若經》人以為所詮為偏空,然蕅益大師以為,其中多發圓義,於《閱藏知津》中,舉〈難信解品第三十四〉(卷 182 至 284)云:「此品共一百零三卷,具明一切諸法互攝互融。」

《般若經》中所有蕩相處,實是在去三性中之遍計所執性,一空一切空,無假無中而不空,而顯畢竟空義,徹底彰顯圓成實性也。故《大般若經》云:「摩訶般若波羅蜜,是諸菩薩摩訶薩母。」《大智度論》云:「般若波羅蜜是諸佛母。」實可為明證。

六百卷《大般若經》,可濃縮成一部《金剛經》,而《金剛經》可再濃縮成二百六十字之《般若心經》(以下簡稱為《心經》),故知《金剛經》為六百卷精髓,而《心經》為其體要,故葛簹所作《大般若經綱要緣起》以為:「般若骨髓乃在二經」。

《金剛經‧序分》所敘之「爾時世尊食時,著衣持缽」段之經文,道源老法師以為是「離言般若」,乃世尊於行住坐臥,日用平常中,示實相般若,而正宗分後方是「依言般若」,其要義在無住生心,去二執、離四相[48]也,而《心經》更是六百卷《大般若經》之精粹,故《大般若經綱要緣起》云:

> 《般若》全文六百,《心經》二百餘字,繁簡不同,實為體要,其間有建有破,波湧雲興,要歸無智無得,神珠激映。[49]

雪廬居士嘗示人:

---

[48] 道源法師:《金剛經講錄》,臺北:菩提樹雜誌社,1989.4.
[49] 葛簹:《大般若經綱要》,南投:正覺精舍,2002.10.,頁 19.

空與心性之理，向來不講，蓋講經須契理契機，般若空
理，說之而人不懂，契理不契機，等於閒言語，但若臆
測而說，契機而不契理，亦等於魔說，二皆無益於眾生，
故平時罕說。

又示之曰：

不明教相難言空有，例如「說空說有，如掌與拳，本為一事」，
經云：「色即是空，空即是色」。抉窈摘微，端在般若，此門
乃佛延至第四教時，方為暢演，固非為初機所說，明矣。不
善學者，往往偏執一面，致使圓通康衢，依方生迷，群言淆
亂，多啟鬥諍，利生云乎哉？有言妙有，是銓其相；空言真
空，是銓其體。因體空故有不變義，因相有故有隨緣義，……
相實依體而起，體亦依相得顯，非權非實，是二是一，斯契
圓解圓修之旨，決非自相矛盾，語有兩岐也。[50]

知空與不空之理，本圓融無礙，然礙於學人不識，致生混淆，而起
爭謗，故平時罕言之。

　　然居士於民國三十八年二月甫抵臺，五月即於法華寺，首次宣
講《心經》，並列於慈光、明倫講座六科之一，為撰表解與講注，
實期許大專知識青年，研究般若，性相融通。居士曾云：「法門無
量，要不離般若」[51]，以般若係為發大乘者說、為發最上乘者說，
可見對般若之重視，但不輕說而已。般若旨在掃蕩執情，故三性
中，偏就去遍計所執性，顯圓成實性而說，故《大般若經》云：「般

---

[50] 雪公示人：〈不明教相難言空有〉，《弘護小品彙存》，台中佛教蓮社，頁211.
[51] 《雪廬寓臺文存詩文類之四‧續印金剛經講義經序》，頁129.

若如大火炬，四面不可觸，觸者被燒」，然《中論》卻云：「以有空義故，一切法得成」，實是一空到底，而彰顯實相妙理也，故居士曾云：

> 研淨宗者，咸知土有四分，實報雖是說相，寂光寧非說體，必取體而撥相，理固不圓，事亦非真實也。[52]

學般若者或疑《金剛經》無相，淨土有相，難以相融，居士釋云：

> 僅入手修法不同，但淨土之寂光，亦是無相。此皆是一真法界，有何不相融處？[53]

又有疑《金剛經》所云：「若以色見我，音聲求我，是人行邪道，不能見如來」，與淨宗念佛、拜佛，教理似有相違處，居士亦釋云：

> 如來言真空之體，瑞相言妙有之相，相依體有，體因相顯，此是中道。凡夫往往迷相遺體，偏執一端，不得真實，故金經澈底破之，不變是體，隨緣是相，果能識其體矣，再與言相，始能會空色相即，空有不離之旨，便知寂光是真空，瑞相是妙有，一而二，二而一，非矛盾也。[54]

或謂《金剛經》：「凡所有相皆是虛妄」，有疑淨宗臨終佛現，寧保非魔，居士為釋云：

---

[52]　《淨土選集・不明教相難言空有》，台中：青蓮出版社，1998.12.，頁 92.
[53]　《佛學問答類編下・淨土》註，頁 1505、1548.
[54]　同《佛學問答類編下・淨土》註，頁 1404.

《金剛經》言性空之理，《彌陀經》言成佛之法，魔者障礙
也，因與果違為障。修禪斷惑見性，忽現有相，即是相違，
故曰魔障。修淨感佛，報化來現，是因是果，並不相違，安
得稱障，故不是魔。然亦有實相念佛，頓超寂光。九品四土，
是又不能執一而論淨也。[55]

又言：

今之信淨土者，依三經而說種種莊嚴，是言其相，並非莊生
寓言。疑淨土者，僅說唯心自性，是言其體，寧忽如來三身。
若互誹謗，幾近說火否認其熱，說水否認其濕也。於空色即
是之義何有，於不變隨緣之義何有。凡少研淨宗者，咸知土
有四分，實報雖是說相，寂光寧非說體，必取體而撥相，理
固不圓，事亦非真實也。倘於西只許唯心自性之體，不許極
樂彌陀，三處莊嚴之相；於東亦應只許唯心自性之體，不許
娑婆釋迦，八苦三途之相。如於娑婆諸相，竟認其有，自應
於極樂諸相，亦認不無，事理方各不違，否則等說西方人手
只有拳，東方人手只有掌矣。或曰我只許心內，不許心外，
試思何法在心外，心外是何處？[56]

綜言之，般若破相，旨在顯性，遮止一切妄相，而圓顯寂光實相，
故居士云：

---

[55] 同《佛學問答類編下・淨土》註，頁 1404.

[56] 同《佛學問答類編下・淨土》註，頁 1404.

> 有言妙有，是遣其相，空言真空，是遣其體，因體空故有不
> 變義，因相有故有隨緣義……相實依體而起，體亦依相而
> 顯，非權非實，是二是一，斯契圓解、圓修之旨。[57]

居士處處為眾開示性相融通，般若、淨土無二無別之理，如開演《華嚴》大經，至〈十行中品〉第六善現行體即般若，於中居士曰：

> 不斷不常，不生不滅，不一不異，不來不去，謂之八不中
> 道，[58]於是乃能破迷啟悟，了知萬法無所得。菩薩不唯住
> 無所得，且須百尺竿頭更進一步，應無所住而生其心，然

---

[57] 參見雪公示人：〈不明教相難言空有〉，《明倫月刊》，126 期，1982.10.，頁20.

[58] 八不即中道，即遮止生滅、常斷、一異、來出等四雙八計所發起無所得中道之理。又作八不中觀、八不正觀、八不緣起、無得中道、無得正觀、不二正觀、八遮。為古印度大乘佛教中觀學派與我國三論宗重要理論之一。意謂宇宙萬法，皆由因緣聚散而有生滅等現象發生，實則無生無滅。如謂有生或有滅，則偏頗一邊；離此二邊而說不生不滅，則為中道之理。龍樹之《中論》，卷首：「不生亦不滅，不常亦不斷，不一亦不異，不來亦不出。能說是因緣，善滅諸戲論；我稽首禮佛，諸說中第一。」之偈，其中不生、不滅、不常、不斷、不一、不異、不來、不出，稱為八不。用「不」來遮遣（否定）世俗之八種邪執，以彰顯無得中道之實義，故稱八不中道。又此八不皆講諸法緣起之理，故稱八不緣起。此不生、不滅等八不，總破外道之邪執，其中不斷、不常等六不，共明不生不滅之義。依此，不生不滅為八不之本，又因不滅由不生而有，故不生為無得正觀之根本。又中觀論疏卷二末載，以八不依次破闡提、聲聞、外道、獨覺與初發心菩薩之執。即不生破嬰兒闡提諸法決定有而生之執；不滅破邪見闡提一切法皆滅之執；不斷破斷見聲聞斷滅生死之執；不常破常見聲聞身常住無為涅槃之執；不一破外道計我與五陰為一之執；不異破外道計我與五陰為異之執；不來不出破獨覺及初發心菩薩之乘因至果，出三界，來有所從，去有所至之執。然此僅以八不配闡提等四種，以明其義。蓋八不之說，在於否定生滅等之八計，以彰顯無得正觀，行聖中道之意。〔梵網經卷下、中觀論疏卷一本、大乘玄論卷一〕

後方能成就善現行。設問,念阿彌陀佛,有所得乎?不必曰
得,阿彌陀佛即是汝自己也。[59]

除此之外,廣見雪廬居士佛學問答中關於破相顯性,遣蕩妄情,以
遮止為詮解淨土之內容,可見居士雖說宣講般若諸經仍為深弘淨宗
之苦心。

> 問:淨土之極樂世界應屬化城之一,如按三界區別,則乃為
> 色界乎?蓋其有色相有飲食也,六根作用似未盡除。如
> 言佛國則應超三界,此如何說?(劉定一)

> 答:極樂佛土有四,曰寂光、曰實報、曰方便、曰同居。寂
> 光實也,餘三專為應機度眾而現。亦猶佛有法報化之三
> 身,法身,則言語道斷,心行處滅,何以普度乎。不有
> 文字般若,何得悟入實相,不有前三土,何能證入寂光?

> 問:如何謂為修般若行?(林聖崑)

> 答:般若是真智權智,及一切智之總名。其修或依名師參究,
> 或無師自向經中探討,依之而修,悟到相空,空空,不
> 空亦空,即是般若之行。

> 問:淨宗專以念佛拜佛為往生資糧,而般若宗《金剛經》以
> 「若以色見我,以音聲求我,是人行邪道,不能見如來」
> 四句呵斥行者,此豈不與淨宗教理完全相違,不知釋尊
> 是何密意?請示之!(方明)

> 答:一個法門,一個修法,猶之一把鑰匙,開一鎖,其理正
> 同。入手固有不同,結處無不一樣,至舉相違之處,只
> 係因地上之分別而已。所謂歸元無二路,方便有多門也。

---

[59] 《雪廬述學語錄・善現行》,頁 189.

　　再舉一例：如四方各地有人欲往臺中，臨行問路，答者
　　對臺北來者則曰向南進行，對屏東來者曰向北進行，臺
　　東來者則曰向西進行，清水大甲等地來者則曰向東進
　　行，驟然聽之，似是相違，其實是觀其立場，應機施教。
　　若諸人不起疑惑，皆能達到臺中。倘以答者語言相違，
　　不加信從，必皆取一方向而進，定有三人離臺中轉遠。

問：或疑《金剛經》無相，淨土有相，二法如何相融？（林
　　夢丁）

答：僅入手修法不同，但淨土之寂光，亦是無相。此皆是一
　　真法界，有何不相融處？

問：有人念佛能見種種瑞相，何以《金剛經》說：「若以色見
　　我，以音聲求我，是人行邪道，不能見如來」呢？（洪
　　榮保）

答：如來言真空之體，瑞相言妙有之相，相依體有，體因相
　　顯，此是中道。凡夫往往迷相遺體，偏執一端，不得真
　　實，故金經澈底破之，不變是體，隨緣是相，果能識其體
　　矣，再與言相，始能會空色相即，空有不離之旨，便知寂
　　光是真空，瑞相是妙有，一而二，二而一，非矛盾也。

問：念佛念得一心不亂的行者，臨命終時，阿彌陀佛與諸聖
　　眾，現在其前，根據《金剛經》云：「凡所有相皆是虛妄」，
　　或恐魔來擾亂道心，以念佛行者臨終寧保非魔擾？（周
　　慧德）

答：《金剛經》言性空之理，彌陀經言成佛之法。魔者障礙
　　也，因與果違為障。修禪斷惑見性，忽現有相，即是相
　　違，故曰魔障。修淨感佛，報化來現，是因是果，並不

　　相違，安得稱障，故不是魔。然亦有實相念佛，頓超寂光。九品四土，是又不能執一而論淨也。

問：後學初聞禪淨之名，即覺禪淨無別，且深信不疑，恍若舊知，故雖專習淨業，亦喜讀禪宗典籍，尤好念誦《金剛經》，如此者，是知障抑是因緣，有礙淨業否？（劉國香）

答：修守一法，專一始精。學應廣博，能博始達。明乎此理，修則不致雜亂無功，學亦不陷孤陋寡聞，修淨而立根生力，何經不可誦耶。

問：我淨宗法，以持《彌陀經》稱佛名號為本，但是我學佛以來，已是一年零三四月之久，總是能精進，今想早課改誦《金剛經》及念佛，其誦法如何？（陳灶）

答：如於《金剛經》不會讀誦，即不必多招費事，如衷心歡喜此經，是謂契機，即不妨讀之，取其誦持定心，尚須定後以持名為主。誦金經之法，能一次全卷為佳，不能則兩日盡其全卷，或三四日亦可。若按三十二分，作三十二次誦，則時間太短，恐不易得定。然晚課仍須誦《彌陀經》為正，蓋此經為淨宗基礎經也。

　　以上皆為雪廬居士開演般若時經典，會歸淨土之處，果悟生者決定生，去者實不去之旨，則般若淨土二無別也。不唯佛學問答，乃至開演《華嚴》大經亦處處指歸般若即淨土，例如十行中之「善現行」，雪廬居士開示：

　　十行第六為善現行，其體即為般若。梵語般若，含多義，故不翻，要義為智慧，是由布施、持戒、以至禪定，開悟其心，

方能顯現。凡夫心性未明，日用常行無非情識，根塵相接，善惡混雜，不謂善現。菩薩身口意皆已清淨，一切皆利眾生，所現無非是善。經云：「此菩薩住無所得，能知三業皆無所有。」故能善現。住無所得者，一切法皆無所得，百法明門以得為不相應行法，《心經》云，無智亦無得。菩薩念念如是了知，念念不違此理，故謂之住無所得，心若計有所得，則非般若，唯為凡夫之迷信。凡夫所迷信者，詳說不盡，約之則有八種，斷、常、生滅、一、異、來、去是也。如是八種隨執其一，皆是邊見。[60]

以上皆雪廬居士開演般若時經典，會歸淨土之處，林林總總，詳參：雪廬居士：《佛學問答》、徐自民：《述學語錄》等著作。

（五）法華涅槃時——心作心是[61]、成佛極致

法華涅槃時，緣二乘於般若會，領知法門，故說《法華》開四時權，顯一乘妙；然有漏網機，及橫來眾，未聞前教，豈解佛乘？更說《涅槃》，重為捃拾，普令證歸佛慧，故二經同為第五時。從經題立時，以此二經同醍醐故。

雪廬居士云：

---

[60] 徐自民〈台中道場講經語錄華嚴之部〉，《明倫月刊》，52 期，頁 6.

[61] 雪公云：《法華經》主張「性具」，本性中具備一切，有善、有惡、有不善不惡。《華嚴經》說是「性起」，性原來不動，不動時什麼都有，名性具。性動了名起，起心動念了，這就和性不同。所以性是安靜不動的，性一起動就是心。這是不得已的講法，光嘴說不行，必須有修行的功夫，自己在裡頭參悟，才能懂這個心性。

　　《法華經・方便品第二》:「十方佛土中,唯有一乘法,無二
亦無三,除佛方便說。」意即在十方世界諸佛所教化之國土
中,本來只有一個成佛了生死之教法,名為「一乘法」,並
無二乘或三乘教法之差別,除了佛在教化眾生時,為了契合
眾生之根機,不得不將一乘教法,善巧方便地施設二乘或三
乘教法。

由此可知,三乘教為方便法,而一乘教則為真實法。

　　此時以《法華》為本經,《涅槃》為扶疏,《法華》一經共二十
八品,前十四品,開權顯實,深明如來設教之始終;後十四品,開
近顯遠,具發如來本迹之廣遠,其中詳說十法界、十如是[62]、性具

---

[62] 指探究諸法實相應把握之相、性、體、力、作、因、緣、果、報、本末究
竟等十種如是。又作十如。法華經卷一方便品(大九・五下):「唯佛與佛,
乃能究盡諸法實相。所謂諸法如是相、如是性、如是體、如是力、如是作、
如是因、如是緣、如是果、如是報、如是本末究竟等。」即謂一切諸法之
本來相狀(實相)具足十種如是。智顗用以與十法界、三種世間等相配而
構成「一念三千」之理論。然歷來諸家於十如是所解各有異說,智顗之師
慧思主張上文應在「如」字斷句,而稱為十如,或稱十如實相、十如境。
又此經文係歸納法華經中之「開會」要義,即開權顯實、廢權立實、會三
歸一等思想,故稱略開三顯一、略法華等。對此,日本天台宗亦盛行有關
之各種口傳。智顗以前諸師對此文之解釋,或單稱智慧之作用、或謂佛之
十力作用、或解為敘說三乘法之內容。對上述各種解釋,智顗皆不以為然,
蓋此十如是含攝下列諸理:迷悟與依正二報,事(現象)與理(本體)一
體無別,權(假之事物)與實(真實)融於一如。依《法華文句》卷三下,
則自十法界、佛界、離合與位次等四方面加以解釋。據《法華玄義》卷二
上載,於空假中三諦,此應有三種不同讀法,即:是相如(即空)、如是相
(即假)、相如是(即中)。十如是之中,「相」意即相狀,指外在之形相;
「性」意即不變,指內在之本性;「體」即以相、性為屬性之主體。「力」
即體所具有之潛在能力;「作」乃顯現動作者;「因」指直接原因;「緣」為
間接原因;「果」即由因、緣和合所生之結果;「報」指果報。以上之因緣

一切法、一念三千之妙理。再者，於〈如來壽量品中〉揭示，佛於塵點劫前，早已成佛，為令一切眾生，普入佛慧，故無量劫來，遊此娑婆世界，示現八相成道，番番為眾生種、熟、脫，即是為眾生下成佛之金剛種子，再令漸漸成熟，最後畢竟解脫。[63]

　　故知《法華》一經宗旨，在開權顯實、開跡顯本，既開顯已，故會權歸實，權即是實，事即是理，一切權法即是實法，「舉手低頭皆成佛道」，「治生產業，皆與實相不相違背」，「汝等所行皆菩薩道」，是為佛一代時教之究竟極談，故聽眾聞已，頓超頓證，利益難思，蕅益大師《法華經會義》嘆為：「極致成佛之奇術」，良有以也。

　　淨土法門，亦極致成佛之奇術，以念佛心即是佛故，是心作佛，是心是佛故。蓋眾生現前一念之心，雖終日不變，卻終日隨緣，不能無念，無念心體惟佛獨證，自等覺以還，皆悉有念，起念必落入十法界，未有念出於十法界之外者，不念佛法界，必念九法界，不念三乘，必念六凡，不念人天，必念三塗，故修行人若起念，落於佛法界，此心當下即是佛法界。若現前一念之心，落於極樂依正莊嚴，萬德洪名，一念相應，一念佛，念念相應，念念佛，是心作佛，是心是佛，最直捷、最了當，念佛心當下即是佛，豈非極致成佛之奇術歟！不只此也，淨土法門以念佛為無上因，以往生極樂為無上果，由念佛而橫超三界，橫超四土，蕅祖所謂「凡夫例登補處」、「同

　　果形成後世之報果。「本末究竟等」之中，「本」指開始之相，「末」指最末之報，「等」指平等；即以上之如是相乃至如是報，皆歸趣於同一實相而究竟平等，故說本末究竟等。〔《摩訶止觀》卷五上，頁390~416.〕

[63]　《法華綸貫》，頁3，或《法華會義》，頁1217~1251，台中：青蓮出版社，已卯年12月。

居圓俱四土」，亦即凡夫與等覺同圓三不退，同一生成佛，成佛之疾速，更非通途圓教可比擬矣。

雪廬居士曾於演說《法華彌陀兩經會義》時，有偈云：

> 曾說《彌陀》小《法華》，一乘圓頓兩無差，天臺教義精微甚，淨土行持更到家。[64]

可見《法華》、《彌陀》皆心作心是，成佛極致，而淨土法門尤為「到家」之捷徑也。

《涅槃經》助顯《法華經》義，明常住佛性，確指一切眾生，皆有佛性，皆堪作佛，縱一闡提，亦必定成佛之理。佛最後說《涅槃經》，其旨在於扶律談常，即是要戒殺、盜、淫、妄四大惡業。不受戒固然無法得到佛法的增上力量，而受戒之後，必須不斷持守，更為重要。修行人有增上戒的工夫，將來所生之定，才是「正定」，所生之慧，才是「正慧」，故會性法師云：

> 為弘揚念佛而抑戒律，有違聖教，又易使人誤會以為，只要念佛，不必持戒，則必破壞正法，戒淨俱毀矣，行者宜應持戒念佛兩門並重，方得往生安養。[65]

古德謂《法華》有四要品，即〈方便品〉、〈安樂行品〉、〈如來壽量品〉、〈普門品〉，而〈普門品〉另有別行本，稱《觀音經》，居士在臺講〈普門品〉共有七次（見附件一）。於宣講〈普門品〉時，提及《法華經・普門品》之梵本，有偈文讚揚彌陀之功德，今流通本

---

[64] 《弘護小品》，頁 452.

[65] 會性法師：《大藏會閱》第四冊，台北：天華出版事業股份有限公司，1995.5.，再版一刷，頁 808.

無此偈文，係英國學者克爾恩氏，依梵本英譯《妙法蓮華經》，後由呂碧城居士依英譯本，再譯成華文，其篇末多七首偈頌，皆讚揚阿彌陀佛之功德，其最後二首偈頌云：

> 至尊阿彌陀，寶座蓮華上，華中放光明，照耀最無量，讚彼功德藏，三界無能比，彼為宇宙師，我輩速依倚。[66]

此乃《法華經》導歸蓮宗之力證，其重要性，實不亞於《華嚴經・普賢行願品》。雪廬居士宣說《法華》力闡：「是心作佛，是心是佛。心即佛，佛即心。持名念佛一法，超出一乘、三乘教法之上，實為方便中之第一方便法門也。」如是嘔心瀝血之說，但見附件六：《法華經・普門品》指歸淨土文可知；故於二十二座講筵中，除釋譯者一座外，其餘二十一座，回回導歸極樂。講中一再指示大眾，西方三聖，阿彌陀佛如校長，觀世音菩薩如教務長，大勢至菩薩如訓導長，以持洪名者，不必改念觀音菩薩，念彌陀即是持觀音，但能臨終一心不亂，心不顛倒，三聖皆來接引也。

二、總明一代指歸

由上一一分別析分雪廬居士五時教典之歸趣，可知居士一期弘護者，皆在淨土一門，誠如印祖云：「淨土法門，廣大如法界，究竟若虛空，一切法門，無不從此法界流，一切行門，無不還歸此法界。」[67]是以雪廬居士寓台逾三十年，始終以此法門接引眾生，不

---

[66] 《述學語錄・華嚴講前開示》，頁 149~150.
[67] 印祖：〈淨土聖賢錄序〉，《印祖文鈔續編》，2001.1.，頁 438.

但開演大經大論時，處處指歸淨土，即平素談話、開示，亦咸勸修淨土，求生西方極樂世界。何以故？試徵前人有云，印祖在〈印施極樂圖序〉中稱揚淨土法門的殊勝云：

> 淨土法門之為教也，是心作佛，是心是佛，直指人心者，猶當遜其奇特。即念念佛，即念成佛，歷劫修證者。益宜把其高風。普被上、中、下三根，統攝律、密、教、禪諸宗。如時雨之潤物，若大海之納川，偏圓頓漸，一切法無不從此法界流……匯三乘五性，總證真常，導上聖下凡，同登彼岸。故得九界咸歸，十方共讚，千經並闡，萬論均宣。可謂一代時教之極談，一乘無上之大教也。……既有真信切願，當修念佛正行。以信願為先導，念佛為正行。……念佛一法，約有四種。所謂持名、觀像、觀想、實相。就四法中，唯持名一法，攝機最普，下手最易。[68]

古人有云：「不讀《華嚴》不知佛家之富貴－《華嚴經》為諸經之王，無不從此法界流，無不還歸此法界，略言之統攝禪、密、律、教、淨。」[69]佛之富貴就是佛的功德，就是名號功德。世尊說法四十九年，最初講《華嚴》最後入《法華》，而二經都是指歸西方極

---

[68] 印祖：〈印施極樂圖序〉，《印祖文鈔下冊》，頁 567；又於《印光大師文鈔續編卷下》『影印宋磧大藏經序』中道：「綜其所說，厥有五宗，曰律、曰教、曰禪、曰密、曰淨。五者名目雖異，理體是一。可專主於一門，不可偏廢於餘法。如四由門而入一城，如以四時而成一歲。其互相維持，互相輔助之功，非深悉法源者莫能知。」

[69] 《華嚴經》之〈世主妙嚴品第一〉括淨宗、〈入法界品第三十九〉含密宗、〈淨行品第十一〉涉律宗、此經不僅是賢首主經，更被唯識宗視為六經十一論之首，故亦屬教門、〈入法界品第三十九〉是淨宗。

樂世界。《華嚴》歸宿就是普賢以十大願王，引導凡聖往生極樂，進入《華嚴》一真法界，所以古德有云：「《華嚴經》是《大彌陀經》，《彌陀經》是《小華嚴經》。」[70]然《法華經》如何導歸極樂淨土？天台宗倓虛大師常曰：「《法華經》是《彌陀經》的廣說」。換言之，《彌陀經》就是《法華經》的大意。

　　實則《法華經・普門品》的梵文本有偈文讚揚彌陀功德，此鮮有人知，現在流通本則已沒有這一段偈文。根據徐自民先生《述學語錄》[71]載，雪廬居士在華嚴講前開示云，英國有位學者克爾恩氏，依據梵本英譯之《妙法蓮華經》，後由中國呂碧城居士譯成華文，其篇末多了七首偈，皆讚揚彌陀功德，其最後二首偈說：「至尊阿彌陀，寶座蓮花上，花中放光明，照耀最無量。讚彼功德藏，三界無能比，彼為宇宙師，我輩速依倚。」乃是導歸蓮宗之力證，其重要性不亞於《華嚴・普賢行願品》。

　　又《法華經・本事品》中言：

> 若如來滅後，後五百歲中，若有女人，聞是經典，如說修行，於此命終，即往安樂世界。阿彌陀佛、大菩薩眾，圍繞住處，生蓮華中，寶座之上。

若將此段經文對照《彌陀經》：

> 若有善男子，善女人，聞說阿彌陀佛執持名號，若一日、若二日……若七日，一心不亂。其人臨命終時，阿彌陀佛與諸

---

[70] 印祖引無隱說：「所以無隱謂：『《華嚴》即廣本《彌陀》，《彌陀》即略本《華嚴》』（《讀印光大師文鈔記》，1992.6.，頁 391.)

[71] 參見，1994.6.，頁 149.

> 聖眾，現在其前。是人終時，心不顛倒，即得往生阿彌陀佛
> 極樂國土。

完全吻合。由此可知，世尊一代教學，自始至終[72]都是講彌陀的本
願功德，以此功德令眾生悟入佛之知見。[73]
　　雪廬居士深秉佛意，五時教典齊宣，——令入彌陀願海中。
嘗云：

> 修行之具，不外經文、咒語、佛號。經是名言貫串之義，即
> 貫字為句，貫句為篇章也。……咒是祕密真言，六字洪名，
> 皆依梵音，未翻一字，只一阿字，即具……四用，合六字義
> 更多矣，是至簡至真之咒。佛號雖多，偈曰：「十方三世佛，
> 阿彌陀第一」古德云：持此一號，即是持一切佛號，此修具
> 之勝義也。修行之法，止觀可統攝之，念佛憶佛，即止即觀，

---

[72] 佛門的《華嚴經》、《法華經》，稱為經中之王，這二大教觀分開來看看，體
　大相大用大是依華嚴一真法界觀而推演，三諦、三觀是依法華跡本二門開
　出，皆是真俗圓融的大教，這二經即可代表一切經。念佛往生乘願再來，
　就是真俗圓融的中道法門。惟佛與佛，乃能究盡。發菩提心要上求佛道，
　下化眾生，上求佛道的境界，體大、相大、用大，證此大性可以兼容並包，
　離一切苦。獲得無上的樂，下化眾生是要度化三途眾生使得此大樂，免除
　一切之苦。

[73] 又問：佛有八萬四千法門，無不從此法界流，無不還歸此法界。既以法界
　為歸，何又要歸向淨土？居士答：流者，自「悲智心」流出。還者、還歸
　「本源法界」。要知道把法門當成法界，即是法界。不知道是法門，即不是
　法界。極樂世界，距此十萬億佛土，立定目標，趨向淨土即是「解圓、行
　方」。解圓故，知十方皆法界，此亦法界，彼亦法界。行方故，不願生他方，
　而願生西方，並且要生在西方蓮池的蓮台上，上品上生。修行人，應有大
　目標、立大志，行深行，切不可一腳踏兩隻船，應一門深入，自己要有主
　宰。(明代蓮池大師：「答淨土四十八問」續藏第一百零八冊、雲棲法彙)

善念者，不求離外境，而境自離，善憶者，不求內止亂，而亂自止。不必作各種觀，不必修各種定，寂照自然雙融，此修法之勝義也。所修之事，無非心性解脫得證三昧，可以斷惑顯真，不得所轉，亦可帶業往生，脫離輪迴，……此解脫之勝義也。略言如是，詳言難盡，人云包盡八萬四千法門，可為知言；然亦僅作贊歎此法之殊，不可誤為破他法門也。

佛教眾生成佛之法，八萬四千種，而淨土法門是方便中第一方便，圓頓中第一圓頓，宋代以來，淨土一宗成為大乘共宗。近代佛門大德一片悲心，口宣筆著，闡示淨土殊勝，力勸求生極樂，而雪廬居士自身更是示現一串念珠，孜孜矻矻課佛號，直至神歸安養極樂邦。可知，一大藏教，五時說法，一言以蔽之，曰淨而已矣。居士深明佛意，故一生所講經典，皆指歸彌陀淨海也。居士云：「時際末法，專修淨土，是最聰明。」[74]又以「阿」字論言：此字為一切字之種子字，為一切教法之根本，如無此字，則無一切經矣。只此一阿字，即具息災、增益、降伏、攝召四用，合六字則義更多矣，是至簡至真之無上咒王。[75]故執持六字洪名，即是持無上咒王也，據此則更見顯密圓通矣！

[74] 《雪廬老人題畫遺墨》，《李炳南老居士全集詩文類》，台中：青蓮出版社，1999.1.，頁 240.
[75] 《佛學問答・淨土類》，頁 1501.

第三節　一生行持宗要

　　雪廬居士一生行解歸趣所在，已如上所探究，唯其平素如何籌辦三資糧，往生瑞應如何？以下就此分述之。

一、娑婆資糧備

　　雪廬居士云：「白衣學佛，不離世法，必須敦倫盡分，處世不忘菩提，要在行解相應。」可知「解行並進」為修學佛法的最高指導原則，有解無行等於說食數寶，有行無解則是盲修瞎鍊。學佛須先研解教理，依教起行，乃能成就。誠如藕祖言：

> 討究佛法為（學佛）第一要務。諸佛所師，所謂法也，（佛尚且以法為師），況弟子乎？……試觀外道亦出家求出生死，不知正法，求昇反墜。故不留心教典，饒勇猛精進，定成魔外。[76]

　　可見不解佛法正義，則所精進必是邪魔外道，無可倖免！藕祖又舉脅尊者為例，「脅尊八十出家，晝觀三藏，夜習禪思，乃克有濟。」可見解行並進才能成就。以下試以「融貫諸宗」、「行在彌陀」析述雪廬居士示現之「解行並進」典範。

---

[76] 吳聰龍：《阿彌陀經要解導讀》，2001.4.，頁 2.

（一）融貫諸宗[77]

1、禪淨律密

　　第一、「禪宗」，雪廬居士未到四川之前，在濟南淨居寺跟隨北京來的真空禪師學習，與當時方丈客觀法師一起同參了八年。雪廬居士有禪門參究經驗，對於宗門並不外行，這對雪廬居士爾後講教修淨與弘護正法，都有相當的助益。就禪宗與淨土宗而言，雪廬居士以為二宗「理同而事異」，[78]雖入門方法殊異，卻殊途同歸，並不互相衝突，禪以疑為本，不疑則不悟，淨則以信為基，不信無以入其門，雖事相不同，然不可以為淨宗不具禪味，一句彌陀為甚深微妙禪，雪廬居士示現不以禪門為度眾津筏，卻承襲印祖調和二宗，即「理同而事異」，實為善護諸宗之風範。

　　第二、「密宗」，雪廬居士在四川期間，跟隨西藏的貢噶與諾那呼圖克圖學習，總計也有八年。雪廬居士對於所習的密咒，可說是「終身誦之」，對佛法尊重恭敬，實不是後人所能想像。例如：雪廬居士早晚課誦《阿彌陀經》，經末有六方佛讚歎流通，誦畢，則觀想六方佛無量無邊，遍滿虛空，此時，乃持誦密咒，供養諸佛，由此可見其觀想和持咒功力之深厚。因此，若有人說雪廬居士否定密法，實是誤會所致。

　　第三、「律宗」，雪廬居士平日自律甚嚴，弟子均知，更不待言。常說一切戒律，首重五戒，因為此乃人格的基本，認真持守，方保人身。舉其日常生活例子，比如在「不偷盜」方面，對於辦公室的

---

[77] 吳思飛述、常惺整理：〈廣學三藏教不改彌陀行——雪廬老人對佛教八宗的看法〉《明倫月刊》，306 期，2000.7.、8.，頁 24.

[78] 《雪廬述學語錄・禪與淨》，頁 119.

紙張、信封，從不敢擅自挪用；對公家的錢，絲毫也不敢納入私囊。其他諸如買磚不買瓦、買瓦不買磚……等，居士都是謹守分際，終身奉行。又如「不邪淫戒」，居士已是耄耋長者，然凡有女弟子遞給毛巾，授受之間，居士均念佛觀心以為防範。常言：「佛之戒，儒之禮，是道業的基本，亦是存心立品之準繩。」由此可知，雪廬居士對於戒律是何等注重。

第四、「淨宗」，詳前文，此暫略。

2、教下諸宗

第一、「唯識宗」，雪廬居士學佛，早在讀法律學堂之時；當時聽梅擷芸教授講唯識，是結法緣階段；真正深入唯識，是到四川，由於梅教授已退休，較有機會親近，而梅教授指導更嚴格，如此學八年，奠定唯識教理基礎。居士研究唯識之目的，可分解門與行門二方面理解，在解門方面以「三界唯心，萬法唯識」為目標，知萬法皆為緣生，既緣生則必性空，若能時時起唯識之觀照，知萬法生起皆為唯識，則執著必愈來愈輕，此即行門之目的，又對於淨土行人，以觀萬法皆唯識，可以作為念佛之助功夫，使念佛更加得力，因此，居士研究唯識，並不落入海算沙之窠臼，而能活用唯識的道理，亦可說以淨土為會歸，而融貫二宗。又唯識一宗，乃是雪廬居士解門主科之一，不論講經、著述，乃至講座教材，都是必列學科。居士常說：「法相與法性為佛法兩大部門。」所以講座開課，必列此兩大主科，以令學子解不偏廢。

第二、「天臺宗」，雪廬居士尤其重視天臺；常說中國佛教古來大德講經註疏，概多宗於台教。所以在內典班時，就特別禮請會公上人開設一系列的天臺課程。居士常對弟子說，若要研教，對於台

宗的兩本著作——《觀經妙宗鈔》與《阿彌陀經要解》，必須精研熟讀，因為淨宗奧旨盡在其中。

　　第三、「賢首宗」，雪廬居士華嚴思想深受楊仁山居士的影響，晚年講華嚴大經，恪遵賢首國師之《華嚴疏鈔》為依據。講前不但自己細讀，也令弟子們預習，講畢後，弟子常到居士住處研討，一時蔚為風氣，大家都以預習《疏鈔》為每週大事。講經多年後，居士常自云：于《華嚴經》及《疏鈔》中獲益良多。居士以華嚴境界殊勝，非是博地凡夫可企求，以華嚴法會，為毘盧遮那佛說法，然法身佛不說法，又法身豎窮三際橫遍十方，故十方世界無不有法身佛說法，然以博地凡夫卻如盲如聾，不見不聞，然西方極樂世界，依正果報皆演法，「今聞華嚴，乃知西方淨土，無處不是彌陀法身，亦無處不是彌陀說法，故可謂《彌陀經》為小《華嚴》」[79]，又云：「吾人力不足以修此大定，然可以此方法修彌陀大定」[80]，可見修華嚴之困難，居士以華嚴之境、行、果，皆可攝於淨土教理，圓融二宗，見其善於融貫諸經，且指歸於淨土也。

　　雪廬居士平生最崇仰溈祖「融貫諸宗，會歸淨土」之風範，[81]一生講過淨土五經、遺教三經，乃至《金剛般若》、《法華》、《楞嚴》、《維摩》、《圓覺》、《華嚴》……等大小諸經，皆能融會貫通，不相矛盾。並常訓以：法都是佛所說，怎麼會對立不融？若不能融，一

79　《雪廬述學語錄・彌陀經為小華嚴》，頁 153.
80　《雪廬述學語錄・觀察音聲》，頁 187~188.
81　其間或有法師大德前來弘法，言及他種修法，雪公惟恐蓮友混淆雜修，腳踏兩條船，每每要弟子到佛前跪著發願：「廣學大藏教，不改彌陀行。」因此台中蓮友，均能深信持名，臨終往生者不計其數。雪公度眾之苦心，由此可略窺一二。（芹生：〈師訓集錦（八）〉，《明倫月刊》，223 期，1992.4.，頁 36.

定不是佛法。所以，對立的是人，不是佛法。乃至於各宗末流有互相褒貶對立的情況，居士云：「此非各宗高祖原意，各宗高祖都是有悟有證之後，才下筆注經，故知見正確，不必懷疑。誠如溈祖所說：「縱皆不盡廬山真境，要不失為各各親見廬山而已。」因此，吾人不必在意末流對立，只要遍師其長、相輔相成即可。至於居士在講經、著作方面，主張必依祖師注解，[82]教人研經，也依古注，不依今注。有人認為研經不必落古人窠臼，於是便自取經文，自創新意。居士對此最不以為然，認為祖師是有悟有證才注經，透過祖注，才能幫助吾人深入而且正確地瞭解經義，否則「依文解義，三世佛冤」。並自取外號曰「不通」，自稱所講不過是祖師「錄音帶」而已。[83]綜觀雪廬居士一生，遠承溈祖宏猷，近稟印祖遺規，融貫諸宗，弘護正法；又所講諸經，終究指歸西方，求生淨土，可謂深符「千經萬論，處處指歸」之宏旨。

（二）行在彌陀

雪廬居士自云：

> 近代楊仁山居士，教尚華嚴，行尚彌陀；梅芸大士，教尚法相，行在彌陀；圓瑛老法師力闡楞嚴，而自命三求堂主人，

82　《講經表解（下）・33 妙法蓮華經筆記》，頁 1053~1056 所載，釋經題依《法華玄義》，釋經文依《法華文句》等例證，枚舉不勝。（皆收入《李炳南老居士全集》，台中：青蓮出版社，1991.）

83　凡是所講的皆是古聖先賢在經典上說的，本人只是當個錄音帶介紹給各位而已，我不妄作聰明，所說的話都是聖言量，我們要隨順聖言量。（雪廬老人講述、淨仁整理：〈新元講席貢言──世出世法本立道生〉，《明倫月刊》，257 期，1995.10.）

> 三求者，求福、求慧、求生淨土也。余講經已四十餘年，愈
> 知彌陀願力之宏偉，今日不念阿彌陀佛，不求往生極樂淨
> 土，而欲當生解脫輪迴者，不明理也。[84]

顯見居士以近代各宗大德為楷範，卻仍以彌陀行作功夫，以極樂土
為故鄉，因修證實非易事，遑論是一般忙茫盲之人，思於此土修行
有成萬分困難，故要人以極樂為依歸，否則一切作為不啻無益苦
行，因云：

> 觀此土修士，持戒、求法、閉關、參禪，難行能行，難斷能
> 斷，忍辱精進等行，何一而不是苦。縱後證得菩提，現在分
> 明艱困，亦猶患有毒瘡，治用刀圭，雖能來日病癒，先受刀
> 圭之痛，不能不說現下不苦也。果如是矣，樂何稱之曰
> 極？……不知彼佛教化，大異尋常，與樂說法，原非二事。
> 只去莊嚴六塵，任人追逐，即是說法。眾生恣意享樂，即是
> 修持。比到六塵享備，妙悟已成，純手出之自然，絕無半點
> 勉強。非若此土修眾，必大死一番，或曰：不經一番寒徹骨，
> 怎得梅花撲鼻香之類，定須發幾次大悟也。名之曰極樂，自
> 非虛讚矣。[85]

居士見人修持他宗實不易成就，即便於此界能悟證者，仍似來日雖
能病癒，現前須先受刀割之痛，故苦口婆心勸人以極樂為依歸，因
於彼土追逐五塵即是修持，享樂即是進步，可見兩土修持稱性或苦
辛實不能相比。

---

[84] 〈台中講經語錄──華嚴之部〉，《明倫月刊》，34 期，1974.6.，頁 4.
[85] 《阿彌陀經摘注接蒙義蘊合刊》，頁 139.

　　由茲可知雪廬居士講經四十餘年，雖遍演五時教典，仍以念佛求生淨土，作為行持所宗。就其所示，可分如下幾點：

1、發菩提心、廣度群倫

　　雪廬居士常訓示，學儒學佛，要學仁慈，見人造惡業，受苦報，就要憐憫眾生未受道德教育，致其良心遭受汙染，即思如何以儒以佛改善人心，期使世間共業共轉。如果不能共轉，亦是天命使然；但仍須盡其在我，多向世人弘揚中華文化，多講因果輪迴事理，使其潛移默化。孔子知其不可而為之，世尊明知眾生業力無邊，仍說無邊法門以改之，這都是出於仁慈之心。吾人學孔子、學世尊，務須以仁慈為懷。居士教《詩》、《書》、《易》、《禮》，講《華嚴經》，一直講到歸西始止，最後還教弟子一心不亂。乃至辦慈善事業，救濟急難病苦，畢生不懈等，概皆菩提心之實踐，是所謂「正助雙修」永為諸弟子楷範。

2、念佛憶佛、正助雙修

　　早晚持名以外，餘時皆打妄想，甚至造業，如此焉能得一心不亂，如果二六時中念佛不輟，今無一人能行，雪廬居士遂依據《楞嚴經》開示學者，早晚功課念佛求一心，平時得暇，即須憶佛，[86]憶是口不出聲，心中想佛，心想佛時，心中有佛，妄想即轉為淨念，

---

[86] 憶佛，憶佛是雪公特別強調的修行方法。什麼是憶佛？就是心中有佛，喝一杯茶是為了阿彌陀佛，一個動作也是為了阿彌陀佛，炒菜為阿彌陀佛，讀書、工作都是為了阿彌陀佛，看到人想是阿彌陀佛所變化，看到花也是阿彌陀佛所變，一切皆是阿彌陀佛為令法音宣流變化所作。這是憶佛，心裡有佛。憶佛加上念佛，就容易淨念相繼。亦即《楞嚴經·大勢至圓通章》說：「若眾生心，憶佛念佛，現前當來，必定見佛，去佛不遠。」

惡業自然不造，善業自然奉行。此即正助雙修，可以伏惑，可得一心。如此念佛憶佛，人人可學，居士自行[87]化他以此，乃至往生前

---

[87] 1971.6.10.講《妙法蓮華經‧普門品》「侍多千億佛，發大清淨願」云：「余作功課，觀想十方佛，余在其中，即是侍佛。觀世音菩薩侍法身報身佛，余侍佛之名號……」；74.12.16.於鄭勝陽居士宅開示：「余作功課自有一套，觀想十方佛圍繞著我，你們不要佛，非佛不要你，若你一肚子慧星，慧星自然圍繞著你。」；「再進一步是「心念心聽」，這比較麻煩，〈大勢至菩薩念佛圓通章〉云：「念佛憶佛」。這念佛、憶佛怎麼講？有人說念佛就是憶佛，沒有不同，然而經典沒這麼糊塗的。念佛是念佛，憶佛是憶佛，是兩件事，憶佛是時時刻刻想著他，這個力量很大。〈圓通章〉的憶佛就是「心念心聽」，我本人正在往這條路上走，學著憶佛心念心聽，但還不熟，這是實在話。」（雪廬老人講述，淨仁整理：〈淨土安心法門（九）〉，《明倫月刊》，245 期，1994.6.，頁 16.）「在《楞嚴經‧大勢至菩薩念佛圓通章》裏，大勢至菩薩教人不失念的方法，所謂：「憶佛念佛，現前當來，必定見佛」。念佛和憶佛不一樣，憶佛容易，有人說：那很便宜喔！便宜是便宜，但得去做。念佛要念茲在茲，念佛時心不能往別處跑，心一離開佛號就是失念。憶佛則不須如此，只要忘不了它就行了，忘不了並不難，例如人每天總不忘了吃飯這件事，鐘點到了，即使不餓，也會記得要開飯，還有誰也忘不了錢，捨不得。一句佛號，不重也不輕，忘不了就行了。我現在正在學這個「憶」，我很愚笨，我就是用這個憶佛的方法，《阿彌陀經》云：「皆是阿彌陀佛變化所作」。我的心裡，看見什麼也是阿彌陀佛之所變化。大家可以練習這個方法，這個方法可以「不用三祇修福慧，但憑六字出乾坤」很便宜。」（參見：〈淨土安心法門──佛學類之九〉，頁 691~699.、〈新元講席貢言－佛學類之九，〉頁 520~523.（皆收入《李炳南老居士全集》）；「怎麼說極樂世界是千經萬論，處處指歸？《楞嚴經‧大勢至菩薩念佛圓通章》說，憶佛念佛，現前當來必定見佛。什麼叫念佛？什麼叫憶佛？念佛是念茲在茲。那憶佛是如何呢？我就是用這一句憶佛的功夫，西方極樂世界，一切皆是阿彌陀佛變化所作。我每天早晨作功課是念佛，怎麼念呢？口念耳聽，這個很要緊，聽你自己念的佛號，聽不清楚就是亂了心。憶佛是功課做完了，看見什麼都是阿彌陀佛之所變化，與念佛的念茲在茲不一樣。憶佛就是變境界，你個人會變了境界，好比你們讀書人臉上就有書卷氣，並不是臉變成書本子，而是氣質變化了，你們現在多少有變樣了，臉上就有道氣，我看得清清楚楚。」（雪廬老人講述，淨仁整理：〈淨土安心法門（五）〉《明倫月刊》，24 期，1994.1.，頁 10.）

夕華嚴經筵殷殷咐囑:「少說一句話,多念一句佛,打得念頭死,許汝法身活。」[88]甚至拼卻最後一口氣,仍是「一心不亂」不僅示現行持境界,更意在提撕後學。

3、撥亂反正、破迷啓悟

有倡「消業往生者」,雪廬居士力闡「帶業往生」之理,云:「業」是什麼?必須聽《華嚴經》的「十回向」才懂得。十法界當中,唯有佛是「業盡情空」,其餘九界眾生都是「帶業」。所謂「帶業往生」,意即有障礙也可以帶著往生西方,今人講「消業往生」,是不明淨土實義。試問,業若全消,即是成佛,何必再求往生呢?從元朝以來,祖師們都講「帶業往生」,只有今日才有人改佛經講「消業」。[89]雖居士以淨為宗,力主不打筆戰,不作宣傳,不上報,但攸關眾生慧命處,則不惜辛苦,處處闢謠,以堅固學者信願。[90]

二、蓮邦及第歸

雪廬居士往生除預知時至,蓮友助念外,其安詳右脅,作吉祥臥,手持念珠,作念佛狀,一如生時,且荼毘舍利得數百顆,有乳白、墨綠、純綠、白黑、茶、銀、諸色,晶瑩潤澤,絢爛奪目。舍

---

[88] 此四句偈,出自覺明妙行菩薩:《西方確指》,1972.4.,頁 168.(此書收在《淨土叢書》第七冊,台灣印經處發行)。

[89] 雪廬老人講述,如實、常惺整理:〈七十三年元旦講話之一——修淨須知〉《明倫月刊》,339 期,2003.11.,頁 14.

[90] 或有毀謗帶業往生,倡言消業往生者,人因求公為文闢之,公不諾,免涉於諍。惟於講經時,引經據典,詳闡帶業之淵深義理,聽眾信心為之堅定,不受動搖。弘護之功,可謂偉矣。

利緣戒定慧薰修而成，亦為居士生西，又一鐵證。除往生種種瑞應與徵驗外，居士於平素，偶亦透露消息，以下僅以數則開示親聞記，恭作印證。

（一）伏惑往生

雪廬居士常云：

> 伏惑是在念頭起了惑而未現行造業時，就把它壓伏住，這叫伏惑。普通法門修法，要『斷惑證果』[91]，斷惑才能證得果位，了脫生死。伏惑證不到果位，但是，初學的人還是要先學伏惑，伏惑學久了，念頭不現行，就可慢慢斷惑。譬如一盆水不乾淨，先灑上明礬，攪一攪，經過半天的功夫，骯髒的渣子沉到水底，水就清了。渣沉到水底，只是假乾淨，可是時間久了之後，不淨的渣子也會變化。伏惑也是如此，惑伏住不現行，久了也能放光明。被伏住的煩惱種子，久而久之，也會變化，變化就是斷了惑業種子，這叫『斷惑』。所以斷惑之前也要先伏惑。修淨土宗不強調斷惑證果，而是要『帶業往生』。修淨宗不怕念起，就怕覺遲，只要煩惱惑業

---

[91] 惑，為煩惱之別稱。即依有漏道、無漏道之力斷除煩惱，便惑障不生起。又作斷結（結使，為煩惱之異名）、斷障、離染。由無間道能斷除煩惱，由解脫道能證得涅槃（菩提）之真理，兩者合稱為斷惑證理，略稱為斷證。〔大毘婆沙論卷五十一、卷五十三、俱舍論卷十六、卷二十五、順正理論卷六、成唯識論卷十、瑜伽師地論卷五十四、卷五十九、大乘阿毘達磨雜集論卷九、大乘義章卷九〕

一動，就以佛號壓伏住，這叫『淨念相繼』，淨土三經都是
這個辦法。[92]

更常斷言『伏惑』即『帶業往生』[93]以破邪說，講〈圓通章〉每每
強調，憶佛」即「伏惑」，甚至在講經時嘗言：

> 余學佛講經數十年，然一品惑未斷，別談神通，鬼通亦無，
> 不過，余雖未能斷惑，幸可伏惑，貪瞋一起即伏之，伏惑往
> 生有份。若不能伏惑，念佛不得一心，欲得一心，必須伏惑，
> 否則還有墮地獄之危。

可見雪廬居士不唯講說，更以身證之，以為典式。

---

[92] 雪廬老人講述，淨仁整理：〈新元講席貢言──世出世法，本立道生（八）〉，
《明倫月刊》，第 265 期，1996.6.，頁 12.

[93] 謂命終之後，帶著宿業，往生他道。業，即吾人之身、語、意等一切之身
心活動，具有力量可影響未來。往生，即死此生彼之意。就廣義可言，通
指受生三界六道及諸佛淨土，然主要指受生極樂。吾人漂流於六道輪迴中，
一生所造之善惡業為數甚多，有生天業、做人業，或墮三惡道業。然命終
後僅能受一種果報；依佛法揭示，凡所作業都可能感果，但非一定感果，
須視時節因緣而定。若一生中造三種業，卻不能同時生三道；若生一道，
其他二道之業即為其所帶，因因緣條件不足，故無潤生之可能。此種往生
即稱帶業往生。修念佛法門者，若因緣條件具足，於命終時，得往生淨土，
其宿昔所造之惡業、不淨業，無法現行，此即所謂帶業往生。一般凡夫，
由於真智慧未現前，即使得以往生，亦僅能帶業往生，而帶去之業力亦因
「緣」不具足而無感果之可能，此即屬於「非擇滅」。反之，若為大智慧之
聖者，因已斷離煩惱繫縛，證得真諦，永不再受輪迴，故其感生死苦果之
業力亦已消滅，此即屬於「擇滅」，係聖道所得。《佛光大辭典》，頁 4521.

（二）下品下生

雪廬居士嘗於講解研求佛法之次第時言：

> 『常寂光土』，這是佛果。《仁王護國經》上說：『三賢十聖
> 住果報，唯佛一人居淨土。』十地菩薩是法雲地，還在實報
> 莊嚴土，所以說常寂光土是佛果。諸位功夫如何，我不曉得，
> 我只夠一個下品下生。我如果能下品下生，上凡聖同居土，
> 就已經是非常便宜的事了。

又於內學質疑組集會講話中云：

> 密宗，余亦學八年，了生死法，律宗無分，出家猶難，在
> 家更無論矣。惟有淨土法門，可以當生成就，有師固好，
> 否則有良友指路，按淨土十要修行，穩當，亦可成功。淨
> 土法門，余可下品下生，餘皆不成。汝若修到余之程度，
> 亦可下品下生。

又云：

> 依聖言量可成功，吾今方知實幼稚園耳，然行之不輟，必可
> 往生。若依經論所言，吾今作為，不只邊地，此謙說也。爾
> 等果能生邊地即佳，已不受六道輪迴矣！[94]

由茲可窺雪廬居士雖謙稱，至少已親證伏惑往生，且身處極樂蓮
邦矣。

---

[94] 74.8.12.於內學質疑組集會講話中言，參見連志道老師親聞筆記。

第四節　顯弘淨土、密護諸宗

　　雪廬居士之佛學思想，除處處指歸淨土外，對於他宗亦持密護態度。居士此一理念，實受印光祖師之影響，以印祖在蘇州靈巖山創建淨土道場，著書立說，大弘淨土，並密護諸宗，亦未自揚其行徑。印祖於《佛學報館書》云：「佛法平等之懷，所有言論，唯理是尚，毫無偏私。」又說：「法不一律，正好事理並進，頓漸齊驅，庶得三根普被，利鈍均益。」[95]佛法本平等，只是為求契理契機而施設，雪廬居士傳承此風，同為佛陀教法，豈有揚此抑彼之理？且居士於明倫社訓示「四為三不」：「為求學問，為轉移污俗，為求解脫，為弘護正法：不以佛法受人利用，不藉佛法貪名圖利，不昧佛法同流合污。」其中所謂「正法」、「佛法」皆為佛陀之教法，亦皆居士所弘護之範圍，又豈為之左偏右袒？此疑可於雪廬居士親筆著錄之《佛學問答》，就諸宗之問答，略知梗概。例如華嚴宗問答中，有人言及「教家說華嚴為經中之王，淨家又說阿彌陀經是群經指歸；兩經的最精華處，請舉一二！」（三三），居士答以「曾聞古德楊仁山居士有兩句話說：「教遵賢首，法尚彌陀」此語可味；更在阿含中見到稱讚佛經說，初妙中妙竟亦妙。（手中無書是否為竟字待考）據此，區區心中，凡屬佛經，通體都是精華，所謂譬如食蜜，中邊皆甜，那能指一指二。」可見居士雖倡弘淨土，然對於華嚴宗與淨土宗，卻視為平等；又於唯識宗，信眾問難：「聞人說：唯識不了義，般若太籠統；這是互謗語？是真實語？兩宗優劣之處，請略言之！」（三三），居士答以「能轉八識成為四智，這不能說是不

---

[95]　蔡惠明：〈印光大師的──弘揚淨土密護諸宗〉，《明倫月刊》，240 期，頁 16.

了義；斬斷葛藤，一絲不掛，還說甚麼籠統？諸法平等，偏逼我說優劣，我與大德並無冤仇，何苦拖我謗法造罪？」居士並不評判何宗為優何者為劣，各宗說法與修持雖不同，但能轉識成智，皆能解脫，若徒於語言文字生分別，徒增煩惱矣；又如於律宗方面，曾有信眾批評出家僧眾「出家人受戒後，並無照戒律所行。每日惡口惡意不知犯過多少戒律。此種出家人，佛在世時釋尊稱做「獅子蟲」欲論此類將來是否能往生？」（顏寬文）居士則喝斥：「出家人如何，暫且不論；在家居士受戒者，幾如過江之鯽，能守戒而不惡口惡意者，豈儘是耶。我但守「不見出家人之過」一戒，益在我矣。」其中「我但守不見出家人之過一戒，益在我矣。」深具教化意義。除了護教之外，居士對於信眾之問題，更以各宗之教義分析回答或破斥之，使之受益，並不以他宗來突顯自己，而是廣盡度眾之責，如於華嚴宗問答，回覆「佛入涅槃是指回歸什麼佛土」、「十玄門」等問題；又於天台宗問答，回覆「八教、五宗、三界、四土」、「化儀四教」、「三觀」、「三惑」等問題；又於三論宗問答，回覆「成實宗、三論宗」之別等問題；於唯識宗問答，則回覆「唯心論與唯識宗」之關係、「阿賴耶識與靈魂」之關係等問題；於禪宗問答，則回覆「禪淨雙修」、「見性成佛與三密相應」之區別、「禪修與台宗六妙門」之關係等問題；於密宗問答，則回覆「密教宗派」、「持咒」、「中陰救度」等問題；於律宗問答，則回覆「戒之開、遮、持、犯」等問題。其餘諸多問題，儘可往見居士於《佛學問答》中所示，下列諸表謹供參稽居士「密護諸宗」之用心：

一、華嚴宗

問	答	出處
佛入涅槃是指回歸什麼佛土？（王清漢）	方便言之，華嚴世界，真實言之，遍虛空皆是其土耳。	通問第一之二
教家說華嚴為經中之王，淨家又說阿彌陀經是群經指歸；兩經的最精華處，請舉一二！（三三）	曾聞古德楊仁山居士有兩句話說：「教遵賢首，法尚彌陀」」此語可味；更在阿含中見到稱讚佛經說，初妙中妙竟亦妙。（手中無書是否為竟字待考）據此，區區心中，凡屬佛經，通體都是精華，所謂譬如食蜜，中邊皆甜，那能指一指二。	質難第三
一、事理無礙法界，二、同時具足相應門，三、一多相容不同門，四、諸法相即自在門，五、因陀羅網微細境界門，六、微細相容安立門，七、廣狹自在無礙門，八、十世隔法異成門，九、主伴圓明具德門，十、托事顯法生解門。上列十條是不是「大乘教實行的方向」？請解釋指教。（高清標）	所問十條，名為十玄門，乃華嚴宗所立。以華嚴玄深似海，通此十義，可以得入。確是「大乘方向」，但非初學所能瞭解，更非外道窺其萬一。尚希暫勿談此高調，恐有好事之徒藉之謬解眩惑眾也。按探玄記所載，並無事理無礙法界一條，餘九則同，其不同之一，為「秘密隱顯俱成門」耳。	名相第六
華嚴內有偈云：身心快樂無諸苦，知力廣大遍十方。我們功夫淺薄未得此境，請問老師如何能取？（周慧德）	一切放下，而不攀緣，便能身心快樂，無諸痛苦。一心不亂，念念與佛相應，自能知力廣大，遍諸十方。本來現成，何必遠求。	修持第七
關於儒家所講的性，與佛教所講的性，及科學者所講之性，其善惡關	儒家言性，其說不一，孔子說性相近也，習相遠也，孟子主性善荀子主性惡，楊子主性善惡相混。佛家稱性體曰真如，各宗主張亦有小	心性第十

問	答	出處
係不甚明白，請略述之！（呂正涼）	異，法相宗主張此真如是三性中之圓成實性，為一切有為法所依之體。三論宗主張為真空（妙有即真空）。華嚴宗主張有不變隨緣二義，如水遇風興波是隨緣義，波與水未改濕性是不變義；即是說體上無染淨，而變後有染淨。天臺宗主張本具有染淨二分。此不過粗述大略，科學家偏重物質，對心性不甚研討，未見有言性專書，不能舉答。	

二、天台宗

問	答	出處
十方佛國以外有無其他佛國？十方諸佛菩薩中其佛位有無高低，何佛成佛最早？及阿彌陀佛是否為十方諸佛中佛位最高者？又大悲咒每句中是否菩薩聖號？（卓忠振）	既曰十方，則橫窮豎遍，安有其外。言佛則佛佛道同，言菩薩則有四十二級之別，茲以月喻，自初一至十四，皆喻菩薩，其光明各有不同。至十五則喻佛陀，正二三月乃至臘月之十五夜月，無不相同也，偈中稱「阿彌陀第一」，讚其願也。大悲咒乃係真言，古例不許翻譯。世間所流通之繪圖註解本，區區學識淺短，未解梵文，對之總覺懷疑。如咒中「娑婆訶」句甚多，而註者每一「娑婆訶」，則各異其講，何字同音同，竟有若干分別也。居士此問，恐不能答。	通問第一之一
四十二章經言，飯千億三世諸佛，不如飯一無念無住無修無證之者，夫無念無住無修無證之人，最高亦不能超過於佛，何以飯千億三世諸佛，還不如飯他一人耶？（賴棟梁）	教義有藏通別圓，其功藏不及圓，三世諸佛此處是言藏教，無修無證，是言圓教。再有一義，要居士體參，無念無住無修無證，是個什麼？	析疑第二
佛法分藏通別圓，四諦亦分四種，除生滅四諦	四諦四種，除生滅種外，餘為「無生，無量，無作」等。因藏通別圓各教，所了之境界不同，	名相第六

外另三種請指示並略述其意！（蔣俊義）	故四諦深淺，各見其異。通教了「苦集道」當體皆空，已不見生滅謂之無生。別教了「苦」諦有無量之相；「道」諦有無量差別，修學而斷塵沙，謂之無量。圓教已了煩惱即菩提，生死即涅槃，於「苦滅」二諦，不起造作，謂之無作。此其大略也。	
「八教、五宗、三界、四土」作怎麼講？（柯阿明）	天臺宗所立之化法四教（藏、通、別、圓），及化儀四教（頓、漸、密、不定），謂之八教。天臺、華嚴、法相、三論、律，謂之五宗。然今尚有淨、禪、密、成實、俱舍等。其此總稱，若細分之，更有多名。欲界六天，色界十八天，無色界四天，謂三界。天臺宗析佛土為四，即凡聖雜居土，方便有餘土，實報莊嚴土，常寂光土，此即四土。	名相第六
佛教既分「律、教、禪、密、淨」五宗，前四宗指些什麼？（沈翰初）	佛典分經律論三大類，名曰三藏。律是戒律，專研修此類學問者，即名律宗。教指一切教法，專研討經教之義理者，即名教宗。禪翻靜慮，不立文字，專參心性。密亦曰真言宗，口持咒語，手結印，心觀想，成就本尊（即修某一法之佛菩薩）。此為四宗大體分別。	名相第六
三觀（空、假、中）中觀未知可能以實例說明否？（葉天護）	空謂空無自體，假謂但有緣生假相，執著體空不了緣生假相之事，或執著假相，不悟體空之理，皆是偏見。而中道實理，若明空即是色，（色相也）色即是空，此即圓融中諦一例也。	名相第六
三惑（見思、塵沙、無明）「塵沙」是喻甚麼？而見思不是二惑之稱嗎？（葉天護）	塵沙喻數多也，謂法門無量，如塵沙難數；必須盡皆通達，設有一法不知，即是惑障，故曰塵沙惑。見思是指二惑。	名相第六
修律、教、禪、密，四宗的方法如何？（無名氏）	此非數語可解，要之不外自力斷惑，明心見性，律教禪三宗是也。再則二力感交，帶業往生，淨宗是也。密有多種，事極複雜，可云有自力法，亦有二力法。	修持第七

修大乘者，其分段生死是否至初地方告解脫？（羅德彰）	按台家教義，別教菩薩在七住以上，圓教在第七信上初住下，均已斷之。	修持第七
「情與無情」以何種因緣「同圓種智」？（金仁孚）	此圓教之主張，謂色與心法，正與依報，此四者無非是一佛之色心正依（色包有情無情，依只無情），並無差別，是謂「中道佛性」。若起差別，是情迷故，有一成就，餘均成就。如人身皮肉有知覺，爪發無知覺，然皮肉爪發總為一個人體，一個人得到官，或是得到罪，乃指一全人而言。並不能分此官罪是指皮肉，而不指爪發，同圓種智之義，大抵如此。	心性第十
唯心無境與觀想為空，是否同義？是否了義之說？（林火壽）	唯心無境，是性德之實相；觀空是修德之一端。了義兩字甚難言也，有比較之了義，有階段之了義，居士所言，乃空諦之了義。尚有假諦與中諦，如中諦之亦空亦假，非空非假，即空即假，能說非了義乎？	心性第十
關於儒家所講的性，與佛教所講的性，及科學者所講之性，其善惡關係不甚明白，請略述之！（呂正涼）	儒家言性，其說不一，孔子說性相近也，習相遠也，孟子主性善，荀子主性惡，楊子主性善惡相混。佛家稱性體曰真如，各宗主張亦有小異，法相宗主張此真如是三性中之圓成實性，為一切有為法所依之體。三論宗主張為真空（妙有即真空）。華嚴宗主張有不變隨緣二義，如水遇風興波是隨緣義，波與水未改濕性是不變義；即是說體上無染淨，而變後有染淨。天臺宗主張本具有染淨二分。此不過粗述大略，科學家偏重物質，對心性不甚研討，未見有言性專書，不能舉答。	心性第十
高級佛學教本第卅四、五、六課綜合指要第十一節，即是最末尾一節：「極樂國的一切依正，及其動作，只是一個大夢境，大幻術，實	所謂高級佛學者，便知非初學能解，因恐誤會，故不憚煩瑣為言。功夫有漸有頓，漸則必依次第，即所謂三諦三觀也。初修從有入「空」，是謂「真」觀，證「一切智」。再則從空出「假」，是謂「有」觀，證「道種智」。後則雙遮雙照，不偏空有，是謂「中」觀，證	心性第十

際上是一無所有，有如太空。」末學不明此義？（鍾雲昌）	一切種智。中道者，是諸法實相，此實相即真如，即是佛性，即是佛土。實相之義有三，（一）無相之實相，即無妄相，合於空諦，（二）無不相之實相，即隨緣現色，合於假諦，（三）無相無不相，真空妙有，即而不離，合於中諦。極樂佛土，即真如佛性，亦是實相，以其無相無不相，故現「寂光」「實報」「方便」「同居」四相，前一是真如不變，後三是真如隨緣，非一非四，非空非有。彼一課本，言夢幻者，指其隨緣之相，而言不空者，指其不變之相。	

三、三論宗

問	答	出處
人與宇宙形成之歷程，為千古諍論，孔子所未言者，學術界只好根據科學家之說，佛學為最高智慧之學，當有詳細說明，但只說緣生之理，使人不易瞭解，倘有發心者，能將此一問題，著書宣揚，則功德逾須彌，佛日增輝，實深利賴。	佛經般若，是明真空，真如無為，一法不立。唯識一宗，是明妙有，緣生起相，萬法唯識。此二學門，一體一相，若能彙通，宇宙人生之秘明矣。至於「緣生」之謂，並非籠統一語，各經皆含其義，更有「緣生論」，專門之書。但初機學者恐看不懂，必佛學常識，有相當認識後，再入手研究，始不困難耳。	析疑第二
（按：來稿署名「三三」，正不知是前三三，或是後三三？是法師，抑係居士先生？使我無法稱呼。忽然想起瑜伽焰口中有「歎骷髏」偈一則。開首云：「昨日	能轉八識成為四智，這不能說是不了義；斬斷葛藤，一絲不掛，還說甚麼籠統？諸法平等，偏逼我說優劣，我與大德並無冤仇，何苦拖我謗法造罪？	質難第三

荒郊去玩遊，遇見一個大德骷髏」，我便有了辦法。一個骷髏，男體女體，尚不能辨。那裏再分析出法師居士先生來？故取大德二字，籠統恭維，比較圓融；我依此例，稱以大德，亦述而不作之意） 問：聞人說：唯識不了義，般若太籠統；這是互謗語，是真實語？兩宗優劣之處，請略言之！（三三）		
問：「六方分」，「成實大乘」，及三論與三論宗之分別？（蔡明谷）	答：尊問未指明出處，不能知上下文，自然無從答起，茲以望文生義答之。成實論乃小乘之空宗，其立論頗似大乘，或有人稱「成實大乘」。三論指「中論」「十二門論」「百論」三書而言。三論宗者，依此三書治學之宗派也。西土推文殊為初祖，東土推羅什為初祖，亦如依華嚴治學者稱華嚴宗，依淨土三經治學者，稱淨土宗，同一義也。「六方分」之間，必知接連之文，方可置語。	名相 第六
如何謂為修般若行？（林聖昆）	般若是真智權智，及一切智之總名。其修或依名師參究，或無師自向經中探討，依之而修，悟到相空，空空，不空亦空，即是般若之行。	修持 第七
「般若」與持名並修當如何修法？（賴棟梁）	佛之法門，皆般若也，以凡屬佛法，無有不求覺者，覺則識漸轉智，智慧即般若也。再則任何法門，皆重行解相應，修淨土者，豈例外乎？解依般若，深悟實相，行尚彌陀，淨念相繼，便是兩者合修之法。	修持 第七
關於儒家所講的性，與佛教所講的性，及科學	儒家言性，其說不一，孔子說性相近也，習相遠也，孟子主性善荀子主性惡，楊子主性善惡	心性 第十

| 者所講之性，其善惡關係不甚明白，請略述之！（呂正涼） | 相混。佛家稱性體曰真如，各宗主張亦有小異，法相宗主張此真如是三性中之圓成實性，為一切有為法所依之體。三論宗主張為真空（妙有即真空）。華嚴宗主張有不變隨緣二義，如水遇風興波是隨緣義，波與水未改濕性是不變義；即是說體上無染淨，而變後有染淨。天臺宗主張本具有染淨二分。此不過粗述大略，科學家偏重物質，對心性不甚研討，未見有言性專書，不能舉答。 | |

四、唯識宗

問	答	出處
俗學「唯心論」是否由佛學唯識論變出來的？兩論有何差異？有何特徵？（黃槐庭）	唯心論者，亦非一人，是否有人從唯識演變而出，此是考據問題，必有一番深切工作，方可以言是否，我未從事於此也。論其異同，可說大體相近，惟精粗及相似徹底有別耳。如帛菜「實在論之心觀」，霍爾脫「論心」皆主心外有境，而亞里士多德亦主外境存在，此皆粗而相似也。唯識則主心外無境，此兩派之特徵處。	通問第一之一
阿賴耶識，是不是我們的靈魂？是永生不滅嗎？（李永茂）	本性為惑所障，名阿賴耶，外道名為靈魂。誤認為本體，更誤認為永生不滅，去題愈遠矣。破惑究竟，顯豁本性，名轉識成智，惑可破，識可轉，何云不滅？	唯識第八
唯識學所云二空所顯「勝義無性」。以本文所論，固無不通，但佛理常云一切法雖幻尚有法性，前後所云似有矛盾，應如何解釋？方得圓融乎？（羅德彰）	性為體義，我法俱無實體，故曰「勝義無性」，換言之，即是真空法性，亦稱圓成實性。此性有不變隨緣二義，不變則真空邊事，隨緣則為他所依，而起一切有為法之幻相，故曰，「一切法雖幻，尚有法性」。法性指真空法性，與勝義無性，義同而名異也。	唯識第八

禪宗直指人心見性成佛，如照上說，依文解義，則見性即是見自己賴耶，見賴耶即可成佛，則八識規矩頌中不動地前才捨藏，金剛道後異熟空，又是如何說法？弟子對此有疑，敬乞慈悲開示。（鍾觀靖）	性是體名，賴耶是用名。如臉盆，本是盆，是言其體，稱臉盆即言其用矣。在洗臉時，固可曰臉盆，而在傾水以後不洗臉時，亦可曰臉盆，悟此理則不疑性與賴耶互稱。然古人嘗云「見性成佛」，而云「見賴耶成佛」者，尚恐罕聞。	唯識第八
八識使轉四智，應用何種方法？最好指出有跡象可尋者，俾易入手。（賴棟梁）	勤修八正道及六波羅密，便可轉識成智。正語、正業、正命能轉成所作智，正思維、正精進能轉妙觀察智，正見正念能轉平等性智，正定能轉大圓鏡智。施、戒度與成所作相應，進度與妙觀察相應，忍度與平等性相應。禪、智度與大圓鏡相應，再三十七助道品皆助轉識。四正勤、五根、五力可助轉前五識，七菩提可助轉第六識，四念住可助轉第七識，四神足、八正道可助轉第八識。	唯識第八
請你解說輪迴的道理？（王錫奇）	神識不能轉智（法性），即不免於輪迴，造業分善惡，六道有升沈。眾生善惡混雜，故現境與出沒，均千變萬化。大體如是，知其一可概其餘。	唯識第八
近代科學昌明，一切原理原則，依經云乃屬第六識妄起分別並非絕對。但施之於實用則有物質文明，如學高級數理可以測高山、深水、星辰，並無毫爽。如斯效果，亦得謂之妄乎（宋瑞錫）	妄指迷惑妄念，及外在之妄境。境既不實，多方計度，正是以妄緣妄。高山深水，本是妄境，算理縱不差錯，不過計度心上之秩序行為耳。	唯識第八
人有聖、賢、智、愚、庸、劣秉賦之異，更有	此問共有四段，宜分別說之：首段「最初無明」句，佛學只說「無始無明」不言最初。緣初尚	唯識第八

富、貴、貧、賤、壽、夭受報之不同，至於其他眾生，即單指有情而言，則更有胎卵濕化，水陸禽獸種種差別，若緣最初無明，而致流轉生死，則第一真如實相，必有種種不同之體，猶如金之感電，木之焚火，而所謂無明，亦各不同，猶如電如火，始形成世間一切之形形色色。其次眾生不同之相，若俱由自業造成，則最初同為無明，若造善業，應等善業，若造惡業，應等惡業，為何而有分別？其三若照唯識論云：「無明薰種子，種子染現行」，說法則最初無明，若有善惡二分，因薰習故，則染於善者，歷劫必能成佛，染於惡者，必致愈墮愈深，沈入地獄，應只有聖與地獄二道，更何有天、人、修羅、畜生、餓鬼之分，亦不致有人死為羊，羊死為人，互相啖食之事矣。其四假如最初真如實相，猶如一疋白布，而無明猶如各色

不可得，況再說最。請任舉一物，求其最初，一直連續追上去，決難求到始，一般人言始者，其實乃是這一段落之始而已。「真如實相必有種種不同之體」句，真如實相，並無不同之體，因染有深淺，流轉有進退，故形成萬類。次段「應等善等惡為何而有分別」句，善性惡性俱有上中下三品之業，或有始善終惡，始惡終善，且無明起行之時，尤須視環境緣份，而形成緣善緣惡，自然千差萬別，不能一致。三段「應只有聖與地獄二道……」句，善惡二業，粗說有上中下，若細分則等級多類，因既如是複雜，果豈僅二道之簡單，且聖界亦有聲聞四果，菩薩亦有五十二果不同。地獄亦有根本、近邊、孤獨等多種。縱言二道，亦不能一律齊等也。四段既云「一切唯心造」，何又問誰？請自參！

問	答	出處
染料染缸，因所染不同故，而分各色，若照禪家「一切唯心造」說法，則最初造染色與缸者是誰？敬請示明！（蔣南海）		
唯識宗是怎樣修持，以及臨終後如何歸宿，是否亦生極樂世界？（顧鳳英）	唯識修持，只是作觀，說來極其複雜。首先明五法三自性之理，其三自性為「遍計所執」、「依他起」、「圓成實」，此三性之如何意義，於此不能細講，不過介紹其名，說其次第而已。行者即以此三性作觀，由淺入深，共有五重，一曰遣虛存實，此乃虛實相對之觀法；二曰捨濫留純，此乃心境相對之觀法；三曰攝末歸本，此乃體用相對之觀法；四曰隱劣顯勝，此乃心所相對之觀法；五曰遣相歸性，此乃事理相對之觀法，至此已極，前四重為捨遣「遍計所執」，使歸於「依他起」觀，後一重為捨遣「依他起」，而證得「圓成實觀」，圓成即真如異名，亦即大圓鏡智也。願生極樂而迴向者，則生之，否則不生。	唯識第八

五、禪宗

問	答	出處
若修淨土宗，而兼研禪宗以明理，是否精進要快而有一舉兩得之妙呢？（張維明）	不問修禪修淨，皆須解理，果能深通一法，自解其餘，竊謂在此末法之期，人根鈍劣之時，精一已大不易，兼修恐更難也。	通問第一之一
禪宗之見性成佛，密宗之當生成佛，此佛與釋迦、彌陀是異是同？後學以為就願行圓滿上	見性成佛，是自性顯露之謂，佛者覺也。性為本覺，由迷啓悟曰始覺，功夫遞進，曰隨分覺，至圓滿極果，曰究竟覺。當生成佛，乃修法時，三密相應，觀成本尊，大德常在定中者，另當	通問第一之二

區別，佛是有等級的。然則禪密諸大德，以為然否？又不立文字的心法名曰禪宗，似乎有點勉強，不如「教外別傳」圓融，心法豈是靠修習能成？（門外漢）	別論，普通學人，出觀仍是凡夫。釋迦彌陀，皆究竟覺，常住寂光，似在彌勒未來以前，無有比倫。此外尚有藏通別圓諸說，是亦不同。禪宗不立文字，乃一時之權巧，並非隨便云云，無頭亂修。必經名師，逗引開悟，悟為見道，見道而後修道，方不歧中又歧，見性而後研教，方契如來實義。此必有如貓捕鼠，如雞孵卵之苦功，且須要如喪考妣，大死一番之精神，各有宗承，各有家風。絕非閉門造車，盲人瞎馬，不能只見幾個口頭野狐之流，遂謂禪宗爾爾，則大誤矣。	
佛教各宗修觀各有千秋，實是複雜，雖然各宗目標一致，但獨禪宗的修法和當時佛陀悟道解脫法（打坐，禪宗法）相同，推察之，禪宗修法是不是直系統，最理想的？但我們臺灣淨土宗占大多數是表示最適合的修法否？請解疑以使未屬何宗之信徒清楚，並介紹其修法。（周怡君）	八萬四千法門，歸納而為禪、淨、密、律、教，皆是直系統，最理想者。為佛所立，便是直系，離佛而說，便是魔道。理想者，則無標準，甲理想未必合乙理想，丙丁與壬癸等理想，亦復如是。佛說多門，為普眾機，契機者便是良藥，不能預言適合也。台端如欲學佛，必求知識開示，否則先看入門淺書，小有認識，自會選擇修何法門。	析疑第二
我本喜參禪，但此法門乃是利根人事，魯鈍如我恐無緣份，且所處環境又很雜亂，此種情形應抉擇何門？（鄭長林）	佛法雖云多門，而善性修心，不外禪淨，禪不但鈍根難契，利根亦須參訪宗匠，非可閉門造車而致也。即淨亦須理路清楚，否則恐生歧誤，入手宜看指津之小冊，和「歧路指歸」「初機淨業指南」等，少明門徑，再看經典，方不隔閡。	修持第七
學佛功夫應為一門深入，惟又有禪淨雙修之說，其理為何？（吳任輝）	禪淨兩大法門，豈能片言而盡。真知禪者始知淨，真知淨者亦明禪，禪重斷惑豎超，淨可伏惑橫出，一吃力，一省力，修禪帶淨，穩當有助；	修持第七

	修淨加禪，恐兩不類。是二者，理則惟一，法則各有方便。	
坐禪想佛會不會有著魔的危險？（信慧）	禪法入手，亦有多種，此須問自己所修何種，何種傳授，修與所授，境與所修，若有背者，不論佛與不佛，俱能著魔發病。再者禪亦不止於坐也，此事必須求知識指導較為妥善，不宜暗中摸索。	禪觀第九
天臺止觀及六妙門是否禪宗的修持法？各宗的修禪定與禪宗的坐禪是異是同？（黃槐庭）	一「天臺至持法」，禪法既有種種，豈能概以止觀六妙繩之，不過理有相通處。二「各宗至是異是同」，開首是不同，同則何必分宗，歸結並無岐異，異則不稱了義。所謂歸元無二路，方便有多門也。【附】時當末法，明師難求，如自修習，尚是按諸次第，由淺而深，方有個入處。至教相明白大概，自己根器如何，便能體驗矣，再向圓頓之門問津不遲。若躐等而進，恐無所獲也，謹貢區區。	禪觀第九
禪宗重疑，所謂小疑小悟，大疑大悟，不疑不悟。修淨則要求深信切願，如禪淨雙修時，要如何用心？（鍾鈞梁）	禪求開悟，悟賴參究，不疑何能參？淨求往生，生在念一，不信何肯念？若夫禪兼淨者，心開惑斷，生必上品。知生則決定生，是用信處。但如何心開？則正東西碰壁，以求摸著鼻孔，此處便是用疑。各異其用，並不矛盾。	禪觀第九
禪宗的修證是不經階次，直透如來地，為什麼坐禪還有四禪的階段？（黃槐庭）	禪分世間禪與出世間禪，出世間禪，又分如來禪與祖師禪，有按次第者，有不按次第者，緣眾生根機，有大小利鈍之別。故教有小、大、漸、頓、偏、圓之殊，應機說法，猶良醫應病與藥，藥不可亂投，法豈可亂授。居士所云「不從階次直透如來地」者，是利根人頓超之事，並非人人學禪，便可一例如是也。	禪觀第九
禪宗有「明心見性」之法門。我們如何「明心」及「見性」後之心境如何？（張進添）	性是本性，心是真心，心性二字，在禪宗多不分講，即有時說心，有時說性，然實指一事也。在相宗則心性每分言之，雖分言之，不過動與不動之間，仍非二事。區區亦是粗略解釋，此乃佛學根本問題，初學者實不易領悟。心性本	心性第十

	自空明，後迷而染，則顛倒妄思妄見，即生死六道，而無了期。佛有多法，遵之而修，可斷見思妄惑，斷後心性即明即見矣。明見謂之覺，此覺有深淺大小，不能一概而論。	

六、密宗

問	答	出處
請問真言宗（密宗）的歸宿點，是否也是西方極樂世界？（維寶）	密宗法門甚多，其中破瓦法等即是往生極樂者，其餘各有各之歸宿，並不一致。	密宗第十一
佛母準提陀羅尼經內有印契觀，如無上師灌頂，可以如行持否，密咒一項，須法誦幾遍始有感應。（某居士）	準提咒極為普通，有「顯密圓通」一書，記載頗詳。不必有師，即可修法，茲檢一冊敬贈，恐貴處或無流通也。再有奉告者，學宜博，所謂「法門無量誓願學」。行宜專，所謂一門深入也。然行分正助二功，必擇一作正，餘者為助，方有重心易成。	密宗第十一
藏密中有中陰救度密法，其功效如何，未習密宗之人，依法行之有效否？（潔園）	顯密功效無二理，功夫成熟，則行法有效，功夫不熟，則行法無效，效與不效，在乎行法之人，而不在法。	密宗第十一
密宗「紅密」與「黃密」此二法有何分別，學密者應學何法。（呂淨安）	紅密始自蓮花生大士，多講頓修，學者衣紅，故以紅教呼之。黃密始自宗喀巴大師，多主次第，學者衣黃，故以黃教呼之。應學何法，各有所長，各隨其機。	密宗第十一
據說印度有無上瑜伽經典，依法修行能即生解脫，不待來生，當今印度雪山，聖熙福難陀尊者，便是依此無上瑜伽勤修十年而獲親證圓滿、光明、清淨自性	佛法多門，總括為顯密二宗，瑜伽經典，即密教法也，顯密各法，傳授須契根器，成就皆賴修功，契機功純者成就速，反之則成就遲，不過各法，有重自力與重二力之不同。至於心專功純，密有感而顯亦有感，密即生成就，而禪淨皆是即生成就也。彼尊者區區未曾參謁，何敢妄測高深。	密宗第十一

的。彼獲證後，以慈悲度生大願，遍設神聖生命學會於香港，南洋新加坡等地，並常以「神足通」——法身，指示各地弟子之修持法，或在諸弟子入定時顯示，或在夢中顯示。此事實否？又彼尊者所證何果位？（李明揚）		
密咒如軍中秘密號令，不可講解，為何「某」法師，還著有「大悲咒講解」其中七十四句，還有七十三位神相，此實否？（呂淨安）	秘密不翻，乃晉唐各譯經大師所定，自宜順從。某版之大悲咒增加圖解，是否深解梵音，（咒不盡為梵語）有無錯譯，尚在其次，已顯與持咒之密意不契。區區學淺，言恐無當，按依法不依人之訓，莫如從古不從今也。	密宗第十一
咒語，凡人不知其真義，常讀何益？再此咒語，譯此字音不一致，何取？何從？對於讀咒得益，有無妨礙？（郝傳森）	咒語乃密宗之法，其語不專屬梵文，聞六道之語皆有之，故不主翻譯。法重於口授其音，不起分別，此外再結印觀想，三者和合，主誠主一，誠則能感，一則能應也。世界語系複雜，翻譯音不盡同，並不為怪，即今日之中英翻譯，亦是大同小異。必求不至大錯，須通梵文，否則誠心誦之可耳。	密宗第十一
佛法是依法不依人，何以密宗要依金剛上師口傳音，不依原譯音。（暫梁）	字在紙上，會自動發音乎？不有師父，音何能準，原譯之音，究屬何音，能誦出乎？凡屬學問，必有師承，豈獨密宗。若傳法者未離經義，學者依之，正是依法也。	密宗第十一
道高一尺，魔高一丈，如何喚作著魔？學佛淺說內中云：每日要誦楞嚴咒、大悲咒，即能消滅魔障。蓮友中每每遇著不順時就退轉，望	道乃我心，魔亦我心，起妄即魔，顯真即道。是理即道，昧理即魔，為順逆所動即魔，不為順逆所動即道。精進即道，退轉即魔，是道魔皆在於心，不關外來。楞嚴咒與大悲咒，固可卻魔，六字洪名豈能不卻魔耶？果念到一心不亂，道尚不可名，安得尚有魔在，居士問卻魔	密宗第十一

詳細開示除魔之法！（林寬修）	之法，即一心不亂是。		
藏密之「破瓦」與「大手印」，兩者在修習法上有何區別？修氣脈，提明點，醒拙火是否為兩者之原則共有法？（李明揚）	未學密者，不必問此，一法有一法之儀式，結印觀想持咒，各法各別，簡單說之則不解，詳細說之，等於著述，亦非本欄範圍。中脈與明點，雖屬兩事，然有聯帶關係。密宗注重受金剛上師之灌頂，親依傳授，不許隨便談論，以涉盜法賣法之嫌。區區於密，固有一知半解，然不作上師，故不傳法。桃園大溪有傳紅密者，臺北有傳黃密者，居士有志，可往求之。	密第一	宗十
國人持咒是否以國語發音方為正確，若以方言發音其功用有否失效？（蔡世芳）	咒屬密部，按規應依密宗儀式傳授，必經金剛上師灌頂口授。金剛上師，皆係師承梵音，依此方為準確。但梵音並非如漢字一字一音，每多二合乃至四合，吾人念者，竟將二合念成二字，四合念成四字，甚將二合念一音，如多咒開首之「唵」，本為「烏唵」合音，讀「嗡」，普遍唯讀一「唵」字，學密宗者，則二合「嗡」音。據上所述，能經金剛上師口授，應讀所受之音，否則但存恭敬隨順方音，不必再改國音，緣國音與梵亦不符也。	密第一	宗十
凡咒保持梵音不翻，神鬼聽懂就能達到目的，人聽不懂沒有關係，可是本來咒是人作成的，聽不懂念來究竟意義又不解，希望要理解重要諸咒的大意，有什麼方法可求？（呂慧良）	能研梵文，即解其意，例普傳之大悲、往生、藥師、般若等咒，亦有加註釋者，不過其義不周。惟持咒之法，在於三密相應，自有不可思議力量，對方縱不懂，亦蒙其益，如乘飛機，雖不解其機構，乘之者，定能被載遠遊耳。	密第一	宗十
持咒與念經功德，有何不同？誠如您在蓮社說法「放下萬緣，一句洪名」自然深信不疑，但因持咒成習，一時改	上手功夫，不宜拋掉。但持咒以外，再加佛號可矣。	密第一	宗十

問	答	出處
不過來，尤以自認這是一種好習慣，不改可否？（張文炳）		
持哪一種咒最得益？（翁慧欣）	諸法平等，無不得益，但須契機，尤須論所修目標何在，始能檢修何法。佛為醫王，法為靈藥，藥須對症，法須切其願也。	密　宗第　十一

七、律宗

問	答	出處
律宗行者可往生極樂否？抑另有修持之法以終歸宿？（翟孟秋）	各宗有各宗修法，所賜亦有權實之別。往生極樂，為淨土宗之果，先必有信願行之因。若修律宗，而肯回向西方，發願往生，自可生也。	通問第一之一
佛教之律有多少條，其受戒對相如何？（柯冰）	戒之根本在心，對相即他眾及環境。律之種類甚多，大別分出家四眾戒，在家五戒菩薩戒，出家、在家統受之八戒等，條文若干不一。	持戒第五
出家人受戒後，並無照戒律所行。每日惡口惡意不知犯過多少戒律。此種出家人，佛在世時釋尊稱做「獅子蟲」欲論此類將來是否能往生？（顏寬文）	出家人如何，暫且不論；在家居士受戒者，幾如過江之鯽，能守戒而不惡口惡意者，豈儘是耶。我但守「不見出家人之過」一戒，益在我矣。	持戒第五
佛家說：「天人早食，佛午食，餓鬼夜晚食」。——佛家戒晚食，以慈憫鬼道故。（當然不另有道理）。按：最低層天（四王天）——晝夜，為人間百年。不知鬼道晝夜時序，亦與人間相同否？若不	過午不食，其義甚多，可參看前條答潘金泉居士問自詳。鬼趣之日夜，固與人趣不同，然修道者不晚食為不與鬼同習尚耳。有人解作悲憫餓鬼，亦非不通。蓋人世夜晚，易與鬼類相感，故不使其見人飲食，而引起彼之煩惱而已。	持戒第五

相同，則佛教禁晚食便應剔除此一理由了。（真慚愧）		
按佛制，出家二眾應該托缽乞食。我國僧寶，何未依教奉行？（真慚愧）	此須視各國風俗而定，我國民眾信佛不普，若次第而乞，有不與者，反增其過；分別而乞，又失平等。其勢難以推行，所以有叢林掛搭之制也。	持戒第五
五里內外，法師講經無去聽，就會犯戒，弟子兒子病中入院，家庭責任很忙，不能如法參加聽經能犯戒否？（寬諒）	言五里者，乃係錯聞。律云四十里中。兒子病重入院，此係救人之命，合於「自修勝業」不往非犯。如云家務忙者，未言忙於何事，不便回答，若事不限時間，或提前，或待後，而可辦者，卻不往聽，即是犯矣。然尚有應知之處，倘彼「顛倒說法」不往亦不為犯！	持戒第五
殺、盜、淫三業，人皆知盜與淫二者之明中犯法，冥中墮行，犯此者在人類中殆占少數，惟食肉即犯殺業，此則占人類中之最大多數，今試以不應盜與淫之理語於人人，雖聞者不必皆能遵行，然言下必當首肯，惟若勸人素食，則能信奉者不多，果有何道而能收宏效歟？又未能茹素之人，惟僅已戒殺，如其誦經持咒，不審亦能得到佛力之加被否？（賓羅）	食肉乃多生習氣，而又日日增上故較難勸。只有隨緣隨分，善為說詞。佛制不能素食，許食肉邊菜，再不能，則有食五淨肉之法。此五淨肉，即戒直接與間接等一切殺業也。果戒殺矣，慈心自然日加增長，當能得佛加被。	持戒第五
華嚴經云：「一切治生產業，皆與實相不相違背」。又佛遺教經云：「汝等比丘，持淨戒者，不得販賣貿易，安	華嚴部分，未指出何品第幾行，不及檢考，無從置答。遺教經部分，凡屬比丘，無不須持淨戒。按此名亦不能濫稱，處今無佛之世，並非已經發出家，即得此號，然必正式戒壇，受具足戒後，方得稱之。明乎此，則知無戒不是比丘。	持戒第五

置田宅，蓄養人民奴婢畜生，一切種植，及諸財寶，皆當遠離，如避火坑。不得斬伐草木，墾土掘地。皆所不應」。 1、兩經所說，是相成抑相反？2、華嚴經所說，是為居士而教否？3、遺教經所云，是專指比丘中之持淨戒者言，抑凡屬比丘必須持淨或？（趙永超）		
受五戒的法官，判人死刑，是否犯殺戒？（維寶）	今舉一喻，以明其理。例如坐對號車，你買了幾號票，車上司事人員便查照第幾號，請你去坐，至於這個座位好壞，司事人員並不負責。國家刑律，定有專條，人犯了某罪，法官便引用某條，請他去受某種處分，這等於對號坐車，法官不過執行對號而已。但古訓罪疑惟輕，刑律有「處以某刑或……」之文，能在合法範圍內，寬減死刑。（現代執行刑罰之意，取感化不取報復）那還有陰德。	持戒第五
佛戒殺生，對於老鼠、蚊、蠅等害蟲是否亦在戒之列？（桂引杏）	凡屬眾生，皆是過去眷屬未來諸佛。彼已墮落惡道，為鼠為蚊蠅是極苦矣。當生悲憫心，若再殺之，何異遇落井者，從而下石乎？	持戒第五
未受戒者不得講經之理，請師開示！（智梁）	佛家戒律，亦猶國家寶典，佛徒不受戒律，等於國民不遵寶典。假使一不遵寶典之人為官吏，宣施政治，人民能信仰乎？在佛滅度後，以戒為師，不受戒律，等於無師。其所知所學，寧有根底。講經意在度眾止惡向善，轉迷成悟。而經文中隨處多有戒條，講者自己尚不遵行，只教他人去做，豈非戲論？且整個佛學，不過戒定慧而已。既無戒學，安有定慧？此等人品，縱有多聞，知見必不正確。使之講經，	持戒第五

	譬如盲人指路，定有貽誤之虞。此外尚有他說，不能枚舉。	
有甲說：吾雖不持齋，然勝於持齋而破。又有乙謂：吾雖持齋而破，猶愈於不持。請問此兩種將來果報如何？（周慧德）	善惡之因，各得其果，乙持齋仁慈心生是善也，自結善果，破齋而仁慈心昧，是惡也，自得罪果，是此人有惡亦有善。甲不持齋，而仁慈心不生何善之有，既不持齋，自無齋破，亦是強辭奪理。若問將來，乙則罪福兩受，甲惟受罪而已。	持戒第五
學佛修道之在家身為居士者，如未可能素食，但他人問起作何答呢？（蔡麟定）	佛制素食，為慈悲不殺耳。倘初學之人，肉食習氣未能驟改，方便之法，許食肉邊菜，再不能，許食三淨肉，即不見殺、不聞殺、不為我殺者，居士既與佛有緣，宜先戒殺，方便食三淨肉，便有功德也。應如是作，應如是向人說。	持戒第五
佛屢唱一切有情，悉皆平等，一視同仁，古有埋兒以孝親，殺生以敬親，雖稱孝子，然以平等之義，顯然有違，到底世間法與出世間法勢難兩全，長者尊意如何？親欲葷，子不忍殺，奈何！（鄭朝信）	所謂法者，是足為一般人取而遵之者也。稱世間法者，須以世間聖人為準，非一般平庸人，可以作人法則，不可誤解！郭巨埋兒，是愚癡人辦糊塗事，大為儒教所不許，只為俗人加謬讚，如以此概世法，則誤矣。按出世法，親若有病，思肉可食三淨肉，圓融之道尚多，此不過聊述一端耳。	持戒第五
何謂得戒？何謂不得戒？得與不得，於己有何感覺？（塗貞光）	此事須問律宗大德，方能詳盡。乃受戒者，三業所起之一種特殊作用，受後能防非止惡，相續不斷之謂。如受時於所授之言語，瞭解清楚，身受口答時，具有極誠極感之一種難說動態，立即生起銘記不背之堅強功能，斯可云得。此就理上言之。尚有因心敬誠，六根接觸一種變現他相，乃就事言之者。	名相第六
修律、教、禪、密，四宗的方法如何？（無名氏）	此非數語可解，要之不外自力斷惑，明心見性，律、教、禪三宗是也。再則二力感交，帶業往生，淨宗是也。密有多種，事極複雜，可云有自力法，亦有二力法。	修持第七

　　故知，雪廬居士一生除闡揚淨土法門外，亦密護諸宗，誠如居士於密宗問答第十一所云：「諸法平等，無不得益，但須契機，尤須論所修目標何在，始能檢修何法。佛為醫王，法為靈藥，藥須對症，法須切其願也。」佛法只論契機與否，實無高下之分；又圓人攝法無法不圓，法法頭頭八萬四千，皆為本師釋佛所開演，一即一切，一切即一。居士揀擇契末法眾機之淨土念佛法門力倡導歸，不唯未嘗壓抑他宗，更甚而苦心孤詣處處迴護洒至助佛弘化。

第五節　小結

綜觀雪廬居士一生，誠如董公所云：

> 誕於齊魯聖賢之地，長於德澤深厚之第，雖精研法律，供職莒縣獄政，然外儒內佛，皈依蘇州靈岩山淨宗十三代祖師印光大師，奠定弘揚淨宗素願，兼師唯識宗北宿梅擷雲老居士，漫於渝市裏贊太虛大師作通俗佛學講演，自然禪密兩宗均有入室涉研。因此，講經說法，八宗等宣，回歸淨土，這是有目共睹事實。

因此，徵引之訛，但推居士一生自行化他行誼可知，至於鯤島示跡一期弘化，謹綜合析述如下云。

一、釐清誤解

　　雪廬居士示人：「研經貴在得旨」。同理，瞭解一個人，必須深入他一生事業，做整體觀察，否則容易導至以訛傳訛。前言有弘淨宗者，常在講壇與著作中，援引雪廬居士對各宗派的見解與評語，旨在借重居士德望，證明淨宗殊勝；然引用難以周全，致使他宗學者心生反感，連帶雪廬居士也受無妄之災。本論文藉此一章乃就雪廬居士一生軌跡與自行化他歸趣綜合分析如上云，既可知其平生注重「解行並進」，無論「為弘護正法」或「為轉移汙俗」等種種志業，在在不離解行二門。甚至以「廣學三藏教，不改彌陀行」概括解與行，為學佛修行明白指出一條康莊大道。

　　依據佛經及佛教史來觀察，正法時期「律」成就，像法時期「禪」成就，末法時期「淨」成就，此乃普遍趨勢，其中不乏例外特殊根器，不在此限。自明末以來，蓮池、蕅益、印光等諸祖，按時節因緣與眾生根器，皆弘揚淨土法門，居士秉承印祖遺規，選擇淨土一門專精深入，故於博閱三藏、遍講諸經之際，皆時時處處一一會歸淨土，自然可諭。

　　再者，行門又分正功和助功，以淨土法門而言，正功就是念佛、憶佛，以達念佛三昧。助功則是諸惡莫作（改過），眾善奉行（遷善），萬善回向極樂。因此，舉凡世出世間善法，只要有助於改過遷善、利益眾生、弘護正法、轉移汙俗等事，雪廬居士都隨喜發揚，並恆訓示：「凡有所動作，必須審察是否于眾生真正有利益，這才符合百法中『善法』[96]的定義。」因此，老人不論辦事、講經、著

---

[96] 指合乎於「善」之一切道理，即指五戒、十善、三學、六度。為「惡法」之對稱。五戒、十善為世間之善法，三學、六度為出世間之善法，二者雖

述，都以此作為最高原則。可見，雪廬居士於世間善法，如儒家經典、五倫十義等等，尚且都竭力推廣發揚，更何況是出世間的三藏典籍與諸宗門派？怎麼可能去非議與排斥呢？！

……三者，雪廬居士一生雖「廣學三藏教，不改彌陀行」，此乃為契末法眾生之根機而有所揀擇，然是法平等，無有高下，居士然對於他宗之態度，並不抑遏，反而助佛弘化，此不僅繼承印光祖師「弘揚淨土，暗護諸宗」之思想，亦為一代大德之風範。

二、鯤島示跡

慈光圖書館前，熠耀著一幅金字對聯：「道倡倫常道，心為菩提心」、「鯤島揚德化，廬山嗣芳型」，短短數言，道盡居士儒佛雙弘的一生。尤其是渡海而後，專以淨土念佛法門嘉惠寶島的圓成事業。

推始居士隨奉祀官府來台之後，定居台中市，三十八年秋季，開講經典直至示現圓寂為止，凡三十七載。所講經論：如《心經》、《阿彌陀經》、《無量壽經》、《十六觀經》、《往生論》、《維摩詰經》、《圓覺經》、《楞嚴經》、《法華經》、《華嚴經》、《大乘起信論》、《龍舒淨土文》、《百法明門論》等，其中尤以淨土三經，凡近十次，每次所講奧義，均有新發現。[97]此外，諸宗融貫，隨機施度，善巧方

<hr>

有深淺之差異，而皆為順理益世之法，故稱為善法。《根本說一切有部毗奈耶雜事・卷三十五》《佛光大辭典》，頁 4883.

[97] 居士恒謂《阿彌陀經》，文約義豐，雖有蓮池大師《彌陀疏鈔》、幽溪大師《圓中鈔》、蕅益大師《彌陀要解》，及圓瑛大師《要解講義》，但　公仍能觸動慧思，多層穎悟。曾親聞面述：「七重欄楯、七重羅網、七重行樹，皆是四寶周匝圍繞，是以彼國名為極樂。」經文，四寶圍繞，須與「彼佛國

便，一一點化，指歸淨土，極盡悲心。綜合其講經終始，分析其行解歸趣，正可以「廣弘大藏教，指歸彌陀行」[98]概括居士一生行述特色。

又示寂前後，感應無邊，例如：是年三月十九日，居士最後一次在華嚴道場講經，結束前告訴蓮友們：「我到這裏為止，大家只要淨念相繼就對了。」[99]；四月六日雪廬居士云：「你們要不要地藏菩薩？我要走了。」[100]；四月十一日晚間又云：「我要走了。」、「告訴他們，我真的要走了。」；四月十三日凌晨一時左右，留下「一心不亂」，五時四十五分即「正念分明」、「安詳捨報」。[101]可見居士云：「兩天要走了」，是「預知時至」。臨終咐囑「一心不亂」，是「心不顛倒」。枕肱右脅，是「大涅槃相」。又移靈至蓮社第五天，有兩位念佛虔誠弟子，晚間在大殿為居士念佛時，同時眼見靈前，現頭戴毘盧帽半身地藏像，歷時一小時之久；而慈光圖書館，結集

土，微風吹動，諸寶行樹，及寶羅網，出微妙音，譬如百千種樂同時俱作。聞是音者，自然皆生念佛念法念僧之心。」前後相映，始能了解。否則，四寶圍繞，有何稀奇？如此精義，不勝枚舉。

98 「約四十年前，居士發覺蓮友中有退轉者、有見異思遷者，公即集合蓮友於靈山寺佛前，集體發願『廣學大藏教，不改彌陀行』，勗勉大眾三藏十二部經教，皆可盡心廣學之，然萬不可更改念佛往生淨土之願行。即使世尊再來相勸，亦不改修他法，違背念佛初衷，居士於眾生慧命之關懷、悲心一至於此。」（周聖遊主講，黃慧乘恭錄：〈雪公老恩師往生十週年紀念專題〉，263）

99 此後蓮友自三月二十三日起，在蓮社每日分上午、下午、晚上三班念佛，求老師住世。

100 弟子告以：「大眾在蓮社一天三場念佛，求老師住世」。居士云：「念佛不改心，一天念十枝香也沒有用！」

101 鄭勝陽口述，于凌波筆錄：〈雪廬老人示寂前後〉，《明倫月刊》，164 期，頁 12.

念佛時，眾等亦見毫光綻放於雪廬居士平日講席座上。因此有人對照偈語[102]推斷，雪廬居士或是地藏菩薩化身，或已生極樂……云云。[103]因時人盛傳雪廬居士是地藏再來，或勢至化身，故謹以居士詩：「化身勢至語多奇，著相眾生半信疑。若解如來同一性，言非言是兩相宜。」[104]印證，以示景仰敬佩之意。

　　雪廬居士之佛學思想，可歸結為「顯弘淨土」作為其講經歸趣與行持宗要之標的，因淨土契末世之機，故大弘之，是以講述度眾，皆攝五時歸淨土，並示現解行並進，發菩提心、憶佛念佛；然亦不排斥他宗，故「密護諸宗」，以法法平等，無有高下，除淨土一門外，亦不妨他宗，更能助佛弘化。末後，自在往生，高預海會。可以說，居士一生之學佛思想，平等普施，契理契機，以理融事，終能結歸蓮邦。章末謹以下表歸納本章之要旨：

[102] 復有大慈菩薩勸修西方偈云：「能勸二人修佛學法，如自己精進，勸至十餘人，福德已無量。如勸百與千，名為真菩薩。又能過萬數，即是阿彌陀」。
[103] 蔣俊義：〈凡情測聖境〉，《明倫月刊》，164 期，頁 74.
[104] 《李炳南老居士全集》，詩文類之二，頁 26，總頁 302.

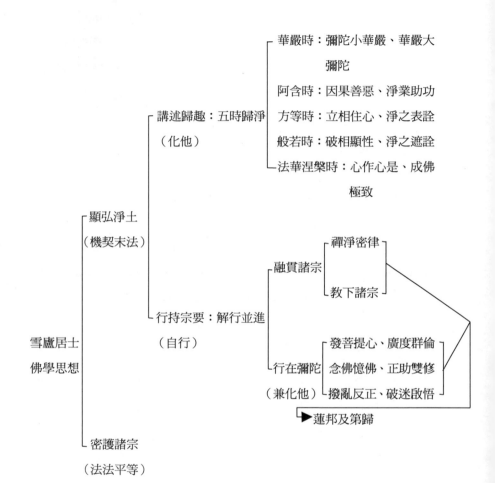

第四章
雪廬居士的淨土思想——兼破邪說

　　雪廬居士一生以「廣學三藏教，不改彌陀行」為其自度度他之目標，然由第三章知居士一生五時教典遍弘，惟指歸於淨土，由此可見淨土思想為居士一生之中心思想，此即廣學三藏、廣弘三藏之旨趣。又居士一生以持名念佛為正行，復弘揚持名念佛一法，知此是其不改彌陀行之宗要。綜言之，雪廬居士之佛學思想，實以淨土為歸趣，復以淨土為其實踐之目標。

　　以下擬就居士一生弘法，指歸淨土之內容，加以歸納分析，特別拈出淨土法門之殊勝處，並述於第一節淨土思想總釋。居士早年為糾正唯識學者藐視淨土法門之過失，遂著《佛說阿彌陀經義蘊》一書，其中多有新解，尤對於持名念佛一法，多有其獨到之見解，更可以管窺其於淨土之知見，並述於第二節《義蘊》思想別詮。居士之淨土思想不只徒具思想形式，而是可以被實踐的，身為一宗教家及修行者，其於持名念佛一法，多所拈示，並述於第三節淨土思想實踐。居士對於旅美密教行者提出消業往生，否定帶業往生一事，予以澄清，以挽救念佛人往生之信心，並述於第四節消業往生商兌。

第一節　淨土思想總釋

　　雪廬居士一生弘揚淨土法門不餘遺力，其淨土思想，除承自淨宗歷代祖師，並加上研經閱藏所得而成；至其淨土法門之總體觀，概可見於講演與著述中。居士一生對於淨宗最重要之著作，除早期所著《佛說阿彌陀經義蘊》屬專宗研究外，對於淨宗大要較有系統之論著，主要包括〈壬子年（六十一年）淨法解脫要義〉、〈丙辰年（六十五年）元旦慎齋堂講話—淨土精華〉、〈新元講席貢言—世出世法本立道生〉、〈淨土安心法門〉等，多為居士晚年融會貫通畢生所學後之精華，亦可說是其淨土思想之代表。

　　淨土宗自東晉慧遠大師創淨土宗開始，經歷代祖師弘揚，至蓮宗九祖蕅益大師時，可說淨土思想，璨然大備，尤以其所著之《佛說阿彌陀經要解》，蓮宗十三祖印光大師讚嘆不已，以為縱古佛再來，亦不能超之。蕅益大師之淨土思想，主持名念佛，以此深契末世眾生之機，並以天台教義，分判淨土奧義，而拈示淨土五不可思議之處，一者橫超三界，不俟斷惑；二者西方橫具四土，非由漸進（證）；三者但持名號，不假禪觀諸方便；四者一七為期，不藉多劫多生多年月；五者持一佛名即為諸佛護念，不異持一切佛名。

　　雪廬居士之淨土思想大要，亦不離此一脈絡，並加以發揮之。茲歸納居士對於淨土法門之要義，可依二重因果之義論之，如於娑婆界，信願持名為淨土念佛法門之一大綱領，其結果乃能橫超生死，至於此一法門之細目，實以立相住心為因，俾行人能伏惑往生為果，以上為於娑婆因地情形。至往生後，則托質蓮胎，以極樂四土圓俱，故生界外淨土，為二次橫超，受大菩薩稱性之樂。具縛凡

夫，帶業往生，故於蓮胞內斷惑證真，以極樂六塵說法，自然斷惑
證真，此為成佛之因。因極樂無退緣，故必證三不退，終至成佛。
依此脈絡，分四點敘述雪廬居士之淨土思想要義：（一）立相住心，
信願持名；（二）伏惑往生，二力橫超；（三）托質蓮胎，但受諸樂；
（四）證三不退，一生成佛。

一、立相住心，信願持名

　　善導大師《十六觀經》第八「佛像觀」曾云：「今此觀門等，
唯指方立相，住心而取境。總不明無相離念也。」由此而生「立相
住心」之觀念。然又何以須立相住心？善導大師釋曰：「如來懸知
末代罪濁凡夫，立相住心尚不能得，何況離相而求事者；如似無術
通人，居空立舍也。」[1]知後世眾身根鈍，不能一下手即離相，故
方便施設一法，使其心安住，妄念頓息。

　　雪廬居士承襲善導大師思想，亦倡立相住心念佛，以淨土宗念
佛，乃為使心安住於佛上，心即是佛，佛即是心，[2]如此即是立相
住心。淨土宗立的相有報身佛相、報土相，以及欣極樂、厭娑婆等
相，然初心念佛者，恐不易將心安於上述之相，以其廣大精微之故，
因此只要將心安住於彌陀佛號上，使其淨念相繼，便能成功。居士
以為淨宗，特以著相為修行之道：

---

[1]　（唐）善導，《觀經四帖疏》卷三，頁 21.
[2]　李炳南：〈新元講席貢言──世出世法本立道生〉，《修學法要》，台中：青
　　蓮出版社，頁 478.

> 淨土宗設立這個相叫你著相！著是執著，執著這個相，怕你
> 不著相。「住心」，心打妄想，到處跑，一個念頭可以有三千
> 境界，法華經說：「一念三千」。安上這個相，叫你的心著相，
> 全副的念頭都在相上，不往別處跑。念頭那裏也不去，就安
> 住在這一個相上，這是淨土宗的特別法子。[3]

即以執醫執，將心安於相上，而不失念。他宗須以離相為訴求，以
眾生習於著相，一離相心便散亂，言離相談何容易？可見相較他
宗，難易相懸。

　　雪廬居士對於淨土法門之特色，乃特重信、願、行三要，即往
生之三資糧。並以為上智或下愚，易於起信，至於中根之人，則信
之甚難，故為「難信之法」。居士特別指出，今之習淨土者，多為
中根之智，若欲習淨土，則必須勉力而具三信，即信佛語不虛、信
極樂實有、信我修決成。見居士云：

> 一信佛語不虛。凡夫語多虛妄，或為智力所不及，或為名利
> 所驅使。佛具一切種智，萬德莊嚴，為世所尊，故為如語者，
> 實語者。二信極樂實有。娑婆世界，為眾生業力所成。極樂
> 世界，為彌陀願力所成。孰實孰幻，至為顯然。凡夫反謂娑
> 婆為實，極樂為幻，病在障於所知。學者須具超凡知見，方
> 能入道。三信我修決成。極樂世界，不出吾人之本心，修持
> 如法，決定往生。[4]

---

[3] 李炳南：〈新元講席貢言——世出世法本立道生〉，《修學法要》，台中：青
蓮出版社，頁 476.

[4] 李炳南：〈雪廬述學語錄・真了生死〉，《李炳南老居士全集・佛學類之十》，
台中：青蓮出版社，1994.1.18.，頁 40~41.

知居士以三信為入手，即信能說之佛，其語不虛，信所說之極樂不無，並信極樂不出吾人之本性，非無關於我，故如法修行，則必定往生。其中，居士特別指出，中根之人，往往不明萬法唯識之理，娑婆為眾生業力所成，極樂為彌陀願力所成，反以娑婆為實，極樂為幻，此皆所知障作祟耳。

　　既以信為首，次必發願，居士教人發三願以起信：

> 如是信已，須發三願。一者生死心切，專求往生，精誠感通，
> 有願必遂。二願當生成就。眾生得人身難，聞佛法尤難，
> 聞淨土之法，難之尤難。今者既聞此法，不求當生成就，
> 更待何生。三願廣為人說。淨土大法，自了之人不得往生，
> 是以學者必須就其所知，普宣彌陀法音，以期自行化他，
> 同生極樂。[5]

既已起信，若不能發願，則必不能導行，故居士教人發三願，願了生死、願當生成就、願普弘淨土法門。此三願即契合大乘佛法旨趣，真為生死、發菩提心、廣弘大乘法，可見願生淨土，絕非小乘自了之行。

　　如上起信發願，則以行持滿所願，證所信，對於淨業之行持，居士以為：

> 淨土學人，既具信願，尤須行持。行有正助，念佛是謂正行，
> 行善持戒是謂助行。正行持念「南無阿彌陀佛」，即是總持

5　李炳南：〈雪廬述學語錄・真了生死〉，《李炳南老居士全集・佛學類之十》，
　台中：青蓮出版社，1994.1.18.，頁41.

法門，輔以助功，堅持信願，無始以來，輪迴之苦，即可了
脫於當生。諸生勉之。[6]

居士力主行持有正助之別，以念佛為正行，以持戒行善為助行，如
此正助雙修，必能當生成就，往生淨土。

對於發願，雪廬居士主張回向發願心，見其云：

別的宗要經歷信解行證，淨土宗只要信願行，沒有解換上
願，這個願是專為往生西方極樂世界而發的願。[7]

居士主張回向發願心，以淨土法門乃大乘法門，要將過去現在所修
之世出世善根，發回向往生西方之用，同時亦隨喜他人一切身口意
三業之善根，並將此隨喜功德亦發回向西方之用，復發「生彼國已
回入娑婆教化眾生」之願，往生乃為速證佛果，成佛亦不為己，乃
為度生而已。

念佛法門又稱不回向法門，以念佛專為往生之用，故不必再
將因地的念佛修行回向佛果，故雪廬居士云：「念佛是全為了往
生。既只為往生，所以淨土法門稱不回向法門，我們念佛用不著
回向，因為我們念佛不作別用，專在往生。」[8]否則念佛若別有用
心，便易變質。[9]就其理上而言，念佛乃是以彌陀之果地覺，為吾

---

[6]　李炳南：〈雪廬述學語錄・真了生死〉，《李炳南老居士全集・佛學類之十》，
　　台中：青蓮出版社，1994.1.18.，頁 41.

[7]　李炳南：〈淨土安心法門〉，《修學法要》，台中：青蓮出版社，頁 622.

[8]　李炳南：〈淨土安心法門〉，《修學法要》，台中：青蓮出版社，頁 640.

[9]　李炳南：〈淨土安心法門〉，《修學法要》，台中：青蓮出版社，頁 622.「別
　　的宗要經歷信解行證，淨土宗只要信願行，沒有解換上願，這個願是專為
　　往生西方極樂世界而發的願，所以淨土法門的發願回向，特別稱做「不回
　　向法門」不必回向，不做別的用途，不做二用，專為接引往生西方之用，

人之因地心，此即「因賅果海，果徹因源」之理，故念念皆於佛果，若能念念於佛號，淨念相繼，則不異念念流入薩婆若海，此等勝異方便，於因位即已得不退，不待往生至極樂，此實為淨宗殊勝之處。

居士之淨土知見乃有所本，以立相住心為念佛之理，非如他宗須離相修行，此其特殊處之一也；又淨土持名念佛法門，非如通途教道，須歷信、解、行、證過程，未似淨宗僅須具足信、願、行三資糧，即可往生蓮邦淨域，預入聖流。

二、伏惑往生，二力橫超

淨土持名一法，其殊勝處在於並不以斷惑為往生門檻，只要具足信願，即可伏惑往生。非如他宗須歷信、解、行、證之過程。須知證果乃非易事，故世尊特開此一持名念佛法門，以接引無力斷惑眾生，前往極樂蓮邦斷惑。為能臨終往生有把握，須平時起居，一心念佛，若不能淨念相繼，都攝六根，至少須把握，一動妄念，急壓一聲佛，如此便能漸至一心，此亦合「立相住心」之理，見居士所云：

> 一動了念頭就造業，造業就是現行動作，察覺念頭現行動作了，便用阿彌陀佛的名號壓住他，不叫他起現行，叫伏惑。淨土三經沒教你斷惑上西方，一心就行了！所謂「一心」，

我們那一個人念佛不做二用？若念佛有二用，根本上心就變了，這就不行。」

> 心只有一個念頭，沒第二個念頭，沒有第二個念頭，就是「立
> 相住心」。心都在阿彌陀佛身上，就成功了。[10]

至於伏惑之行相，於他宗皆屬不易，然淨宗則仗佛力，易得一心，如居士所云：

> 惟眾生之念，必俟前念心滅，後念方起，一心無二用，如窄
> 水橋，只行一人。若前念煩惱既滅，不待後念煩惱生起，即
> 念彌陀，則煩惱不續。若念念彌陀，則念念不起煩惱，是為
> 伏惑。諸宗以自力伏惑，極其艱難。淨宗念佛為二力法門，
> 以自力隨佛力，伏惑則易，是為方便。在家雖有謀生之業，
> 不礙念佛。正作事時，一心作事，惑亦不起，事畢即以佛號
> 續之，實不妨求一心不亂。[11]

淨宗成就僅須伏惑即可，他宗則必須斷惑。一言斷惑，則如通途教法所明，皆非一生可成，須歷劫修行。惟淨宗主伏惑往生，即主「帶業往生」，將業種帶至極樂斷除，故非不斷惑，只是到極樂去斷惑，於極樂斷惑，較此土容易許多。臨終助念，亦是一例，乃為幫助臨終將捨報者，提起正念，使其心能安住於佛號上，不致顛倒散亂，而能淨念相繼，伏惑往生。

對於平時伏惑之功夫，居士偈云：「一念毒心生，急壓一聲佛。惡言不出口，損人事莫作。久久成自然，往生可帶業。是名伏惑法，

---

10 李炳南：〈新元講席貢言──世出世法本立道生〉，《修學法要》，台中：青蓮出版社，頁 481.

11 李炳南：〈雪廬述學語錄·方便伏惑〉，《李炳南老居士全集·佛學類之十》，台中：青蓮出版社，1994.1.18.，頁 194.

真實秘密訣。」[12]知平日只要能持守為人之本分，以一句洪名換取生死妄念，久之，功夫純熟，即能伏惑，並能帶業往生極樂世界。

　　論淨土法門殊勝特別，在於當生成就，橫超生死。雪廬居士一生學唯識、參禪、修密，最後抉擇淨土，從實際修持角度，體驗他宗仗自力斷惑，絕非易事，見其云：

> 今值末法時期，惟修此一法門，當生始有成就。他如時尚之禪宗唯識，雖有助於文筆口才，然若求了生死，則無其分。何也？參禪唯識，皆須自力斷惑。禪須大死一番，通徹三關，否則禪在口頭，或為野狐，生死毫不自主。以言唯識，須修五重觀法，一觀未成，形壽已盡，成就何期。淨宗則合自力佛力，謂之二力法門，故能當生成就。[13]

若非佛力加被，設一淨土，極盡善巧方便，使眾生帶業往生，橫超生死，否則凡夫離苦得樂成就無期，故居士特老生常談，大弘持名念佛一法，俾益眾生皆能高預海會，臻於聖域。

　　就淨土橫超生死而論，居士舉教理釋之，以諸佛土，雖亦俱四土，然須豎證，不可橫超，惟彌陀極樂淨土，以佛願力加被，故往生時，橫超三界，往生之後，可由凡聖同居土橫超方便有餘土、實報莊嚴土、常寂光淨土，橫超四土，直登佛位，[14]居士常以蟲破竹而出以喻豎出與橫出之難易：

---

[12] 李炳南：〈甲寅年靈山寺佛七開示〉，《修學法要》，台中：青蓮出版社，頁206.

[13] 李炳南：〈雪廬述學語錄・真了生死〉，《李炳南老居士全集・佛學類之十》，台中：青蓮出版社，1994.1.18.，頁40.

[14] 李炳南：〈雪廬述學語錄・二次橫超〉，《李炳南老居士全集・佛學類之十》，台中：青蓮出版社，1994.1.18.，頁138~139.

　　至於能橫超三界的，只有淨土法門，因為淨土法門是二力法
門。例如前面所舉竹蟲的比喻，修淨土法門欲出三界生死苦
的人，好像那竹頭裏的小蟲，一心一意想離開黑漆漆的竹
筒，竹皮很厚不易咬破，外頭正好有一塊石頭，有風吹來搖
動竹子磨擦石塊，竹中蟲一聽聲音，也從裏面啃，裏外交攻，
一下子就咬破竹皮，超出竹筒了。外面的石頭、風吹，好比
阿彌陀佛的力量。誰念佛，佛就來接引，他就可以超出三界。
淨土法門自他二力，若沒有阿彌陀佛就沒有這二種力量，橫
超就很困難，必得有佛力在外面幫忙，才能橫超。[15]

知二力法門，乃勝異方便，故居士偈云：「淨土難信卻易行，全由
二力正助功，必得一心方有效，方便伏惑即感通。」[16]此深具意義，
學者不可不知。

三、托質蓮胎，但受諸樂

　　淨土往生者，則托質於蓮胎中，如《佛說觀無量壽經》所云，
明諸品往生者，皆乘蓮臺，至蓮池中，並於胞胎中長養聖胎，待惑
斷後方出胞胎，詳如各品所述：

[15] 李炳南：〈新元講席貢言——世出世法本立道生〉，《修學法要》，台中：青
　　蓮出版社，頁 484~485.
[16] 李炳南：〈戊午年靈山寺佛七開示之一〉，《修學法要》，台中：青蓮出版社，
　　頁 215~216.

1、上品上生者

生彼國已，見佛色身，眾相具足；見諸菩薩，色相具足；光明寶林，演說妙法。聞已，即悟無生法忍。經須臾間，歷事諸佛，遍十方界，於諸佛前，次第授記，還至本國，得無量百千陀羅尼門。

2、上品中生者

行者自見坐紫金臺，合掌叉手，讚歎諸佛，如一念頃，即生彼國。七寶池中，此紫金臺，成大蓮華，經宿則開。……經於七日，應時即於阿耨多羅三藐三菩提，得不退轉。應時即能飛行，遍至十方，歷事諸佛。於諸佛所修諸三昧，經一小劫，得無生忍，現前授記。

3、上品下生者

見此事時，即自見身坐金蓮華，坐已華合，隨世尊後，即得往生七寶池中，一日一夜，蓮華乃開，七日之中，乃得見佛。雖見佛身，於眾相好，心不明了，於三七日後，乃了了見。聞眾音聲，皆演妙法，遊歷十方，供養諸佛，於諸佛前，聞甚深法。經三小劫，得百法明門，住歡喜地。

4、中品上生者

蓮華尋開，當華敷時，聞眾音聲讚歎四諦，應時即得阿羅漢道。三明六通，具八解脫。

5、中品中生者

在寶池中，經於七日，蓮華乃敷。華既敷已，開目合掌，讚歎世尊，聞法歡喜，得須陀洹，經半劫已，成阿羅漢。

6、中品下生者

經七日已，遇觀世音，及大勢至，聞法歡喜，得須陀洹，過一小劫，成阿羅漢。

7、下品上生

當華敷時，大悲觀世音菩薩，及大勢至菩薩，放大光明，住其人前，為說甚深十二部經。聞已信解，發無上道心，經十小劫，具百法明門，得入初地。

8、下品中生

如一念頃，即得往生七寶池中，蓮華之內，經於六劫，蓮華乃敷。觀世音，大勢至，以梵音聲，安慰彼人，為說大乘甚深經典。聞此法已，應時即發無上道心。

9、下品下生

於蓮華中，滿十二大劫，蓮華方開，觀世音，大勢至，以大悲音聲，為其廣說諸法實相，除滅罪法。聞已歡喜，應時即發菩提之心。

茲見九品往生者，皆托質於蓮胎中，唯花開遲速不同，且於胞胎內，皆聽聞法，以成法器，待惑斷則出胎，遍遊他方國土。居士

以為往生極樂蓮胎中，一切皆不可思議，如其於〈西方合論修持門選〉謂：「往生西方，蓮華化生，相好光明，如讚佛偈所云者。娑婆眾生，育於胞胎，五官四肢，猶成於自然，何況蓮胞，故云不可思議也。」[17]可見往生蓮胞之眾生，相好光明不可思議，非凡情能測度也。

對於九品往生之行相，居士以開悟與否為分界，且「但得見彌陀，何愁不開悟」，然特勸學佛之人，發願往生，托質蓮胎，親侍彌陀，則易斷三障，見其云：

> 而在淨土的蓮花分九品，蓮花開後就悟無生，蓮苞開花有一年就開的，有幾年後才開的，乃至多劫都不一定。要是在此界就開悟的，生到西方淨土就是上三品；在此半開悟，生到那裡，就是中品；沒開悟而往生的就是下品。有人又會懷疑：在此地開悟不好嗎？在此地能開悟，當然好，往生就是上品，但是開悟不容易，在此道場聽經三十多年了，請問；有人開悟了嗎？沒有。在娑婆世界因為有惑業苦三種障礙，所以悟不開，只得帶這三障往生西方，生到淨土見了佛，斷這三障就容易了。[18]

於此，雪廬居士特別指出，往生乃「先離輪迴，而後證果」，此亦即難信之法。以眾生造善惡生死業，故為業力趨使，六道輪迴，然於往生者，凡能命終伏惑，乘佛慈力加被，業種不起現行，往生至極樂世界，則不入六道輪迴，又居士特別指出是「往生西方」，而

---

[17] 李炳南：〈雪廬述學語錄‧西方合論修持門選〉，《李炳南老居士全集‧佛學類之十》，台中：青蓮出版社，1994.1.18.，頁88.

[18] 李炳南：〈淨土安心法門〉，《修學法要》，台中：青蓮出版社，頁640~641.

非「證果西方」，既言往生，則知有生，必有滅，知必帶業至極樂，而「往生以後在蓮胞胎中斷惑，才證果，也就不再來六道輪迴了」[19]，此即居士所謂「以果為因」，亦即伏惑帶業往生至極樂世界，並非完全無事，反而為另一番修學之因，將其目標乃為將來能結成佛果，知此即托質蓮胎之用意。

又往生極樂之眾生，皆托質於蓮胞中，具縛凡夫，固須於蓮胞中長養聖胎，至於已分斷惑者，如三賢十地之菩薩，雪廬居士以為「凡是九界往生，往生後都入蓮胞去斷惑」，故知淨土法門三根普被，利鈍全收，可見一般。

極樂世界如《佛說阿彌陀經》所謂：「無有眾苦，但受諸樂」，詳如《佛說無量壽經》所述極樂行相，如云阿彌陀佛：「無量壽佛威神光明最尊第一，諸佛光明所不能及。」「又無量壽佛，壽命長久，不可稱計，汝寧知乎？」，又云其人民：「彼佛初會，聲聞眾數不可稱計，菩薩亦然。」

言其國土云：

> 又其國土，七寶諸樹，周滿世界……微風徐動，吹諸寶樹，演出無量妙法音聲。其聲流布，徧諸佛國。聞其音者，得深法忍，住不退轉，至成佛道，耳根清徹，不遭苦患。目睹其色，鼻知其香，口嘗其味，身觸其光，心以法緣，皆得甚深法忍，住不退轉至成佛道，六根清徹，無諸惱患。阿難！若彼國土天人，見此樹者，得三法忍：一者音響忍；二者柔順忍；三者無生法忍。

---

[19] 李炳南：〈新元講席貢言——世出世法本立道生〉，《修學法要》，台中：青蓮出版社，頁 406~407.

又云其環境云：

> 其講堂、精舍、宮殿、樓觀，皆七寶莊嚴，自然化成，復以
> 真珠明月摩尼眾寶以為交絡，覆蓋其上。內外左右，有諸浴
> 池，或十由旬，或二十三十，乃至百千由旬；縱廣深淺，各
> 皆一等。八功德水，湛然盈滿，清淨香潔，味如甘露。黃金
> 池者，底白銀沙；白銀池者，底黃金沙；水精池者，底琉璃
> 沙；琉璃池者，底水精沙；珊瑚池者，底琥珀沙；琥珀池者，
> 底珊瑚沙；硨磲池者，底瑪瑙沙；瑪瑙池者，底硨磲沙；白
> 玉池者，底紫金沙；紫金池者，底白玉沙；或二寶三寶，乃
> 至七寶，轉共合成。其池岸上，有旃檀樹，華葉垂布，香氣
> 普熏。天優缽羅華、缽曇摩華、拘牟頭華、分陀利華，雜色
> 光茂，彌覆水上。

又云其衣食：

> 彼佛國土，諸往生者，具足如是清淨色身，諸妙音聲，神通
> 功德。所處宮殿，衣服飲食，眾妙華香，莊嚴之具，猶第六
> 天自然之物。若欲食時，七寶缽器，自然在前。金、銀、琉
> 璃、硨磲、瑪瑙、珊瑚、琥珀、明月、真珠，如是諸缽，隨
> 意而至。百味飲食，自然盈滿。雖有此食，實無食者，但見
> 色聞香，意以為食，自然飽足。身心柔軟，無所味著，事已
> 化去，時至復現。

如此繁多不及備載，足見極樂世界依正莊嚴，人民受稱性之樂，然
雪廬居士則特別點示，彼佛莊嚴六塵，任人追逐，即是說法；彼土

眾生恣意追逐六塵享樂，即是修行。此與娑婆世界相較之下，修行
無一不是苦，實有天壤之別，見雪廬居士云：

> 極樂者。享樂之極。而無絲毫違逆之謂。佛既仍須說法。使
> 人修悟。方證補處。豈非尚不免苦。觀此土修士。持戒、求
> 法、閉關、參禪。難行能行。難斷能斷。忍辱精進等行。何
> 一而不是苦。縱後證得菩提。現在分明艱困。亦猶患有毒瘡。
> 治用刀圭。雖能來日病愈。先受刀圭之痛。不能不說現下不
> 苦也。果如是矣。樂何稱之曰極。至全經除僅眾鳥演三七道
> 品一處外。餘未見有彌陀一語。究說之法維何。皆成疑問。
> 不知彼佛教化。大異尋常。與樂說法。原非二事。只去莊嚴
> 六塵。任人追逐。即是說法。眾生恣意享樂。即是修持。
> 比到六塵享備。妙悟已成。純乎出之自然。絕無半點勉強。
> 非若此土修眾。必大死一番。或曰。不經一番寒徹骨。怎
> 得梅花撲鼻香之類。定須發幾次大悟也。名之曰極樂。自
> 非虛讚矣。[20]

此說，則點示出極樂受稱性五塵之樂，並非僅為一己之享受，實為
阿彌陀佛巧妙安排，使往生者速證菩提之用心。

---

[20] 李炳南：《佛說阿彌陀經義蘊》，《李炳南老居士全集‧佛學類之一》，台中：
青蓮出版社，1994.4.15.，頁 139.

四、證三不退，一生成佛

　　《佛說阿彌陀經》云：「往生者皆是阿鞞跋致（華云不退）」，蕅益大師《佛說阿彌陀經要解》解之云：「阿鞞跋致，此云不退。一位不退，入聖流，不墮凡地。二行不退，恆度生，不墮二乘地。三念不退，心心流入薩婆若海。」往生極樂者，終必證入佛果。蕅益大師更進一步以天台判教指出三不退之階位：「若約此土藏初果，通見地，別初住，圓初信，名位不退。通菩薩，別十行，圓十信，名行不退。別初地，圓初住，名念不退。」知三不退於此土，位不退須斷見惑，行不退須斷塵沙惑，念不退須破無明惑，實非易事，然於極樂世界，誠如蕅益大師所謂：「今淨土五逆十惡十念成就帶業往生居下下品者，皆得三不退。」以彌陀願力，故僅伏惑而往生者，則已得三不退，此依據通途教道豎證而言，則不可能橫超，否則成妄語，故蕅益大師讚嘆不已，云：

> 然據教道，若是凡夫，則非初果等；若是二乘，則非菩薩等；若是異生，則非同生性等。又念不退，非復異生；行不退，非僅見道；位不退，非是人民。躐等則成大妄，進步則捨故稱。唯極樂同居，一切俱非，一切俱是。十方佛土無此名相，無此階位，無此法門。非心性之極致，持名之奇勳，彌陀之大願，何以有此！

既能得三不退，則必成佛，然通途教法，亦須歷劫修行，惟極樂一生即已補佛位，如蕅益大師所謂：「一生補處者，只一生補佛位，如彌勒、觀音等。極樂人民普皆一生成佛，人人必實證補處。故其中多有此等上善，不可數知也。」極樂世界人民普皆一生成佛，人

人必實證補處，且等覺菩薩不可勝數也，足可證之。然此境界，惟
《華嚴》方明一生補處，凡夫絕份，蕅益大師云：

> 復次釋迦一代時教，惟《華嚴》明一生圓滿。而一生圓滿之
> 因，則末後《普賢行願品》中，十大願王導歸安養，且以此
> 勸進華藏海眾。嗟乎！凡夫例登補處，奇倡極談，不可測度。
> 《華嚴》所稟，卻在此經。而天下古今，信鮮疑多，辭繁義
> 蝕，余唯有剖心瀝血而已。

對於要能不退位，雪廬居士以淨念佛法門，帶業往生，不僅了分段
生死，至極樂世界，如〈阿彌陀經講表〉所示，三不退轉，一生補
處為果，其因乃在往生者能轉變心理，由於極樂世界人物環境上善
俱會，藉以薰陶誘掖，再加以地土環境三際莊嚴，六塵說法，故能
生皆不退，[21]因此淨土法門，實為一特別法門，能了二種生死，見
居士云：

> 惟生死大事，凡夫不解，故為不了。二乘但了分段，故為半
> 了。必俟大乘行滿，無明盡去，二死永亡，方為真了。此
> 依通途法門，循序漸進，須經三僧祇劫。若修淨土法門，
> 一經帶業往生，即了分段生死，行持不退，繼了變易生死，
> 是為特別法門。今值末法時期，惟修此一法門，當生始有
> 成就。[22]

---

[21] 李炳南：〈講經表解上·阿彌陀經講表〉，《李炳南老居士全集·佛學類之三》，
　　台中：青蓮出版社，1994.1.18.，頁404.
[22] 李炳南：〈雪廬述學語錄·真了生死〉，《李炳南老居士全集·佛學類之十》，
　　台中：青蓮出版社，1994.1.18.，頁40.

此外，居士亦曾以西方極樂世界為「上上淨土」來表明其易修不退轉，其云：

> 莊嚴世界，以清淨為因。華嚴所云之清淨世界，兼世出世間
> 而言，約分五等淨土。其為世間者，一在人間，以五戒為因。
> 一在色空諸天，以欣厭為因，十善行為助緣。厭者厭人間之
> 「苦粗障」也；欣者欣天上之「靜妙離」也。至於出世，則
> 有羅漢所修之淨土，有西方極樂世界之上上淨土。所謂「上
> 上」者，以其易修不退也。是又有二：一為真極淨土，惟佛
> 居之。二為未極淨土，乃菩薩所居。五等淨土，雖皆清淨，
> 然非皆臻不退也。於娑婆修大乘法，位有三賢十聖。自三賢
> 至登地，猶有退轉，何況人天。七地菩薩僅得其半。必待八
> 地，始得清淨不退。而極樂世界之諸上善人，皆清淨不退者。
> 往生之凡夫，即與俱會，故謂之上上淨土也。學道者，須遠
> 離惡知識，親近善知識，否則無可成之理。彌陀經載，往生
> 極樂者，先會諸上善人，次及念佛之法，足見善知識之要矣。
> 既與上善俱會，即得不退之緣，是為等流果。不解華嚴，何
> 知彌陀。[23]

就教道來說，三賢菩薩仍有度生退轉之虞，至於登地菩薩，於八地前仍退成佛之虞，惟極樂淨土特殊異常，帶業往生者，自可得三不退轉。雪廬居士對於三不退轉，乃著眼於「諸善俱會」，以人事環

---

[23]　李炳南：〈雪廬述學語錄・清淨世界〉，《李炳南老居士全集・佛學類之十》，台中：青蓮出版社，1994.1.18.，頁 67.

境，為不退緣，即為等流果，以諸大菩薩亦師亦友，薰陶誘掖，道
業自然成就，此不異「里仁為美」之理。

　　雪廬居士對於淨土二次橫超，亦繼承蕅益大師之思想，以二次
橫超，方得一生補佛位，見其云：

> 修淨土法門，求生西方，可橫超娑婆三界，當生了脫生死，
> 淨宗學者多能知之。然往生之後，猶有殊勝者焉。諸佛之四
> 土，不容躐等，而彌陀四種淨土，可由同居橫超寂光。寂光
> 即佛之境界。娑婆成佛須經三僧祇劫，修學淨土但經二次橫
> 超，即履佛位。[24]

不學佛即已，既然要學佛，則必以成佛為目標，以佛度生本懷，乃
欲度眾生成佛，享受自家本有家珍，故世尊於華嚴會上，示現毘盧
遮那佛之廣大殊勝境界華藏世界海，末後亦以十大願王導歸極
樂；至《法華經》，亦開權顯實，明其度生皆以一乘法，即成佛為
其目標，然成佛須歷劫修行，非能一生圓滿，惟極樂世界二次橫
超，一生補佛位，此皆甚難希有之事，故雪廬居士特勸學人，能
直通佛之本懷，發願往生，使成佛不再是口號，而是真能落實之
事也。

　　末後，則將雪廬居士淨土思想要義，整理如下表解，以示其思
想系統：

---

[24] 李炳南：〈雪廬述學語錄‧二次橫超〉，《李炳南老居士全集‧佛學類之十》，
台中：青蓮出版社，1994.1.18.，頁138~139.

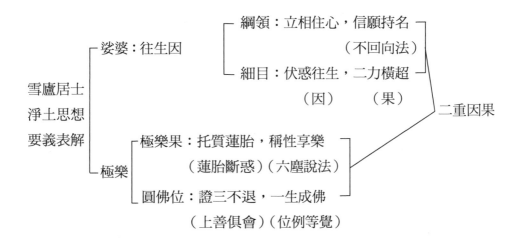

第二節　《義蘊》思想別詮

　　雪廬居士對於淨土三經，主要以弘揚《佛說阿彌陀經》（以下簡稱《彌陀經》）為主，並曾親撰《佛說阿彌陀經摘注接蒙》（以下簡稱《摘注接蒙》）及《佛說阿彌陀經義蘊》（以下簡稱《義蘊》）二書，可見居士對於《彌陀經》之重視。其中《摘注接蒙》乃為接引初學而編寫，以《佛說阿彌陀經疏抄擷補》為藍本，[25]加以補充而成。至於《義蘊》乃居士對於《彌陀經》獨到之見解，主要闡發極樂六塵殊勝之處，往生彼國得三不退、一生補處之大利益。至於如何往生彼國，則特就信願行加以剖析，其中對於持名念佛一法，一心不亂及臨終心不顛倒等議題，作了深入分析，更示學人如何釋

---

[25] 毛惕園：《淨土叢書・注疏部二》，第二冊，台北市：臺灣印經處，1972.4.。
　　案，本書作者一共參考採取二十五種注疏，可謂蒐羅殆盡。

疑解惑，以增強信願，並加強念佛方法，使易得一心，可說《義蘊》
一書乃雪廬居士一生對於持名念佛一法之精髓，解行皆俱，堪稱念
佛之實用寶典。因此藉地毯式之整理歸納《義蘊》，則可見雪廬居
士對於《彌陀經》之觀點，亦可見居士對淨土法門著眼之處。

一、《義蘊》動機

　　《義蘊》之著作，乃雪廬居士於盧溝橋事變之夕，三次於四川
巴道路途中，[26]精心所編著，時居士年僅 50 歲，見唯識學者，藐
視淨土，以為廣告範式，遂發起書寫動機。居士撰寫《義蘊》，具
獨到之見解，整部《義蘊》乃為申明《彌陀經》隱微玄妙之義理，
其書寫動機如下：

（一）憫念眾生、橫超五濁

　　佛法八萬四千法門，原為佛陀使人離苦得樂之法，然須歷劫修
行，斷惑證真，雪廬居士特別拈出，「可憐末法眾生，根器淺劣，
五濁惡世，欲塵牽纏，能行能斷，幾等麟角鳳毛，不獲普度，豈佛
本懷？故於八萬四千法門以外，而又開此念佛往生一法，是說本經
之因緣也。」[27]知居士特重《彌陀經》，乃至所說五時教典，皆指
歸淨土，乃承佛慈悲，助佛教化，使眾生不須歷劫修行，但憑六字
佛號出乾坤。

26　李炳南：《佛說阿彌陀經義蘊》，《李炳南老居士全集・佛學類之一》，台中：
　　青蓮出版社，1994.4.15，頁 132.
27　李炳南：《佛說阿彌陀經義蘊》，《李炳南老居士全集・佛學類之一》，台中：
　　青蓮出版社，1994.4.15，頁 129.

（二）法門奇特、萬修萬去

　　雪廬居士對於《彌陀經》特別推崇，以為本經具文法奇特和教法奇特二種殊勝處。所謂文法奇特，居士以為《彌陀經》不談玄說妙，然卻無一處不含玄道妙，深者見深得深，淺者見淺得淺，可謂為「三根普被之絕妙文章」。就教法奇特而言，居士以《彌陀經》持名念佛一法，不須歷劫修，無須斷惑，未證真如，即可得常樂我淨之德。又往生極樂世界者，皆為蓮花化生，壽與佛齊，一生補處，受稱性之樂，所謂「三根普被，利鈍全收」，鈍如愚夫愚婦，利如華嚴善財，不似他宗須信解行證，但能信願持名，皆能往生極樂，一生圓滿佛果，十方世界無此一法，且萬修萬人去，實屬勝異方便。居士並嘆減劫眾生福薄，文字障重，又貢高我慢，妄生毀謗，遂無法乘慈航得度，此乃居士特為撰寫《義蘊》之主要動機之一。[28]

（三）彰顯隱義、止謗懺悔

　　《彌陀經》經文，至為簡要，然其義理，實甚豐富，於性相律密藏通別圓無不蘊藏。惟須獨具眼力，否則僅見其經文體裁，如敘事文，以為文義過於淺顯，易輕生議論，使人以為此經僅契鈍根下智者，此誤解一也。又有以為此經類淨土之廣告方式者，如莊生寓言，此概因襲李長者《華嚴合論》之說：「《彌陀經》淨土，是權非實」判教舊說，[29]不加以深究，致使通宗通教者，視為平凡，而不加重視，此誤解二也。又有以此經列為哲學或文學範疇者，以為於

---

[28] 李炳南：《佛說阿彌陀經義蘊》，《李炳南老居士全集·佛學類之一》，台中：青蓮出版社，1994.4.15.，頁 129~130.

[29] 即李通玄（635~730），為唐代華嚴學者，世稱棗柏大士。所撰《華嚴經合論》（即《新華嚴經論》），見第 36 冊（即大正藏第 36 冊）。

佛法教理無特別之處，此誤解三也。居士早期曾詆謗佛法，又見學者輕視淨土，即使叢林日誦，雖列《彌陀經》為日課，卻鮮少開講，使本經義理晦暗不明。遂習天親菩薩，自補前愆，並兼為謗本經者，普作懺悔也。[30]

二、《義蘊》詮釋

雪廬居士對於《彌陀經》之見解，主要可依解行二門之角度來探討，就解門而言，體現於文法奇特及教法奇特二大脈絡；就行門而言，則以慧行與行行二大綱領概括之。[31]

（一）解門

就《彌陀經》文法奇特而言，如居士於《義蘊》所謂：「本經文法，更為奇特，不談玄，然無一處不含玄妙，深者見深得深，淺者見淺得淺，亦可謂三根普被之絕妙文章」，[32]故知《彌陀經》以「三根普被之絕妙文章」為文法奇特之處，以下則援引居士《義蘊》對於文法奇特處之見地：

30　李炳南：《佛說阿彌陀經義蘊》，《李炳南老居士全集・佛學類之一》，台中：青蓮出版社，1994.4.15.，頁 130~131.

31　吳聰敏：〈寶島遍栽九品蓮──由《佛說阿彌陀經義蘊》管窺雪廬老人的淨土思想〉，台中：中興大學中文系，2006.4.8.，見「三、淨土教典詮釋之創見」之分類方式。

32　李炳南：《佛說阿彌陀經義蘊》，《李炳南老居士全集・佛學類之一》，台中：青蓮出版社，1994.4.15.，頁 130.

1、文題相符，全為佛語：金口宣說，功德殊勝

雪廬居士《義蘊》，於釋經題「佛說阿彌陀經」時，云：

> 除經家例語外。從始洎終。全為佛語。味猶水中乳素。酥中
> 醍醐。精似礦提純金。璞剖美玉。聲出金口。句集真言。統
> 體聖教。毫無夾雜。題曰佛說。標其異餘經也。既如是矣。
> 一句莫非圓音。一字亦屬密藏。嘗聞讚歎他經。曾曰持四句
> 偈。勝施七寶。吾亦曰受持此經。乃至一句。功德廣大。已
> 逾恆沙。蓋牟尼瓔珞。散置地上。隨意俯拾。皆是珠玉也。
> 他經正宗分。佛語開端者。亦標佛說。只是體例。豈若此經
> 貫串一如耳。[33]

居士以「佛說阿彌陀經」為純粹佛語，皆為聖者所言，毫無夾雜，
非如他經標「佛說」，僅為體例，不似本經徹頭徹尾皆為佛語，故
於此經題，不可輕忽。既純為佛說，就密教持咒功德而言，以佛語
為最廣大殊勝。由題名即知，經文純由真實語宣說，非僅依循體例，
故知本經文法奇特處之一：文題相符，全為佛語：金口宣說，功德
殊勝。

2、全經脈絡，兩大綱領：因地誘掖，果地橫超

居士於《義蘊》「寶樹蓮池分第三」釋經文「無有眾苦，但受
諸樂」時，以為此二句為全經之兩大綱領，如《義蘊》云：

---

[33] 李炳南：《佛說阿彌陀經義蘊》，《李炳南老居士全集・佛學類之一》，台中：
青蓮出版社，1994.4.15.，頁 133.

此二句為全經脈絡。兩大綱領。後文之無三惡道。壽命阿僧
祇劫等。皆反襯此世之苦。劫、見、煩惱、眾生、命等五濁。
及殺、盜、淫、妄語、綺語、兩舌、惡口、貪、瞋、癡等十
惡。皆正說此世之苦。花鳥園林。七寶池閣。黃金為地。天
樂鳴空。飲食沐浴。隨意舒適。皆說極樂世間享受欲塵之樂。
自然皆生念佛、念法、念僧之心。上善俱會。飛行十方供佛。
一生補處。皆說極樂出世速得速證之樂。[34]

居士以為《彌陀經》特明「無有眾苦，但受諸樂」，實欲反襯娑婆
之苦，以顯極樂之隨意舒適，並於享樂之際，即自然妙悟諸法實相，
並一生補處，故於極樂能速證出世之樂。居士以為反襯法，其旨在
於使眾生發起欣厭之心，但辦肯心，便能橫超生死；進而言之，往
生極樂，固然為果地，即便於因地修行時，世尊宣說淨土殊勝，即
已處處誘掖，為往生種下因緣，一如《義蘊》所云：

兩土世尊。洞知眾機各異。專用一帖阿伽陀藥。普愈一切沈
疴。方法善巧。事理周圓。看之反甚平常。此真堪稱不可思
議。細觀本經兩大綱領。妙用已覺無窮。既可喚醒鈍根使知
苦樂。發起欣厭之心。驅其向道。復能教聰明人知其所苦。
有法脫離。但辦肯心。必能如願。已經聞法難斷塵緣之流。
不使強斷。卻令捨小希大。便得轉染成淨。橫超生死。古今
大德咸云。橫超生死。乃為特別法門。此尚是指果地一端而

[34] 李炳南：《佛說阿彌陀經義蘊》，《李炳南老居士全集·佛學類之一》，台中：
青蓮出版社，1994.4.15.，頁140.

言。試看全經。處處誘掖學人。種種方便。即在因地入手之際。亦無不皆具特別義意也。[35]

居士於此，特別警示鈍根及稍有智者，使發起欣厭之心，捨小向大，便獲橫超生死之利益，然對於世人根性，《義蘊》云：

> 三界無安。猶如火宅。有純苦者。有苦多樂少者。有苦樂相等者。有苦少樂多者。皆無一苦不有之理。惟鈍根眾生。何為苦樂。往往木然而不自覺。囿於俗見。甘墮苦淵。少聰明者。或悟受皆是苦。尚昧苦之由來。無非強作達觀。甚或玩世不恭。既無解脫之法。只有任運忍受而已。有人幸聞佛法。知苦所由。欲尋真源。超登彼岸。每以多劫習氣。時起現行。觸境生心。仍復染著。所謂看得破。忍不過。真能毅然裂塵網而出者。百千人中難見一二。[36]

居士以為世間眾生，根鈍者，對於苦樂，往往麻木不覺，且囿於俗見，自甘墮落，並無出世之心；至於少聰明者，或已悟世間苦相，卻往往強作達觀，甚至玩世不恭，不求真解脫之法，只得任運忍受世苦而已；至於宿緣曾植善根者，今生值遇佛法，知苦之由，進而求出苦之法，然礙於塵境染緣障道，真能衝破樊籬者，實屬鳳毛麟角。故居士特拈出此土修行障緣多，相較於極樂，無有眾苦，但受諸樂，速證出世之妙樂者，何啻天淵？何不翻然醒悟？

---

[35] 李炳南：《佛說阿彌陀經義蘊》，《李炳南老居士全集・佛學類之一》，台中：青蓮出版社，1994.4.15.，頁 141.

[36] 李炳南：《佛說阿彌陀經義蘊》，《李炳南老居士全集・佛學類之一》，台中：青蓮出版社，1994.4.15.，頁 140~141.

　　就教法奇特而言，如《義蘊》所謂「三根普被，利鈍全收」為其重點，以下則援引居士《義蘊》對於教法奇特處之見地：

1、三根普被，利鈍全收；故示楷模，俾自得師

　　雪廬居士之《義蘊》於「法會眾證分第一」釋長老舍利弗至無量諸天大眾俱經文時，特別指出：

> 此經深微難曉。故無人啟請。只記來會參加若干聽眾而已。然亦應當著眼。內中究為何等根器。以及何界眾生。可以想像此會之鄭重廣大。非復尋常。如舍利弗之智慧。……此皆係德慧雙尊。各有特長之大阿羅漢等覺菩薩。俱來與會。聆法受持。……是此法門。三根普被。利鈍全收之妙用。[37]

知居士特以《彌陀經》所列之與會大眾為當機眾，則見淨土法門三根普被，利鈍全收，此外，亦藉以矯眾生輕視淨土之邪見，如《義蘊》所云：

> 今人偶秉小慧。或具薄技。輒便起慢。輕視淨宗。自問果比舍利弗諸阿羅漢。及文殊諸大菩薩如何。不識字者。又或自命大卑。不敢承當。究尚不至如周利槃陀伽之善忘。凡此皆是病態。自應圭臬諸尊。借作良藥。再或身有障礙。不妨學羅睺羅之潛積密行。已得道通。尤須戒賓頭盧頗羅墮之未能養晦。至憍梵波提之牛呵。薄拘羅之長壽。當凜果報鑿然不虛。鑑阿㝹樓馱為法忘身。遂得天眼。且勿偶生小障。遽退

初心。戒迦留陀夷怖婦墮胎。尚須顧念世法。檢點行徑。此
次與會聖賢。其數甚多。特提出以上諸尊者。固為表揚淨土
法門之大。亦以糾正眾生種種邪見。故示楷範。俾自得師。
此外諸天大眾。萬類不齊。聞法以後。各能歡喜信受。其中
雖有利根。而鈍根亦何能少。吾輩縱非上智。似尚不到下愚。
幸聞佛法。若還遲疑。不但辜負佛恩。相形之下。俯仰亦滋
愧矣。[38]

知居士著眼於喝斥執小智藐視淨土者；並以聆聽法會之聖者，如舍
利弗、文殊菩薩、周利槃陀伽等，皆為當機眾，以表淨土法門之廣
大，三根普被；又藉此要學人以諸聖為楷模，以矯種種邪見；並示
人敬重淨土法門，勸進修持，勿辜負佛恩。

2、淨土義微，惟佛究竟：舍利初聞，未能深信

承前，全為佛語，故當機大智舍利弗，尚不曉佛義，初聞未能
深信，見《義蘊》云：

淨土法門。義理深微。惟佛與佛。乃能究盡。眾人不解。遂
不置信。心存不信。便不啟請開演。世尊慈憫眾生。不能出
要。乃以徹底悲心。不問自說。既肯自說。必求契機之人。
諸比丘中。惟舍利弗智慧第一。故直呼而說之。而舍利弗並
無一語問答。似初聞之際。亦未能深信其事也。[39]

---

[38] 李炳南：《佛說阿彌陀經義蘊》，《李炳南老居士全集·佛學類之一》，台中：
青蓮出版社，1994.4.15.，頁 135~136.

[39] 李炳南：《佛說阿彌陀經義蘊》，《李炳南老居士全集·佛學類之一》，台中：
青蓮出版社，1994.4.15.，頁 136.

知居士特別拈示淨土法門，惟佛與佛乃能究竟，即便智慧第一之舍
利弗，亦未能初聞即直下承擔，顯見淨土法門非等閒可預，其義深
理微，不可輕忽。

3、嚴淨六塵：莊嚴六塵即是說法，追逐六塵即是修持

　　居士於《義蘊》中，釋經文「今現在說法」中，提及極樂世界
之極樂情境有何意義？其云：

> 此分尚有二點。不容疏忽。即有世界名曰極樂。及其土有佛。
> 號阿彌陀。今現在說法也。極樂者。享樂之極。而無絲毫違
> 逆之謂。佛既仍須說法。使人修悟。方證補處。豈非尚不免
> 苦。觀此土修士。持戒、求法、閉關、參禪。難行能行。難
> 斷能斷。忍辱精進等行。何一而不是苦。縱後證得菩提。現
> 在分明艱困。亦猶患有毒瘡。治用刀圭。雖能來日病愈。先
> 受刀圭之痛。不能不說現下不苦也。果如是矣。樂何稱之曰
> 極。至全經除僅眾鳥演三七道品一處外。餘未見有彌陀一
> 語。究說之法維何。皆成疑問。不知彼佛教化。大異尋常。
> 與樂說法。原非二事。只去莊嚴六塵。任人追逐。即是說法。
> 眾生恣意享樂。即是修持。比到六塵享備。妙悟已成。純乎
> 出之自然。絕無半點勉強。非若此土修眾。必大死一番。或
> 曰。不經一番寒徹骨。怎得梅花撲鼻香之類。定須發幾次大
> 悟也。名之曰極樂。自非虛讚矣。[40]

---

[40] 李炳南：《佛說阿彌陀經義蘊》，《李炳南老居士全集‧佛學類之一》，台中：
　　青蓮出版社，1994.4.15.，頁 139.

知極樂世界與此土修行難易懸殊，此土行人苦於外境染著，故須茹苦含辛，捨離對六塵境之染著，若不大死幾番，怎能證得菩提？縱經證得菩提，則以往種種修行，苦如刀割，實令人不堪回首。然相較於極樂世界，則六塵無非宣流法音，阿彌陀佛莊嚴六塵即是說法，眾生追逐六塵即是修持，以染治染，此乃阿彌陀佛「與樂說法，大異尋常」之善巧方便，此居士特別拈出，極樂世界教法奇特處之一。

4、捨穢粗塵，換淨妙塵

雪廬居士於《義蘊》中，對於極樂世界之依報莊嚴，教人應以「捨穢粗塵，換淨妙塵」之眼光，生起欣厭之心，如於色塵部分，《義蘊》云：

> 此世界之地體。土塊和合。雜以石沙。峻嶺深壑。坎坷崎嶇。居室則茅簷荊扉。竹籬泥堵。上者不過磚瓦木石。油漆雕繪。所謂珠闕瑤階。亦無非形容貼金嵌玉之宮殿誇詞。花木則低僅數寸。高不及尋。尚復凋落無常。枯萎時變。極樂地體。琉璃凝結。金幢撐持。階鋪四寶。欄圍七珍。康莊平衡。猶如止水。所居則重樓複閣。接地連空。眾寶構成。珠網嚴飾。旛蓋如雲。瓔珞似雨。億萬色光。映澈無際。樹花亦七寶簇出。數千由旬。蓊鬱成行。璀璨永茂。香色郁靄。光明交融。兩地合觀。當生欣厭。是教眾生捨穢土之粗色塵。換取極樂之妙色塵也。[41]

---

[41] 李炳南：《佛說阿彌陀經義蘊》，《李炳南老居士全集·佛學類之一》，台中：青蓮出版社，1994.4.15.，頁 141~142.

可見居士教人「兩土合觀，當生欣厭，是教眾生捨穢土之粗色塵，換取極樂之妙色塵也」。又於聲塵，見《義蘊》云：

> 此世界之聲音。類甚複雜。呵斥聲、詬罵聲、綺語聲、鬥爭聲、打殺聲、決水放火聲、山崩地裂聲、槍聲、炮聲、哀鳴哭泣聲、怨恨呻吟聲。種種惡聲。難以備舉。雖有音樂。多不過百餘種。亦是在萬苦之中。求其一時之樂。尚須時緣允許。遣人而奏。更不能家家絃歌。人人悅耳。極樂無有眾苦。則娑婆之惡聲。自然不有。而百千種樂。發自天空。不遣人奏。並無歌時。考大本略云。四天王天。百千香花音樂。供養佛及菩薩。於是忉利天。以至第七梵天。一切諸天。香花音樂。轉相倍勝。觀經云。無量諸天。作天伎樂。又有樂器。懸處虛空。如天寶幢。不鼓自鳴。加以後文之鳥聲樹聲。梵音唄韻。都成和雅音樂。遍空無盡。人人共聞。心曠神怡。皆大歡喜。兩土合觀。當生欣厭。是教眾生捨穢土之惡聲塵。換取極樂之梵聲塵也。[42]

可見居士教人「兩土合觀，當生欣厭，是教眾生捨穢土之惡聲塵，換取極樂之梵聲塵也」。又於香塵，見《義蘊》云：

> 此世界之香。雖有檀樟之木。桂梅之林。荷菊之花。蘭芷之草。不過幾處山澤所生。幾家亭園所植。揚芬不出畦町。隨風僅聞數里。為量無多。轉眼成幻。他如荀令之衣。莫非煙火。郇廚之饌。純是腥臊。若果究其實際。園園田田。遍撒

---

[42] 李炳南：《佛說阿彌陀經義蘊》，《李炳南老居士全集·佛學類之一》，台中：青蓮出版社，1994.4.15.，頁 144~145.

尿糞骨灰。城鄉閭閻。瀰漫馬桶糞窖。直是無量污穢。滿布
大地。一團臭氣。上熏諸天而已。極樂則七重寶樹。間以無
數栴檀。八德金池。滿蠆四色菡萏。原非栽種。不須灌澆。
永劫繁榮。通國錦繡。況且飲食化成。人不便溺。曾無纖塵。
安有濁氣。本質清淨。更加莊嚴。而池花行樹。各吐異香。
彼土如一顆明珠。眾香似無邊大海。將全土籠罩香中。猶一
珠涵浸海內。無量眾生。優游香海。呼吸沾濡。通體皆馥。
沁脾爽神。暢襟悅意。兩土合觀。當生欣厭。是教眾生捨穢
土之濁香塵。換取極樂之潔香塵也。[43]

可見居士教人「捨穢土之濁香塵，換取極樂之潔香塵也」。又於味
塵，見《義蘊》云：

此世界之滋味。無論其五味八珍。山海異品。總是膿血皮囊。
骯髒筋肉。穢質毒液。混合難分。即稻粱菜蔬果菰之類。亦
不免蟲汙蠅玷。縱令刷洗炮製。終難去其原來不潔。況須
經過採辦、碾磨、刀磌、釜灶、盤碗。一切麻煩。須臾之
餐。費盡無數之力。轉下嚥喉。漸變臭穢。飽後捫腹翖然
自得者。豈知裝藏一袋尿糞。靜心思之。實堪大嘔。極樂
之味。大不同此。大本略云。銀缽金缽。隨意現前。百味
飲食。充滿其中。食已自消。而無遺滓。或見色聞香。意
以為食。自然飽適。食畢化去。時至復現。既不煩勞。而

---

43 李炳南：《佛說阿彌陀經義蘊》，《李炳南老居士全集・佛學類之一》，台中：
青蓮出版社，1994.4.15.，頁 143~144.

又潔淨。兩土合觀。當知欣厭。是教眾生捨穢土之不淨味
塵。換取極樂之妙淨味塵也。[44]

可見居士教人「兩土合觀，當生欣厭，是教眾生捨穢土之不淨味塵，
換取極樂之妙淨味塵也」。又於觸塵，見《義蘊》云：

此世界之晝夜時序。全賴日月運行。故氣候有嚴寒酷暑。驟
雨暴風。煙瘴陰霾。燥溼疫癘。至於河海。皆挾泥沙。質則
臭澀鹹苦。有時洋流衝襲。每生劇冷劇熱變化。砭肌刺膚。
俱感不適。時劫則饑饉荒旱。刀兵水火。凍餒交加。流離勞
頓。極樂氣候。因無日月星曜。其光全由佛身蓮花寶樹珠網
所發。故微風和暢。新爽清涼。水具八種功德。充滿寶池。
溫涼淺深。隨意應現。澄清光滑。舒體養根。既無劫數。永
為和時。思衣得衣。思食得食。不必營求。如願以償。無不
百體輕安。心神怡悅。兩土合觀。當生欣厭。是教眾生捨穢
土之苦觸塵。換取極樂之樂觸塵也。[45]

可見居士教人「兩土合觀，當生欣厭，是教眾生捨穢土之苦觸塵，
換取極樂之樂觸塵也」。又於法塵，見《義蘊》云：

凡夫惟知飲食男女。上者百藝文章。再上則治國平天下。如
是而已。殊不知飲食男女。假緣而有。時時遷流。終須失散。
到頭落得酸淚兩行。苦腸寸斷。不外秋風鬼哭胭脂井。春雨

---

[44] 李炳南：《佛說阿彌陀經義蘊》，《李炳南老居士全集・佛學類之一》，台中：
　　青蓮出版社，1994.4.15.，頁145~146.

[45] 李炳南：《佛說阿彌陀經義蘊》，《李炳南老居士全集・佛學類之一》，台中：
　　青蓮出版社，1994.4.15.，頁142~143.

人耕翡翠樓。百藝文章。嘔盡心血。爭長較短。譽毀由人。
縱能流傳千古。直等黃金用盡教歌舞。留與他人樂少年。治
國平天下。說來豈免攀龍附鳳。攘利爭名。便到伊周之業。
亦是人存政舉。人亡政息。由於自己對於宇宙人生。無澈底
認識。故亦不能永久出民水火。若問身後。無非賢愚千載知
誰是。滿眼荒蒿共一邱。此皆世間有為之法。總屬五欲六塵。
依緣而有。剎那生滅。猶如露電。夢幻泡影。凡夫不悟。陷
溺其中。妄起顛倒。翻覆追求。以致一生受苦由此。多劫輪
迴亦是由此。然則真實者維何。即自己之本妙三寶性德是
也。古人謂一切眾生惑業苦三體。是不可思議三德秘藏。苦
即法身。五陰色心。本如來藏妙真如性。如燄即火故。惑即
般若。見思無明。本無內外中間諸相。如波即水故。業即解
脫。有漏縛著。本無能縛及所縛者。如拳即手故。法身是法
寶。般若是佛寶。解脫是僧寶。蠢動含靈。無不具足惑業苦
三體。則是無不具足三寶德相。只是沉迷太深。自不覺耳。
果能識得本性。眾苦縛著。一時解脫。心等太虛。頓出三界。
自覺覺他。成大慈悲。此乃大雄真常事業。不同世俗生滅幻
法。三七道品。即為闡發三寶德相之雷音。賴由震破無明。
指出覺路。知念三寶。顯彰性德。直趨菩提。超凡入聖。倘
再回憶前緣。定成嚼蠟矣。兩土合觀。當生欣厭。是教眾生
捨穢土之妄法塵。換取極樂之正法塵也。[46]

[46] 李炳南：《佛說阿彌陀經義蘊》，《李炳南老居士全集·佛學類之一》，台中：
青蓮出版社，1994.4.15.，頁 147~149.

可見居士教人「兩土合觀，當生欣厭，是教眾生捨穢土之妄法塵，換取極樂之正法塵也」，即藉三七道品，顯發三寶淨德，使之超凡入聖。

　　對於極樂之前五塵，實可歸於法塵，以前五塵皆為反襯之法，使眾生聞後生欣厭之心，此即為「金鍼暗度，借六塵代說法事」，見《義蘊》云：

> 又無一不具觸塵。為歸根結柢。均是法塵。何以故。經曰。
> 阿彌陀佛今現在說法。所說何法。自第三至第五。此三分盡
> 是彌陀所說之法。為釋迦世尊轉演者也。粗讀不過認是略說
> 極樂種種莊嚴而已。殊不知金鍼暗度。是借六塵代說法事
> 也。前五塵皆用反襯之法。使有欣厭。至末一段。則直以
> 三七道品作獅子吼矣。故每分結處。必曰成就如是功德莊
> 嚴。莊嚴者。是指極樂物華燦瓗之美。功德者。是指六塵
> 說法也。[47]

居士特以每處經文歸結處，皆言「成就如是功德莊嚴」，功德指「六塵說法也」，莊嚴指「極樂物華燦瓗之美」，經此指授，經文之鋪陳一目了然。

　　總之，極樂世界之依報乃為六塵說法而設，為使人悟入真性，居士特別指出，吾人應合觀二土，發起欣厭，生起捨此土之粗塵境，換取西土妙塵境之心，方能深信切願，求生淨土。

---

[47] 李炳南：《佛說阿彌陀經義蘊》，《李炳南老居士全集‧佛學類之一》，台中：青蓮出版社，1994.4.15.，頁149~150.

5、神化無礙，不離妙心

　　居士於《義蘊》釋經文「供養他方十萬億佛，即以食時，還到本國」時，則以眾生往生此國後，便能遍遊他方國土，此為化遊；至於淨功成就者，剎那間即往，此為神往，此乃眾生心本具塵剎，互具互即之故，見《義蘊》云：

> 生到極樂。便具神通。此舉神足一端。可以推知其餘。到此境界。乃真能恆沙佛土。任運而生。否則徒逞大言。自他兩欺。無有是處。前言娑婆極樂相距甚遙。但淨功成就者。便是棲心極樂之人。在極樂者。能以少時。遍遊十萬億土。是其化遊。在娑婆者。剎那之間。可生極樂。是以神往。神與化則不受時間空間之限制。此處標出。特以反映前文。證明以此達彼。非難事也。尚有一說。無量法界。本皆妙明覺心。故古德云。眾生心性本具塵剎。雖十萬億之遙。無非性具此心。如帝網之一珠。影含眾珠。如大海之一浪。具全潮體。非但互具。亦乃互即。[48]

可知極樂具神足變化，此界往生者，雖距十萬億土之遙，皆剎那可達，此要皆本性本具之故。居士以華嚴事事無礙法界，闡揚淨土之殊勝，可見淨土絕非權化而已。

---

[48] 李炳南：《佛說阿彌陀經義蘊》，《李炳南老居士全集・佛學類之一》，台中：青蓮出版社，1994.4.15.，頁146~147.

6、六塵說法三分，自然心念三寶

對於極樂六塵說法，其功在使帶業眾生自然皆悉念佛念法念僧，終至斷惑，臻入聖域，居士於此更進一步詳釋其功德，見《義蘊》云：

> 故此法門。曰帶業往生。見佛聞法。此分心念三寶。文有二處。須分別觀。一皆悉念佛念法念僧。一自然皆生念佛念法念僧之心。前者初聞。尚屬勉強。後係激悟。乃歸自然。以六塵說法之後。自得心開也。到此境界。不但娑婆之六塵。不繫於心。即極樂之六塵。亦不繫於心矣。且眾生之不能出離三界。為纏於分別俱生見思二惑耳。既自然而然心念三寶。是二惑漸斷。階入聖域。從此而後。始能得到蒙佛授記。一生補處。[49]

居士以心念三寶釋之，並以念三寶有二階段，第一階段尚屬勉強，為皆悉念三寶；至第二階段後，則為自然念三寶，實屬徹悟，至此不僅娑婆六塵不繫，即便極樂六塵亦不繫，見思二惑漸斷，終入聖域，蒙佛授記，一生補佛位。然其間如何獲自然心念三寶，居士解六塵說法三分說，見《義蘊》云：

> 按本經六塵說法。共有三分。其間尚含有勝處加行。供佛功德。以及真實證得等事。各有次第。義至微要。其初先成四種淨觀。眾生享樂色香觸塵之時。指出寶池蓮花四色四光。

---

[49] 李炳南：《佛說阿彌陀經義蘊》，《李炳南老居士全集·佛學類之一》，台中：青蓮出版社，1994.4.15.，頁 152~153.

此四色光。乃修八勝處定之四種淨觀色。其法略謂觀外青色。轉變自在。使少為多。使多為少。於所見之青相。不起法愛。餘黃赤白。亦復如是。觀想既成。此定已就。必久精勤。非可率得。彼土眾生。徜徉池上。四色蓮花。形如車輪。小則十里。乃至六十萬里。一花觸眼。淨觀已成。此世數十寒暑苦功。尚多杳茫。彼土剎那遊戲。便得於無意之間也。再則獲勝功德。於享樂味塵之時。先承神足。供他方佛。誠以厚植福慧。要須遍事多佛。聞法悟證。獲得授記。釋迦世尊。於過去劫。得值八百四千萬億那由他諸佛。悉皆供養承事。觀世音菩薩。亦曾侍多千億佛。發大清淨願。各經典中。諸佛菩薩。類如此事。不一而足。然必歷經多劫。方能成辦。娑婆凡夫。生逢無佛。欲植功德。實莫所由。彼土眾生。常以清旦盛花。供養十萬億佛。一食之頃。圓滿廣大功德。復時時處處。普薰以三七道品。終使眾生。證得自然念三寶心。而多有一生補處也。[50]

居士扣緊六塵說法之功，並以勝處加行、供佛功德、真實證得為獲自然心念三寶之功。其一勝處加行：次第先成就四種淨觀，如觀蓮花，於此土歷數十寒暑，恐無消息，然極樂一花觸眼，淨觀已成，其餘皆於遊戲之間，即已完成修法，何等殊勝。其二供佛功德：承佛神足，日日遊於他方國土聞法，普薰三七道品，圓滿廣大功德，此乃勝於本師釋迦牟尼佛歷劫值佛，方能成辦。其三真實證得：積

---

[50] 李炳南：《佛說阿彌陀經義蘊》，《李炳南老居士全集・佛學類之一》，台中：青蓮出版社，1994.4.15.，頁153~154.

上述之功德，自然證得心念三寶，亦多有一生補處。足見居士見解超勝，將六塵說法闡發得淋漓盡致。

（二）行門

就行門方面，試以蓮宗九祖蕅益智旭，判信願為「慧行」，判持名為「行行」。依此檢視雪廬居士《義蘊》所言之行門意旨：慧行旨在釋疑解惑，加強信願，故以此原則歸類探討之；行行旨在增進三昧，俾益往生，故亦以此原則歸類探討。[51]期能就《義蘊》之思想，對於持名念佛一法能有較完整之認識。

就慧行方面，如下所列：

1、釋西方著相疑：立相住心，入道密要

居士於《義蘊》「佛土依正分第二」，釋《彌陀經》之「從是西方」時，特別對談空而藐視淨土以為立西方為執著者，加以駁斥，以其不知「立相住心」之善巧方便，見《義蘊》云：

> 豈知此正其善巧處。實以凡夫妄念。沸騰起滅。猶如瀑流打
> 毬。剎那不止。茲先指趨西方。是將亂心收攏起來。安住一
> 處。乃誘掖入道密要。心果安住西方。不緣其餘。散亂歸一。
> 是有所定。執著何害。夫亂心是病。佛法是藥。說有說空。

---

51 吳聰敏：〈寶島遍栽九品蓮—由《佛說阿彌陀經義蘊》管窺雪廬老人的淨土
　　思想〉，台中：中興大學中文系，2006.4.8.，見「四、淨土法門行持之新解」
　　分類方式。

貴在機理雙契。事本圓融。並無定式。若一味執空。殊不知
亦是著相也。[52]

居士以凡夫妄念紛飛，須指歸一處，方能安住亂心，此亦不失為一
善巧方便，若謂此為著相，而加以輕視，實不知如來設教用心，說
空說有，僅在契理契機，若一味執空，豈非著相？故深加駁斥。

2、釋現在有佛疑：佛光普攝，寧非無見

居士於《義蘊》中，釋經文「今現在說法」，對於彼土阿彌陀
佛是否仍在說法，自設問答：「學者嘗曰：生當無佛之世。又曰：
去佛遙遠。似不勝其悲慨！此實未深思，阿彌陀佛，不屬過去，不
屬將來，正是現在住世之佛。經不云乎：今現在說法。」且斬釘截
鐵阿彌陀佛是現在住世之佛，又言：

> 考華嚴及萬佛名兩經。皆曰。娑婆世界一劫。為極樂世界一
> 晝一夜。世尊說此經時。距今雖云將近三千年代之久。若於
> 極樂世界時間相對照。似尚不到彼土一分鐘。又觀無量壽佛
> 經云。彼佛有八萬四千相。一一相有八萬四千好。一一好有
> 八萬四千光明。遍照十方念佛眾生。攝取不捨。我輩念佛之
> 人。時時涵在現世佛陀之光明藏中。而又歎曰。生當無佛之
> 世。寧非衣藏寶珠。反不自知。尚沿街乞討。逢人叫窮乎。
> 今既知矣。而又徘徊歧路。捨現世之佛不速皈依。更於何世

---

52 李炳南：《佛說阿彌陀經義蘊》，《李炳南老居士全集・佛學類之一》，台中：
　青蓮出版社，1994.4.15.，頁 137.

再逢佛耶。自是有家歸便得。五湖煙景有誰爭。此機錯過。真成大錯矣。[53]

極樂世界時間較慢，此土一劫，方為極樂一晝夜，又彼佛才住世十劫，且壽命無量，尚未入涅槃。此外，居士亦特指出，現今娑婆世界，釋迦牟尼佛雖已圓寂，然念佛之人，卻時時為佛光所攝，豈可率言現今無佛？

3、釋五塵生染疑：以塵說法，藉染醫染

雪廬居士於釋極樂五塵境歸結時，自設問答，釋「五塵生染疑」，見《義蘊》云：

問曰：法塵專說道品。固無論已。前五塵轉比娑婆佳勝。豈不更生染著。何能謂之說法。答曰。優劣比較。有所欣厭。厭此即思解脫。欣彼即是出離。理上論之。固不免於染著。事上論之。便為往生堅願。往生以後。染著極樂六塵之心。自然亦歸消滅。是借染著而醫其染著。所以經曰。生者皆是阿鞞跋致。多有一生補處。蓋聽北里曲。則興淫邪之惡。服錦繡裳。則起驕慢之念。聞栴檀氣。則發慕道之心。覯袈裟輝。則生出世之想。良以境由心造。心亦因境而轉。極樂諸色。皆有化佛。諸聲皆演法音。伴侶乃聽法及盛花供佛之眾。即是後文羅漢菩薩之流。六根所緣。不離三寶妙相威德。以楔出楔。轉識成智矣。故六塵說畢。方曰自然皆

---

53 李炳南：《佛說阿彌陀經義蘊》，《李炳南老居士全集・佛學類之一》，台中：青蓮出版社，1994.4.15，頁 138.

生念佛念法念僧之心。既曰自然。是與三寶兩相契合。豈
復染塵云乎哉。[54]

可見居士以極樂與娑婆生染情形迥異：此土因境生染，則起妄心，
故妄作，而種未來苦果；至於極樂，則藉塵說法，藉染醫染，一切
塵境皆彌陀說法變化所作，日日薰習，自然契入念三寶之心，此乃
以淨境轉染心，實為極樂修行至為巧妙之處。

4、釋無名句文身疑：六塵皆無名句文身

　　雪廬居士於《義蘊》釋三七道品時，自設問答，以一切非人音，
皆為「無名句文身」，見《義蘊》云：

> 問曰。有聲盡是演法。而天樂鳥樹當作人言乎。答曰。不如
> 是也。言語文字。謂之有名句文身。然亦有殊國不同。各趣
> 分限。人當需要人言。而他趣則否。中國人需要中國言。而
> 他國則否。往生極樂者。殊國各趣。為數甚多。可以推知人
> 言並非重要。八音萬籟。謂之無名句文身。但會其趣。各成
> 音律。此處諸聲當為無名句文身。其音各隨眾生之識而轉。
> 靡不領悟。華嚴經曰。一音具眾音聲海。隨諸眾生意樂音是
> 也。色香味觸。聲音俱無。亦是說法。有感斯通。皆在言外。
> 又奚拘泥天樂鳥樹必作人言耶。況往生者。俱具天耳。又有
> 彌陀威德加被。解諸眾聲。復何疑哉。[55]

---

[54] 李炳南：《佛說阿彌陀經義蘊》，《李炳南老居士全集・佛學類之一》，台中：
　　青蓮出版社，1994.4.15.，頁 150~151.

[55] 李炳南：《佛說阿彌陀經義蘊》，《李炳南老居士全集・佛學類之一》，台中：
　　青蓮出版社，1994.4.15.，頁 151.

或人有疑天樂鳥樹演法，極樂人民無法分辨，此乃以凡情測聖境，
故居士特示此聲類為「無名句文身」，更推廣至其餘之塵境，皆可
視之為「無名句文身」，且生極樂之人，彌陀神力加被，得天耳通，
能解諸眾聲，於此復何疑哉？

5、釋人天未出六道疑：隨順餘方，示有三界

雪廬居士於《義蘊》釋「彼佛國土，無三惡道」時，自設問答，
釋「人天未出六道疑」，見《義蘊》云：

> 經云。無三惡道。顯然尚有三善道。如是得非仍居六道。未
> 出輪迴歟。曰否否。蓋往生之人。程度既不相同。說法自分
> 次第。娑婆本師。法分五乘而演。極樂慈父。為契群機。亦
> 必如是而說。初機眾生。未得無漏智慧。只解人天之法。便
> 同人天。迨聞修開悟以後。果證聲緣菩薩。方稱聖者。魏唐
> 所譯大本云。彼佛國淨土。本無人天之別。惟順餘方。示有
> 三界。據此。可知一生極樂。確超輪迴。[56]

居士以為「彼佛國土，無三惡道」，並不意味彼土實有三善道，
此乃隨順餘方之說，以分辨往生者未入聖位前之程度，既為隨
順，則不同一般世界六道輪迴之生死相，故為超越六道輪迴之一
例證。

---

[56] 李炳南：《佛說阿彌陀經義蘊》，《李炳南老居士全集・佛學類之一》，台中：
青蓮出版社，1994.4.15.，頁152.

6、釋往生方侍彌陀疑：一念相應，浸入慈光

雪廬居士《義蘊》於釋「彼佛光明無量，照十方國」時，或以為臨終往生彼土，方親侍彌陀，故加解疑，見《義蘊》云：

> 各註釋家。每將彌陀光明所照世界。舉出數目。此只是頂上圓光耳。若所放之光。則不能以算數計量。曰無量。曰照十方國。分明盡虛空遍法界皆涵蓋在內。大本彼佛所放光明。照遍東方恆沙佛刹。南西北方。四維上下。亦復如是。觀經彼佛圓光。如百億三千大千世界。於圓光中。有百萬億那由他恆河沙化佛。亦有眾鳥無數化菩薩。以為侍者。無量壽佛。有八萬四千相。一一相中。各有八萬四千隨形好。一一好中。復有八萬四千光明。一一光明。遍照十方世界念佛眾生。攝取不捨。然則婆婆極樂。距十萬億土。何得云遠。以此土當在彌陀光攝之中。有光斯有化佛。化佛與法佛報佛。一而三三而一也。念佛之人。一念相應。即浸入彌陀光海。得與化佛為侶。奚必曰。命終往生。方侍彌陀哉。[57]

殊不知彌陀光明普照十方，攝取眾生，居士以有光即有化佛釋之，然化佛與法佛報佛，不一不異也。凡念佛之人，只要能一念相應，即已浸入彌陀光海，已與化佛為侶。何必命終往生，方親侍彌陀。

---

[57] 李炳南：《佛說阿彌陀經義蘊》，《李炳南老居士全集・佛學類之一》，台中：青蓮出版社，1994.4.15.，頁 154~155.

7、釋壽命無量疑：本生死凡夫，感界外淨土

　　雪廬居士《義蘊》於釋「彼佛壽命，及其人民，無量無邊，阿僧祇劫。」時，自設問答，以為彌陀壽命固然長久，然非永不涅槃，若已涅槃，則彼土無佛，又人民壽命非永不變滅，豈仍有生死？見《義蘊》云：

> 只說壽命長久。不說永不變滅。得非仍有生死耶。曰彌陀壽命。焉有限量。因經謂阿彌陀佛。今現在說法。既云現在。顯然尚未入於涅槃。在此時期。權云有此一段壽命。人民指往生未證補處者言。已無分段生死。尚有變易生死。故仍可曰壽命。蓋諸有漏（漏者煩惱異名。漏泄又留住之義。令三毒常由六根漏出、留住三界。）十善五戒五逆十惡等善惡業因。由我執以為助緣。感得六道輪迴果報身。是凡夫之分段生死。諸無漏（反於有漏）善。如戒定慧等業因。由未斷法執以為助緣。感得三界以外之淨土果報身。是斷見思二惑羅漢聖者之變易生死。即地前菩薩未破塵沙。十地未破根本無明。尚得稱曰。有變易生死。因其迷想漸滅。證悟漸增。迷悟遷移。亦是無常。故皆曰變易。然與四生（胎卵溼化）流轉者則迥不同。而具縛凡夫。未斷諸惑。由念佛力。得生西方。是以有漏心。亦感得三界外之淨土。較諸修他法門。必斷諸惑。方能證得。已大便宜。以彼限於壽命。惑未曾斷。不免分段生死。動經僧祇耳。[58]

---

[58] 李炳南：《佛說阿彌陀經義蘊》，《李炳南老居士全集・佛學類之一》，台中：青蓮出版社，1994.4.15.，頁 155~157.

可知居士以今現在說法，故未入涅槃破之，又如經文謂彌陀「成佛
以來，於今十劫」，同理可證。又以人民雖無分段生死，尚具變易
生死，故有界外生死，而權說壽命，然此須特別留意，以凡夫未斷
惑，乘佛力加被，臨終伏惑往生，即可感三界外之淨土，此乃較通
途修行，仗自力豎出，經僧祇修行，方斷惑而入三界外淨土，實得
大便宜。

8、釋多有一生補處疑：本願他方度眾

雪廬居士《義蘊》釋經文「其中多有一生補處」時，以為前云
往生者皆為阿鞞跋致，既為全稱肯定，何以云一生補處時，則為「多
有」，而非「全皆」補佛位？見《義蘊》云：

> 前文曰皆是阿鞞跋致。乃全稱肯定之辭。此曰多有一生補
> 處。乃不盡然之謂。然則一生不得補處。是有二生多生歟。
> 曰既經變易生死。可曰有二生多生。但除此以外。尚有二說。
> 大本四十八願。設我得佛。他方佛土諸菩薩眾。來生我國。
> 究竟必至一生補處。除其本願。自在所化。為度脫一切眾生
> 故。遍遊佛國。修菩薩行者。雖生他國。終不受三途苦。永
> 不退失善根。又云。彼國菩薩。皆當究竟一生補處。除其夙
> 願為眾生故。以大宏誓願。入生死界。度脫有情。隨意而作
> 佛事。即不一生補處矣。此一說也。至上根利器。見佛聞法。
> 直證菩提。猶宗門頓悟。不歷祇劫。即至一生補處矣。他根
> 尚須漸修。幾經變易。此又一說也。[59]

---

[59] 李炳南：《佛說阿彌陀經義蘊》，《李炳南老居士全集・佛學類之一》，台中：

居士綜合古註：一者以眾生仍有變易生死，故可曰多生方補佛位；二者以眾生本願他方度眾，故不於極樂世界補佛位；三者除上智利根外，皆須漸修，方能補佛位。

9、釋不可以少善福疑：持戒消障，增長佛種

雪廬居士《義蘊》於釋經文「不可以少善根福德因緣，得生彼國時」，特別拈出既臨終十念即帶業往生，何須善根福德因緣助之，見《義蘊》云：

> 大本觀經。俱云臨終十念。即得往生。此處何以又曰。不可以少善根福德因緣。得生彼國乎。蓋佛力固不可思議。而眾生業力。亦是不可思議。是以同為念佛之人。有生有不生。非佛不普加垂引。其不生者。乃為業力所障。如人行日下。手掩其目。不睹光明。實自遮蔽。非日不照。故修淨者。必須持戒修福。非戒福可得往生。藉戒福以消障也。或謂如是說者。便與帶業往生之義有乖。曰是不然。帶業往生者。乃識田含藏之舊種子。不加增上緣。無由而起現行。念佛之新種子。淨緣常薰。念念增長。先起現行。故得往生。舊種仍未斷滅。故曰帶業。若誤解此旨。往生有礙矣。本經揭出此義。特促後學猛醒。讀者不可不三致意焉。[60]

見居士特別澄清，帶業往生雖十念可成，然若非平日持戒培福以消伏業障，則臨終佛種何以先熟？且吾人八識田中，業種並未斷除，

青蓮出版社，1994.4.15.，頁157~158.

[60] 李炳南：《佛說阿彌陀經義蘊》，《李炳南老居士全集・佛學類之一》，台中：青蓮出版社，1994.4.15.，頁158~159.

平日持戒培福，亦不為識田生死業種加潤增上緣；又平日薰修以念佛新種，使臨終念佛種子先行成熟，而生極樂，待至極樂世界方予以轉捨業種，若然則不致將帶業往生與藉福消障混為一談，而致有礙往生。

10、釋受持不退疑：散心得究竟不退

雪廬居士《義蘊》於釋經文「聞是經受持者」至「皆得不退轉於阿耨多羅三藐三菩提」時，自設問答，倘生死心切，聞經受持，固然不退菩提，至於心不懇切，念佛修福，或僅聞佛名者，如何不退？見《義蘊》云：

> 聞經受持。發願往生。志切生死。固得不退菩提。至於受持而心存福報。及僅聞佛名之人。如何亦能不退菩提乎。須知入芝蘭室。觀色嗅香。縱各不同。惟具有一蘭花印象。遇值三寶。求福求慧。雖亦有殊。必當存有三寶觀念。仗此觀念。薰入識田。種子遲早總起現行。況又有諸佛護念之力。故曰皆得不退菩提。夫復何疑。此處聞經受持。聞諸佛名。皆為諸佛護念。是一種利益。皆得不退轉於阿耨多羅三藐三菩提。又是一種利益。經云。若能歸依三寶。受持一佛名者。現世當獲十種勝利。……即為諸佛護念之功。乃現世所獲利益也。一旦種子發起現行。心羨極樂。念即往生。萬修萬去。生皆阿鞞跋致。即為不退轉於阿耨多羅三藐三菩提之功。乃將來所獲利益也。[61]

---

[61] 李炳南：《佛說阿彌陀經義蘊》，《李炳南老居士全集‧佛學類之一》，台中：

知居士解以散心念佛者，可得究竟不退菩提之利益。又居士以為「無上正等正覺，有因果之別。在信解行時為因地，在證後為果地。此一分之先後兩段所言三藐三菩提，皆指因地，故曰不退轉。若夫已到果位，尚何有退轉可言哉。」[62]此亦可證於因位即不退。又聞諸佛名者，現世蒙佛加被，來日種子成熟起現行，往生極樂，則可得阿鞞跋致之利益。

11、具信願行，必定往生

雪廬居士《義蘊》於釋經文「已發願、今發願、當發願」時，特別拈出信願行為往生三資糧，若肯直下承當，則必定往生，見《義蘊》云：

> 前文所云聞者。自係初聞起信。所云受持。亦只誦持而已。然亦獲得大益。但此等初機。或心止福報。於微妙大道。不敢承當。則辜負世尊徹底悲心究竟度生本懷。故特標出欲生極樂並非艱難。能於信行之外再加發願。即可成辦。信願行三。如鼎三足。缺一不可。三者具備。定得往生。下文若已生若今生若當生三句。證明凡發願者。皆得往生。亦即是證明欲往生者。必須發願。去來今之學人而得往生者。無不如是修也。[63]

　　青蓮出版社，1994.4.15.，頁 166~167.

[62] 李炳南：《佛說阿彌陀經義蘊》，《李炳南老居士全集・佛學類之一》，台中：青蓮出版社，1994.4.15.，頁 168.

[63] 李炳南：《佛說阿彌陀經義蘊》，《李炳南老居士全集・佛學類之一》，台中：青蓮出版社，1994.4.15.，頁 167~168.

據此，可見淨土法門之行門，並無特別炫耀誘人之處，僅須深信切願，老實念佛，則萬修萬去，惟居士恐人輕忽，錯失往生大利，遂重申行持之法。

12、娑婆難證，依教奉行

雪廬居士《義蘊》於釋經文「能於娑婆國土」至「是為甚難」時，特苦口婆心警示娑婆障多，應依教奉行，見《義蘊》云：

> 娑婆國土之眾生。若透視之。其行無非殺盜淫妄。……居於此等世界。飢寒窘困。炎涼橫加。暴力逼迫。刀兵賊戕。智人雖有厭離覺心。甚少安修緣分。縱得小安之境。又為五欲誘惑。六塵牽纏。心不作主。隨順流轉。終不能躍然跳出。是此世界不問境遇順逆。皆多障道。……世尊慈憫。演說種種法門。不外教人斷惑。惑斷真即顯矣。斯之謂解脫。而真能斷惑。豈易言哉。……釋迦世尊。偏能於此成佛。此難非復尋常。讀經至此。切勿視作普通讚語。滑口而過。要起警覺心。知是暗示此世眾生欲求出要。惟有淨土法門。尚有其分。如修他法。便等蟻子上山矣。世尊亦且自承得證甚難。末法眾生。捨此不修。自量智慧忍力。得非上齊佛祖歟。……淨土法門微妙之義。彼等世智。決難窺量。不解其然。或有笑道。吾人若遇此流。誤為知識。隨其知見。以為轉移。則恐如意寶珠。輕輕棄去。故釋迦世尊在諸佛作證以後。仍具婆心。再重提警一句。為一切世間說此難信之法。即是暗示

　　一切世間有情。其智均不及此。經曰。依法不依人。吾輩只
宜依經為準。一切坐井觀天之有情。未足取法也。[64]

居士勉人要深知此土障緣重，易退道心，此乃世尊金口玉言，實不
應視為小兒話語，任其滑過，警人要依經不依人，否則將辜負佛陀
出世度生之本懷。

13、疑消得悟，歡喜信受

　　雪廬居士《義蘊》於末後釋經文「歡喜信受」時，特別拈示：
與會大眾疑惑頓消，而能深信淨土法門，見《義蘊》所云：「世尊
說已。一切與會之菩薩聲緣。無量諸天。無量大眾。頓然悟入。疑
情全消。故歡喜也。」[65]此與前舍利弗初未能深信，後亦悟入淨土
殊勝之處，故能歡喜信受，顯淨土法門，若非佛親口宣說，眾生難
得其益。居士特別警人要檢點自我，是否對於淨土法門，疑消得悟，
（或根鈍麻木無知）而能歡喜奉行。

　　就行行方面，如下所列：

1、持名要訣：心念、口誦、耳聽

　　雪廬居士《義蘊》於釋經文「執持名號」時，特別拈示《彌陀
經》主持名一法，見《義蘊》云：

---

[64]　李炳南：《佛說阿彌陀經義蘊》，《李炳南老居士全集‧佛學類之一》，台中：
　　　青蓮出版社，1994.4.15.，頁 169~171.

[65]　李炳南：《佛說阿彌陀經義蘊》，《李炳南老居士全集‧佛學類之一》，台中：
　　　青蓮出版社，1994.4.15.，頁 171.

> 修淨本有實相、觀想、觀像、持名四法。而三經亦各有其專
> 主。大本主廣修功德。觀經主以心作觀。小本主執持名號。
> 各有妙用。各有難易。其間雖有相通之處。究各有其本質。
> 不必一定兼修。多招費力。本經不云其他。只言持名。顯標
> 此是單行一門。故古德多有主張單持聖號一法。近代靈巖印
> 光大師。亦主此說。所謂徑中又徑。[66]

且此法，為徑中徑又徑，印光祖師亦主此法，至於持名之要訣，如
《義蘊》所云：

> 而其要訣。全在心念、口誦、耳聽。三處相應。自入三昧。清
> 妙空大師十二字念訣。口念、耳聽。心念、心聽。神念、神聽。
> 若至神念神聽。豈非寂之至照之至。即心念心聽。已是六根都
> 攝。能口念耳聽。了了分明。不散不昏。便是不亂境界。得手
> 功夫。夫復何疑。正是歸來坐對梅花嗅。春到枝頭已十分。[67]

居士以「心念、口誦、耳聽，三處相應，自入三昧」為其要訣。又
此法亦有層次性，以神念神聽為最高境界，此時已入寂照之境，能
照見本性，似為理持；以心念心聽為下一個層次，至此已能都攝六
根，故能淨念相繼，似為事持有功者。最低一層則為口念耳聽，然
若能了了分明，不昏沉不散亂，便是不亂境界。居士此一提示，對
於念佛應如何入手，使人更能掌握其分寸，大有益於淨業行者。

---

[66] 李炳南：《佛說阿彌陀經義蘊》，《李炳南老居士全集·佛學類之一》，台中：
青蓮出版社，1994.4.15.，頁 159.
[67] 李炳南：《佛說阿彌陀經義蘊》，《李炳南老居士全集·佛學類之一》，台中：
青蓮出版社，1994.4.15.，頁 159~160.

2、　一心不亂：功一心不亂，用即同等持；行一心不亂，生淨域
　　蓮胎

　　雪廬居士《義蘊》於釋經文「若一日」至「一心不亂」時，特
別闡示一心不亂之行相，並將一心不亂分為「功一心不亂」與「行
一心不亂」。所謂功一心不亂，指持名之功夫；行一心不亂，指平
時之行為，不為外境所惑動之功夫。

　　就功一心不亂而言，居士指出有三個層次，即勘驗持名得定之
深淺。第一層為等持之功夫，謂心住一境，平等維持，但於境轉，故
通定散兩位。第二層為等至功夫，謂身心安和，能持至平等位，已是
定中非散位。第三層為等引，謂等至之心，能引功德，是定中非散位。

　　居士特就第一層功夫，引《大乘阿毘達磨雜集論》詳述修止九種
行相，以為行者功夫階漸之勘驗。至於九種行相，見《義蘊》所述：

　　按雜集論謂最初攝所緣。繫於內心。故曰內住。其次相續內
　　緣心動漸細。等似於住。故曰等住。其三若念外馳。即復斂
　　念。令其安住。故曰安住。其四經上三度。能令心不外散。
　　常依所念而住。故曰近住。其五由於所緣色等散心起過患
　　想。而調伏其心。令不流散。故曰調順。其六由於所起惡覺
　　散心深見過患。而攝伏其心。令不流散。故曰寂靜。其七所
　　有散心率爾起時。即便制伏。令不更起。故曰最極寂靜。其
　　八於此精勤加行。無間無缺。相續安住勝三摩地。故曰專注
　　一境。其九如是善修習故。不由加行。遠離功用。定心相續。
　　離散亂轉。故曰平等攝持。此九種行。初之四行。為一階段。
　　從第五起工夫漸深。至第七又為一階段。此後發起身心輕
　　安。至第九而等持成矣。觀此則修止至第九行相。方入等持。

然通途修持，須如止觀次第而進，如此仍只是第一層等持功夫而已。居士以為持名能至一心不亂，如上述口念耳聽，了了分明，不昏不散，即同等持，實勝異方便，見《義蘊》所云：

> 或謂持名至一心不亂。即同等持。而等持既通定散兩位。實非深定。已操往生左券。較諸通途法門。難易判然。果能心念口誦耳聽。不必如止觀次第而進。一入手便直超等持矣。縱不至此境界。只信願具足。亦得往生。不過仍希眾生取法乎上而已。[68]

縱未至一心不亂境界，信願具足，臨終十念亦得往生，足見持名一法用力少成效速之一斑。

就行一心不亂而言，凡日常言行，把握欣求極樂，厭離娑婆，不取不著，萬事隨緣之心，久之自不為外境所惑，見《義蘊》云：

> 復次。則言行一心不亂。萬事隨緣。不取不著。厭離娑婆。息心淨土。一句洪名。不事雜修。是為一心。富貴不淫。貧賤不移。威武不屈。恩愛不牽。怨讎不憎。此身尚覺為累。況乎身外。是為不亂。念常爾者。是此土機緣已斷。淨域蓮胎已成矣。[69]

據此，能於持名上下功夫，又能行一心不亂，日常處世皆不為外緣所轉，則往生必定有把握，此即雪廬居士釋一心不亂之殊特處。

---

[68] 李炳南：《佛說阿彌陀經義蘊》，《李炳南老居士全集·佛學類之一》，台中：青蓮出版社，1994.4.15.，頁 160~161.

[69] 李炳南：《佛說阿彌陀經義蘊》，《李炳南老居士全集·佛學類之一》，台中：青蓮出版社，1994.4.15.，頁 162.

3、臨終心不顛倒：平素伏惑有成

　　雪廬居士《義蘊》於釋經文「是人終時，心不顛倒」，特重臨終須心不顛倒，倘平日功深，已一心不亂，臨終自不顛倒，否則圖臨終十念，實屬僥倖，見《義蘊》云：

> 修行之人。亦有臨終之時。往生一事作不得主。或生恐怖。
> 或起貪戀。正念一失。便忘念佛。皆由平素工夫不切。至此
> 心便顛倒。發生障礙。佛雖慈悲。亦不相應。非佛不來。乃
> 是自不肯去。咎誰歸歟。若然十念往生者。平素有何工夫。
> 何有一心不亂。須知是人夙生定有善根。臨終方遇大善知
> 識。前來開示。教以念佛。初聞能信。直下念佛。撒手萬緣。
> 自己肯去。信願行三。一時具足。便成心不顛倒。故能相應。
> 得以往生。惟此亦是偶然之事。種種因緣。必皆湊巧。未可
> 借口以圖徼倖也。行者平素縱不能作到功一心不亂。而行一
> 心不亂。卻要薰成多量種子。方不致唐捐其功。前文必勸以
> 一心不亂者。正防臨終顛倒害事耳。[70]

見居士特別教人平素要能得一心不亂，縱不能得功一心不亂，至少亦要能行一心不亂，以防臨終顛倒，失去往生大利益，故除自行功夫外，居士更倡助念風氣，以大眾力量，幫助提起臨終正念，以助行者往生。

---

[70] 李炳南：《佛說阿彌陀經義蘊》，《李炳南老居士全集・佛學類之一》，台中：青蓮出版社，1994.4.15.，頁 162~163.

4、諸佛護念：專為證信，助易一心；一稱彌陀，諸佛頓現

　　雪廬居士《義蘊》於釋經文「當信是稱讚不可思議功德，一切諸佛所護念經」時，末後特別闡釋六方諸佛同出讚歎，並為世尊作證明，又以淨土法門，惟佛乃能究竟盡其解，且持名一法，乃以如來果地覺，為眾生因地修因，故一句洪名，早契彌陀三昧海，以心性本具，眾生持名，亦未離心性分毫，智者見之則得大便宜，愚者反謗之，見《義蘊》云：

> 今人不信淨土法門。或輕視之。本不足異。坐井觀天。拘於見也。是法超出八萬四千法門之外。名曰門餘大道。看似平常。理實微妙。當時與會諸賢。尚且如聾似啞。無一人啟請宣說。豈後世執深小智之人。所堪了解。六方諸佛。同出證讚。足徵惟佛與佛。乃能究盡。凡測聖界。直等盲人數星。蓋六字洪名。本如來果海實相。無上甚深。釋迦世尊。悲憫末法眾生障深尊重。雖說種種法門。各有畏難。終尠成就。乃以澈底悲心。運用善巧。教持名號。借果修因。以果能攝因。因亦該果。纔念一句洪名。早契彌陀三昧果海。一念成佛。至為奇特。所謂不可思議也。設可思議。當日世尊與六方諸佛。決定詳為演說矣。若必解後始信。恐須劫經僧祇。方有其分。豈非錯過。切願聞斯法者。依聖言量。生信起行。蓮邦非虛。彈指可現。但辦肯心。必不相賺也。[71]

---

[71] 李炳南：《佛說阿彌陀經義蘊》，《李炳南老居士全集・佛學類之一》，台中：青蓮出版社，1994.4.15.，頁163~164.

居士以為六方諸佛除證信之外，亦可助吾人易得一心，見《義蘊》云：

> 此段經文。不但專為證信。且能佐助行者易得一心。蓋心亂
> 者。皆是牽於欲塵。本經既為六方恆沙諸佛現身稱讚。後文
> 又曰。是諸善男子善女人。皆為一切諸佛之所護念。是凡起
> 心念佛時。即為六方恆沙諸佛現身稱讚護念時。一稱洪名。
> 四維上下。遍現諸佛。行者身居其中。六根所接。無非皆佛。
> 有塵皆淨。無欲不消。心縱外馳。仍不能超出佛境。能作如
> 是觀想。不一而一矣。古德云。修淨土者。雖專念一佛。但
> 阿彌陀翻為無量。是念一佛。即為念無量諸佛。此不過就理
> 上立言耳。今一稱彌陀。而六方恆沙諸佛。一時頓現。是事
> 上確亦如此。持一佛名。既省心力。又節時間。便能於無量
> 千萬佛所。遍種善根。獲不可思議無量功德。此等大便宜。
> 聞而不修。真非狂即愚矣。[72]

居士以持名一法，不僅止於理解而已，實六方諸佛一時頓現，稱讚
護念行人，故吾人六根所接觸，無非佛境，若然，實已於無量佛所
遍種善根，故能獲不可思議無量功德，此佐吾人易得一心，居士以
為此等大便宜，聞而不修，非狂即愚也。

　　茲將《義蘊》之思想體系，以表解之：

---

[72] 李炳南：《佛說阿彌陀經義蘊》，《李炳南老居士全集‧佛學類之一》，台中：
　　青蓮出版社，1994.4.15.，頁 164~165.

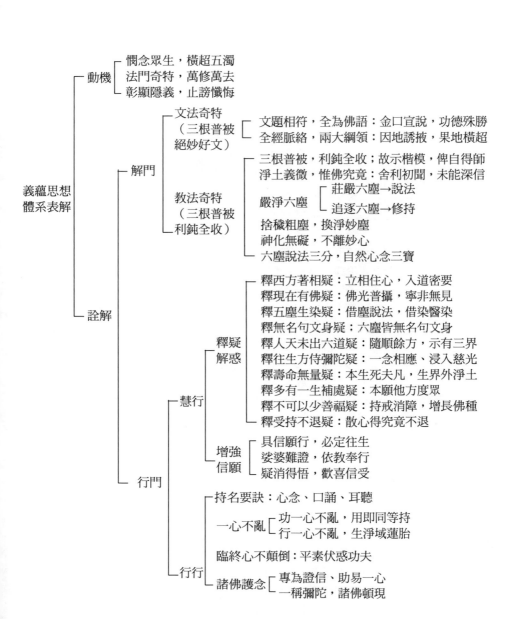

義蘊思想
體系表解

動機
├ 憫念眾生，橫超五濁
├ 法門奇特，萬修萬去
└ 彰顯隱義，止謗懺悔

詮解
　解門
　　文法奇特
　　（三根普被
　　絕妙好文）
　　├ 文題相符，全為佛語：金口宣說，功德殊勝
　　└ 全經脈絡，兩大綱領：因地誘掖，果地橫超

　　教法奇特
　　（三根普被
　　利鈍全收）
　　├ 三根普被，利鈍全收；故示楷模，俾自得師
　　├ 淨土義微，惟佛究竟：舍利初聞，未能深信
　　├ 嚴淨六塵
　　　├ 莊嚴六塵→說法
　　　└ 追逐六塵→修持
　　├ 捨穢粗塵，換淨妙塵
　　├ 神化無礙，不離妙心
　　└ 六塵說法三分，自然心念三寶

　行門
　　慧行
　　　釋疑
　　　解惑
　　　├ 釋西方著相疑：立相住心，入道密要
　　　├ 釋現在有佛疑：佛光普攝，寧非無見
　　　├ 釋五塵生染疑：借塵說法，借染醫染
　　　├ 釋無名句文身疑：六塵皆無名句文身
　　　├ 釋人天未出六道疑：隨順餘方，示有三界
　　　├ 釋往生方侍彌陀疑：一念相應、浸入慈光
　　　├ 釋壽命無量疑：本生死夫凡，生界外淨土
　　　├ 釋多有一生補處疑：本願他方度眾
　　　├ 釋不可以少善福疑：持戒消障，增長佛種
　　　└ 釋受持不退疑：散心得究竟不退

　　　增強
　　　信願
　　　├ 具信願行，必定往生
　　　├ 娑婆難證，依教奉行
　　　└ 疑消得悟，歡喜信受

　　行行
　　　├ 持名要訣：心念、口誦、耳聽
　　　├ 一心不亂
　　　　├ 功一心不亂，用即同等持
　　　　└ 行一心不亂，生淨域蓮胎
　　　├ 臨終心不顛倒：平素伏惑功夫
　　　└ 諸佛護念
　　　　├ 專為證信、助易一心
　　　　└ 一稱彌陀，諸佛頓現

以下依雪廬居士《佛說阿彌陀經義蘊》將內容杷梳分類，以成「雪廬居士《佛說阿彌陀經義蘊》擷要一覽表」，藉供參秘：

雪廬居士《佛說阿彌陀經義蘊》擷要一覽表

經文	義蘊	出處	擷要	備註
佛說阿彌陀經	經皆佛說。人咸知之。茲復冠是二字。不以贅乎。然諸經雖云佛說。只是總相。其中之言。實括數種。如啓請語。質疑語。毀謗語。苦惱語。歡喜讚歎語。承受擁護語等。類多菩薩聲緣。天龍八部。人鬼等眾之所發。此則除經家例語外。從始澈終。全為佛語。味猶水中乳素。酥中醍醐。精似礦提純金。璞剖美玉。聲出金口。句集真言。統體聖教。毫無夾雜。題曰佛說。標其異餘經也。既如是矣。一句莫非圓音。一字亦屬密藏。嘗聞讚歎他經。曾曰持四句偈。勝施七寶。吾亦曰受持此經。乃至一句。功德廣大。已逾恆沙。蓋牟尼瓔珞。散置地上。隨意俯拾。皆是珠王也。他經正宗分。佛語開端者。	頁 133.	此則從始澈終，全為佛語；統體聖教。毫無夾雜；受持此經，乃至一句，功德廣大，已逾恆沙。	文題相符，全為佛語

	亦標佛說。只是體例。豈若此經貫串一如耳。			
法會眾證分第一 長老舍利弗至無量諸天大眾俱。	經家謂此段曰發起序。其意謂依於因緣。引起發端。他經多有啟請說法之人。此經深微難曉。故無人啟請。只記來會參加若干聽眾而已。然亦應當著眼。內中究為何等根器。以及何界眾生。可以想像此會之鄭重廣大。非復尋常。如舍利弗之智慧。大目犍連之神通。摩訶迦葉為密得正法眼藏承佛衣缽之人。摩訶迦旃延、摩訶俱絺羅均具辯才無礙。離婆多之禪定功深。阿難陀之博聞強記。摩訶劫賓那之才藝。放牛難陀之聰明。文殊為一切菩薩之上首。彌勒為當來下生之佛陀。乾陀訶提常精進之勇猛精進。此皆係德慧雙尊。各有特長之大阿羅漢等覺菩薩。俱來與會。聆法受持。周利槃陀伽愚昧善忘。亦預其間。同獲利益。是此法門。三根普被。利鈍全收之妙用。已於無字句處隱然揭示矣。今人	頁134	此經深微難曉，故無人啟請；應當著眼，內中究為何等根器，以及何界眾生，可以想像此會之鄭重廣大；是此法門，三根普被，利鈍全收之妙用。特提出以上諸尊者，固為表揚淨土法門之大；亦以糾正眾生種種邪見，故示楷範，俾自得師。	無問自說、三根普被、利鈍全收、故示楷模、俾自得師

	偶秉小慧。或具薄技。輒便起慢。輕視淨宗。自問果比舍利弗諸阿羅漢。及文殊諸大菩薩如何。不識字者。又或自命大卑。不敢承當。究尚不至如周利槃陀伽之善忘。凡此皆是病態。自應圭臬諸尊。借作良藥。再或身有障礙。不妨學羅睺羅之潛積密行。已得道通。尤須戒賓頭盧頗羅墮之未能養晦。至憍梵波提之牛呵。薄拘羅之長壽。當凜果報鑿然不虛。鑑阿㝹樓馱為法忘身。遂得天眼。且勿偶生小障。遽退初心。戒迦留陀夷怖婦墮胎。尚須顧念世法。檢點行徑。此次與會聖賢。其數甚多。特提出以上諸尊者。固為表揚淨土法門之大。亦以糾正眾生種種邪見。故示楷範。俾自得師。此外諸天大眾。萬類不齊。聞法以後。各能歡喜信受。其中雖有利根。而鈍根亦何能少。吾輩縱非上智。似尚不到下愚。幸聞佛法。若還遲疑。不但辜負佛		

	恩。相形之下。俯仰亦滋愧矣。		
佛土依正分第二 佛告長老舍利弗。	淨土法門。義理深微。惟佛與佛。乃能究盡。眾人不解。遂不置信。心存不信。便不啓請開演。世尊慈憫眾生。不能出要。乃以徹底悲心。不問自說。既肯自說。必求契機之人。諸比丘中。惟舍利弗智慧第一。故直呼而說之。而舍利弗並無一語問答。似初聞之際。亦未能深信其事也。	頁136	淨土法門，惟佛乃能究盡；乃以徹底悲心，不問自說；舍利弗雖智慧第一初聞未能深信。	佛無問自說；舍利弗初聞，未深信
從是西方。	空際蒼茫。地體圓轉。不分上下。安有東西。必曰西方。寧非執著。蓋眾生之成為凡夫者。只因迷於二執。惑於假相。以故頭出頭沒。不能出離。果能照破假相。斷除二執。則入聖域矣。一切經典。垂訓後人。大體亦無不以遣相破執為歸。此經何獨不然。惟其開端一語。說有西方。指教學人。心存執著。嘗為談空者流。輕加訕笑。豈知此正其善巧處。實以凡夫妄念。沸騰起滅。猶如瀑流打毬。剎那不止。茲先指趨西方。是將亂心收	頁136～137	茲先指趨西方，是將亂心收攏起來，安住一處，乃誘掖入道密要；實以凡夫妄念，沸騰起滅，剎那不止，此正其善巧處。	釋西方著相疑：立相住心、入道密要

	攏起來。安住一處。乃誘掖入道密要。心果安住西方。不緣其餘。散亂歸一。是有所定。執著何害。夫亂心是病。佛法是藥。說有說空。貴在機理雙契。事本圓融。並無定式。若一味執空。殊不知亦是著相也。			
今現在說法。	學者嘗曰。生當無佛之世。又曰。去佛遙遠。似不勝其悲慨。此實未之深思。阿彌陀佛。不屬過去。不屬將來。正是現在住世之佛。經不云乎。今現在說法。考華嚴及萬佛名兩經。皆曰。娑婆世界一劫。為極樂世界一晝一夜。世尊說此經時。距今雖云將近三千年代之久。若於極樂世界時間相對照。似尚不到彼土一分鐘。又觀無量壽佛經云。彼佛有八萬四千相。一一相有八萬四千好。一一好有八萬四千光明。遍照十方念佛眾生。攝取不捨。我輩念佛之人。時時涵在現世佛陀之光明藏中。而又歎曰。生當無佛之世。寧非衣藏寶珠。反不自	頁137～139	阿彌陀佛正是現在住世之佛；距今雖云將近三千年代之久，似尚不到彼土一分鐘。又，有世界名曰極樂、其土有佛，今現在說法。佛既仍須說法，使人修悟，方證補處。豈非尚不免苦？唯佛只去莊嚴六塵，任人追逐，即是說法。眾生恣意享樂，即是修持。比到六塵享備，妙悟已成。名之曰極樂，自非虛讚矣。	釋現在有佛疑

	知。尚沿街乞討。逢人叫窮乎。今既知矣。而又徘徊歧路。捨現世之佛不速皈依。更於何世再逢佛耶。自是有家歸便得。五湖煙景有誰爭。此機錯過。真成大錯矣。此分尚有二點。不容疏忽。即有世界名曰極樂。及其土有佛。號阿彌陀。今現在說法也。極樂者。享樂之極。而無絲毫違逆之謂。佛既仍須說法。使人修悟。方證補處。豈非尚不免苦。觀此土修士。持戒、求法、閉關、參禪。難行能行。難斷能斷。忍辱精進等行。何一而不是苦。縱後證得菩提。現在分明艱困。亦猶患有毒瘡。治用刀圭。雖能來日病愈。先受刀圭之痛。不能不說現下不苦也。果如是矣。樂何稱之曰極。至全經除僅眾鳥演三七道品一處外。餘未見有彌陀一語。究說之法維何。皆成疑問。不知彼佛教化。大異尋常。與樂說法。原非二事。只去莊嚴六塵。任人追逐。即			

	是說法。眾生恣意享樂。即是修持。比到六塵享備。妙悟已成。純乎出之自然。絕無半點勉強。非若此土修衆。必大死一番。或曰。不經一番寒徹骨。怎得梅花撲鼻香之類。定須發幾次大悟也。名之曰極樂。自非虛讚矣。			莊嚴六塵即是說法，追逐六塵即是修持
寶樹蓮池分第三 無有眾苦。但受諸樂。	此二句為全經脈絡。兩大綱領。後文之無三惡道。壽命阿僧祇劫等。皆反襯此世之苦。劫、見、煩惱、眾生、命等五濁。及殺、盜、淫、妄語、綺語、兩舌、惡口、貪、瞋、癡等十惡。皆正說此世之苦。花鳥園林。七寶池閣。黃金為地。天樂鳴空。飲食沐浴。隨意舒適。皆說極樂世間享受欲塵之樂。自然皆生念佛、念法、念僧之心。上善俱會。飛行十方供佛。一生補處。皆說極樂出世速得速證之樂。三界無安。猶如火宅。有純苦者。有苦多樂少者。有苦樂相等者。有苦少樂多者。皆無一苦不有之理。惟鈍根眾生。何為	頁 139～141	此二句為全經脈絡，兩大綱領。後文皆反襯或正說此世之苦。乃至說極樂出世速得速證之樂。兩土世尊，方法善巧，事理周圓。細觀本經兩大綱領，妙用已覺無窮。既可喚醒鈍根，發起欣厭之心；復能教聰明人，有法脫離。試看全經，處處誘掖學人，即在因地入手之際，亦無不皆具特別義意。	全經脈絡、兩大綱領，因地誘掖、果地橫超

	苦樂。往往木然而不自覺。囿於俗見。甘墮苦淵。少聰明者。或悟受皆是苦。尚昧苦之由來。無非強作達觀。甚或玩世不恭。既無解脫之法。只有任運忍受而已。有人幸聞佛法。知苦所由。欲尋真源。超登彼岸。每以多劫習氣。時起現行。觸境生心。仍復染著。所謂看得破。忍不過。真能毅然裂塵網而出者。百千人中難見一二。兩土世尊。洞知眾機各異。專用一帖阿伽陀藥。普愈一切沈疴。方法善巧。事理周圓。看之反甚平常。此真堪稱不可思議。細觀本經兩大綱領。妙用已覺無窮。既可喚醒鈍根使知苦樂。發起欣厭之心。驅其向道。復能教聰明人知其所苦。有法脫離。但辦肯心。必能如願。已經聞法難斷塵緣之流。不使強斷。卻令捨小希大。便得轉染成淨。橫超生死。古今大德咸云。橫超生死。乃為特別法門。此尚是指果地			

	一端而言。試看全經。處處誘掖學人。種種方便。即在因地入手之際。亦無不皆具特別義意也。			
七重欄楯。七重羅網。七重行樹。八功德水。四邊階道。上有樓閣。微妙香潔。	此世界之地體。土塊和合。雜以石沙。峻嶺深壑。坎坷崎嶇。居室則茅檐荊扉。竹籬泥堵。上者不過磚瓦木石。油漆雕繪。所謂珠闕瑤階。亦無非形容貼金嵌玉之宮殿誇詞。花木則低僅數寸。高不及尋。尚復凋落無常。枯萎時變。極樂地體。琉璃凝結。金幢撐持。階鋪四寶。欄圍七珍。康莊平衡。猶如止水。所居則重樓複閣。接地連空。眾寶構成。珠網嚴飾。旛蓋如雲。瓔珞似雨。億萬色光。映澈無際。樹花亦七寶簇出。數千由旬。蔥鬱成行。璀璨永茂。香色郁靄。光明交融。兩地合觀。當生欣厭。是教眾生捨穢土之粗色塵。換取極樂之妙色塵也。	頁 141〜144	地體較量，兩地合觀，當生欣厭，是教眾生捨穢土之粗色塵，換取極樂之妙色塵。	捨穢粗色塵，換淨妙色塵
	此世界之晝夜時序。全賴日月運行。故氣候有嚴寒酷暑。驟雨暴風。		晝夜時序較量，兩土合觀，當生欣	捨穢粗觸塵，換淨妙觸塵

	煙瘴陰霾。燥溼疫癘。至於河海。皆挾泥沙。質則臭澀鹹苦。有時洋流衝襲。每生劇冷劇熱變化。砭肌刺膚。俱感不適。時劫則饑饉荒旱。刀兵水火。凍餒交加。流離勞頓。極樂氣候。因無日月星曜。其光全由佛身蓮花寶樹珠網所發。故微風和暢。新爽清涼。水具八種功德。充滿寶池。溫涼淺深。隨意應現。澄清光滑。舒體養根。既無劫數。永為和時。思衣得衣。思食得食。不必營求。如願以償。無不百體輕安。心神怡悅。兩土合觀。當生欣厭。是教衆生捨穢土之苦觸塵。換取極樂之樂觸塵也。	厭，是教衆生捨穢土之苦觸塵，換取極樂之樂觸塵。	
	此世界之香。雖有檀樟之木。桂梅之林。荷菊之花。蘭芷之草。不過幾處山澤所生。幾家亭園所植。揚芬不出畦町。隨風僅聞數里。為量無多。轉眼成幻。他如荀令之衣。莫非煙火。郇廚之饌。純是腥臊。若果究其實際。園囿田圃。遍撒尿糞骨	嗅覺較量，兩土合觀，當生欣厭，是教衆生捨穢土之濁香塵，換取極樂之潔香塵也。	捨穢粗香塵，換淨妙香塵

	灰。城鄉閭閻。瀰漫馬桶糞窖。直是無量污穢。滿布大地。一團臭氣。上熏諸天而已。極樂則七重寶樹。間以無數栴檀。八德金池。滿疊四色菡萏。原非栽種。不須灌溉。永劫繁榮。通國錦繡。況且飲食化成。人不便溺。曾無纖塵。安有濁氣。本質清淨。更加莊嚴。而池花行樹。各吐異香。彼土如一顆明珠。眾香似無邊大海。將全土籠罩香中。猶一珠涵浸海內。無量眾生。優游香海。呼吸沾濡。通體皆馥。沁脾爽神。暢襟悅意。兩土合觀。當生欣厭。是教眾生捨穢土之濁香塵。換取極樂之潔香塵也。問曰。欄楯、羅網、行樹、珍寶。數必有七。亦有義乎。曰。表顯西方為菩提道場。以三七道品。分七科故。表顯國土清淨。以戒淨、心淨、見淨、度疑淨、分別道淨、行斷知見淨、涅槃淨等。為七淨華故。表顯佛德莊嚴。以身具三二相、敷		
		數必有七，表顯西方為菩提道場。以三七道品，分七科故。	凡數必有七，表三七道品

	利一切眾生、見及戒命俱正成就其身、智具四無礙、神通不可思議、斷惑業苦三障、住大涅槃。為如來七種無上故。表顯普攝群機。以人皆上善。則是七賢七聖同居斯土故。數必備七。猶之伊字三點。亦說法之義也。			
天人供養分第四 常作天樂。	此世界之聲音。類甚複雜。呵斥聲、詬罵聲、綺語聲、鬥爭聲、打殺聲、決水放火聲、山崩地裂聲、槍聲、炮聲、哀鳴哭泣聲、怨恨呻吟聲。種種惡聲。難以備舉。雖有音樂。多不過百餘種。亦是在萬苦之中。求其一時之樂。尚須時緣允許。遣人而奏。更不能家家絃歌。人人悅耳。極樂無有眾苦。則娑婆之惡聲。自然不有。而百千種樂。發自天空。不遣人奏。並無歇時。考大本略云。四天王天。百千香花音樂。供養佛及菩薩。於是忉利天。以至第七梵天。一切諸天。香花音樂。轉相倍勝。觀經云。無量諸天。作	頁 144～145	音聲較量，兩土合觀，當生欣厭，是教眾生捨穢土之惡聲塵，換取極樂之梵聲塵。	捨穢粗聲塵，換淨妙聲塵

	天伎樂。又有樂器。懸處虛空。如天寶幢。不鼓自鳴。加以後文之鳥聲樹聲。梵音唄韻。都成和雅音樂。遍空無盡。人人共聞。心曠神怡。皆大歡喜。兩土合觀。當生欣厭。是教眾生捨穢土之惡聲塵。換取極樂之梵聲塵也。			
飯食。	此世界之滋味。無論其五味八珍。山海異品。總是膿血皮囊。骯髒筋肉。穢質毒液。混合難分。即稻粱菜蔬果蓏之類。亦不免蟲汙蠅玷。縱令刷洗炮製。終難去其原來不潔。況須經過採辦、碾磨、刀碪、釜灶、盤碗。一切麻煩。須臾之餐。費盡無數之力。轉下嚥喉。漸變臭穢。飽後捫腹詡然自得者。豈知裝藏一袋尿糞。靜心思之。實堪大嘔。極樂之味。大不同此。大本略云。銀鉢金鉢。隨意現前。百味飲食。充滿其中。食已自消。而無遺滓。或見色聞香。意以為食。自然飽適。食畢化去。時至復現。既不煩勞。而又	頁145～146	味覺較量，兩土合觀，當知欣厭，是教眾生捨穢土之不淨味塵，換取極樂之妙淨味塵。	捨穢粗味塵，換淨妙味塵

	潔淨。兩土合觀。當知欣厭。是教眾生捨穢土之不淨味塵。換取極樂之妙淨味塵也。			
供養他方十萬億佛。即以食時。還到本國。	生到極樂。便具神通。此舉神足一端。可以推知其餘。到此境界。乃真能恆沙佛土。任運而生。否則徒逞大言。自他兩欺。無有是處。 前言娑婆極樂相距甚遙。但淨功成就者。便是棲心極樂之人。在極樂者。能以少時。遍遊十萬億土。是其化遊。在娑婆者。刹那之間。可生極樂。是以神往。神與化則不受時間空間之限制。此處標出。特以反映前文。證明以此達彼。非難事也。尚有一說。無量法界。本皆妙明覺心。故古德云。眾生心性本具塵刹。雖十萬億之遙。無非性具此心。如帝網之一珠。影含眾珠。如大海之一浪。具全潮體。非但互具。亦乃互即。	頁146～147	舉神足一端，可推其餘。至此，乃真能恆沙佛土，任運而生。此神往與彼化遊，不受時空限制。此標出，特以反映前文，證以此達彼，非難事，且不離此心。	神化無礙、不離妙心
禽樹演法分第五 五根五力。	凡夫惟知飲食男女。上者百藝文章。再上則治國平天下。如是而已。殊不知飲食男女。假緣	頁147～151	大雄真常事業與世俗生滅幻法較量，兩土合	捨穢妄法塵，換淨正法塵

| 七菩提分。八聖道分。 | 而有。時時遷流。終須失散。到頭落得酸淚兩行。苦腸寸斷。不外秋風鬼哭胭脂井。春雨人耕翡翠樓。百藝文章。嘔盡心血。爭長較短。譽毀由人。縱能流傳千古。直等黃金用盡教歌舞。留與他人樂少年。治國平天下。說來豈免攀龍附鳳。攘利爭名。便到伊周之業。亦是人存政舉。人亡政息。由於自己對於宇宙人生。無澈底認識。故亦不能永久出民水火。若問身後。無非賢愚千載知誰是。滿眼荒蒿共一邱。此皆世間有為之法。總屬五欲六塵。依緣而有。剎那生滅。猶如露電。夢幻泡影。凡夫不悟。陷溺其中。妄起顛倒。翻覆追求。以致一生受苦由此。多劫輪迴亦是由此。然則真實者維何。即自己之本妙三寶性德是也。古人謂一切眾生惑業苦三體。是不可思議三德秘藏。苦即法身。五陰色心。本如來藏妙真如性。如燄即火故。惑即般若。見 | | 觀，當生欣厭，是教眾生捨穢土之妄法塵，換取極樂之正法塵。 | |

| | 思無明。本無內外中間諸相。如波即水故。業即解脫。有漏縛著。本無能縛及所縛者。如拳即手故。法身是法寶。般若是佛寶。解脫是僧寶。蠢動含靈。無不具足惑業苦三體。則是無不具足三寶德相。只是沉迷太深。自不覺耳。果能識得本性。眾苦縛著。一時解脫。心等太虛。頓出三界。自覺覺他。成大慈悲。此乃大雄真常事業。不同世俗生滅幻法。三七道品。即為闡發三寶德相之雷音。賴山震破無明。指出覺路。知念三寶。顯彰性德。直趨菩提。超凡入聖。倘再回憶前緣。定成嚼蠟矣。兩土合觀。當生欣厭。是教眾生捨穢土之妄法塵。換取極樂之正法塵也。上來所說。國土樹池樓閣等為色塵。氣候池水等為觸塵。檀樹蓮花等為香塵。天樂眾鳥等為聲塵。化食現前為味塵。三七道品為法塵。如此分析。取其易明粗相。實則每舉一事。即 | | 阿彌陀佛今現在說法，所說何法？自第三至第五，盡是彌陀所說之法。是借六塵代說法事。前五塵 |

	含數塵。如四色蓮花。是香塵、亦是色塵。眾鳥天樂。是聲塵、亦是色塵。水是觸塵、同是色味二塵。其他各塵。又無一不具觸塵。為歸根結柢。均是法塵。何以故。經曰。阿彌陀佛今現在說法。所說何法。自第三至第五。此三分盡是彌陀所說之法。為釋迦世尊轉演者也。粗讀不過認是略說極樂種種莊嚴而已。殊不知金鍼暗度。是借六塵代說法事也。前五塵皆用反襯之法。使有欣厭。至末一段。則直以三七道品作獅子吼矣。故每分結處。必曰成就如是功德莊嚴。莊嚴者。是指極樂物華燦璀之美。功德者。是指六塵說法也。問曰：法塵專說道品。固無論已。前五塵轉比娑婆佳勝。豈不更生染著。何能謂之說法。答曰。優劣比較。有所欣厭。厭此即思解脫。欣彼即是出離。理上論之。固不免於染著。事上論之。便為往生堅願。往生以		皆用反襯之法，使有欣厭；末一段，則直以三七道品作獅子吼。借染醫染，良以境由心造，心亦因境而轉。六根所緣。不離三寶妙相成德。故六塵說畢。方曰自然皆生念佛念法念僧之心。	釋五塵生染疑：借塵說法、借染醫染

後。染著極樂六塵之心。自然亦歸消滅。是借染著而醫其染著。所以經曰。生者皆是阿鞞跋致。多有一生補處。蓋聽北里曲。則興淫邪之惡。服錦繡裳。則起驕慢之念。聞栴檀氣。則發慕道之心。覿袈裟輝。則生出世之想。良以境由心造。心亦因境而轉。極樂諸色。皆有化佛。諸聲皆演法音。伴侶乃聽法及盛花供佛之眾。即是後文羅漢菩薩之流。六根所緣。不離三寶妙相威德。以楔出楔。轉識成智矣。故六塵說畢。方曰自然皆生念佛念法念僧之心。既曰自然。是與三寶兩相契合。豈復染塵云乎哉。 問曰。有聲盡是演法。而天樂鳥樹當作人言乎。答曰。不如是也。言語文字。謂之有名句文身。然亦有殊國不同。各趣分限。人當需要人言。而他趣則否。中國人需要中國言。而他國則否。往生極樂者。殊國各趣。為數甚多。可以推知人言並非		此處諸聲當為無名句文身。色香味觸、聲音俱無名句文身，亦是說法。況往生者，俱具天耳，又有彌陀威德加被，解諸眾聲，想當然耳。	釋無名句文身疑

	重要。八音萬籟。謂之無名句文身。但會其趣。各成音律。此處諸聲當為無名句文身。其音各隨衆生之識而轉。靡不領悟。華嚴經曰。一音具衆音聲海。隨諸衆生意樂音是也。色香味觸。聲音俱無。亦是說法。有感斯通。皆在言外。又奚拘泥天樂鳥樹必作人言耶。況往生者。俱具天耳。又有彌陀威德加被。解諸衆聲。復何疑哉。			
彼佛國土。無三惡道。	經云。無三惡道。顯然尚有三善道。如是得非仍居六道。未出輪迴歟。曰否否。蓋往生之人。程度既不相同。說法自分次第。娑婆本師。法分五乘而演。極樂慈父。為契群機。亦必如是而說。初機衆生。未得無漏智慧。只解人天之法。便同人天。迨聞修開悟以後。果證聲緣菩薩。方稱聖者。魏唐所譯大本云。彼佛國淨土。本無人天之別。惟順餘方。示有三界。據此。可知一生極樂。確超輪迴。	頁151～152	彼國淨土。本無人天之別，惟順餘方，示有三界。據此。可知一生極樂。確超輪迴。	釋人天未出疑：隨順餘方，示有三界

| 自然皆生念佛、念法、念僧之心。 | 往生眾生。功有深淺。根有利鈍。大德於生前先已證果。報盡往生者。固所多有。而凡夫具足惑業。於命將終。十念往生者。亦不乏人。所以九品邊地。顯示往生種種不同。有得有證者往生。可不論已。而功淺十念之流。雖得往生。在未聞法要以前。豈非惑業具足。仍同凡夫。故此法門。曰帶業往生。見佛聞法。此分心念三寶。文有二處。須分別觀。一皆悉念佛念法念僧。一自然皆生念佛念法念僧之心。前者初聞。尚屬勉強。後係澈悟。乃歸自然。以六塵說法之後。自得心開也。到此境界。不但娑婆之六塵。不繫於心。即極樂之六塵。亦不繫於心矣。且眾生之不能出離三界。為纏於分別俱生見思二惑耳。既自然而然心念三寶。是二惑漸斷。階入聖域。從此而後。始能得到蒙佛授記。一生補處。 | 頁152～154 | 此分心念三寶，文有二處，須分別觀。一皆悉念佛念法念僧；一自然皆生念佛念法念僧之心。前者初聞。尚屬勉強；後係澈悟。乃歸自然。既自然心念三寶，是二惑漸斷，足見乃惑業具足往生，故此法門，曰帶業往生。又六塵說法。共有三分。其間尚含有勝處加行、供佛功德、以及真實證得等事。各有次第，義至微要。初享樂色香觸塵之時此定已就；再享樂味塵之時供他方佛授記；復普薰三七道品證得自然念三寶心，而多 | 六塵說法三分、自然心念三寶 |

	按本經六塵說法。共有三分。其間尚含有勝處加行。供佛功德。以及真實證得等事。各有次第。義至微要。其初先成四種淨觀。眾生享樂色香觸塵之時。指出寶池蓮花四色四光。此四色光。乃修八勝處定之四種淨觀色。其法略謂觀外青色。轉變自在。使少為多。使多為少。於所見之青相。不起法愛。餘黃赤白。亦復如是。觀想既成。此定已就。必久精勤。非可率得。彼土眾生。徜徉池上。四色蓮花。形如車輪。小則十里。乃至六十萬里。一花觸眼。淨觀已成。此世數十寒暑苦功。尚多杳茫。彼土剎那遊戲。便得於無意之間也。再則獲勝功德。於享樂味塵之時。先承神足。供他方佛。誠以厚植福慧。要須遍事多佛。聞法悟證。獲得授記。釋迦世尊。於過去劫。得值八百四千萬億那由他諸佛。悉皆供養承事。觀世音菩薩。亦曾侍多千億佛。	有一生補處。	

	發大清淨願。各經典中。諸佛菩薩。類如此事。不一而足。然必歷經多劫。方能成辦。娑婆凡夫。生逢無佛。欲植功德。實莫所由。彼土衆生。常以清旦盛花。供養十萬億佛。一食之頃。圓滿廣大功德。復時時處處。普薰以三七道品。終使衆生。證得自然念三寶心。而多有一生補處也。			
佛德無量分第六 彼佛光明無量。照十方國。	各註釋家。每將彌陀光明所照世界。舉出數目。此只是頂上圓光耳。若所放之光。則不能以算數計量。曰無量。曰照十方國。分明盡虛空遍法界皆涵蓋在內。大本彼佛所放光明。照遍東方恆沙佛刹。南西北方。四維上下。亦復如是。觀經彼佛圓光。如百億三千大千世界。於圓光中。有百萬億那由他恆河沙化佛。亦有衆鳥無數化菩薩。以為侍者。無量壽佛。有八萬四千相。一一相中。各有八萬四千隨形好。一一好中。復有八萬四千光明。一一光明。遍照十方世界念	頁154～155	若所放之光。則不能以算數計量。曰無量。曰照十方國。分明盡虛空遍法界皆涵蓋在內。娑婆極樂，距十萬億土，以此土當在彌陀光攝之中。有光斯有化佛，化佛與法佛報佛。一而三三而一也。	釋往生方侍彌陀疑：一念相應、浸入慈光

	佛眾生。攝取不捨。然則娑婆極樂。距十萬億土。何得云遠。以此土當在彌陀光攝之中。有光斯有化佛。化佛與法佛報佛。一而三三而一也。念佛之人。一念相應。即浸入彌陀光海。得與化佛為侶。奚必曰。命終往生。方侍彌陀哉。			
彼佛壽命。及其人民。無量無邊。阿僧祇劫。	只說壽命長久。不說永不變滅。得非仍有生死耶。曰彌陀壽命。焉有限量。因經謂阿彌陀佛。今現在說法。既云現在。顯然尚未入於涅槃。在此時期。權云有此一段壽命。人民指往生未證補處者言。已無分段生死。尚有變易生死。故仍可曰壽命。蓋諸有漏（漏者煩惱異名。漏泄又留住之義。令三毒常由六根漏出、留住三界。）十善五戒五逆十惡等善惡業因。由我執以為助緣。感得六道輪迴果報身。是凡夫之分段生死。諸無漏（反於有漏）善。如戒定慧等業因。由未斷法執以為助緣。感得三界	頁155～157	因經謂阿彌陀佛，今現在說法。在此時期，權云有此一段壽命；人民指往生未證補處者言。已無分段生死，尚有變易生死，故仍可曰壽命。又具縛凡夫，未斷諸惑，由念佛力，得生西方，是以有漏心，亦感得三界外之淨土；較諸修他法門，必斷諸惑，方能證得，已大便宜。	釋壽命有量疑：具縛生死凡夫、乘佛慈力加被、感三界外淨土

	以外之淨土果報身。是斷見思二惑羅漢聖者之變易生死。即地前菩薩未破塵沙。十地未破根本無明。尚得稱曰。有變易生死。因其迷想漸滅。證悟漸增。迷悟遷移。亦是無常。故皆曰變易。然與四生（胎卵溼化）流轉者則迴不同。而具縛凡夫。未斷諸惑。由念佛力。得生西方。是以有漏心。亦感得三界外之淨土。較諸修他法門。必斷諸惑。方能證得。已大便宜。以彼限於壽命。惑未曾斷。不免分段生死。動經僧祇耳。		
成佛以來。於今十劫。	此特為壽命長久之句。提出證明。未來者說固難知。已往者舉徵可信也。	頁157	此特為壽命長久之句，提出證明。	證壽長久
往生發願分第七 其中多有一生補處。	前文曰皆是阿鞞跋致。乃全稱肯定之辭。此曰多有一生補處。乃不盡然之謂。然則一生不得補處。是有二生多生歟。曰既經變易生死。可曰有二生多生。但除此以外。尚有二說。大本四十八願。設我得佛。他方佛土諸菩薩眾。來生我國。究竟必	頁157～158	多有一生補處？曰既經變易生死，可曰有二生多生。尚有二說：除其本願，以大宏誓願，入生死界；除上根利器，一生補處，他根尚須	多有一生補處疑：根鈍變易多生、本願他方度眾

	至一生補處。除其本願。自在所化。為度脫一切衆生故。遍遊佛國。修菩薩行者。雖生他國。終不受三途苦。永不退失善根。又云。彼國菩薩。皆當究竟一生補處。除其夙願為衆生故。以大宏誓願。入生死界。度脫有情。隨意而作佛事。即不一生補處矣。此一說也。至上根利器。見佛聞法。直證菩提。猶宗門頓悟。不歷祇劫。即至一生補處矣。他根尚須漸修。幾經變易。此又一說也。		漸修,幾經變易,故云「多有」。	
修持正行分第八 不可以少善根福德因緣。得生彼國。	大本觀經。俱云臨終十念。即得往生。此處何以又曰。不可以少善根福德因緣。得生彼國乎。蓋佛力固不可思議。而衆生業力。亦是不可思議。是以同為念佛之人。有生有不生。非佛不普加垂引。其不生者。乃為業力所障。如人行日下。手掩其目。不睹光明。實自遮蔽。非日不照。故修淨者。必須持戒修福。非戒福可得往生。藉戒福	頁158～159	蓋佛力固不可思議,而衆生業力,亦是不可思議,故藉戒福以消障。帶業往生,乃識田含藏之舊種子,無由而起現行;念佛之新種子,先起現行,故得往生。舊種未斷滅。故曰帶業。與此不相違。	不可以少善根福德因緣疑：持戒消障、增長佛種、帶業往生

	以消障也。或謂如是說者。便與帶業往生之義有乖。曰是不然。帶業往生者。乃識田含藏之舊種子。不加增上緣。無由而起現行。念佛之新種子。淨緣常薰。念念增長。先起現行。故得往生。舊種仍未斷滅。故曰帶業。若誤解此旨。往生有礙矣。本經揭出此義。特促後學猛醒。讀者不可不三致意焉。		
執持名號	修淨本有實相、觀想、觀像、持名四法。而三經亦各有其專主。大本主廣修功德。觀經主以心作觀。小本主執持名號。各有妙用。各有難易。其間雖有相通之處。究各有其本質。不必一定兼修。多招費力。本經不云其他。只言持名。顯標此是單行一門。故古德多有主張單持聖號一法。近代靈巖印光大師。亦主此說。所謂徑中又徑。而其要訣。全在心念、口誦、耳聽。三處相應。自入三昧。清妙空大師十二字念訣。口念、耳	頁159～160	三經亦各有其專主。不必一定兼修。本經只言持名，顯標是單行一門。所謂徑中又徑，其要訣：心念、口誦、耳聽。三處相應，自入三昧。	持名要訣：心念、口誦、耳聽

	聽。心念、心聽。神念、神聽。若至神念神聽。豈非寂之至照之至。即心念心聽。已是六根都攝。能口念耳聽。了了分明。不散不昏。便是不亂境界。得手功夫。夫復何疑。正是歸來坐對梅花嗅。春到枝頭已十分。			
若一日至一心不亂。	七日為時少也。不亂定也。此克期頓證得定之法。為持名功行之極則。古人謂有理與事一心不亂之別。今亦可就功與行兩端而分之。先以功一心不亂言之。按梵語之訓定有三。一曰三摩地。此云等持。謂心住一境。平等維持。但於境轉故通定散兩位。二曰三摩缽底。此云等至。身心安和謂之等定。能令至此平等位。是定非散。三曰三摩呬哆。此云等引。謂等至之心。能引功德。亦是定非散。又修止有種種行相。按雜集論謂最初攝所緣。繫於內心。故曰內住。其次相續內緣心動漸細。等似於住。故曰等住。其三	頁160〜162	以功一心不亂言之，修止至第九行相，方入等持。或謂持名至一心不亂，即同等持。而等持實非深定，卻已操往生左券。較諸通途法門，難易判然。果能心念口誦耳聽。不必如止觀次第而進，一入手便直超等持。縱不至此境界，但信願具足，亦得往生。言行一心不亂，萬事隨緣，厭離娑	釋一心不亂：功一心不亂，用則同等持；行一心不亂，生淨域蓮胎

	若念外馳。即復斂念。令其安住。故曰安住。其四經上三度。能令心不外散。常依所念而住。故曰近住。其五由於所緣色等散心起過患想。而調伏其心。令不流散。故曰調順。其六由於所起惡覺散心深見過患。而攝伏其心。令不流散。故曰寂靜。其七所有散心率爾起時。即便制伏。令不更起。故曰最極寂靜。其八於此精勤加行。無間無缺。相續安住勝三摩地。故曰專注一境。其九如是善修習故。不由加行。遠離功用。定心相續。離散亂轉。故曰平等攝持。此九種行。初之四行。為一階段。從第五起工夫漸深。至第七又為一階段。此後發起身心輕安。至第九而等持成矣。觀此則修止至第九行相。方入等持。或謂持名至一心不亂。即同等持。而等持既通定散兩位。實非深定。已操往生左券。較諸通途法門。難易判然。果能心念口誦耳	婆，息心淨土。一句洪名，不事雜修，是為一心。是此土機緣已斷，淨域蓮胎已成。	

	聽。不必如止觀次第而進。一入手便直超等持矣。縱不至此境界。只信願具足。亦得往生。不過仍希眾生取法乎上而已。 復次。則言行一心不亂。萬事隨緣。不取不著。厭離娑婆。息心淨土。一句洪名。不事雜修。是為一心。富貴不淫。貧賤不移。威武不屈。恩愛不牽。怨讎不憎。此身尚覺為累。況乎身外。是為不亂。念常爾者。是此土機緣已斷。淨域蓮胎已成矣。			
是人終時。 心不顛倒。	修行之人。亦有臨終之時。往生一事作不得主。或生恐怖。或起貪戀。正念一失。便忘念佛。皆由平素工夫不切。至此心便顛倒。發生障礙。佛雖慈悲。亦不相應。非佛不來。乃是自不肯去。咎誰歸歟。若然十念往生者。平素有何工夫。何有一心不亂。須知是人夙生定有善根。臨終方遇大善知識。前來開示。教以念佛。初聞能信。直下念佛。撒手萬緣。自	頁 162～163	修行之人，臨終之時，往生一事作不得主，皆由平素工夫不切，至此心便顛倒。十念往生者，夙生定有善根。故平素不能作到功一心不亂，而行一心不亂，卻要薰多量種子。	平素一心不亂，臨終方不顛倒

	己肯去。信願行三。一時具足。便成心不顛倒。故能相應。得以往生。惟此亦是偶然之事。種種因緣。必皆湊巧。未可借口以圖徼倖也。行者平素縱不能作到功一心不亂。而行一心不亂。卻要薰成多量種子。方不致唐捐其功。前文必勸以一心不亂者。正防臨終顛倒害事耳。			
同讚勸信分第九 當信是稱讚不可思議功德一切諸佛所護念經。	今人不信淨土法門。或輕視之。本不足異。坐井觀天。拘於見也。是法超出八萬四千法門之外。名曰門餘大道。看似平常。理實微妙。當時與會諸賢。尚且如聾似啞。無一人啓請宣說。豈後世執深小智之人。所堪了解。六方諸佛。同出證讚。足徵惟佛與佛。乃能究盡。凡測聖界。直等盲人數星。蓋六字洪名。本如來果海實相。無上甚深。釋迦世尊。悲憫末法眾生障深孽重。雖說種種法門。各有畏難。終尟成就。乃以澈底悲心。運用善巧。教持名	頁 163〜165	淨土法門超出八萬四千法門之外，故名曰門餘大道。六方諸佛，同出證讚，足徵惟佛與佛，乃能究盡。蓋六字洪名，本如來果海實相。教持名號，借果修因，以果能攝因，因亦該果。纔念一句洪名，早契彌陀三昧果海。一念成佛，至為奇特，所謂不可	諸佛護念：專為證信、助一心；一稱彌陀，諸佛頓現

號。借果修因。以果能攝因。因亦該果。纔念一句洪名。早契彌陀三昧果海。一念成佛。至為奇特。所謂不可思議也。設可思議。當日世尊與六方諸佛。決定詳為演說矣。若必解後始信。恐須劫經僧祇。方有其分。豈非錯過。切願聞斯法者。依聖言量。生信起行。蓮邦非虛。彈指可現。但辦肯心。必不相賺也。

此段經文。不但專為證信。且能在助行者易得一心。蓋心亂者。皆是牽於欲塵。本經既為六方恆沙諸佛現身稱讚。後文又曰。是諸善男子善女人。皆為一切諸佛之所護念。是凡起心念佛時。即為六方恆沙諸佛現身稱讚護念時。一稱洪名。四維上下。遍現諸佛。行者身居其中。六根所接。無非皆佛。有塵皆淨。無欲不消。心縱外馳。仍不能超出佛境。能作如是觀想。不一而一矣。

古德云。修淨土者。雖專念一佛。但阿彌陀翻

思議。此段經文，不但專為證信，且能在助行者易得一心。六方恆沙諸佛現身稱讚，後文又曰：是諸善男子善女人，皆為一切諸佛之所護念，是念一佛，即為念無量諸佛，此就理上立言。今一稱彌陀，而六方恆沙諸佛，一時頓現，是事上確亦如此。是此法門，已盡虛空遍法界永無滅時。

	為無量。是念一佛。即為念無量諸佛。此不過就理上立言耳。今一稱彌陀。而六方恆沙諸佛。一時頓現。是事上確亦如此。持一佛名。既省心力。又節時間。便能於無量千萬佛所。遍種善根。獲不可思議無量功德。此等大便宜。聞而不修。真非狂即愚矣。 釋迦世尊。於此土勸修此種法門。六方恆沙佛土之佛。各於其國均勸其眾生亦修此種法門。此經在此土固為釋迦世尊所說。六方恆沙諸佛。既各於其國同聲讚勸。亦即六方恆沙諸佛所同演說。是此法門。已盡虛空遍法界矣。大本云。當來之世。經道滅盡。我以慈悲哀愍。特留此經。止住百歲。大集經云。過是以往。無量壽經亦滅。惟餘阿彌陀佛四字。師地論云。劫盡之時。阿彌陀佛四字。世間無能念全。經論所云。不過皆指此土而言。若夫本經。既已普遍恆沙佛		

	土。乃是永無滅時。此法門之偉大莊嚴功德光壽。尚有出其上者耶。			
聞法信願分第十 聞是經受持者至皆得不退轉於阿耨多羅三藐三菩提。	聞經受持。發願往生。志切生死。固得不退菩提。至於受持而心存福報。及僅聞佛名之人。如何亦能不退菩提乎。須知入芝蘭室。觀色嗅香。縱各不同。惟具有一蘭花印象。遇值三寶。求福求慧。雖亦有殊。必當存有三寶觀念。仗此觀念。薰入識田。種子遲早總起現行。況又有諸佛護念之力。故曰皆得不退菩提。夫復何疑。此處聞經受持。聞諸佛名。皆為諸佛護念。是一種利益。皆得不退轉於阿耨多羅三藐三菩提。又是一種利益。經云。若能歸依三寶。受持一佛名者。現世當獲十種勝利。（一者晝夜常得一切諸天大力神將隱形護守。二者常得觀音等二十五大菩薩而為保祐。三者常為諸佛晝夜護念。阿彌陀佛常放光明攝受此人。四者一切惡鬼夜叉羅刹皆不能	頁166～167	存有三寶觀念，仗此觀念，薰入識田。種子遲早總起現行。況又有諸佛護念之力，故曰皆得不退菩提。此處聞經受持，聞諸佛名，皆為諸佛護念，是一種現世利益；皆得不退轉於阿耨多羅三藐三菩提，又是一種將來利益。	釋受持不退疑：散心得究竟不退

	害、毒蛇毒藥悉不能中。五者水火冤賊刀兵槍砲枴械牢獄橫死悉不能受。六者先作罪業悉皆消滅。七者夜夢吉祥、或見阿彌陀佛勝妙金身。八者心常歡喜、顏色光澤、氣力充盛、所作吉祥。九者常為世間一切人民恭敬禮拜、猶如敬佛。十者臨命終時心無怖畏、正念現前、西方三聖金臺接引往生淨土、蓮花化生受勝妙樂。）即為諸佛護念之功。乃現世所獲利益也。一旦種子發起現行。心羨極樂。念即往生。萬修萬去。生皆阿鞞跋致。即為不退轉於阿耨多羅三藐三菩提之功。乃將來所獲利益也。		
已發願、今發願、當發願。	前文所云聞者。自係初聞起信。所云受持。亦只誦持而已。然亦獲得大益。但此等初機。或心止福報。於微妙大道。不敢承當。則辜負世尊徹底悲心究竟度生本懷。故特標出欲生極樂並非艱難。能於信行之外再加發願。即可成辦。信願行三。如鼎三足。缺一不可。三者具	頁167～168	初機不敢承當，故特標出欲生極樂但得信願行三具備，定得往生。下文若已生若今生若當生三句，證凡發願者，皆必得生；亦證欲生者，必須發願。此一分先	須具信願行、因位即不退

	備。定得往生。下文若 已生若今生若當生三 句。證明凡發願者。皆 得往生。亦即是證明欲 往生者。必須發願。去 來今之學人而得往生 者。無不如是修也。 無上正等正覺。有因果 之別。在信解行時為因 地。在證後為果地。此 一分之先後兩段所言 三藐三菩提。皆指因 地。故曰不退轉。若夫 已到果位。尚何有退轉 可言哉。		後兩段所言三 藐三菩提，皆 指因地，故曰 不退轉。	
互讚感發分 第十一 如我今者稱 讚諸佛不可 思議功德。	淨土法門。唯佛究盡。 人天聲緣事度菩薩。漸 修大士。皆不能知。故 不置信。諸佛證明讚勸 以後。聞者方始歡喜信 受。是諸佛不可思議功 德一也。諸佛說誠實 言。教勸恆沙佛土眾生 信是經典。而是經因以 普宣恆沙佛土。是諸佛 不可思議功德二也。諸 佛護念此經。因而護念 受持之人。是諸佛不可 思議功德三也。諸佛為 護念此經。因以名彰。 為眾生所聞。得以不退 轉於阿耨多羅三藐三菩 提。是諸佛不可思議功	頁 168～169	諸佛證明讚 勸，聞者始歡 喜信受，是諸 佛不可思議 功德一。是經 因以普宣恆 沙佛土，是諸 佛不可思議 功德二。諸佛 護念此經，因 而護念受持 人，是諸佛不 可思議功德 三。諸佛為護 念此經，因以 名彰，為眾生 所聞，得以不 退轉於阿耨	明讚歎功德

	德四也。全文見於本經第九第十兩分中。皆係釋迦世尊金口宣揚。稱讚諸佛功德之語。		多羅三藐三菩提，是諸佛不可思議功德四。	
能於娑婆國土至是為甚難。	娑婆國土之眾生。若透視之。其行無非殺盜淫妄。其心全是貪瞋癡疑。是以人與人、家與家、國與國。形成爾虞我詐。傾壓排擠。弱肉強食之習俗。考究古今中外歷史。一切生類。無日不在擾亂悲慘中。不過禍亂發生不在一地而已。居於此等世界。飢寒窘困。炎涼橫加。暴力逼迫。刀兵賊戕。智人雖有厭離覺心。甚少安修緣分。縱得小安之境。又為五欲誘惑。六塵牽纏。心不作主。隨順流轉。終不能躍然跳出。是此世界不問境遇順逆。皆多障道。古德云。愛不重不生娑婆。以本有無始以來雜妄薰習。恆與身俱之俱生見思二惑。再加生後邪師邪教邪思薰成之分別見思二惑。二者封蔽。愈蔽愈迷。愈迷愈蔽。以故沉溺其間。不能自拔。世尊慈憫。演	頁169～171	「甚難」之說，是暗示此世眾生欲求出要，惟有淨土法門，尚有其分。世尊亦且自承得證甚難，末法眾生，捨此不修，是乃自棄。諸佛作證以後。釋迦世尊仍具婆心，再重提警一句，為一切世間說此難信之法，即暗示一切世間有情，其智均不及此。經曰：依法不依人，吾輩只宜依經為準。	示娑婆修證難、警世人依經行

	說種種法門。不外教人斷惑。惑斷真即顯矣。斯之謂解脫。而真能斷惑。豈易言哉。達摩祖師云。了此心源。妄念不生。我所心滅。定得無生。復云。聞而能行者。恆沙眾中。莫過有一。行而能到者。億萬劫中。希有一人。橫說空間之廣。豎說時間之長。能依法起修。修而能證者。不幾近龜毛兔角。而況此土。種種障緣乎。釋迦世尊。偏能於此成佛。此難非復尋常。讀經至此。切勿視作普通讚語。滑口而過。要起警覺心。知是暗示此世眾生欲求出要。惟有淨土法門。尚有其分。如修他法。便等蟻子上山矣。世尊亦且自承得證甚難。末法眾生。捨此不修。自量智慧忍力。得非上齊佛祖歟。 四土九界。一切世間有情。論到智慧。其中自多超絕之流。然諸惑不斷。二障未消。總不能澈證真實。如與佛智相較。何啻螢火之與日		

| | 光。淨土法門微妙之義。彼等世智。決難窺量。不解其然。或有笑道。吾人若遇此流。誤為知識。隨其知見。以為轉移。則恐如意寶珠。輕輕棄去。故釋迦世尊在諸佛作證以後。仍具婆心。再重提警一句。為一切世間說此難信之法。即是暗示一切世間有情。其智均不及此。經曰。依法不依人。吾輩只宜依經為準。一切坐井觀天之有情。未足取法也。 | | | |
| 流通普度分第十二 歡喜信受。 | 世尊說已。一切與會之菩薩聲緣。無量諸天。無量大眾。頓然悟入。疑情全消。故歡喜也。 | 頁171 | 一切與會無量大眾，頓然悟入，疑情全消，故歡喜也。 | 疑消得悟 |

第三節　淨土思想實踐

　　雪廬居士之於淨土法門，不僅止於思想上之研究，或僅為一傑出之思想家而已，其同時亦為一卓越之教育家，故能將淨土思想弘遍寶島各地，又與一般學者不同之處，居士同時又為一宗教家，故能實踐「宗教經驗」，即有實際之修持，以自利利他。居士對於淨土思想之實踐，可約自行及化他兩端探討之：

一、自行方面：憶佛念佛，必定見佛

　　雪廬居士早年即受菩薩戒，一生以《梵網經》為言行依止，四十年如一日，早晚二課念佛不斷，精勤度眾，實踐宗教家慈悲度眾之本懷。對於落實念佛方法，著〈當生成就之佛法〉一文，[73]訂定最簡單之早晚二課課程及十口氣之簡易念佛方法。

　　就念佛之最簡單的早晚二課課程，居士所訂定之方法如下：

(一) 那摩大慈大悲本師釋迦牟尼佛（一稱一拜或只合掌）

(二) 那摩大慈大悲阿彌陀佛（如前拜稱）

(三) 那摩阿彌陀佛（不必禮拜，但恭敬念去。跪念、坐念、立念、皆可。至少百聲。千聲、萬聲，以個人功夫忙閒而定。只宜由少增多，不宜由多退少。）

(四) 那摩觀世音菩薩（一稱一拜）

(五) 那摩大勢至菩薩（一稱一拜。觀音、勢至，為彌陀左右脇士，統稱西方三聖。念完了佛，理當要拜的。）

(六) 那摩清淨大海眾菩薩（一稱一拜。極樂世界有很多的菩薩，將來皆是我的師友，也應當要拜的。）

(七) 願以此功德，莊嚴佛淨土，上報四重恩，下濟三途苦，若有見聞者，悉發菩提心，盡此一報身，同生極樂國。（這是回向文，也就是說明我念佛的願力。願是必要發的。）

(八) 禮拜而退

　　（附註）以上功課，每天早晚兩次行之。洗手漱口，在佛像前焚香頂禮，照法念誦。如無佛像，或所住之處，不甚方便，不焚香

---

[73] 李炳南：〈當生成就之佛法〉，《李炳南老居士全集・佛學類之五弘護小品彙存》，台中：青蓮出版社，1985.3.，頁 264~265.

頂禮亦可。但面向西方，心存恭敬，功德也是一樣。再者，凡括弧以內之小字不念。

至於念十口氣的方法，居士訂定如下：

盡一口氣，念「那摩阿彌陀佛」三五聲，或六七聲，共念十口氣，仍念回向文一遍，一拜而退。

（附註）這是為了很忙的人，想的一個法子，費時不過五分鐘。最要緊就是天天一早一晚去作，萬不可間斷。有佛像對著佛像去作，沒佛像就面向西方去作。

以上兩個念佛式子，皆是為忙人訂的。若有閑工夫，可在第一個式子第二項以後，念《阿彌陀經》一卷，往生咒三遍，讚佛偈一遍，（課誦本內全有記載）那是更好。這是最簡單、最合實際、決定成功的佛法。

如上可見雪廬居士為在家眾所訂定之早晚功課，實可依日常忙碌與否，而有所增減。若非常忙碌之人，則可以盡十口氣念佛，末後回向往生，日日若能不間斷，功必不唐捐。

正行則以念佛為主，念佛法門可分為念佛與憶佛兩種。念佛乃念茲在茲，即心繫於佛號上，初學者，未如久修大士，坐也彌陀，行也彌陀，無礙一切資生事業，故須擇一場所，全神貫注於念佛之上，俾得一心。至於憶佛者，如在家眾，為營生而忙碌，無法時時坐定念佛，佛法有方便法，即以憶佛來修行。所謂憶佛即明記不忘，行住坐臥，穿衣吃飯皆不許忘，即便如廁不淨處，心中也要有佛，皆要記得清楚明白，如眾生忘不了「吃」一樣[74]，觀一切皆是阿彌陀佛變化所作，久之亦能轉染緣成淨增上緣，加強往生信願。

---

[74] 李炳南：〈戊午新春結七念佛開示〉，《明倫月刊》，第 74 期，頁 5.

　　念佛又可分為定課與散課二種，定課或朝暮二時，或再加入任
何一時段皆可。作此定課時，以坐姿為佳，必求心定不亂，課畢即
回向。至於散課則於定課以外，只要閒暇之餘，不論行住坐臥，皆
可行持，念佛數量多少不定，[75]於一次停止時即回向，[76]要把握
不論穿衣吃飯，一切施為，心中佛號清楚，皆為往生而念佛之原
則。[77]務必定課能求證一心，散課能淨念相繼為原則。

　　就定課而言，居士於《義蘊》中揭示，念佛應求一心不亂，然
亦分功一心不亂與行一心不亂，定課尤應以功一心不亂為目標，已
於前一節詳釋其內容。居士對於念佛時應注重之態度及細節，可參
見居士佛七念佛開示，如於〈戊午年靈山寺佛七開示〉指出念佛得
一心之方法：[78]

（一）第一層功夫：竭誠恭敬

　　居士以「恭敬為趣菩提之秘訣」，若不能生起恭敬之心，則為
貪心、慢心等見思惑障礙，無法與佛力感應道交，因此居士特別指
出，臨終實是吾人一心求佛接引，因此心中若存一分懈怠、輕慢之
心，則必不得一心，因此於所處之環境，一一作佛觀想，則自然能
生起恭敬之心。

75　李炳南：〈佛學問答其一一二〉，《明倫月刊》，第 281 期，頁 22.
76　李炳南：〈佛學問答其五十〉，《明倫月刊》，第 215 期，頁 12.
77　吳希仁：〈憶雪公外儒內佛的風範〉，《明倫月刊》，第 263 期，頁 50.
78　李炳南：〈戊午年靈山寺佛七開示之一〉，《修學法要》，台中：青蓮出版社，
　　頁 213~214.

（二）第二層功夫：萬緣放下

所謂萬緣即是妄想，一個妄想即是一個輪迴的生死種子，即是一個見思惑。心隨妄想紛飛，故無法安住於佛號上，便不能得一心不亂，因此一坐定念佛時，應當把平日之雜事外緣暫時放下，將心收於一處，繫於一句洪名之上。

（三）第三層功夫：自念自聽，了了分明

第三層功夫要心中有佛念，即能口誦、耳聽、心念，句句分明，若心中不念佛，則起妄念，如此自念自聽，字字緊靠，勿打失一句。

（四）第四層功夫：淨念相繼，心佛交融

吾人心念佛時，當令全無雜聲，單存佛號之音，此時心聲與佛光交融，我即彌陀，彌陀即我，至此則一心功成。

除正行之外，必得配合助功，以正功雖然為對治妄念直截了當之法，然眾生無始劫來，煩惱習深，妄念紛飛，欲以一句洪名逼拶，欲無妄想，難以成辦，故應輔以助行，俾能得行一心不亂。又助功包括三種：[79]

（一）持戒修福，萬善回向

即應嚴持戒律，使不造新殃，並應日日內省己惡，誠心懺悔，以消舊業；更應眾善奉行，隨喜讚歎，並能萬善回向西方，身口意皆能與佛心相應，使三業皆能安住於淨業上。此乃站在行持上而

---

[79] 李炳南：〈戊午年靈山寺佛七開示之一〉，《修學法要》，台中：青蓮出版社，頁 214~215.

言，然須通曉道理，方能如法修持，分判是非，故應包括讀誦一切大乘經典，不使外緣惑亂往生之心；富貴不能淫、貧賤不能移、威武不能屈，俾能一心不亂。

（二）欣求極樂，厭離娑婆

於日常生活中，不論食、衣、住、行，凡娑婆種種，皆觀為染緣，而生厭離心；至於淨土三經中，所說極樂種種殊勝，皆視為清淨而欣羨之。厭離則無貪戀之心，欣羨則增長求生之願。欣厭至極，則已非娑婆久客，雖未登極樂，卻早是蓮邦嘉賓。

（三）若起妄念，急壓佛號

念佛不得一心，以妄念紛飛之故，欲斷惑誠恐不易，如《涅槃經》所云：「須陀洹斷見惑，如截四十里流」，故法門巧妙安排，僅須伏惑即可。古德云：「不怕念起，只怕覺遲。」若一起妄念，則投以數聲佛號，如石壓草，久之惑自不起，亦方便得一心，待生西後，再去斷惑。

觀居士一生定課不斷，雖公務繁忙，亦能把握零碎時間念佛，所以坐也阿彌陀，行也阿彌陀，其開示念佛之要旨，不外乎要學人能於此洪名「生處轉熟」，而對於外緣，則要能「熟處轉生」，除定課專求一心外，亦鼓勵大眾剋期取證，故常於佛七法會開示行持法要；而平日散課，亦要把握「淨念相繼」的原則，再加憶佛之功夫，使心與佛能打成一片，助淨業早日成就。雪廬居士，一生念佛功深，末後預知時至，自在往生，以顯其淨土念佛思想並非妄言，親證世尊「憶佛、念佛，現前、當來，必定見佛」之真實語。

以下歸納雪廬居士之正助雙修體系，並表解之：

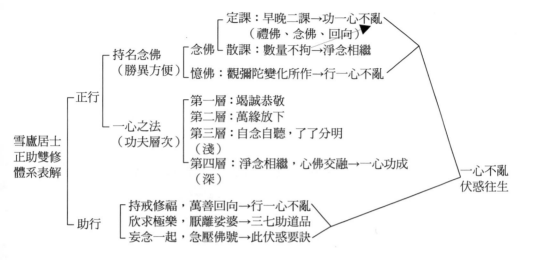

二、化他方面：未減清光照，不惜自焚身

　　雪廬居士對於淨土思想之實踐，除自行求往生外，更兼度化有情往生極樂。居士一生行持，歸納起來，可以「廣學三藏教，不改彌陀行」[80]來概括其自度度他之行相，此即居士一生力行之目標。由第三章雪廬居士的佛學思想研究，知居士一生廣學三藏教，亦廣弘三藏教，然其旨趣則處處指歸淨土，一生講經說法，辦理大專講座，種種弘法事業，皆為接引眾生歸於蓮邦；尤特重念佛，除講經弘法外，亦設念佛班、念佛會，成立助念團，更重視臨終助念，故往生者眾多。自 60 歲浮海度台後，近 40 年之歲月，度眾不餘遺力，

---

[80] 吳思飛：〈廣學三藏教不改彌陀行──雪廬老人對佛教八宗的看法〉，《明倫月刊》，306 期，頁 24.

居士此種「不惜自焚身」的精神，及其貢獻，至今仍「未滅清光照」。
對於雪廬居士一生行述及其貢獻，則於第五章專章探究，茲不贅述。

第四節　「消業往生」商兌

　　淨土念佛法門三根普被，利鈍全收，鈍根全未斷惑者，若具信
願，臨終不顛倒，則可伏惑往生；反之，縱根利位至等覺菩薩，如
文殊、普賢菩薩者，皆已斷盡見思、塵沙諸惑，尚留有一品生相無
明未斷，遂仍有一品變易生死未了，然不礙往生極樂破盡無明惑，
於最後一生圓滿佛果。故知除佛以下，皆有惑未盡，既有惑，則必
有業，如二乘之無漏業及菩薩之亦有漏亦無漏業，感生方便有餘
土，法身菩薩之非有漏非無漏業，則感實報莊嚴土，更何況具縛凡
夫之有漏業，必招感六道輪迴之果報，若然者仍可帶業往生，可見
「帶業往生」不僅是末世根鈍眾生出離苦海之理論依據，更是淨宗
特別殊勝之處。

　　佛法八萬四千法門，門門皆可了生脫死。但求最穩當，最易行，
功效最高，自推彌陀淨土法門，此法最契末世眾生根機，雪廬居士
亦云：「吾人所學佛法，須審時觀機而定，若非至利之機，應以三
時擇取：一於正法時期，以戒成就。二於像法時期，以禪成就。三
於末法時期，以淨成就。今值末法，吾人自視非機，捨淨土一法，
莫能成也。此三時者，乃世尊金口所宣，垂訓後世，若謂此不足取，
將不知何者可以為訓矣。」[81]今日正值末法時期，鬥諍堅固，近有

81　李炳南：《李炳南老居士全集・弘護小品彙存・略舉四宗修持及成就難易》，

旅居海外之密教行者，慈悲心切，發願要作四十八次演講「淨土五經會通」，又惟恐淨宗學人，以為依仗「帶業往生」，故一面念佛，卻又造新業，故不惜人力，遍查大藏，乃因於大藏經中，無「帶業往生」一詞，遂否定「帶業往生」之說，而主「消業往生」。此說乍見之下，立意雖美，卻有違教義，甚至動搖淨業行者往生信心，故擬以教典為文本，再加以古德之說，終以雪廬居士對於帶業往生之見地為歸趣，藉之掃蕩偏邪，匡扶佛法正義。

一、淨土五經帶業往生之引證

　　淨土宗專講彌陀淨土的經典以淨土五經為主，即《佛說阿彌陀經》（以下簡稱《彌陀經》）、《佛說無量壽佛經》（以下簡稱《無量壽經》）、《觀無量壽佛經》（以下簡稱《十六觀經》）、〈普賢行願品〉、〈大勢至菩薩念佛圓通章〉，雖各經側重不盡相同，然對於淨土念佛法門多能互相闡發。「帶業往生」一詞雖不明載於經文，然密義卻透於字裡行間，故此依淨土五經，略作整理，並分析其「帶業往生」之意涵，以為批駁「帶業往生」之反證，並指出「消業往生」之謬誤。

　　（一）《彌陀經》

　　就《彌陀經》而言，經中有關帶業往生之文句，由諸經及諸祖之註解，可以顯發帶業往生之意，略舉如下：

頁 361。又據《大悲經》：正法千年，像法千年，末法萬年。

（1）　《經》云：「有世界名曰極樂。」

　　《彌陀要解》：「今云極樂世界，正指同居淨土，亦即橫具上三淨土也。」

（2）　《經》云：「無有眾苦，但受諸樂。」

　　《彌陀要解》云：「同居五濁輕，無分段八苦，但受不病，不老，天食，天衣等樂。眾生，今且約人民言，以下下例上上也。」

（3）　《經》云：「是諸眾鳥，晝夜六時出和雅音，其音演暢五根、五力、七菩提分、八聖道分，如是等法。其土眾生，聞是音已，皆悉念佛念法念僧。」

　　《彌陀要解》：「故令聞者，發菩提心，伏滅煩惱也。」

（4）　《經》云：「彼佛壽命，及其人民，無量無邊阿僧祇劫。」

　　「彼佛有無量無邊聲聞弟子」、「諸菩薩眾」。

　　《彌陀要解》云：「不可思議，略有五義：（一）橫超三界，不俟斷惑。……（五）持一佛名，即為諸佛護念，不異持一切佛名。」

　　依《要解》釋之，不退有四義：一念不退，破無明，顯佛性，徑生實報，分證寂光。二行不退，見思既落，塵沙亦破，生方便土，進趨極果。三位不退，帶業往生，在同居土，蓮華託質，永離退緣。四畢竟不退，不論至心散心，有心無心，或解不解，但彌陀名號，或六方佛名，此經名字，一經於耳，假使千萬劫後，畢竟因斯度脫。又見《要解》云：上善一處，是生同居，即已橫生上三土。一生補佛，是位不退，即已圓證三不退。此處言位不退，帶業往生，在同居土，蓮華託質，永離退緣。復言深位菩薩，必皆求生淨土，以不離見佛，不離聞法，不離親近供養眾僧，乃能速疾圓滿菩提故。其中深位菩薩，必皆求生淨土，以仍有「業」故求生以利速成佛道也。

　　又同居眾生，以持名善根福德同佛故。圓淨四土，圓受諸樂。優入而從容，橫超而度越。又《要解》云，飯食經行者，念食食至，不假安排。食畢缽去，不勞舉拭。但經行金地，華樂娛樂，任運進修而已。此處既稱「眾生」，仍需「飯食經行」，可見極樂人民仍是帶業凡夫。又《要解》云由無量光義，故眾生生極樂即生十方。見阿彌陀佛即見十方諸佛。能自度即普利一切。又由無量壽義，故極樂人民，即是一生補處。皆定此生成佛，不至異生。此處「眾生」、「人民」，皆「不至異生」，可見往生之時，皆仍「有業」。又《要解》云，淨土殊勝，謂帶業往生，橫出三界。同居橫具四土，開顯四教法輪，眾生圓淨四土，圓見三身，圓證三不退，人民皆一生成佛。此處可知原來往生之「人民」皆因「橫出三界」與「橫具四土」故可「一生成佛」，而成佛方「業淨」，則往生之前，可推知尚未「業淨」，既未「業淨」，則其必然「帶業」。又《要解》云，阿鞞跋致，此云不退。一位不退，入聖流，不墮凡地。二行不退，恆度生，不墮二乘地。三念不退，心心流入薩婆若海。此處知往生後皆得「阿鞞跋致」，則可知往生之前，有未入「聖流」之凡夫；有未「恆度生」之二乘；有未「心心流入薩婆若海」之地前菩薩，故皆仍有業。

　　又《要解》云，諸上善人，俱會一處。若謂是凡夫，卻不歷異生，必補佛職，與觀音勢至無別。若謂是一生補處，卻可名凡夫，不可名等覺菩薩。此皆教網所不能收，剎網所不能例。此處「是凡夫」，雖「不歷異生」，卻仍「帶業」；「是一生補處」仍「可名凡夫」，因仍「惑業」滿滿。又《要解》云，事持者，信有西方阿彌陀佛，而未達是心作佛，是心是佛。但以決志願生故，如子憶母，無時暫忘。理持者，信西方阿彌陀佛是我心具，是我心造。即以自心所具所造洪名為繫心之境，令不暫忘也。又云，不論事持理持，持至伏

除煩惱，乃至見思先盡，皆事一心。又云，不論事持理持，持至心開見本性佛，皆理一心。此處不論是「事持」或「理持」，皆顯持名者，未斷盡惑業也。又《要解》云，釋迦一代時教，惟華嚴明一生圓滿。而一生圓滿之因，則末後普賢行願品中，十大願王導歸安養，且以此勸進華藏海眾。華嚴所稟，卻在此經。又云，當知積罪假使有體相者，盡虛空界不能容受。雖百年晝夜彌陀十萬，一一聲滅八十億劫生死重罪，然所滅罪如爪上土，未滅罪如大地土。唯念至一心不亂，則如健人突圍而出，非復三軍能制耳。

　　從以上所引經文及祖師註解，可知吾人往生的極樂世界，正指凡夫與聖人共居之「凡聖同居淨土」，既是凡夫，可知是帶業往生。彼處「無苦但樂」，仍有苦樂的分別執著，可知往生者仍是惑業未盡的凡夫；縱使無色界的四空天，已無物欲與色身的執著，但依舊是生死凡夫，四空天人尚且如此，何況苦樂愛憎分明的凡夫呢？既是帶業往生，因此仍須聽法學習，方有鳥樹演法。往生者既稱「人民」，可知是帶業去凡夫。除以上所引經文之外，又如經云：「是人終時，心不顛倒，即得往生，阿彌陀佛極樂國土」，可知臨命終時，因惑業未斷，仍有顛倒錯亂的可能，所以提出往生的絕對必要條件「心不顛倒」，才可保證「往生極樂」。這些都充分證明《佛說阿彌陀經》，蘊含「帶業往生」之密義。

　　（二）《無量壽經》

　　就《無量壽經》而言，經中有關帶業往生之文句，主要如彌陀大願所示：

設我得佛，國中天人壽終之後，復更三惡道者，不取正覺。

設我得佛，國中天人，不悉真金色者，不取正覺。

設我得佛，國中天人，形色不同有好醜者，不取正覺。

設我得佛，國中天人，不識宿命，下至知百千億那由他諸劫
　　　　事者，不取正覺。

設我得佛，國中天人，不得天眼，下至見百千億那由他諸佛
　　　　國者，不取正覺。

設我得佛，國中天人，不得天耳，下至聞百千億那由他諸佛
　　　　所說，不悉受持者，不取正覺。

設我得佛，國中天人，不得見他心智，下至知百千億那由他
　　　　諸佛國中眾生心念者，不取正覺。

設我得佛，國中天人，不得神足，於一念頃，下至不能超過
　　　　百千億那由他諸佛國者，不取正覺。

設我得佛，國中天人，若起想念貪計身者，不取正覺。

設我得佛，國中天人，不住定聚，必至滅度者，不取正覺。

設我得佛，國中天人，壽命無能限量，除其本願，修短自在。
　　　　若不爾者，不取正覺。

設我得佛，國中天人，乃至聞有不善名者，不取正覺。

設我得佛，國中天人，不悉成滿三十二大人相者，不取正覺。

設我得佛，國中天人，一切萬物，嚴淨光麗，形色殊特，窮
　　　　微極妙，無能稱量。其諸眾生，乃至逮得天眼，
　　　　有能明了，辯其名數者，不取正覺。

設我得佛，國中天人，欲得衣服，隨念即至，如佛所讚應法
　　　　妙服，自然在身。若有裁縫搗染浣濯者，不取正覺。

> 設我得佛，國中天人，所受快樂，不如漏盡比丘者，不取正覺。

以上十六個願，皆說天人之事，可見極樂人民仍有「天人」，而天人仍是未斷惑之凡夫，可知凡夫可到，必然帶業而往。

又經文中亦云帶業往生之例證，文句如下：

> 阿難！彼佛國土，諸往生者，具足如是清淨色身，諸妙音聲，神通功德。所處宮殿，衣服飲食，眾妙華香，莊嚴之具，猶第六天自然之物。若欲食時，七寶缽器，自然在前。金、銀、琉璃、硨磲、瑪瑙、珊瑚、琥珀、明月、真珠，如是諸缽，隨意而至。百味飲食，自然盈滿。雖有此食，實無食者，但見色聞香，意以為食，自然飽足。身心柔軟，無所味著，事已化去，時至復現。

見彼土往生之眾生仍有飲食，可知仍有飲食欲望，知其未斷見思惑，故知彼土眾生亦有帶業往生者，此間接之證明也。此外，另一段經文中有關帶業往生之文句如下：

> 佛告阿難：無量壽國，其諸天人，衣服、飲食、華香、瓔珞、繒蓋幢幡、微妙音聲、所居舍宅宮殿樓閣，稱其形色，高下大小，或一寶二寶，乃至無量眾寶，隨意所欲，應念即至。又以眾寶妙衣，遍布其地，一切天人踐之而行。無量寶網，彌覆佛土，皆以金縷真珠百千雜寶奇妙珍異，莊嚴校飾，周匝四面，垂以寶鈴，光色晃曜，盡極嚴麗，自然德風，徐起微動。其風調和，不寒不暑，溫涼柔軟，不遲不疾。吹諸羅網，及眾寶樹，演發無量微妙法音，流布萬種溫雅德香。其有聞者，塵勞垢習，自然不起。風觸其身，皆得快樂，譬如比丘，得滅盡三昧。

其中言「自然德風，徐起微動。……吹諸羅網，及眾寶樹，演發無量微妙法音，流布萬種溫雅德香。其有聞者，塵勞垢習，自然不起。」其土往生之天人眾，聞羅網及寶樹之法音時，「塵勞垢習」，自然不起，顯見天人眾仍未斷惑，故知彼亦帶業往生，此亦為帶業往生之另一間接證據。

（三）《十六觀經》

就《十六觀經》而言，經中有關帶業往生之文句：

就中品上生者，經云：「蓮華尋開，當華敷時，聞眾音聲讚歎四諦，應時即得阿羅漢道。三明六通，具八解脫。」顯見往生者未證四果，可證為帶業往生。

就中品中生者，經云：「在寶池中，經於七日，蓮華乃敷。華既敷已，開目合掌，讚歎世尊，聞法歡喜，得須陀洹，經半劫已，成阿羅漢。」顯見往生前未得須陀洹，可證帶業往生。

就中品下生者，經云：「經七日已，遇觀世音，及大勢至，聞法歡喜，得須陀洹，過一小劫，成阿羅漢。」顯見往生前未證須陀洹，可知帶業往生。

就下品下生者，經云：「於蓮華中，滿十二大劫，蓮華方開，觀世音，大勢至，以大悲音聲，為其廣說諸法實相，除滅罪法。聞已歡喜，應時即發菩提之心。」故知往生前，造重罪，臨終伏惑往生，至極樂修法懺罪，可證帶業往生。

（四）〈普賢行願品〉

　　《華嚴經・普賢行願品》普賢菩薩以等覺菩薩之尊，仍發願往生極樂，可見消業成佛之不易，故普勸華嚴海眾皆發願往生西土，滿菩提願。[82]以下經文可以證知：

　　如《經》云及若欲成就此功德門、應修十種廣大行願。[83]又「何等為十、一者禮敬諸佛、二者稱讚如來、三者廣修供養、四者懺悔業障、五者隨喜功德、六者請轉法輪、七者請佛住世、八者常隨佛學、九者恆順眾生、十者普皆迴向。」

　　願有十條，僅舉「懺悔業障」可以例知：人人皆應懺悔業障，若自以為無業障者，即是愚癡人。因普賢菩薩尚自念所造惡業，設有體相，盡虛空界不能容受。凡夫業重障深、詎可不懺。又者懺悔有能懺十心、所懺十心。佛法救度眾生，為令眾生知病服藥也。今生縱未造業、而擯過之業、已無量無邊、何況今生、難免不造、故應誠心懺悔。茲先舉所懺十心，次講能懺十心，所懺即所治順生死十心、此心如廁蟲樂廁、不覺不知。

　　(1)　妄計人我、起於身見：人我之義粗顯、依身見而起、以有我身故造業、設不計妄身妄我即顯法身真我。真我即大方廣、亦即菩提涅槃。妄計人我、故成鬥爭之本、增長無盡生死、此是所治第一身見心。

---

[82] 經上所講四十一位法身大士，是大菩薩們，為他們所講的。權教菩薩，小乘的阿羅漢、辟支佛、凡夫，不見亦不聞，是佛在定中所說的。

[83] 《普賢行願品親聞記》初句、指佛德、即圓滿果也。二句、示因相、即圓滿因也。謂欲成就如來圓滿果德、應修普賢十種圓滿因行也。（唐罽賓三藏般若奉詔譯；慈舟法師講述；剃度弟子比丘尼釋通方記錄；歸依弟子優婆夷沈國華記錄。）

(2) 具足煩惱、外遇惡緣、我心增盛：心中雖具足煩惱、若不遇外緣、業不能起、內因外緣和合、惡業成矣。外緣即依正二報也。「依報」六塵之境、「正報」惡知識、惡眷屬（生死眷屬、無論強軟、皆惡眷屬）、皆為增長我見之緣、使我見增盛、即第二我見心。

(3) 內外既具、滅善心事、不喜他善：內具煩惱、外遇惡緣、自之善心善事滅矣。故見人善行、與己不同故、如冰炭不同爐、而生嫉妒、不喜他人之善、是為第三嫉妒心。

(4) 縱恣三業、無惡不為：作惡由三業起、既縱恣三業、故無惡不為。所謂君子有所不為、小人無所不為也、是為第四為惡心。

(5) 事雖不廣、惡心遍布：作一小惡、事雖不廣、而心即法界、故業亦遍滿法界。如彼好淫之人、其心決無際限、只淫一人、故淫業遍滿法界。好殺者、殺一生命、其心決無際限、只殺一生、故殺業遍滿法界、是為第五廣大惡心。

(6) 惡心相續、晝夜不斷：如貪淫好殺者、隨其所好、惡心相續。日有所思、夜有所夢、晝夜不斷、是為相續惡心。

(7) 覆諱過失、不欲人知：作惡事者、苟發露於人、決不再為。以被惡心所障故、覆藏過失、不欲人知、是為覆罪惡心。

(8) 虜扈抵突、不畏惡道：虜扈不受規諫、性剛強也。抵突即與人抵抗也。即或告以汝所作非、將墮地獄、亦復不驚不怖、是為不怖惡道心。

(9) 無慚無愧、不懼凡聖：慚則己心不安、愧則羞難對人。不信因果、不畏惡道、不懼凡聖、故無慚無愧。凡即閻王鬼神、天龍八部、有他心通、及賞善罰惡之權、乃至掌國法

者是也。聖乃出世四聖、有威可畏、以無慚無愧、故不畏懼也、是為無懼惡心。

(10) 撥無因果、作一闡提：不信墮地獄之語、以為死了即了、只見活人受罪、誰見死人帶枷、始終作一闡提。梵語闡提、此云信不具、是為斷善惡心。

其次，能治逆生死十心：

(1) 明信因果：以治前第十心。有信因果之心、即可懺不信因果之罪、切實明白、知因果者、唯佛與佛乃能究竟。

(2) 自愧克責：以治前第九心。既信因果、迷時即當自責、克者勝也、謂能自責、則善心勝過惡心也。

(3) 怖畏惡道：對治第八不畏惡道之心。

(4) 不覆瑕疵：以治前第七心。怖畏惡道、故不覆瑕疵。清淨心如完好白玉、道人造惡業、如白玉有瑕疵、發露罪過、如生瘡者除去膿血、覆藏罪過、如畜膿養癰子、自受其苦。

(5) 斷相續心：發露罪過、誓不再造、即斷第六相續心。

(6) 發菩提心：心靈活而非呆板之物、不造惡必修善、故翻惡心而為善心、發菩提心者、以廣大善心、對治第五廣大惡心也。

(7) 修功補過：發菩提心須起行、以持戒修福功德山、填罪過之河、對治第四為惡心。

(8) 守護正法：對治第三不隨喜心、欲修功補過、須持淨戒。不持戒者、皆是罪人、以不學戒故、不知持戒功德大、犯戒罪過大。能持微細戒、方可護重成、輕重等持、使佛法常住、而為人所尊敬、守護佛之正法、即是守護自己正法。能受持以上八條、即成就作法懺。

(9)　念十方佛：治第二惡知識緣。一方面作法懺、一方面還要取相、以懺宿現二業、念佛屬取相懺也。但十方佛甚多、如何能盡念之。會念者、念一佛即是念十方佛、「十方三世佛、同共一法身、一心一智慧、力無畏亦然。」念成感應道交、取得好相、不惟現業消滅、過去之業一并懺除。以十方佛為護符、傾心恭敬、消滅增盛之我心、我心既滅、無我之我、即是真我、自然能與佛合而成一矣。

(10)　觀罪性空：以治第一身見。觀罪性空、即實相懺。無相之相、即實相。故實相無相、罪無所繫、以如如智契如如理、一如無二如、了無一物故。罪山惑起、惑業無性、不能自立。無性之性、即是實性、實性隨無明之緣、雖隨緣而不變為無明、如如還自如如也。若知無明無性、本明即顯、一切罪過、不能加於本明之上。眾生觀不到、故證不到、以觀不到故、妙明真心似成無明。返妄歸真、始知惑業無性、無非翳眼見空華。迷法身故認色身之假我為我、認得真我、即無假我、色身假我既空、地獄畜生等身亦空、罪性亦空矣。若不懇切懺悔、何能感應道交。親證實相者、盡未來際、亦不造罪、證不澈底者、不在此例。娑婆世界犯緣過多、故須常修懺悔。普賢菩薩勸大眾虛空界等盡、懺悔乃盡、而虛空界等不可盡故、懺悔亦無有盡。[84]

---

[84]　參見：唐罽賓三藏般若奉詔譯；慈舟法師講述；剃度弟子比丘尼釋通方記錄；歸依弟子優婆夷沈國華記錄：《普賢行願品親聞記》http：//www.bfnn.org/book/books/0618.htm。

（五）〈大勢至菩薩念佛圓通章〉：唐天竺沙門般剌密諦譯

就〈大勢至菩薩念佛圓通章〉中有關帶業往生之文句，見經文云：

> 大勢至法王子，與其同倫五十二菩薩，即從座起，頂禮佛足，而白佛言：「我憶往昔，恆河沙劫，有佛出世，名無量光；十二如來，相繼一劫。其最後佛，名超日月光；彼佛教我，念佛三昧。譬如有人，一專為憶，一人專忘；如是二人，若逢不逢，或見非見。二人相憶，二憶念深；如是乃至從生至生，同於形影，不相乖異。十方如來，憐念眾生，如母憶子；若子逃逝，雖憶何為？子若憶母，如母憶時，母子歷生，不相違遠。若眾生心，憶佛、念佛，現前當來，必定見佛，去佛不遠；不假方便，自得心開。如染香人，身有香氣；此則名曰：香光莊嚴。我本因地，以念佛心，入無生忍；今於此界，攝念佛人，歸於淨土。佛問圓通，我無選擇；都攝六根，淨念相繼，得三摩地，斯為第一。」

諸大乘經，帶說淨土者，多難勝數。而《楞嚴經‧大勢至念佛圓通章》，實為念佛最妙開示。眾生果能都攝六根、淨念相繼，豈有不現前當來必定見佛，近證圓通，遠成佛道乎哉？故將此章，列於三經之後。[85]由淨土五經之經文，及古德的註疏，可知經文之中確實含有「帶業往生」之奧義密旨，唯須對台、賢、性、相等教理通達者，方能看出其義蘊。

---

[85] 《淨土五經》重刊序（民國二十二年歲次癸酉夏曆元旦，常慚愧僧釋印光謹撰）

綜合《彌陀經》暗示往生者，若未能斷惑，至少須伏惑往生，此則給予帶業往生一有力之證明；此外，就《十六觀經》而言，中品皆可見往生者，為尚未斷惑或已分斷見思惑者，而下品下生者，則為造重罪者，故可證明帶業往生不謬。又就《無量壽經》而言，佛之十七大願中，皆言及彼國天人，故知此為凡夫，又彼國天人眾有飲食之欲望，故知見思惑未斷，又由聞寶樹演法，可斷除垢習，知見思惑亦未斷，故可證知帶業往生不謬。至於〈普賢行願品〉中之十大願王，其中有懺悔業障一條，故知仍帶業，又普賢菩薩求臨終無障礙往生，亦顯見菩薩帶業往生。至於〈大勢至菩薩念佛圓通章〉，如蕅益大師以四種念佛、四化儀論四種淨土皆明帶業之義。[86]由上述經文線索，可以證知帶業往生之正當性，至於消業方能往生，則不成立。

二、歷代古德帶業往生之援引

對於帶業往生之看法，並非僅自印光祖師開始提倡，最早可以追溯至元朝之維則大師，其於《淨土或問》第十八問中，有「帶業往生」之說。見其原文所述：

> 問曰：五濁惡世人皆有罪，縱未造五逆重罪，其餘罪業孰能無之？苟不懺悔消滅，但只臨終念佛，能往生乎？
>
> 答曰：亦得生也。此乃全藉彌陀不可思議之大願力也。《那先經》云：如持百枚大石置於船上，藉船力故石不沒

---

[86] 蕅益大師：《大勢至菩薩念佛圓通章釋》。

水；若無其船小石亦沒。喻彼世人一生造惡，臨終念
佛，不入泥犁。若非念佛，雖做小惡，亦入泥犁，況
大惡乎？船喻佛力，石喻惡業，故昔人有「帶業往生」
之說。四土文中，亦云具惑染者，下得生同居淨也。[87]

知維則大師主張「帶業往生」，且就教理而言，凡聖同居淨土，實
為未斷惑者所居之土，惟彼土佛力加被，業種不起現行，故仍可帶
業往生至佛淨土。

　　繼之，倡帶業往生最力者，首推明朝蕅益大師，其《彌陀要解》
多處直呼「帶業往生」一詞，如云：「第四明力用。此經以往生不
退為力用。往生有四土，各論九品。且略明得生四土之相：若執持
名號，未斷見思，隨其或散或定，於同居土分三輩九品」、「三位不
退。帶業往生，在同居土，蓮華托質，永離退緣。」、「復次只帶業
生同居淨證位不退者，皆與補處俱，亦皆一生必補佛位。」、「淨土
殊勝，謂帶業往生，橫出三界」、「今淨土五逆十惡十念成就帶業往
生居下下品者，皆得三不退。」、「劫濁中，非帶業橫出之行，必不
能度。」《彌陀要解》處處拈示，淨土念佛一法之特別，只要能伏
見思惑，即可帶業往生，橫超生死，一生補處，故蕅益大師全稱肯
定「帶業往生」之說。

　　民國印光大師對於帶業往生言論，承蕅益大師之思想，概多見
於《文鈔》之中，如於〈與融明大師書〉云：「然又幸得聞我如來
徹底悲心所說之大權巧，異方便，令博地凡夫帶業往生之淨土法
門。」〈復鄧伯誠居士書一〉云：「所以釋迦彌陀兩土教主，痛念眾
生無力斷惑，特開一仗佛慈力，帶業往生之法門。」其餘不勝枚舉，

---

[87] 毛惕園：《淨土叢書・淨土或問》，第六冊，頁 236-237.

印光祖師於《文鈔》中處處示人帶業往生之殊勝，然此，或亦引發別有用心之人開啟「消業往生」諍論之端。

上述所舉之祖師大德，乃直言「帶業往生」者，其中元代即有帶業往生一詞，至明蕅益大師，則大加發揮，民國初印光大師，則屢屢倡導，故知帶業往生並非無中生有，空穴來風，惟對於帶業往生內涵加以發揮者，則非雪廬居士莫屬了。

三、雪廬居士帶業往生之論點

（一）業之詮解

雪廬居士對於業之特性，於其著述或表解中，皆有闡述。佛法為心法，探究心性問題，就唯識宗而言，明萬法唯識之理，識為真性染污時之別稱，或言迷於真性時之別稱，故仍以心為主體，惟意義有所轉變。又吾人心識作用較強者有八類，故立八識，其中以第八識，即阿賴耶識為生命之總報體，具能藏、所藏、執藏之特性。欲談業之造作，必須論八識之行相作用。業有「造作」之義，進一步要研究如何造作，即吾人身口意舉凡一動作，則必落於善、惡、無記之中，落下一業種於第八識，第八識能藏諸法種子，且此業種永不壞滅，待因緣和合，則必結善惡果報。就果報生成時間，可能為現世報，或下一生報，或多生後報，故知因果通三世。就所造之善惡業，則有引業與滿業二種，所謂強者先牽，即所造之業性，善惡力強者，會先牽第八識體去投生，決定至六道中那一道，此即引

業；其餘所造較弱之力，則決定此總報體之美醜、健康或多病、長
壽或短命、貧富貴賤等情形，此即滿業。[88]

　　若以十二因緣來論人生之三際，則因過去迷惑顛倒，造下今世
投生人道之業，故感今世之果報；若依佛法之眼光，則人道無非不
是苦，而今世倘若不能斷惑，則又必造未來生死之業因，而感未來
之生死苦果，此即有惑，則必造業，終必得苦果，故惑業苦即佛法
所謂「三障」。[89]又雪廬居士以業的過去為「惑」，因迷惑顛倒名之，
業的現在稱「業」，有已形成之現在義，又有造作之未來義，業的
未來為「苦」，因必感未來之苦報名之，[90]此即唯識論所謂：「由惑
業苦，發業潤生煩惱，名惑；能感後有諸業，名業；業所引生眾苦，
名苦。」[91]實指同一煩惱之不同面貌。

　　就唯識宗角度而言，惑即無明煩惱，有無明便會生出所知障與
涅槃障，所知障會障礙菩提覺性，涅槃障會障礙解脫，此即「二障」，
故要解脫生死則必破除涅槃障，要圓滿菩提，則必須破除所知障。[92]
雪廬居士則採融會唯識及天台二宗之思想，將惑解以見思惑、塵沙
惑、根本無明惑，[93]此係受明朝蕅益大師思想影響，見蕅益大師於
《成唯識論觀心法要》中云：

88　李炳南：〈大專佛學講座初級教材・唯識簡介〉，《李炳南老居士全集・佛學
　　類之四》，台中：青蓮出版社，1997.12.7.，頁62.
89　李炳南：〈大專佛學講座初級教材・佛學概要十四講表〉，《李炳南老居士全
　　集・佛學類之四》，台中：青蓮出版社，1997.12.7.，頁62.
90　李炳南：〈新元講席貢言──世出世法本立道生〉，《修學法要》，台中：青
　　蓮出版社，1997.9.19.，頁430.
91　釋蕅益：《成唯識論觀心法要》，卷八。
92　李炳南：〈新元講席貢言──世出世法本立道生〉，《修學法要》，台中：青
　　蓮出版社，1997.9.19.，頁430~431.
93　李炳南：〈新元講席貢言──世出世法本立道生〉，《修學法要》，台中：青

　　煩惱所知二障種子。皆第八識之所執持。菩提涅槃二轉依
　　果。亦第八識之所本具。由煩惱種。障大涅槃。由智障種。
　　障無上覺。……唯此八識。更非他物矣。問曰。性宗謂轉煩
　　惱成菩提。轉生死成涅槃。與此若何會通。答曰。此中所言
　　煩惱障。即見思通惑。此中所言所知障。即無明別惑。通別
　　二惑。性宗通稱煩惱。故彼所言。轉煩惱成菩提。與此所言
　　轉所知障證無上覺同也。由通惑故。招感分段生死妄果。障
　　無餘依涅槃。由別惑故。招感變易生死妄果。障於性淨涅槃。
　　亦障無住涅槃。故彼所言轉生死成涅槃。是約果言。[94]

可知滿益大師將煩惱障解為見思惑，所知障解為無明別惑，二家對
於所斷之惑，並無不同；又性宗所言，與唯識所云亦無不同，雪廬
居士繼承此思想，以斷惑角度，來解釋帶業往生之問題。

　　若就修證角度而言，唯識宗要破除二障，則必須修唯識觀，以
轉識成智，否則臨終第六識不作用，即隨善惡引業牽引八識投生六
道，須至四果阿羅漢位，或八地菩薩，已初轉識成智，不迷於十二
有支惑業，故不感異熟果，方能臨終正念分明，自在往生，惟八地
菩薩已捨阿賴耶識之名，以其不具執藏義，然累世所成之等流果，
仍存於第八識中，故佛仍有食馬麥及臨終背痛之示現因緣。

　　若就修學歷程而言，通途須歷資糧位、加行位，後方入通達位，
見唯識性（真如本性），才真正進入修道位，至此開始分破所知障
及煩惱障，直至八地菩薩，方斷俱生煩惱障，了脫生死，於通達位

　　蓮出版社，1997.9.19.，頁 444～445.
[94]　釋蕅益：《成唯識論觀心法要》，卷九。

前須歷一大阿僧祇劫，至八地菩薩又歷一大阿僧祇劫，至八地後，再經一大阿僧祇劫，方能成佛。

就天台宗角度而言，要出離分段生死，須斷除見思惑，據《大般涅槃經》卷三十六云：「須陀洹人所斷煩惱，猶如縱廣四十里水，其餘在者如一毛渧。」斷見惑如截四十里流，若再進斷思惑，須人間天上七番生死。雪廬居士以為最低限度也得一萬年，必須生生世世都在斷見思惑方可，縱然已證得四果阿羅漢果，亦仍有塵沙惑、根本無明惑未斷，仍須歷三賢、十聖之階位，次第斷惑，直至成佛。[95]凡此皆須多生多劫修行，可知惑之難斷，或可言業之難斷，亦可言苦之難斷。

總之，通途教法要斷除惑業，誠非易事，尤其要出離六道生死輪迴，須斷除見思惑，證阿羅漢果。於此末法時代，真能證果者，已如鳳毛麟角，更遑論證成佛果？如此，則佛法之教義豈非流於陳義過高？幸賴佛陀特開一淨土念佛法門，下手易成功高，只要能伏惑，帶業往生，便能脫離六道輪迴，更可於極樂一生補佛位，故為歷代祖師所讚嘆弘揚，而真能往生者，於《淨土聖賢錄》中多有記載。雪廬居士一生弘揚持名念佛法門，實契末世眾生之根機，此亦實踐佛陀出世度生之本懷。

（二）帶業往生

淨土念佛法門最殊勝處，乃是對於未了分段生死者，於命終時，只要能具足信願，心不顛倒，其第八識或稱神識，即蒙佛力接

---

[95] 李炳南：〈新元講席貢言──世出世法本立道生〉，《修學法要》，台中：青蓮出版社，1997.9.19.，頁445~446.

引，便可帶惑業往生極樂世界，不必流轉於六道之中，此即橫超五濁，豎出生死之法。至於至極樂世界後，蒙上善師友提攜薰陶誘掖，加上彌陀六塵說法，故能橫超四土，速證菩提，得三不退，一生補處，此皆往生之後的大利益。

就臨終往生之條件，除須具足信願外，上焉者得一心不亂，此即《彌陀經》所指一日至七日一心不亂，其次者至少須心不顛倒，如此方能往生極樂世界。雪廬居士指出《彌陀經》之經文，並未言斷惑往生，或消業往生，只要一心不亂或心不顛倒即可往生。至於一心，可指「真一心」與「假一心」二種。若為「真一心」，則須斷惑，若能斷惑，自然臨終心不顛倒；至於「假一心」，則臨終須心不顛倒，方能伏惑帶業往生。又伏惑，居士以為是在念頭生起惑業煩惱，即以佛號壓伏住，[96]若能壓伏，則不再造業，自然與佛感應道交，絕非一邊念佛，一邊造罪，即可往生。[97]臨終若能伏惑，不為見思二惑所亂[98]，自然心不顛倒。因此，以七日念佛，乃至臨終十念，只要能得一心不亂，即可往生極樂，了二種生死，補佛位，故為難信之法。[99]

---

[96] 李炳南：〈新元講席貢言——世出世法本立道生〉，《修學法要》，台中：青蓮出版社，1997.9.19.，頁 437~439.

[97] 李炳南：〈甲寅年靈山寺佛七開示〉，《修學法要》，台中：青蓮出版社，1997.9.19.，頁 203.

[98] 見《佛說阿彌陀經要解》云：「一日至七日者，克期辦事也。利根一日即不亂，鈍根七日方不亂，中根二三四五六日不定。又利根能七日不亂，鈍根僅一日不亂，中根六五四三二日不定。一心亦二種。不論事持、理持，持至伏除煩惱，乃至見思先盡，皆事一心。不論事持、理持，持至心開見本性佛，皆理一心。事一心不為見思所亂，理一心不為二邊所亂，即修慧也。」

[99] 李炳南：〈新元講席貢言——世出世法本立道生〉，《修學法要》，台中：青蓮出版社，1997.9.19.，頁 449.

　　對於帶業往生，雪廬居士以為除佛以外，往生皆帶業，如菩薩往生為「一惑往生」，帶根本無明惑往生。聲聞緣覺是「二惑往生」，帶著塵沙、無明二惑往生。至於凡夫則是「三惑往生」，即帶見思、塵沙、無明三種惑往生。[100]凡夫未斷惑，甚至畜生皆可帶業往生凡聖同居土，聲聞緣覺帶業往生方便有餘土，菩薩則帶業往生實報莊嚴土，並分證常寂光淨土[101]，惟佛居常寂光土，[102]又《仁王般若經》云：「唯佛一人居淨土」，故知除佛外，九界眾生皆帶業往生極樂。依唯識論，凡夫固然帶有漏業種，證果聖人則帶無漏業種，九界眾生皆帶業往生，若依《大乘起信論》而言，成佛亦有業，即不思議業，為度眾之用，故一動念即有業，故業之概念遍及十界，惟九界帶業至極樂圓滿佛果。

　　就帶業往生而言，雪廬居士特別強調「二力感應，始得攝受」，臨終心不顛倒，具足信願，正念分明，是往生關鍵，而平日念佛得一心不亂，使往生有把握，而真得一心不亂，則能斷除見思惑，若未能斷惑，伏惑亦可帶業往生，居士以為「修淨土宗能把惑伏住不起來，就感應道交。其他宗派一點差錯都不行，若一剎那失念就沒希望了。」[103]所謂之「感應道交」，則特指淨土宗為二力法，如磁與鐵之感應相吸，若能至誠持佛名號，如母子相憶般與佛感通，亦

[100] 李炳南：〈新元講席貢言——世出世法本立道生〉，《修學法要》，台中：青蓮出版社，1997.9.19.，頁 447.

[101] 李炳南：〈新元講席貢言——世出世法本立道生〉，《修學法要》，台中：青蓮出版社，1997.9.19.，頁 451~452.指極樂原非有四土，乃心之淨穢而所感及受用不同，菩薩為示生度眾，亦示居凡聖同居土。

[102] 李炳南：〈佛學問答——其六十五〉，《明倫月刊》，230 期，頁 20.

[103] 李炳南：〈壬子年（六十一年）淨學知要〉，《李炳南老居士全集·佛學類之九·修學法要續編》，台中：青蓮出版社，2005.9.28.，頁 194~195.

即阿彌陀佛四十八大願攝眾，示現極樂接引眾生之悲願。此指出淨土法門殊勝處，在於非如通途教道，須仗自力豎出生死，而是乘彌陀大願船，帶業往生極樂，縱未能斷見思惑，亦能脫離六道輪迴，此迺二力法門之勝異方便處。

就消業往生而論，消業者應指消除惡業，然惡業若消除，則仍有善業和無記業，若消業往生，實亦帶善業和無記業往生極樂，不管是善業或無記業，仍屬有業，不亦帶業往生？故言消業往生，而否定帶業往生，從消業之特性和邏輯上，實屬矛盾，故消業往生不能成立。

總之，念佛法門之殊勝處，即在帶業往生，橫超生死。就淨土典籍而言，如前文所引述，雖無帶業往生一詞，然帶業往生之意義昭然。又帶業往生思想，元代即有典籍可查，維則大師早已倡導之，明蕅益大師之《彌陀要解》對於帶業往生更是全經鋪陳重點所在，至於民國印光大師則屢屢於《文鈔》中，開示大眾，強調帶業往生之殊勝。

雪廬居士繼承蕅益大師、印光大師帶業往生之思想。首先釋惑業苦三障，實是業之不同時空呈現，以惑為業之過去，以造業為業之現在，以苦為業之未來；又以起惑、造業、感果，說明十二因緣法，以闡釋眾生六道輪迴不已之情形。惑業能障真性，故生起煩惱與所知二障，障涅槃及菩提，其中煩惱障即見思惑，所知障即塵沙及無明二惑，故要求涅槃解脫及菩提覺性，則必須斷惑，然斷惑就通途教法須歷長劫，知斷惑之時長不易，反顯淨土法門臨終伏惑，帶業往生，即橫超生死之殊特。

居士引天台宗教理，以四土聖人，除佛一人業盡情空，不必往生外，其餘九界眾生，往生皆帶業，若消業方能往生，則唯佛一人

業盡情空，若然佛又何須往生？又若消業方能往生，所消者為惡業，則仍留善業及無記業，此不啻帶業往生，何須責難帶業往生一事？總之，倡消業往生已違教理，不僅理虧，又否認帶業往生，動搖淨業行人往生信心，又損事行，故居士特為文析辨之。

第五節　結語

　　雪廬居士一生弘揚淨土念佛法門，特別強調淨土之殊勝在於：信願具足，便可橫超生死，不必如通途法門專仗自力，經信解行證次第過程，方了脫生死。對於淨土持名念佛一法，居士以其為立相住心之法，不須如他宗以不著相為要，故難易懸殊，縱未能斷惑，臨終只要能具足信願，心不顛倒，即能伏惑往生極樂世界。往生極樂世界後，便托質蓮胎中，繼續修行，以為成佛之因。眾生生極樂世界，受稱性之樂，六塵說法，又有諸上善人薰陶誘掖，必證三不退，一生成佛，此乃凡夫二次橫超，雖位在凡夫，卻例同等覺階位，此乃一代教網所不能收，十方世界所未曾有。

　　居士淨土思想精華，以《佛說阿彌陀經義蘊》最具代表，其著述緣起乃為矯唯識行者藐視淨土，或如莊生寓言，或為廣告範式，同時為懺悔年少謗佛之過，並普代一切謗淨土者懺悔。又為憫念眾生，生死輪轉，無力斷惑，須乘彌陀慈悲願船，方能度脫生死。又持名念佛，下手易，成功高，若能如法修持，必萬修萬去，實為末法之寶筏，遂興著述動機。《義蘊》一書就解門上，具文法奇特與教法奇特二大特色。其中文法奇特，居士以為《彌陀經》為三根普

被絕妙好文，至於教法奇特，居士以為三根普被，利鈍全收。就行門而言，可分為慧行與行行二門。對於慧行而言，居士特自設問答，以釋疑解惑，增強往生信心。就行行而言，居士針對本經，提出加強念佛功夫之法。可說《義蘊》除加強往生信願，同時增進念佛功夫上，使閱者易於此得力。

除思想弘揚外，為落實淨土功夫，居士特別提倡正助雙修之修持，以持名念佛為正行，日訂二課，平時亦訂散課念佛，俾得一心不亂；除念佛外，又須憶佛，觀一切皆彌陀變化所作，轉娑婆染緣成極樂淨緣。除正行外，亦重助行，須持戒修福，舉凡一切善行皆回向西方。又於生活中，須培養欣厭之心，使娑婆染緣漸薄，極樂法緣漸熟。又為伏惑往生，平素於妄念起時，急壓佛號，久之便能使佛號轉熟，妄念轉生。如此正助雙修，便助易一心不亂，至少能伏惑往生，雪廬居士不僅提倡此法，亦親自實踐，臨終示現伏惑往生，實為後世念佛之楷模。

消業往生一案曾引起佛教界一波鼓動，為能釐清真相，並扶持信心為之動搖之淨土行者，居士遂長時講演，駁斥消業往生之誤謬。並以九界眾生無一人不帶業往生正面論斥之，復以消惡業往生，仍為帶善、無記業，間接駁之，使帶業往生之真相大明。

總之，雪廬居士之淨土思想雖不出古德範疇，惟其更重信願之闡發，及平素念佛得一心之功夫，對於持名念佛之法，更易於掌握，此為其特色。

以下僅將雪廬居士之淨土思想體系表列於下：

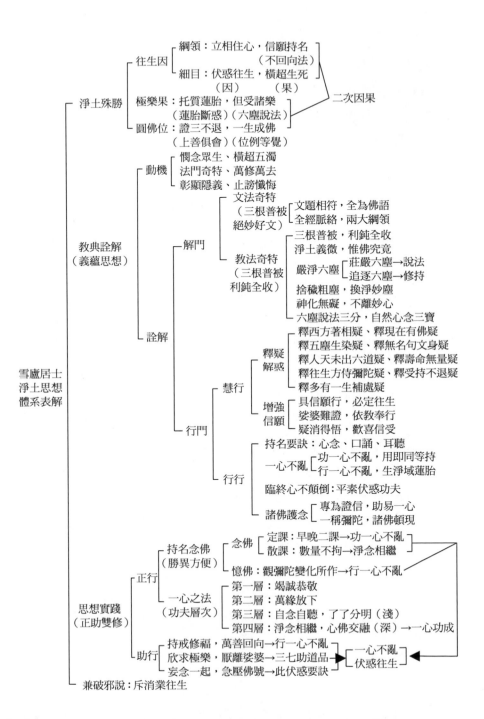

第五章
雪廬居士一生行誼及其貢獻

　　雪廬居士一生為眾犧牲，正如其詩〈殘燭〉所云：「未改心腸熱，全憐暗路人，但求光照遠，不惜自焚身」。觀其一生行誼，皆為闡釋「廣學三藏教，不改彌陀行」一信念：其於廣學三藏教之意，旨在融會儒佛，故一生儒佛兼弘，倡儒佛同源思想，並示以外儒內佛之典範，據此興辦各類文教事業，藉以轉移社會污俗，化導人心，開啟眾生之菩提覺性，實踐對生命終極關懷之人生目標。至於其不改彌陀行之意，旨在樹立因果知見，呼籲世人要深信因果，以挽救劫難，並提倡持名念佛為自他二利之正行，以社會救濟為淨業成就之助功，故興辦各類社會慈善事業，以期能實踐佛陀慈悲濟世，並引導眾生趨向涅槃解脫之境。以下析述雪廬居士一生行誼及其貢獻。

第一節　儒佛兼弘、化導人心

　　雪廬居士一生對於儒學，躬親力行態度，不墨守成規，且博學多藝，生平所學，兼採眾長，未嘗專主一家。且不囿於門戶之見，主合理取捨為準繩。[1]此或與居士稟賦優異，交遊廣汎之任俠個性有關。居士曾言：「依聖教量，述而不作，是大覺悟；語無深淺，

1　朱葵菊：《中國歷代思想史・清代卷》六，〈第十一章李顒的「悔過自新」思想，台北：文津出版社，1993.12.，頁293~294.

有益眾生，是好文字。」觀居士的著作，雖主述而不作，卻多發前
人未發之見地，其講學不在為己，亦不求創作，凡能益眾者，皆其
職志，述而不作，不僅體現於儒學，亦展現於佛學。居士以儒學為
世間人倫綱常之基石，而以佛法為出世離苦得樂之妙藥，世出世法
皆不可偏廢，然欲立足於社會，須以外儒為待人接物之準則，而內
薰以菩提慈悲之佛法，居士提倡外儒內佛，其行誼實為時下學人立
下良好之典範。

一、立儒佛人格標準

　　雪廬居士特重人格的涵養，所謂「人格」，須合乎「人性」的
「格式」[2]，換言之，即印祖所指之人應具有「仁、忍、任、盡」
四種德能[3]之品質，擴而言之，即國父所謂：「忠、孝、仁、愛、信、
義、和、平」八德，此即近乎「人格」[4]之義涵。居士於六十歲之
際，山河變色，遂渡海來台，值大陸推行馬列教育，大肆摧殘固有
文化倫理；在台灣也因西方思潮東漸，遂使固有倫理文化殘破凋
零。居士鑑於此，為詩嘆曰：

　　　反倫掘墳禁漢字，滅族戕性書全燒；九陽爅空雪如手，迅雷
　　　風雨朝復朝。豺狼當途鳳麟死，荊棘遍種除良苗；黃泉碧

---

[2]　《李炳南居士全集・弘護小品彙存・（八）通俗演講稿表》，〈人性人格與
　　教育〉，頁395.
[3]　《印光大師文鈔續編》下，〈人字發隱〉，頁496.
[4]　《李炳南居士全集・弘護小品彙存・（八）通俗演講稿表》，〈人性人格與
　　教育〉，頁395.

落抑人世，大惑塞胸無可消。素乎行乎有時待，深淵同溺誰援超？[5]

由於道德淪喪，戰亂頻仍，人間擾攘，居士認為只有力行儒佛教化，方能針砭時弊。居士一生期待實現人間淨土和大同世界，[6]然而，就世間法而言，立住人格為基礎，則近乎道，社會混亂，烽火四起，皆由於世人背道而馳，禮、義、廉、恥等為人之道理淪喪所致。倘若人格無所立，即便學佛，亦難成就，居士曾明示：

> 可惜今日之下，學佛者雖愈來愈多，但能端正人格者寡。多是一些不切實際，喜歡談玄說妙之輩，如此，即便學佛萬年，也不成功。守住人格，便是學佛的初基。[7]

就世間法而言，居士以儒家學說為本，究其實儒家學說即為守住「人格」的學問，由此方能言及治國平天下。儒家代表經典為《論語》，《論語》可以說是儒家文化之精髓，收錄至聖孔子生平之嘉言懿行。孔子思想即為仁學之思想，以忠恕貫攝之，居士之《論語講要》[8]即依此為脈絡，大弘法化，藉以振興人格，期能挽救衰弊之世道人心。

　　具體言之，雪廬居士培養人格之方法，[9]主要是發乎心，止於行，行於事，待於人等四方面，其大要如下：

---

[5]　《李炳南居士全集・雪廬詩集下・辛亥續鈔中》，〈狂歌謠〉，頁 143~144.

[6]　《明倫社刊論文彙集》，第一集，〈零刊辭〉，頁 2.

[7]　《李炳南居士全集・修學法要》，〈人格是學佛的初基〉，頁 330.

[8]　《論語講要》，台中：青蓮出版社，2003.12.

[9]　按：培養人格的四種方法，先生以「四條做人標準」表述，見《李炳南居士全集・修學法要》，〈人格是學佛的初基〉，頁 331~340.

(一)「內念」，人不能無念，既起心動念，則必力求利他，故講
究「說話行事，先為他想」。同時必須能克己復禮，故以「省
察念頭，克制勿續」為要務，心地保持清淨心與歡喜心。

(二)「外行」，既起心動念，力求利他，則身口舉手投足，力求
「勿妨害良俗」、「勿侵犯他人自由」為要務。

(三)「對事」，辦事時，學習尊重他人，此即尊重己靈之表現，
必須「不得他人同意，絕不取用，謂『不與取』」，尤其特別
注意「求人不強人所難」，若對方表示困難，勿憂惱他人。

(四)「對人」，應存「自尊而尊人」、「君子尊而學之，小人敬而
遠之」的概念。依此待人，便能發揮君子德行，社會必能安
詳而無爭。

　　雪廬居士首重人格之涵養，以孔子仁學為立基，期能發揚仁
愛之精神，以此奠定良好的人品，作為實現人間淨土與世界大同
之基礎。

二、倡儒佛同源思想

　　雪廬居士一生行誼旨在轉移污俗，弘護正法，其思想特色不外
乎儒、佛二門，然其儒佛特色在於兼容並蓄，相互顯發，此種儒佛
兼修，彼此融會之思想，主要實體現於其一生之行誼，故能影響深
遠，照耀千古。

（一）前賢思想繼承

　　基於「儒佛同源」的理論基礎，故雪廬居士將儒佛兩家之學說
融會貫通。儒佛同源之立論基礎，主要植基於心性上，故明末蕅益

大師言：「儒釋同異之致，性學重輕之關」。[10]蕅益祖師以為儒釋之異同，在於心性問題，以心性為二家之交集點，是其相同處，惟以含義之深淺，而致所闡之義理不同，乃其相異處。探討儒佛融會議題最興盛時期，應在宋明理學階段。尤以朱熹為集大成，朱子以尊德性為存心，以道問學為致知；以致廣大、極高明、溫故知心為存心，以盡精微、道中庸、知新崇禮為致知。蕅益祖師為明末佛學四大家，自幼即習儒家典籍，很早即已開悟，其思想特色之一即為融通儒佛，並援佛釋儒，對於朱熹之觀點，蕅祖以為未能得一貫之體系，又以為道體，無關學問，全率於性，全凝於德，即佛家所謂之如來藏，其德性廣大精微，以道問學為妙修，方為尊德性，否則性近習遠，即佛家所謂法身流轉五道。[11]蕅祖以心性（或稱性體）為本源，以性具無量德為發展，率性而修，此為合德性，如此方合邏輯，否則易流於斷章取義。對於宋明理學另一支代表，則為陸王心學。陸象山以不尊德性，則問學與否皆無用，但能尊德性，則為真學問。於此蕅祖以為：

> 猶吾佛所謂勝淨明心，不從人得，何藉劬勞？肯綮修證，亦猶六祖本來無物，又即孔子吾道一以貫之也。是將尊德性攝問學，非侍德性而廢問學，故得為名賢也。[12]

---

[10] 釋蕅益：〈性學開蒙答問〉，《靈峰宗論上冊》，台中：青蓮出版社，1997.，頁 501.

[11] 釋蕅益：〈性學開蒙答問〉，《靈峰宗論上冊》，台中：青蓮出版社，1997.，頁 501.

[12] 釋蕅益：〈性學開蒙答問〉，《靈峰宗論上冊》，台中：青蓮出版社，1997.，頁 506-507.

蕅祖以本性本具一切德，此即佛家「性具」之思想，以性本具故無關修與不修之問題；然就王陽明之觀點，其以為若不道問學，雖高談德性，則無異說食數寶，於此蕅祖以為：

> 若不道問學，雖高談德性，如所謂理佛，非關修證，必道問學，以成至德，方可凝其率性之道，由吾佛所謂菩提涅槃，尚在遙遠，要須歷劫辛勤修證，亦猶神秀時時拂拭，又即孔子庸德之行庸言之謹，下學而上達也。是將問學尊德性，非徒問學而置德性，亦得為名賢也。[13]

佛家言「性具」思想，（喻如磨磚不能成鏡，必須本有銅質方能成鏡。）肯定眾生皆有成佛之特質，否則無論如何修行，皆無成佛之可能；然雖言性具，卻不廢事修，若不道問學，以成至德，則無異於說食數寶。就陸王思想相較，蕅祖以為「象山似頓悟，較紫陽之漸修，當勝一籌。」並言執二家之弊病：

> 然執象山之言而失旨，則思而不學，與今世之狂禪同陷險坑，孔子謂之曰殆。執紫陽之言而失旨，則學而不思，與今世之教律同無實證，孔子謂之曰罔。[14]

蕅祖主張二家之說應互補以救彼此之弊。惟不論陸象山之頓悟說，或王陽明之漸修說，皆建立在心性基礎上，以會通儒釋二家，亦即承認儒佛二家同源，以心性作為溝通橋樑。此外，明末佛法四大家

---

[13] 釋蕅益：〈性學開蒙答問〉，《靈峰宗論上冊》，台中：青蓮出版社，1997，頁 507.

[14] 釋蕅益：〈性學開蒙答問〉，《靈峰宗論上冊》，台中：青蓮出版社，1997，頁 508.

之一憨山大師，亦主張儒佛同源思想，並以「萬法唯識」觀點來溝通儒、釋、道三家，主三教同源，其云：

> 余幼師孔不知孔，師老不知老。既壯，師佛不知佛，退而入
> 於深山大澤，習靜以觀心焉。由是而知三界唯心，萬法唯識。
> 既唯心識觀，則一切形，心之影也。一切聲，心之響也。是
> 則一切聖人，乃影之端者。一切言教，乃響之順者。由萬法
> 唯心所現，故治世語言、資生業等，皆順正法。[15]

憨山大師以萬法唯識論一切法皆為心法，佛法為法，儒法亦為法，究其本仍以心性溝通二家，亦儒釋同源思想。儒釋同源思想，至清末民初，就淨土宗系統而言，印光祖師乃承續其傳統，印祖於〈佛川敦本學校序〉一文，斬釘截鐵以為儒釋二教本同源：

> 儒釋二教，其跡似異，其本原同……不知佛法具世出世，且
> 以世間法論，凡儒教之孝弟忠信禮義廉恥之道，格致誠正修
> 齊治平之法，如來於諸大小經中，莫不具說。[16]

印祖以為佛家教義亦有含攝儒家義理之處，如言：「孝弟忠信禮義廉恥之道，格致誠正修齊治平之法」，亦見於佛家經論，唯儒家為中國固有學說，早已為此土人士所熟悉，又經長時期發展，尤以「倫理」乃儒家思想特色之處，固為儒家思想代表。又印祖於〈復高邵麟書二〉一文，亦提示儒家忠恕愛人之道，實似佛家慈悲精神，其言：

---

[15] 釋憨山：〈觀老莊影響論〉，《老子道德經憨山註；莊子內篇憨山註》，台北：
　　新文豐出版社，1973，頁 4~5.

[16] 《印光法師文鈔》下冊，台中：青蓮出版社，2001.1.，頁 784.

> 但當主敬存誠，於二六時中，不使有一念虛浮急忽之相；及
> 與世人酬酢，唯以忠恕為懷；則一切時、一切處，惡念自
> 無從而起。倘或宿習所使，偶爾忽生，而誠敬忠恕在懷，
> 自能念起即覺，覺之即失，決不至發生滋長，舉三業而隨
> 之矣。[17]

《大智度論》曾言：「慈悲是佛道之根本。」[18]，又《觀無量壽佛經》亦言：「佛心者大慈悲是。」[19]印祖承襲佛法大悲之精神，主儒佛和會，此一思想影響雪廬居士一生之行誼甚鉅。

（二）儒佛同源思想

　　雪廬居士的「儒佛同源」說，以為儒釋二家，同樣是建築在「探究心性」的基準上，見其所言：

> 內道是佛法的心內求道，佛經稱內學，而孔子之學也是內
> 學。怎麼個『內』法呢？這個『內』是指研究本性，孔子之
> 道與佛法之道一樣，學之皆能成就。[20]

就探究內在心性的觀點上，認定儒佛同源，故以「內學」來聯絡孔子之道與佛法之道。凡是向心內求法，探求人生哲理，以為人生之行為準繩者，皆內學所攝，即是儒釋二家之意旨。《尚書》為一本最古老之政治哲學典籍，亦記載：「克念作聖」，即明言聖凡之別，

17　《印光法師文鈔》上冊，台中：青蓮出版社，2001.1.，頁50~51.

18　《大智度論》，《大正藏》第二十五冊，頁256.

19　《觀無量壽佛經》，《大正藏》第十二冊，頁343.

20　《雪廬居士老雪廬居士全集・修學法要》，〈新元講席貢言一世出世法本立道生〉，頁216.

在於能否於心念上下功夫，否則「罔念作狂」，將不可收拾。孔子言「志於道」，又示顏子「克己復禮」之法，即「克念作聖」之別釋，統皆不離內學之範疇。居士繼承此一道統，故於講《禮記・學記》時，引〈兌命〉：「念終始典于學」而言：

> 念者，妄念也。吾人之心，寂然不動，如水湛然，明足以照萬物。動成妄念，如水興波，失其照用矣。是以《尚書》云：「克念作聖。」以凡念皆妄，克己始得歸真。終始者，人之妄念，終而復始，永無間斷也。典為聖人之經典，學者惟將妄念置于聖典，始能反妄歸真；若典之不明，則須求學。此儒家修持之一端。[21]

雪廬居士對於儒家「克念作聖」，即以心念解之，念依心起，心有鑑照之功能，心若不能覺照，則妄念必起，則必起惑，故以心念為焦點，觀察起心動念，使其歸於聖人之教化，則為反妄歸真之門徑，實則已落入佛法之思維範疇，然儒釋二家能如此相關聯，皆以心為其橋樑，可證居士承續古德儒佛同源之思想。居士於講述《論語》：「君子有九思」時，從身口意三方面闡揚此章義理，雪廬居士曰：

> 君子學佛首須學為人之道，以人道若隱，則三塗隨現，欲求成佛，豈非夢言。為人之道，先學君子。《論語》：『孔子曰：君子有九思，視思明，聽思聰，色思溫，貌思恭，言思忠，事思敬，疑思問，忿思難，見得思義。』此九思乃君子之學。

21　《李炳南居士全集・述學語錄》，〈念終始典于學〉，頁 49.

曾子亦言『吾日三省吾身』，乃其自修功夫，不若此九思之
能適用於一般學人。[22]

此章雖為《論語》章句，卻見居士援佛釋儒，並以學佛為其前提，
學佛仍須學為人之道，亦即須培養健全人格，以此為學佛初步，否
則辱沒人格，必入三途，更遑論成佛？至於學為人之道，則可從身
口意三方面著手，即以觀照吾人身口意來實踐學佛之初步。就身體
方面則須視思明、聽思聰、色思溫、貌思恭。所謂「視思明」即所
謂要有先見之明，然此非肉眼所能為力，必待慧眼而後可。[23]吾人
面對紛擾之外境，須用因緣果法則去觀察，方不被外貌所惑。至於
「聽思聰」須聽言外之意，如聽彈琴須聽絃外之音，如此方能謂之
聰。人常不免遭遇障礙，皆由不能聽懂言外之意所致。[24]故知能「聽
思聰」方可謂善聽。又「色思溫」，常人面容，或失之嚴厲，或失
之溫和，很少能達到中和。孔夫子能以作到：「望之儼然，即之也
溫」，實為學者良模；然而就「貌思恭」論之，人的舉止欠恭，即
是失態，輕則為人譏笑，重則害公妨道。是以儒者有威儀三千之說，
佛家律儀尤其嚴格，今人縱使不能完全履行，對於國民生活規範實
在不容忽視。[25]以上皆可見雪廬居士之提示，對於吾人日常舉止，
應事待人，皆能合乎情理。就言語方面則須「言思忠」，所謂言思
忠，凡所說的話，不自欺欺人，即是忠。凡事出以巧言，以達成私
利的，必為人所不齒，非君子所應為。學君子的人，每出一言，當

22　《李炳南居士全集・述學語錄》，〈念終始典于學〉，頁 27.
23　《李炳南居士全集・述學語錄》，〈念終始典于學〉，頁 27.
24　《李炳南居士全集・述學語錄》，〈念終始典于學〉，頁 27.
25　《李炳南居士全集・述學語錄》，〈念終始典于學〉，頁 27~28.

思如何盡到忠誠。[26]可見居士要人言語必出乎真誠，不自欺、不欺人。就意念方面，須合於事思敬、疑思問、忿思難、見得思義。所謂「事思敬」，須分辨恭與敬，敬與恭相表裏，恭為外表，敬屬內心。人做事皆不苟且，叫做敬。夫子入太廟，每事問，有人以為夫子不明其事，實則表示孔子敬事的態度，故《曲禮》云：「毋不敬」。[27]可見，作事若不能敬業，則必招災禍；又「疑思問」，須知對於事理不能究竟明白，叫做疑。求學的要點，在求明白事理，若有不明之處，即應請問於明師益友，不可存疑，尤其不可以似是而非的事理教導他人。[28]見雪廬居士教人，不論求學或處世做人，要在能不恥下問，韓愈《師說》所謂「聖人無常師」，如此方能見識博大，徹明事理；就「忿思難」而言，「忿」為唯識學中「隨煩惱」[29]之一，難是在發怒之後，難於收拾。此種煩惱人人皆有，不想辦法制止，後果往往不堪設想。如交友三年，忿怒時一語寒心，溫情全拋，故為學者，忿怒之時最應該忍耐，假設忍不住，也要思考一下它的後果，絕不可出語傷人心。[30]雪廬居士教人要三思後行，不可一怒而造下難以收拾之事；最後為見得思義，所謂「見得思義」，重在此義字。得者，不只是名利，凡可見得到的，最先須想到是否合乎道義，合乎義就可得之，不合則捨棄。《禮記》說：「臨財毋苟得」

---

[26] 《李炳南居士全集・述學語錄》，〈念終始典于學〉，頁 28.

[27] 《李炳南居士全集・述學語錄》，〈念終始典于學〉，頁 28.

[28] 《李炳南居士全集・述學語錄》，〈念終始典于學〉，頁 28.

[29] 又作小煩惱地法。指與小分之染污心相應而各別現起之煩惱，計有十種。忿者，恨之意；對有情、非情等產生憤怒之心。總而言之，「小隨煩惱」僅為「修道」所斷之惑，而起於意識地，且各各與無明相應而起，非如大煩惱地法之「心所」與一切染心俱起者，故稱小煩惱地法。〔《成唯識論》卷六、《成唯識論述記》卷六末〕

[30] 《李炳南居士全集・述學語錄》，〈念終始典于學〉，頁 29.

就是此理。人人若能做到這九種，就可得到福德。[31]凡事皆應以「義」為門檻，不可任貪念作祟。如此方可顯現君子之高潔。

在中國哲學思想上的重要命題之一，即探究道的問題。就儒家而言，《中庸》有所謂「天命之謂性，率性之謂道」，即吾人能順著天命之性而行，即為順道而行，因此倘若能知天命便能知《中庸》所謂之道為何。居士講授《大學》章句：「大學之道，在明明德，在親民，在止於至善。」時，即指出「明德」為吾人本具之德行，等同於佛家之「本性」，此指道體而論，據此而推，則《大學》之道與《中庸》之道並非異轍，道體之內容為吾人本具之佛性（或稱為本性），故知天命即吾人本具之本性或稱心性。至於此本性之性質為何？在儒家《易‧繫辭上傳》釋之曰：「易，　思是也，　為也。寂然不動，感而遂通天下之故。」易以太極為本體，其本體亦為吾人本具之心性，是「無思無為」，即不可思議，其相用卻非枯寂，故能如鏡照物，胡來胡現，漢來漢現，故曰：「寂然不動，感而遂通天下之故」。由上可知，居士將心性做為儒家之道體，因此巧妙地將儒佛聯繫起來，以此融會二家，使儒釋二家不致分流，甚至角立，實為深具智慧之表現。

（三）生命終極關懷

雪廬居士提倡儒佛同源，係以注重生命之終極關懷為目標。以儒家強調「內聖外王」的功夫，要能成聖成賢，必須重視自身之修德，且特別重視生命，如《論語》所言：「身體髮膚，受之父母，不敢毀傷，孝之始也。」不僅愛身，更應愛己名譽，故不應損人利

---

[31] 《李炳南居士全集‧述學語錄》，〈念終始典于學〉，頁29.

己，須厚愛他人，一切人事應依禮行之，此乃對於生命關懷之表現。唯儒家以今世為範圍，而佛家則洞明人生過去、現在、未來三際，並運用「無緣大慈，同體大悲」之精神，將生命關懷擴及無限。就居士對生命教育之觀察，發現要能了解生命教育之真諦，捨儒佛二家，實難圓滿。居士曾言：「眾生原有兩個生命，一個是『身命』，一個是『慧命』」[32]。所謂「身命」，是指人之壽命，然此壽命是通三世因果的，乃依過去世所造之善惡業，而決定今世壽命之長短。[33]至於「慧命」，即具智慧之生命，此即佛法本性所具之德行。此一慧命，具法身德、般若德及解脫德。但以眾生迷惑於外境，不知本有家珍，而轉三德為苦身、煩惱、結業，[34]遂起惑造業，於六道中生死輪迴。然而，因眾生本有佛性，皆可成佛，生命的本質是光明的，為善為惡皆在一念之間，順善性而行，則可轉凡成聖；反之，為惡害人，同時也傷害自己的心性。佛法以「無緣大慈，同體大悲」為度生之本懷，必能消弭禍亂於無形。雪廬居士一生行誼以此為生命教育之宗旨，並落實於世間；體現宗教家之大慈大悲精神，亦是對於生命終極關懷之表現。

---

[32] 《李炳南居士全集・弘護小品彙存・叩鳴集》，〈菩提樹月刊一周年感言〉，頁 161.

[33] 淨常：〈唯識簡介（十二）〉，《明倫月刊》，158 期，頁 6. 所釋第八識識體，「因此吾人一期壽命的短長，全憑業力決定，若業之功能多，則第八識寄託在形體的時間長，壽命即長。反之，若業之功能少，則第八識寄託在形體的時間短，壽命即短。等到第八識酬業受報完了，就離開這個形體，而形體亦隨之朽壞。此時第八識又隨著另一種業力，到另一道去投生。由於無始劫來，眾生所造業力無量無邊，因此其第八識即永遠在三界六道中，酬業受報，輪迴不停！」

[34] 智果：〈唯識三十頌研究（七十八）〉，《明倫月刊》，318 期，頁 8.

三、闡外儒內佛行誼

　　雪廬居士闡外儒內佛行誼；其特色在於融會儒學與佛學思想，使能貫通世出世法；且強調外儒內佛，樹立居士學佛典範；實有其理論基礎與社會需要。以下分別申論之：

（一）前賢思想繼承

　　就外儒內佛思想之考究，可以追溯至東晉之釋道安法師，其《二教論》曾言：

> 無生無始，物之性也；有化有生，人之聚也。聚雖一體而形神兩異，散雖質別而心數弗亡。故救形之教，教稱為外；濟神之典，典號為內。……若通論內外，則該彼華夷，若局命此方，則可云儒釋。釋教為內，儒教為外。[35]

道安法師原意以形質為外，精神為內。若轉為儒釋二家釋之，則以儒家為外，佛家為內，其因在佛家探究心性，以如何了脫生死為要務；儒家則重視人道之安身立命，並以修齊治平為功，故有「外儒內佛」之概念。

　　近代淨宗大德印光大師，對於外儒內佛亦有所提示，曾於〈儒釋一貫序〉一文，倡儒佛同道：

> 儒釋無二道，生佛無二心。……一切眾生，返迷歸悟，溯流窮源，以復其固有之性而已。[36]

---

[35]　《大正藏》52 冊，頁 136，釋道安《二教論》。
[36]　《印光法師文鈔》下冊，台中：青蓮出版社，2001.1.，頁 757.

以眾生迷於五塵境，不知回光反照，若能內照心性，則能恢復其本性之光輝，此不僅行於佛法，亦行於儒家，以儒佛本同源之故。更進一步，印祖曾就中國歷史上，對於國家社會有貢獻者，提出研究，以為多是儒佛兼修者，其云：

> 盡性學佛，方能盡倫學孔；盡倫學孔，方能盡性學佛。試觀古今之大忠大孝，與夫發揮儒教聖賢心法者，無不深研佛經，潛修密證也。

印光大師雖不明言內外，但以為儒家側重人倫，要能於社會發揮大用，最究竟處無不以明徹佛家之心性為要務，由其文中所云「潛修密證」可管窺印祖外儒內佛思想之一端。

（二）盱衡社會背景

就社會現實面而言，佛教在中國之發展，以大乘佛法為主，因此弘揚佛法者與群眾有著密不可分之關係，尤其是寺院叢林仍須接觸群眾，以利佛法之弘揚。細而究之，古來叢林道場，均具法師、方丈、知客三職務，權責分明。所謂「法師不辦事，方丈不講經」，各司專責，其目的皆在於能領眾，使眾生各得其益；因此通達人情便為度眾要務。佛法本以究心為務，相較於究心之內學，待人接物、通達人情，則為外學，故有外儒內佛之說。台中佛教蓮社成立時，雪廬居士曾以「講演儒佛經典」作為蓮社創立之首要任務，並在「固有家珍謹防假冒」講表中表示，應秉持「外儒內佛」之原則：

　　居士在表中以儒佛同源為基礎，以二家同為「深入人心」之事，然因應社會背景，儒釋二家仍有不同之歸趣。孔孟之學，實為造就世間君子，並以禮儀風俗來教化社會，以期建立詳和之社會。行儀表現於個人外表，又為儒者所重，故可稱為「外儒」；然就個人之內心而言，則薰修以佛教法門為要，故可稱為「內佛」。佛法雖浩瀚，要皆不出心法，且皆是覺悟之法，其所要建立的範疇，非僅止於現世，而是普及過去、現在、未來三世，又非僅止於吾人所處之國土，而是擴及十方世界。其學說要旨不外乎要人能開拓心胸，不要目光如豆，眼光短淺，又要人能重視己靈，現前所做所為，皆為來世之果報，因此要為身後歸宿打算，而吾人身處於此界，多有苦厄，仍須仰仗三寶加被，方能脫險。然佛法非心外求法，求三寶暗中加被，實為求己心之加被，以心、佛、眾生為同體，故佛法為向內心追求之法，稱為「內佛」。

　　居士示現在家學佛之身，處於五濁俗世中，終日與群眾為伍，又律己嚴遵佛家戒法（菩薩戒），與出家眾不同者，既不能接受供養，又需資財來興辦各類文教慈益事業；一面講經說法，又應酬辦事，若不能內而深究佛法，外而鍊達人情，實難面面俱到，若非真正掌握「外儒內佛」之精神，一切塵勞恐難化為佛事。為廣度含識，

37　〈固有家珍謹防假冒〉，《弘護小品彙存》，台中：青蓮出版社，1996.3.，頁 332.

居士不僅專精醫學、法學、儒學、佛學[38]等學問，並確立世間學問可以修身，可以濟世，並以儒佛為綱領，引心走向光明，返迷歸悟。易言之，以之喚起大眾的良知良能，故以「志於道、據於德、依於仁、游於藝」為藍圖，一切世間學問無不為「游於藝」所攝；處世待人應「依於仁」；心念上應時時據之以德，故言「據於德」；如此則心志趨向於道，故言「志於道」。（此處居士所言之道，擴及佛家之道，包含解脫義）故知一切學問應具有正德利用厚生之用，而不止是為一己追求名利之私而已。居士認為世間學問最徹底處在於「修明性德」，而出世法則在「先知無我」，見其勉勵中國醫藥學院醫王學社同學曾說：

> 求學要得到根柢，先修明性德，以真才能，貢獻社會。學佛要先知無我，發心利眾，直心道場，不可浮誇。[39]

可見雪廬居士以佛法利眾存心，並以貢獻社會為目標，此亦皆是外儒內佛思想之注腳。

（三）外儒內佛之思想

雪廬居士外儒內佛之觀點，踐跡於印祖而發揚之。如居士言及儒、釋、道三家之相異處，有云：「周孔醫世，佛陀醫心。譬諸月魄，體無闕圓，用不其一，稚時所之。」又言：

---

[38] 雪廬居士未到四川前，曾與北京來真空禪師學禪，並與方丈客觀法師一同參禪八年；於四川時，與唯識宗梅擷芸大師學唯識八年；並從西藏貢噶與諾那呼圖克圖，學密八年，故其顯、密，宗門、教下兩融通。而晚期以皈依淨土第十三代印光祖師，倡導往生淨土。

[39] 〈雪廬居士勉語〉，《雪廬老人法彙》，台中：青蓮出版社，1988.4.，頁42.

　　吾以『佛』存心，以『儒』辦事，以『老』處世。亦即以佛
　　之慈悲為懷；以孔子之有為有守、賞罰分明來辦事；以老子
　　之三寶：慈、儉、不敢為天下先，為處世原則。[40]

居士雖以儒佛同源為會通，此乃就其收攝處而論，若就開展面而言
（以社會目標之達成著眼），彼此仍有差異之處。居士以為佛家重
在觀心，以心為萬有之根本，身口意之發動，無不因心而起，為能
制心，故須持戒修定開慧，重在出離三界。至於儒家則著重待人處
世，強調人與人之間的相處方法，亦即須合於倫常之道，以世間美
滿和諧為經營目標。至於老學，則以恬淡、寡欲為目標，少欲則少
煩惱，以此調和儒家之道，達成美滿和諧的生活。居家學佛之士須
顧及營生，又不能荒廢道業，因此可以看出雪廬居士強調入世精
神，而外儒內佛可說是適應社會生活極佳之典範。歷史上外儒內佛
例證，亦常為居士所援引，其於〈佛誕節談民族文化〉一文曾言：
「我民族文化，億民兆民差不多都是外儒內佛。」[41]又云：「請查
看歷史，自魏晉以來，歷代良將名相、鴻儒奇士，以至墨客騷人，
多數精研佛典。」[42]歷代儒佛兼修者如東晉王導、謝安，唐相房玄
齡、杜如晦、李白、杜甫、王維、白居易、柳宗元，北宋宰相范仲
淹、司馬光，元代宰相耶律楚材、劉秉忠，明代宰相姚廣孝等皆是
佛教徒。佛法自東漢傳入，至唐大放異彩以來，儒佛皆以心性為根
源，故能相互融會，相輔相成。至於歷代高僧，亦多為儒學根柢深

---

[40] 雪廬居士於民國 68 年 4 月 23 日為台中蓮社辦事弟子講話。
[41] 《李炳南居士全集・弘護小品彙存・佛誕節的宣言》，〈佛誕節談民族文
　　化〉，頁 93.
[42] 《李炳南居士全集・弘護小品彙存・佛誕節的宣言》，〈佛誕節談民族文
　　化〉，頁 93~94.

厚之士，因成佛必得具備良好的美德之故。就文化內涵檢視，居士之「外儒」思想，主要是恪遵儒家「五倫」思想，實行「仁、義、禮、智、信」之美德，並以此待人接物，以仁者襟懷處世，積極入世，教化百姓，發揮「民胞物與」之精神。觀居士一生行誼，與孔子一生相仿，雖身處兵馬倥傯時局，皆孜孜於講學弘道，賑急濟生，席不暇暖，不疲不厭。居士處世言談，多是嚴以律己，寬以待人，即使被別人責備，卻能如流水般順從，此誠難可貴。在台弘化三十多載，居士所受委屈何其多，故嘗云：「我渾身是瘡疤」[43]，卻無絲毫怨懟，正如《尚書・秦誓》所言：「責人斯無難，惟受責俾如流，是惟艱哉。」[44]真正是謙謙君子之德馨。居士又常以「慎獨存誠、不欺暗室」自我警惕，凡事皆光明正大，不苟且。[45]見居士待人接物，如《台中蓮社社歌》歌詞「陶來謝來平等恭敬」，對童叟貴賤一律謙虛，凡見僧寶必虔心頂禮，訪客必送至門口，篤守儒家

---

[43] 雪廬老人〈吃虧即是佔便宜〉：「我實在有特別的經驗，我渾身是瘡疤，一生吃了不少虧，但到後來卻佔便宜了。我學佛這幾年，那一條害過人？我有叫你們害人去嗎？我不只一次遇到極困難的事，到時都化險為夷，這是天理人生啊！……凡有自己懂，別人不懂處，此時要多加諒解，世間不懂禮的人太多了，總要加以原諒。」（見《雪廬居士師訓集錦》，台中：青蓮出版社，2000.11.，頁16.）；又如，弘安〈香不燃何以顯其香〉：「孩子啊！香不燃何以顯其香，我渾身是瘡疤，九十多歲的人了，早可以在家茶來伸手，飯來張口，我啊！要幹到死為止。」，見《雪廬居士師訓集錦》，台中：青蓮出版社，2000.11.，頁72.

[44] 阮元校勘：《十三經注疏・尚書》，藝文印書館，1976，頁314.

[45] 戒光：〈談雪廬居士的飲食起居〉，《明倫月刊》，193期，頁56，文中提到，雪廬居士客廳常有花木擺飾，至夜，必須送回庭院承受雨露。某次，侍者以雪廬居士臥室的燈光映照到庭院，雖有點昏暗，而能見度尚依稀可辨，故端出花木時並未開外燈。雪廬居士即訓示：「怎麼不開燈？記住：以後不要在黑暗處搬東西！做事要光明正大！」

禮儀風範。綜觀居士一生以言教、身教來實踐儒家忠恕之道，並以此教導弟子。再者，居士之「內佛」思想，主要闡揚佛法心性之學，以體證心性「寂而常照，照而常寂」不可思議妙用，倡導淨土念佛法門，以極樂為依歸。居士之佛學思想，恪遵古來大德之主張，首先須發菩提心，若不能發菩提心，則一切善行如同魔業。所謂「菩提心」，即求覺悟之心，進一步說，即要發「上求佛道，下化眾生」之心。檢視居士一生參禪八年、修密八年、研究唯識八年，末後念佛五十餘年之工夫，都是為發菩提心廣度眾生而修持的。居士佛法教化之原動力，歸穴於能以「慈、悲、喜、捨」之胸襟，興辦各類度眾事業，所謂「慈」是給予眾生安樂，「悲」是要救拔眾生憂難，在度眾上不覺路途辛苦，以歡「喜」心，「捨」棄對立分別，平等救拔一切對象，此即建立在「眾生皆有佛性」、「皆可成佛」之基礎上。居士一生密護諸宗，勸人念佛，導歸淨土，末後示現念佛往生；以通途法門，多仗自力，不易成就，故主末法時期淨土成就，遂躬親實踐，以為後世典範。

　　總而言之，雪廬居士外儒內佛之思想，實可含蓋世出世間一切學問，居士曾云：「以佛法繕心性，以倫常作經濟，以科學應事物，以藝術為遊戲。」[46]即佛法為心法，可以對治心內之煩惱妄念，開顯本有之心性光輝，此為「內佛」之範圍；至於儒家則側重五倫十義，以此思想為經世濟民安邦定國之良謀，此為「外儒」之範圍；至於科學方法技術及琴棋書畫等各種藝術，不僅可以改善生活品質，同時亦可調劑身心，統歸於「游於藝」之範疇，凡是能利益大眾，為度眾權巧方便者，皆可為儒釋二家所攝。居士曾比喻：「人

---

[46] 陳雍澤：《雪廬老人儒佛融會思想研究》，台中：青蓮出版社，2006.3.5，附錄 5.

身有氣也有血，二者缺一，人身不存。」又言：「我族文化有儒有佛，如缺其一，現在將來皆不圓滿。」[47]顯見居士以為儒佛二家，已為我民族文化之要素，正如氣血之於人身，不可或缺，應各取其長。孔德成先生曾讚揚居士：「道倡倫常道，心為菩提心」，以此最能詮釋居士「外儒內佛」之特質。

（四）雪廬風範見證

　雪廬居士一生講學，不離儒佛內容，且能儒佛兼弘，擺脫多數佛徒「重佛輕儒」之偏見，強調儒佛融合思想，其於〈明倫月刊零刊辭〉曾云：「我國純正文化，就是漢魏後的儒佛融合文化。[48]」顯見雪廬居士儒佛融會思想歷來即有根據，雪廬居士一生除倡導儒佛融會思想外，其所展現之外儒內佛風範，深得各界讚許。雪廬居士弟子果清法師為律宗大德，為雪廬居士入室弟子，中年出家，持戒嚴謹，曾言雪廬居士之教化：

> 老恩師於佛學及儒學一概精通，造詣深厚，自奉甚儉，但有餘錢均奉獻出來，給公家辦事，或救濟貧困災難。他是大公無私的，以身作則，平時忙於法務，忙到無暇生病。親近他老人家的人不少，國內外都有，受他的感化很深。[49]

果清法師以為雪廬居士通達儒佛，不僅止於學問，亦能身教示範，一生為公，嚴以律己，寬以待人，深受其言行感動。

---

[47] 《李炳南居士全集・弘護小品彙存・佛誕節的宣言》，〈佛誕節談民族文化〉，頁96.

[48] 《明倫社刊論文彙集》，第一集，〈零刊辭〉，頁2.

[49] 《果清法師演說集》，頁87~88.

仁俊法師憶及雪廬居士風範曰：

> 炳老的儒學、儒行根柢深厚，對儒家剛性文化持得徹、踐得
> 決。他那沖和的言行中，蘊藉著一種「厲」性，養成、建立
> 了他的人品、人性。[50]

又言：

> 炳老於儒佛兼倡中，以儒學為方便，導歸佛法真實。期得力
> 處：以剛性文化、人格作基架；以淨化文化、人性為底質；
> 這是我對炳老的一番體認。[51]

可見雪廬居士一生重視品格，積極度生，以儒學為方便，以佛法為
真實，儒佛兼弘，將儒家之剛性文化，「天行健君子以自強不息」
發揮地淋漓盡致，此亦是雪廬居士以儒學為根柢，作為弘揚佛法成
功之處，而廣為大眾所接受的因素。此說，或可作為「重佛輕儒」
者之頂門針。

　　王禮卿教授[52]曾讚揚雪廬居士為：「極佛門真諦，會孔門心傳，
絕學難逢一代師。[53]」以雪廬居士真能傳佛心印，亦能融會孔門心
學，實屬一代宗師。周宣德教授亦讚之曰：「釋儒翼並風徽，慧炬
明倫同循矩矱，淨白薪傳盛業，靈巖廬阜永仰承。」[54]。以雪廬居

---

[50] 仁俊：〈炳公長者「無忝所生」──世法中的活人・佛法法的行者〉，《菩提
　　樹》，403 期，1986.6.8.，頁 15.

[51] 仁俊：〈炳公長者「無忝所生」──世法中的活人・佛法法的行者〉，頁 34.

[52] 按：王禮卿、雪廬居士是國立中興大學教授，雪廬居士禮聘為內典班國文
　　教席，任教四年。

[53] 《明倫月刊》，164 期，1986.4.5.，頁 24.

[54] 按：周宣德為慧炬月刊社創辦者，全台大專佛學社團創始人。《明倫月刊》，

士儒佛兼弘，堪為萬古流芳。周邦道亦讚曰：「臺嶠棲遲近冊年，崇內典融釋儒，建道場弘教化，培人才，布書刊，播法音。利羣萌，孳矻領同倫，最為第一。」[55]以雪廬居士融會儒釋思想，作育英才，堪為一代大宗師。明允中教授讚曰：「遣化隨悲願，含藏是德基，一身同正氣，萬法顯摩尼。」[56]可見雪廬居士悲願甚深，正是外現居士身，內秘菩薩行者。王大任讚曰：「道兼佛儒契天人，化善殊鄉澤萬民，盛德豐功堪不朽；早知身後作明神。」[57]可見雪廬居士之行堪稱盛德，普澤萬世。

國畫大師呂佛庭對於雪廬居士一生之觀感，曾言：

> 雪老善詩詞，愛書畫，講授論語、孟子、易經、詩詞，以宏揚中華文化。……淡泊名利，出儒入佛，行菩薩道。講經四十年，緇素四眾，座無虛席，其法緣之勝，不惟是空前，也可能是絕後。後宏揚淨宗之一盞燈，也是復興文化之一座大柱。[58]

最後並以詩表達無限之追悼：「諸部兼宏浴法海，一人不捨渡慈航。遠公抱節結蓮社，子美飄零未返鄉。」[59]顯見呂老讚揚雪廬居士一生滿腹經綸，然卻不為名利，只為利益眾生，教化社會，出儒入佛，並比之以東晉慧遠大師，結社念佛之行誼，又如杜甫身遭國難，未

---

164 期，頁 22.

[55] 按：周邦道為國大代表，慈光圖書館及菩提仁愛之家董事長，襄助雪廬居士一切佛儒志業。《明倫月刊》，164 期，頁 23.

[56] 《明倫月刊》，164 期，頁 25.

[57] 《明倫月刊》，164 期，頁 29.

[58] 呂佛庭：〈哭李雪老〉，《菩提樹》，403 期，1986.6.8.，頁 17.

[59] 《明倫月刊》，164 期，頁 26.

返故里，雪廬居士瘁於鯤島，令人永懷！書畫名家徐人眾讚之曰：
「是儒學宗師，兼佛壇大老，永世言教行率，德化道熔，想望斗山
莫極仰。為聖業參贊，作眾生典範，遽聞哲萎泰頹，雅云梁折，夢
瞻風貌難任悲。」[60]亦見雪廬居士儒佛兼弘，堪為後世楷模，典型
在宿昔，德澤足以照耀千古。居士學問廣博，一生奉行儒佛兼弘之
信念，開創普利群萌之基石，再加以身教力行，使得四海皆能蒙受
感動，而得教化，故德澤寰宇，永垂後世。

四、辦各類文教事業

　　雪廬居士一生儒佛兼弘，其對於在家眾之期許為「白衣學佛，
不離世法，必須敦倫盡分，處世不忘菩提，要在行解相應」，亦即
在家之居士，在學習出世之佛法時，萬萬不可捨本逐末，仍須恪盡
人倫，否則必使家庭深陷痛苦之中，製造更多的社會問題。雖在家
眾必得於社會營生，以滋養色身及家庭，然卻須時時不忘求覺悟之
心，更應於佛法之教理與行門功夫中常相印證，此方為真佛教徒，
亦為真儒者。

　　雪廬居士甫於民國三十八年二月來台之初，一踏上基隆碼頭，
即發願要將「阿彌陀佛」名號，傳撒臺灣每一個角落。雪廬居士一
生於佛法弘傳上，除宣揚因果理念外，並融貫諸宗，會歸淨土。

　　雪廬居士初來台弘法時，並無定所，為能安頓人心，遂於民國
四十年，成立臺中市佛教蓮社，以為弘法之中心，並任第一屆社長。
臺中佛教蓮社雖為宗教團體，但雪廬居士一生志在轉移污俗，化導

---

[60]　《明倫月刊》，164 期，頁 26.

人心，因此除了辦理宗教事務外，卻不忘教育文化之百年大計，雪廬居士曾言：

> 人民是國家的軀殼，文化是國家的靈魂。只有軀殼，沒有靈魂，那就成了些「行屍走肉」，國家何能獨立？中國主要文化，就是五倫八德。這是以各個人作主體，先改善內心，再表現到家庭裏，終推展到國家天下，大體是各盡各分，相親相愛，大公無私，造成普遍的安樂社會……仔細想來，這樞紐還在教育上。[61]

可見雪廬居士特重文化之傳承，文化為國家之靈魂，然而文化之傳承，須仰賴教育，其中雪廬居士特別重視人格教育，以其為一切教育之基礎。徐醒民居士憶及雪廬居士以傳承文化為急務，曰：

> 師畢生以弘傳文化為急務，故在講學時，經常提示，我中華民族繁衍綿延，歷史悠久，賴其保有優美的民族文化。此優美的民族文化是由歷代聖人傳授下來，後由孔子集其大成，整理而為詩書易禮，以及撰作春秋等，稱為儒學基本經典，亦即我固有文化的精華。到了後漢，傳入佛法，歷代迻譯經論，彙為三藏，與儒學相得益彰。儒參佛法，可聞孔子之言性與天道。佛法由儒奠基，因而盛行大乘教化。相輔並進，溥利群生。可惜現代有一幫人盲從邪說，毀謗儒佛，以致民族文化遭劫，人心迷惑，是非不明。師抱悲天憫人之懷，以

---

[61] 〈臺中蓮社國文補習班第六期結業生同學錄小序〉，《雪廬寓台文存》，1995.4.，頁 199.

> 弘儒弘佛為職志，期以儒佛大道真實復興文化，改善人心，
> 使國內外人皆能去其苦厄。[62]

知雪廬居士畢生以弘傳文化為急務，認為文化是民族生存之命脈。
然佛法為我國固有文化一支，與儒學有相得益彰之處，而今人毀謗
儒佛，遂使得文化衰落。有感於此，雪廬居士於成立台中佛教蓮社
時，便頒定社旨為：一、講演儒佛經典，以化導人心。二、集眾念
佛，各求當生成就。三、興辦文化慈善事業，以勵道德而善風俗。
可見雪廬居士欲以宗教、文化、教育三方面來轉移社會污俗、以淨
化已被扭曲之人心。

　　雪廬居士繼台中佛教蓮社創立之後，又陸續興辦各種教化事
業，如成立國學啟蒙班，期能於孩童時期，紮下聖賢教誨，首創台
灣最早之讀經教育。為能使知識分子學習大乘佛法，發揮佛家慈悲
濟世之精神，更開闢大專佛學講座，藉以傳承佛法之慧命。為了能
深入儒佛教典，期以培養弘護人才，遂開辦內典研究班，積極作育
人材。為能實踐孔孟學說，以恢復固有人倫，遂成立論語研究班，
期能為端正社會風氣。為能替社會教育盡一分心力，遂成立社教
科，成員皆為大專以上之畢業生，期能透過對高級知識分子之教
育，不僅使之能儒佛兼修，亦能學習禮樂教化，將來影響家庭、社
會，為社會教育盡一分心。為籌辦大專佛學講座，復設立明倫社負
責之，為能擴大弘法範圍及層面，並支援文化教育事業，遂成立廣
播社、出版社，使雪廬居士弘法心願能遍及海內外。此外，亦成立
慈光圖書館，辦理圖書借閱，並設立各類儒佛講座，為早期雪廬居
士重要弘法之道場。

---

[62] 徐醒民：〈雪廬居士恩師教範〉，《明倫月刊》，165 期，頁 9.

　　茲將雪廬居士一生興辦之各類文教事業分述如下：

（一）成立國學啓蒙班

　　雪廬居士一生注重文化教育，鑑於時下聖賢教育式微，童蒙教育未受重視，特以《易經蒙卦》「蒙以養正，聖功也」[63]為訓示，希望孩童能藉由儒佛典籍，啟迪心智，將來能成為文質彬彬之君子，故興辦了啟蒙教育。

　　台中蓮社國學啟蒙班之創辦因緣，須回溯至民國四十三年時，所倡辦之「兒童德育週」為先驅。至民國六十四年六月又創辦了「蓮友子弟輔導團」，後來在威信念佛班家長們推動下，民國七十二年正式成立國學啟蒙班，以嘉惠蓮友子弟。之後，又成立了「國學啟蒙學社」，並於民國七十九年，由啟蒙班第一、二屆同學，組成「雪蓮」，使啟蒙學社的規模向大學之蓮友子弟延伸。[64]

　　國學啟蒙班脩學體系，如圖 5-1 所示：可以看出啟蒙班之體系，就其對象而言，縱向來說可以含蓋整個義務教育，甚至至高等教育之蓮友子弟，至於橫向來說，則以家長研習會來聯絡溝通，可以說是具有一定規模組織之教育機構。

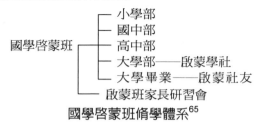

國學啓蒙班脩學體系[65]

[63]　阮元校勘：《十三經注疏‧周易》，藝文印書館，1976，頁 23.

[64]　劉靜宜：〈雪廬老人儒佛教化事業探述〉，《紀念李炳南教授往生 20 週年學術研討會會議論文》，台中：國立中興大學中國文學系，2006.4.8.，頁 146.

[65]　劉靜宜：〈雪廬老人儒佛教化事業探述〉，頁 147.

　　啟蒙班可以說是啟蒙教育發展歷程中較成熟的階段，經過長時間之考驗與嘗試，已有其教學體系及特色。就啟蒙班之特色而言，主要為：[66]

1、注重道德教育

　　國學啟蒙本班成立於民國七十年，當時是由親炙雪廬居士的幾位弟子積極推動，由於感受到儒佛知見在他們的生命中產生了重要之影響，雪廬居士也經常強調要自利利他，而自己的家人尤其重要，為了讓下一代能得到儒佛之利益，因此自早期之蓮社時代，就開始舉辦了兒童德育週，接著民國六十六年又辦理蓮友子弟輔導團，直至現在的國學啟蒙班，從一開始就注重道德教育。道德教育即是品格教育，倘若沒有健全之人格，則必定要危害社會安寧，觀其一生必定無法獲致幸福，因此，培養優良之品格情操，應在孩童時期未受社會污染時教育之，方能獲啟蒙教化之功。

2、以儒佛為宗旨

　　啟蒙班的宗旨不外儒佛二大學說，此乃是雪廬居士遵從印光祖師所訂定，以印祖注重外儒內佛，這樣才是較符合中國人之思想及生活模式，其中之儒家教育是以孔子思想為代表；除了學習儒家學說外，更進一步還須學習佛法，因此啟蒙班之教育宗旨是先以儒學來樹立人格，其終極目標為圓成佛道。

---

[66] 吳希仁：〈國學啟蒙班的因緣與宗旨〉，《明倫月刊》，235 期，頁 42.

3、體用兼備之教育

雪廬居士秉持印祖之主張，強調教育是有體有用的。啟蒙班之教育除了道德教育外，仍須具備適應現代社會之能力，方不致為社會所淘汰。孔子是「聖之時者」，除了有高潔之道德外，亦能適應各種環境，因此有體有用之教育，方不致淪為現代之老古董，而是要成為文質彬彬的君子。雪廬居士以孔子之「志於道，據於德，依於仁，游於藝」，為中國文化之總綱，道、德是體，仁、藝是相用，而啟蒙教育更是要能開發人之道、德、仁等本質，至於一切科技藝術即為游藝之範疇，凡是能自利利他之科技藝術，皆能為道德教育所涵攝，如此便能建立一個和諧的社會。

就課程設計之原則，可以歸納為六個部分：[67]

1、　禮樂教化：孔子曾言：「興於詩，立於禮，成於樂。」啟蒙班課程安排，包含三個部分，即詩、禮、樂三大項。啟蒙班從國小一年級至大專都安排有詩的課程，在吟詠詩之際，能將內心之性情，毫無隱藏的表現出來。以禮建立人格，因禮能體現內心之恭敬，關於禮之課程有常禮舉要、曲禮、弟子規等。成於樂，則以音樂來潛移默化學童之性情，啟蒙班安排有音樂相關課程，藉以調和並涵養學童之性情。

2、　經史傳授：經典方面之課程有三字經、弟子規、論語，多以儒家經典為主。至於歷史類之課程，則安排歷代之中國文化史，從史中知興衰存亡，藉以歷史精神及文化認同。

---

[67] 吳希仁：〈國學啟蒙班的因緣與宗旨〉，《明倫月刊》，235 期，頁 42.

3、 文學薰陶：文學類之課程主要是藉以陶冶學童之性情，使思想行為能典雅柔和。

4、 佛學課程：佛學課程本為宗教性質之課程，早期較不易傳播，如今教育單位逐漸重視宗教輔導，可以說宗教教育屬於生命教育一環，對人心維繫大有幫助，因此未來啟蒙可從小學就加入佛學課程。

5、 體育課程：弘法利生須有強健的體魄，在體育活動中更可以培養合群之習慣，試圖將遊戲規則與內容攙入啟蒙班之精神，而達寓教於樂之目的。

6、 專題課程：此是專為國中同學所開設的，以國中以上之青少年易受外界的誘惑，因此便以各類專題來引導同學走出迷惘，正確掌握人生方向。

大專啟蒙學社方面，皆能定期且持續不斷地進行修學研討，內容主要以《十四講表》、《唯識簡介》、《阿彌陀經》為主，期能確立學佛知見，其中《阿彌陀經》以雪廬居士所編之《阿彌陀經略記》、《阿彌陀經摘注接蒙》、《阿彌陀經義蘊》為主，亦參考蕅益祖師《阿彌陀經要解》、圓瑛法師《阿彌陀經要解講義》。每次研討皆排定主持、主講、消文人選，。

從民國七十二年以來，接受啟蒙班教育之學子多達數千人以上（參見國學啟蒙班學生年度參加成員統計表），而所投入之人力物力相當龐大，歷經二十多年之變革，不論在規模、或是參加學員及師資方面都有顯著成長，原先較早之學童，如今多已能獨當一面，而接續薪傳之行列，使得啟蒙班能恪遵雪廬居士遺訓，為文化教育事業，貢獻一分心力。

國學啓蒙班學生年度參加成員統計表：[68]

（1）小學部、國中部：

年度	72 年至 79 年	80 年至 84 年	85 年至 94 年
地點	台中市佛教蓮社、慈光育幼院	台中市明德家商	台中市大勇國小
每年學生人數	94 人～654 人	800 人～1000 人	900～1100 人
每年授課師資	50～150 人	160 人	200 人
每年班級數	國小 3～15 班 國中 3 班	國小 19～23 班 國中 3 班～5 班	國小 30 班 國中 5 班

（2）高中部

年度	77 年至 87 年	88 年至 94 年
地點	台中縣新社鄉中和國小	台中市佛教蓮社
每年學生人數	79 人～156 人	188 人～164 人
每年護持人員	約 100 人	約 150 人
每年班級數	2～5 班	5 班

（3）大學以上

　　國學啟蒙班大學以上同學，每屆組成一蓮，二十四年來，總計已有十八蓮（至民國九十五年止），分別是：「雪蓮、清漣、淨蓮、心蓮、益蓮、澄蓮、慧蓮、涵蓮、如蓮、竺蓮、覺蓮、德蓮、法雨蓮、猗蓮、湛蓮、梵蓮」等，人數已達五百多人。足見其影響深遠。

（二）設立慈光圖書館

　　慈光圖書館成立於民國四十七年五月二十五日，最初名為「台中佛教文化圖書館」，後因宗教氣息太濃厚，遂改名為「財團法人

---

[68] 劉靜宜：〈雪廬老人儒佛教化事業探述〉，頁 147~148.

台中私立慈光圖書館」，一直沿用至今。慈光圖書館興建之緣起，乃因雪廬居士有鑑於聽經人數逐漸眾多，須另覓一較寬敞之處所，遂由許克綬、朱炎煌居士出資，再加上莊郭花等多位善信不斷募款捐款，而購得原址為汽水工廠之用地，使得圖書館終於能座落在台中市柳川西路上。[69]

　其成立之宗旨在於弘揚佛法與儒學，並以圖書資料等為文教服務事業。其館藏從大藏經、二十四史、四部備要，及現代科學哲學等圖書兼具，可供各界人士閱覽。除圖書借閱外，從民國四十年代開始，亦常年舉辦講經活動：如雪廬居士曾於每週三晚間，講授《華嚴經》、《金剛經》、《維摩詰經》、《法華經》、《楞嚴經》、《圓覺經》等經，聽眾恆在四百至五百人，至今講經活動仍延續不輟。[70]除講經外，於此亦曾舉辦慈光大專佛學講座、學期中佛學講座。此外，亦設立念佛班、助念團，並附設托兒所、蓮友子弟德美育輔導等，培育了許多兒童及青年學佛學幼苗。另一項歷史紀錄，乃於民國六十二年，由慈光圖書館配合沈家楨博士辦理「佛經注疏語會附設內典研究班」[71]，雖僅歷四年即告結束，然此乃佛教界一大創舉，實為佛教界之盛事，可以說早期之慈光圖書館實為雪廬居士弘法之重鎮。

---

[69] 如笙：〈台灣地區第一個創設的佛教圖書館－台中慈光圖書館〉，《佛教圖書館館訊》，2 期，1995.6.參見 http://www.gaya.org.tw/journal/m2/2-index.htm

[70] 董正之：〈財團法人臺中佛教蓮社簡介〉，《明倫月刊》，44 期，頁 2.

[71] 如笙：〈台灣地區第一個創設的佛教圖書館——台中慈光圖書館〉，《佛教圖書館館訊》，第 2 期，1995.6.

（三）設立大專佛學講座

民國四十九年，周子慎[72]居士感於社會風氣日漸敗壞，非以佛法教化眾生不能竟功，又因知識份子身為社會中堅，影響頗鉅。因此，佛法需由知識份子來研究推行，俾能轉移社會風氣。於是，首先於臺灣大學發起成立佛學社（晨曦社），之後各大專院校陸續創社。由於在校同學功課繁忙，又缺乏明師指導，無法有次第的修學，佛學社僅能舉辦幾次演講，又以演講者所學不一，說法各異，且囿於時間不足，反而使學者茫然，不知所措，空擲光陰。雪廬居士有鑑於此，乃於民國五十一年三月開始舉辦佛學講座，[73]命名為「大專學生慈光講座」，目的在於使同學能藉寒暑假期，聚集一堂，以佛學會友，互砌互磋，以期學有所成。[74]

慈光講座[75]當時於臺中市柳川西路之慈光圖書館舉辦，分為夏冬令兩期。如此不輟，至民國五十八年暑假，共歷九屆，且皆為雪

---

[72] 周子慎居士生平參見，徐醒民：〈社論——永懷知識青年導師周公子慎老居士〉，《明倫月刊》，197 期，頁 4.

[73] 明倫社：〈第四期明倫大專佛學講座特別報導〉，《明倫月刊》，12 期，頁 1。「周邦道老師訓曰：十數年前，余亦為師之常隨弟子，筆記多達二十餘本。師自來臺二十四年，為佛法故講經不輟，尤以開創佛學講座，為佛教史上所未有。此師之精神，所以令人五體投地者也。」

[74] 明倫社：〈明倫講座之緣起〉，《明倫月刊》，5 期，頁 62.

[75] 明倫社：〈慈光圖書館與明倫社合辦中部大專佛學講座〉，《明倫月刊》，15 期，頁 1。參見當時講座之活動招生概況：「慈光圖書館與明倫社合辦之中部大專佛學講座，訂於本（十一）月廿八日開學，初級班敦請徐醒民老師講解「佛學十四講表」，高級班敦請周家麟老師講解「八識規矩頌」。每星期二下午七時至九時在慈館講堂及教室分別講授。一切免費，歡迎中部各大專同學報名參加，並歡迎蓮友及社會人士參加旁聽。明倫社為了獎勵勤學，設有獎學金辦法，凡結業成績優良，全勤參加者第一名給與五〇〇元，第二名四〇〇元，第三名三〇〇元，第四名二〇〇元，第五名一〇〇元（人

廬居士親自辦理。民國五十九年，因囿於場地及其他因素而停辦一年，豈知停辦一年，卻使得各大專佛學社乏人接棒，各校負責人及老社員紛紛要求臺中再續辦佛學講座，適前九屆慈光講座同學成立明倫社，所以由明倫社聘請師長，於民國六十年舉辦大專同學佛學講座[76]。於民國六十年二月改名為「大專明倫佛學講座」[77]，民國七十五年因雪廬居士生西而曾停辦，後又繼續開辦至今，藉以接引廣大之學佛青年。

　　大專明倫佛學講座所訂立宗旨有四點：（一）復興中華文化，改良社會風範。（二）發揚大乘法教，勵行淨土法門。（三）提倡倫理道德，培養弘護人才。（四）恪遵明倫師訓，延續儒佛慧命。由此可知，明倫講座其任務在於復興中華文化，以改善社會風氣為目標。又既為佛學講座，則以研習佛法為首務。為能徹底實踐佛陀教誨，明倫佛學講座以弘揚大乘佛法為宗旨，並以淨土念佛法門為行持功夫。創辦佛學講座，在於立住人格，提倡倫理道德，並藉以培育人才。明倫佛學講座乃奉雪廬居士師訓為宗旨，為延續儒佛慧命而努力。

數未定）之獎金。」

[76] 明倫講座：〈明倫講座之緣起〉，《明倫月刊》，5 期，頁 62。由「明倫社既是由慈光講座同學所組織之社團，故當大專院校佛學社有上述之需要及請求，理應義不容辭，竭力服務同學。乃於今年二月開始舉辦講座，今已第二期，藉此聚集一堂，作有次第的修習，使參加同學返校後能主持佛學社，並將所學貢獻給社員，將佛學有效而普遍地在各大專院校推行，以期同學畢業後，造福社會，利益人群。」（60 年 7 月 8 月合刊）推測，明倫社於民國六十年初即開始辦慈光講座。又於 61 年 11 月 20 日發行之《明倫月刊》，刊出明倫社與慈光講座合辦之事，可以為佐證。

[77] 民國五十九年三月，於台中蓮社設立「明倫社」。「明倫」包含佛法與中國文化的意思。「明」是指印度的五明：聲明、工巧明、醫方明、因明、內明。「倫」是指中國的五倫：君臣、父子、夫婦、昆弟、朋友。

　　就師資及參加學員情形而言，雪廬居士在世時，親自教授講座課程，並命受業弟子為助教，亦聘請學有專長者或德高望重者為講座師資，[78]以二十天或一個月為一期。暑假明倫大專佛學講座為初級班，參加學員來自全國大專院校佛學社學生。[79]寒假則舉辦高級佛學講座，對象為明倫或慈光講座初級班結業的學員。近年另辦學期間大專佛學講座，由雪廬居士受業弟子代講，惟學期間講座則為暑假講座之延伸。

　　至於課程內容方面，以雪廬居士所訂定之六門功課為主。就初級班課程[80]而言，分別是：《佛學概要十四講表》此為三藏十二部之縮影，易於掌握佛法綱要；《八大人覺經》為奠定研經之入門科目；《般若心經》及《唯識簡介》為性、相二宗之縮影，可以說總攝一大藏教之綱領；《佛說阿彌陀經》以信、願、行，導歸極樂，為末法時期契機法門；《普賢行願品》勸發廣大菩提心，並勸進學

---

[78] 明倫社：〈第四期明倫大專佛學講座七月七日起假臺中蓮社舉行〉，《明倫月刊》，11 期，頁 2。可由報導知當時之講座師資：「第四期明倫大專佛學講座（高級班），將從七月七日至七月卅一日假借臺中蓮社舉辦。敦請李炳南、許祖成、周家麟、徐醒民、王炯如等老師講授十四表、阿彌陀經、普賢行願品、心經、唯識簡介、八大人覺經。共有一百卅五位大專同學參加。」

[79] 大專明倫講座學員來自各個佛學社，例如：中興大學智海社、彰化師範大學進德社、輔仁大學大千社、東海大學覺音社、靜宜大學東方哲學社、逢甲大學普覺社、台灣大學晨曦社、東吳大學淨智佛學社、華梵大學人華社、清華大學慧鐘社、台灣師範大學中道社、台中技術學院等觀學社、勤益技術學院菩提學社等等。這些來自各大學的學員，日後都成為影響眾，將儒佛種子散播至四方。

[80] 勇健：〈點亮無盡心燈——十年來的明倫講座〉，《明倫月刊》，263 期，頁 74。課程內容：「初級班課程依照太老師所訂六門功課——八大人覺經、佛學概要十四講表、般若心經、唯識簡介、普賢行願品、彌陀經，這裏面有基礎教理的簡介、性相二宗的縮影，以及勸發大心，導歸極樂。」

人，導歸極樂。若能於六門功課中，融會貫通，不僅能堅固佛學知見，同時對於行持易有增進。至於高級班之課程，[81]包括《彌陀要解》、《淨土法要》、《卅七道品》、《八識規矩頌》、《百法明門論》、《論語》、《儒經選講》等科目，為佛學階漸，是深入經藏不可或缺之課程。除了解門功課外，亦依祖師芳規，教授佛門儀軌，藉以端正舉止，並有簡易之早晚二課，以收攝身心，使學員能體驗解行並進之重要。[82]

期末之晚會「無盡燈」，更能使學員感受延續佛法慧命之重大責任，正如雪廬居士〈殘燭〉詩所云：「未改心腸熱，全憐暗路人，但能光照遠，不惜自焚身。」而能感動多少蒼生，為傳承佛慧命而奮不顧身。簡智果居士於〈燈燈相傳綿延不盡〉一文中轉載雪廬居士所言：

---

[81] 勇健：〈點亮無盡心燈──十年來的明倫講座〉，《明倫月刊》，263 期，頁 74。課程內容：「太老師過去在寒假開講的課程，則是高級班主要採取的科目，如淨土法要、三七道品、八識規矩頌、百法明門論、彌陀要解、論語、儒經選講，讓初級班同學再深嘗法乳。學期間講座則是暑假講座的延伸，不外六門功課與初機易懂的課程。」

[82] 勇健：〈點亮無盡心燈──十年來的明倫講座〉，《明倫月刊》，263 期，頁 74。就行門方面：「修學佛法貴在解行並進，解得其才能行得切，一力行則所解愈明。有感於青年學子對於中國文化與純粹佛法了解不深，所以在講座廣談文化內涵，深植教理根基，使學子如其眼目，知人生歸趣，及所以為入學佛之道。然而繁忙的社會，修行時間有限，依解起行難得成月，故依照祖師芳規，輔導大專學子遵循基本的佛門儀軌，講座中，每日安排有簡單易行，至圓極頓的念佛功課。講座的解行二門，以對治習氣煩惑，開顯本真為主，所以不但要說明佛性一的七明莊嚴，也需要引導同學認識習氣，降伏煩惱，才可以實際幫助修道，不致外現精進修道的相貌，卻煩滿胸中。又大乘法門不應僅止對治一己煩惱而已，如何處眾？如何續佛慧命？皆有賴解行兼備，才能年鳥具雙翼，足以致遠，如四肢健全，雙眼明亮的人，不至以盲引言、歧路亡羊。」

一盞燭光，雖然很微弱，都能點亮幾百盞蠟燭，把黑暗的會場，照耀的如同白晝一樣光亮。諸位同學，我們從佛經、從中國書當中，學到了許多做人做事的道理和方法，就好像我們從「佛陀」、從「孔夫子」那裡點亮了自己心中的蠟燭一樣，我們還要把這些佛法與優良的中華文化告訴別人，也點亮了別人心中的蠟燭，這樣子，大家就不會在黑暗中摸索，在五濁惡世中迷失了方向。[83]

至今明倫講座之學員，早已遍及各界、海內緇素大德，多躬逢此一盛會，秉持雪廬居士信念，以弘護正法。其於安定社會，弘護正法，有著莫大之貢獻。

（四）設立內典研究班

民國六十三年二月，美國佛教會沈家楨居士為雪廬居士所勸請，開辦「佛經注疏語譯會」，最初設立於慈光圖書館。且於佛經注疏語譯會附設內典研究班，計畫分前後二階段，共計四年，招收大專院校畢業者，以深研佛典，翻譯典籍為要務[84]。自六十三年八月開學，由歷屆大專暑期講座最優秀結業學員，入班受訓[85]，共有六男、二女八位學員參加。

為能樹立良好風氣，雪廬居士訂定班訓為「一、研經貴在得旨，二、言語先計次序，三、辦事要求精細，四、文字練習暢達，五、

---

[83] 簡智果：〈燈燈相傳綿延不盡〉，《雪廬居士師訓集錦》，台中：青蓮出版社，2000.11.，頁 26.

[84] 董正之：〈財團法人臺中佛教蓮社簡介〉，《明倫月刊》，44 期，頁 2.

[85] 董正之：〈無盡的追思──永懷雪廬居士恩師（中）〉，《明倫月刊》，168 期，頁 48.

知過必須立改，六、因果自應深信，七、洞明人情事故，八、學問切實履行」[86]共計八條。對於修學佛法之次第指出：第一是要縶住根本，第二是要如法修行，第三方才能開花結果，並勉勵學員以人格為學佛之初基，同時略舉做人四條標準：第一、內念，說話行事應先為他人著想，並省察念頭，克制勿續；第二、外行，勿妨害公共秩序，勿侵犯他人自由；第三、對事，不得他人同意取用，謂不與取；求人不強人所難；第四、對人，要自尊而尊人，君子尊而學之，小人敬而遠之。[87]雪廬居士並於內典研究班開學時，勉勵學員：

> 學佛須融會世間、出世間法，佛法雖為出世間法，實在世間法中做出。六祖壇經說：「佛法在世間，不離世間覺。」重要在「覺」之一字，於世間法能覺，即是出世法。不覺，雖出世法，亦成世間法。「覺」之一字，乃是了不了生死、成不成佛道的關鍵！今天我們在此學佛，若能時時求覺悟，處處求覺悟，便是向著了生死乃至成佛的大路走去！最後謹錄印光大師的開示以作結語：「學佛一事，原須克盡人道，方可趣向。良以佛教，該世出世間一切諸法，故於父言慈，於子言孝，各令盡其人道之分，然後修出世之法，譬如欲修萬丈高樓，必先堅築地基，開通水道。則萬丈高樓，方可增修，

---

[86] 簡智果：〈修學法要——淺釋內典研究班班訓其一〉，《明倫月刊》，173 期，頁 6.

[87] 雪廬老人：〈雪廬居士遺音——人格是學佛初基〉，《明倫月刊》，164 期，頁 36.

且可永久不壞。若或地基不堅，必至未成而壞。」同學們！
惟願三思此言，並且起而力行，勉之！勉之！[88]

由此可知雪廬居士學佛從做人開始，並非要離世覓菩提，若所學之佛法不能賅世間善法，實為離道而行，必不能成就佛道的。

內典研究班之課程共計有國文、英文、天台、楞嚴、唯識、金剛經、起信論、百法明門論等課程。雪廬居士分別講授《彌陀要解》、《歷代通鑑輯覽》、《顯密圓通心要集》，雪廬居士尤重傳授講演技巧，亦多方講求，以資培育辯才無礙之弘法幹部，幫助弘化，饒益社會。此外，並延聘專家任教，如：淨空法師講授《金剛經》、王禮卿教授講授《國文》、周家麟老師講授《尺牘》及《大乘起信論》、徐醒民老師講授《唯識》。[89]為使學員能深入經藏，會歸淨土，雪廬居士特別禮請會性法師講授一系列之天臺課程，及《觀經妙宗鈔》與《阿彌陀經要解》俾益淨宗奧義之闡發，以堅固淨業。

現該班結業學員，已開花結果，講經說法，弘化一方，復任蓮社及聯體機構要職，獻身於慈善福利事業，績效頗彰，此須歸功於雪廬居士高瞻遠矚，以一粒種子，遍結百顆果實，使文化傳承後續有人，其功厥偉！

（五）開設論語講習班

論語講習班開創於民國六十九年十月，每一屆以二年為期，每週二、五晚上於台中蓮社上課，以《論語集釋》為教材，由榮富文

---

[88] 雪廬老人：〈雪廬居士遺音——人格是學佛初基〉，《明倫月刊》，164 期，頁 36.

[89] 董正之：〈無盡的追思——永懷雪廬居士恩師（中）〉，《明倫月刊》，168 期，頁 48.

化基金會按月發予學員獎學金，講習班至今仍開辦中，每期約有四十名正式學員報名參加，[90]其他尚有數十位旁聽學員。於開辦之初，由雪廬居士親自接任班主任，直至民國七十五年四月雪廬居士西歸，方由周家麟居士接任班主任，[91]並由周家麟與徐醒民兩位居士繼續帶領論語班。

　　雪廬居士講授《論語》，其意在於「注重學道，並以立人格、知天命為學道之本」[92]，可見雪廬居士開設論語講習班，並非只要人增加知識，而是要能立住人格，並能知天命；既能知天命，則身處世間，便不為財富、權勢、名位所動搖。徐醒民居士曾筆記雪廬居士講授之《論語》，而成《論語講要》，並於〈開卷語〉提及雪廬居士以「道、德、仁、藝」為綱領，[93]其內涵如下：

> 道乃人之心體，即《中庸》云，天命之謂性。是性天然而有，寂然不動，而人不自知。德者由體所起微動之相，亦即初動之心念，人亦昧而不知。仁與藝，皆是體相所發之大用。仁者親也，厚以待人，推至於物，乃用之根本。藝者，禮樂射

---

[90] 淨毅：〈弘化點滴（一）——論語講習班師長勸勉〉，《明倫月刊》，206 期，頁 44。文言：「雪廬居士老師在民國六十九年十月創辦「論語講習班」，由周榮富大德，按月發予學生獎金。二年一期。每週二、五晚上在台中蓮社上課，培育講說論語人材，主要教材以「論語集釋」為主。」

[91] 治喪委員會：〈周家麟老居士事略〉，《明倫月刊》，362 期，頁 24。見該文曰：「雪廬居士晚年創辦「論語講習班」，公受聘擔任教務主任，並於課後督導背誦。雪廬居士西歸，公繼志述事，接任班主任並授課，曾自喻為「錄音帶」，並於黑板題書「如師親臨」，其尊師重道有如是者。」

[92] 李炳南：《論語講要》，台中：青蓮出版社，2003，頁 1.

[93] 李炳南：《論語講要》，台中：青蓮出版社，2003，頁 3。文曰：「《論語》二十篇，為《魯論》篇數。其中章次，不相聯屬。雪廬居士取〈述而篇〉志道章，以道德仁藝為綱，俾學者知其要指。」

御書數，以及一切藝術技能。讀《論語》者，要在知有是道。知而脩之，則漸與習俗相遠，與天性相近。脩至極處，則無習俗，而唯自性，即至聖人之境。聖人通明無礙，無所不能。脩是道者，須依事相而行。禮樂以至百工，施於政教百業，皆事也。事本於仁，去爭行讓，公而無私。初由勉強而行，後則安而行之，入形而上，動念是道，聖功成矣。二十篇中，諸章經文，有說體者，有說相者，有說用者。學者以此四綱，釋其經義，綱舉目張，其庶乎學之有道矣。[94]

由此知雪廬居士融會儒釋二家，援佛釋儒，以心性釋道體，以德釋初動之念，以仁及藝為體之相用，然由無始劫來迷昧於五塵，不知諸法正因緣，於是漸習於流俗，遂捨天性之本真；故須於日用平常，漸漸修習，去惡生善，使之反璞歸真，終能入聖流之境；此即雪廬居士開辦論語講習班，希望學子能「注重學道，並以立人格、知天命為學道之本」之教育本懷。

（六）成立社教科

　　民國七十二年正值動畫媒體流行之際，雪廬居士以為動畫卡通是傳播佛法之利器，遂於該年十月創辦「台中蓮社動畫研習班」，後則改名為「社教科研習班」，繼續培養人才。該年並獲周榮富大德捐助，興建「六吉樓」，作為社教科、國學啟蒙班上課，以及廣播社之場所。[95]

---

[94] 李炳南：《論語講要》，台中：青蓮出版社，2003，頁 3.
[95] 治喪委員會：〈富海仁山——周榮富大德〉，《明倫月刊》，329 期，頁 24.

　　社教科參加學員以大學畢業為主，亦多有已獲碩士以上學歷之學員發心來研學，一期以兩年為限，至今（民國九十五年）已屆十二期。對於社教科之成立，除了學習相關技藝外，首重人格養成，周家麟居士曾言：

> 近又成立社教科，教學國畫、國樂、文學、詩學，以「忠」「孝」二字作基礎，樹立青年基本人格，以為人群社會發揚仁愛精神立基。常警眾：為人子者若對父母至親尚不能服勞奉養，何能輕言愛國？基本人格尚不能守，何言學佛？[96]

由此可知社教科仍為儒佛兼學，首重忠孝，期能為人群奉獻。第一屆至第三屆之學員主要以「動畫班」之術科為主，故開設國畫、漫畫、國樂、素描、水彩、書法等課程；另外亦有佛學、儒學等課程。學員參加之資格，須經筆試（問卷和術科考試）和面試通過，以具美術基礎者，來培養動畫弘法人才為目標。自第四屆至第十二屆，社教科課程則有所轉變，內容則以佛學為主，儒學、國樂為輔[97]（參見 5-2 社教科沿革一覽表）。

　　由於社教科學員於在學期間，終日浸潤於儒佛聖賢教育中，深受固有文化之薰陶，多能成為謙謙君子，並為儒佛傳播走入家庭社會，亦為蓮社重要活動之主要成員，顯見雪廬居士對於教育事業之重視與遠見。

---

[96] 周家麟：〈無盡的追思——悼恩師〉，《明倫月刊》，164 期，頁 78.
[97] 劉靜宜：〈雪廬老人儒佛教化事業探述〉，頁 149.

社教科沿革一覽表[98]

時間	72~77 年	78~95 年
屆別	第一屆到第三屆	四屆到第十二屆
課程	「動畫班」術科為主	佛學課為主
	佛學、儒學為輔	儒學、國樂等為輔

(七)成立明倫社

　　明倫社主要是由前九屆慈光講座同學，於民國五十九年三月成立，初位於蓮社，後遷址至「六吉樓」。主要以培養青年佛教人才，推展弘化及慈善事業為宗旨。雪廬居士於明倫社創辦之初，即立以「四為三不」社訓，以為歷屆講座學生學佛之規範。四為者：為求學問，為轉移汙俗，為求解脫，為弘護正法。三不者：不以佛法受人利用，不藉佛法貪名圖利，不昧佛法同流合污。藉以匡正學佛風氣，並立住人格。[99]

　　先前之大專佛學講座，迨明倫社成立，遂更名為「明倫大專佛學講座」，其課程及教師如舊，後又辦理中部學期中大專佛學講座。為能自行化他，雪廬居士亦為明倫學員訂定四學科，即講經、演講、辦事、作文四科，以為學法與弘法所必需者，因一人精力有限，遂令擇其一、二修學之。為能深入各地弘法，另派明倫社員於中部各大專院校佛學社，或至其他之佛法道場，講演佛學。

---

[98] 劉靜宜：〈雪廬老人儒佛教化事業探述〉，頁 149.

[99] 治喪委員會：〈李公老居士雪廬事略〉，《明倫月刊》，164 期，頁 4.

(八)興辦廣播及出版事業

　　為能擴大弘法之範圍，便於一般人聽經，與彰化國聲廣播電臺合辦佛教廣播節目「蓮友之聲」，由明倫社員輪流廣播佛法，以接引初機。此外又設立青蓮出版社，印行佛經暨闡明因果報應等書，以資勸化。另外亦創辦明倫雜誌社，發行明倫月刊，以宣揚佛學與儒學之精粹。[100]

　　雪廬居士一生重禮樂之教化，除宣揚禮教外，亦重視樂之教化。雪廬居士一生為感化有緣眾生，曾親自寫下四十餘首之佛教歌詞，並由著名音樂家為之譜下微妙動人之歌曲後，出版了「梵音集」，後亦錄製卡帶及光碟，至今仍為人們所傳頌。

　　「明倫廣播節目供應社」（簡稱明倫廣播社）成立之緣起，必須追溯至民國六十二年，為實現空中弘法，於是在廣播界前輩黃懷中倡議下，雪廬居士同意創立。一開始在彰化國聲電台播出「蓮友之聲」，後又於民國六十八年開播中華文化節目，內容有中國寓言故事、人生漫談、教育漫談、論語等。由於成績斐然，乃正式成立「明倫廣播節目供應社」。[101]民國七十三年，又於復興廣播電台開播「明倫之聲」。民國七十四年又於漁業廣播電台開播：佛學淺說、古今因果報應故事、論語等節目。現今明倫廣播社，精製廣播節目，免費供應各電台（有「中華文化」、「蓮友之聲」、「明倫之聲」）其中一部分是國語，一部分是台語。全省各電台聯合廣播，由本省各

---

[100] 治喪委員會：〈李公老居士雪廬事略〉，《明倫月刊》，164 期，頁 4.
[101] 「明倫廣播節目供應社」最初是在廣播界前輩黃懷中居士倡議下，雪廬老人同意創立，故於民國六十二年，在彰化國聲電台播出「蓮友之聲」。而後民國六十八年又開播中華文化節目，有中國寓言故事、人生漫談、教育漫談、論語等。由於電台廣播成績斐然，乃成立「明倫廣播節目供應社」。

地，一直播到香港、南洋群島。[102]之後又透過聯合廣播網供應基隆益世、台北民本、桃園先聲、苗栗天聲、台中中聲、高雄鳳鳴、屏東民立以及花蓮燕聲電台等，在星期天聯播，擴大空中弘法，以接引眾生入佛門，並達匡正世風之效。[103]

　　就出版事業而論，明倫月刊於民國五十九年創刊，由雪廬居士所創立，周宣德教授曾喻為弘法之一大傑作，[104]可見明倫月刊實有其分量及影響力。雪廬居士生西後，由徐醒民居士繼任為發行人，持續為文化事業而耕耘。該月刊原為三十二開小本刊物，於民國七十二年擴版為十六開。三十多年來，每月發行量有六千分，並有海外版在美加地區贈送華裔人士，完全以免費贈閱方式，廣結善緣。明倫月刊之設立以弘揚儒佛精神，改善社會風氣，化導人心，普勸念佛為宗旨。[105]顧名思義，明倫二字的涵義，即是要將佛法的『五明』哲學和中國的『五倫』道德溝通起來，[106]故知明倫乃為儒佛兼弘之刊物。在世界諸文明中，以佛家與儒家最為深究心法，又迄漢魏佛法東傳後，儒佛逐漸融會，使得儒家心性之說，在佛家之注解下，更加大明，然二說目標不同，儒家重倫理，佛家重心性之學，二者合之則雙美矣。故知明倫月刊即為化導人心，使人明因果，遵人倫，藉以轉移社會污俗而發刊。

　　明倫發刊至今，廣受海內人士支持，有些讀者認為明倫月刊單純、可靠，可以做為修行教材；[107]有些則以為其在藝術創作及文學

---

[102] 周邦道：〈李公雪廬導師平生簡介〉，《明倫月刊》，164 期，頁 4.

[103] 劉靜宜：〈雪廬老人儒佛教化事業探述〉，頁 150.

[104] 周邦道：〈李公雪廬導師平生簡介〉，《明倫月刊》，164 期，頁 4.

[105] 見「明倫月刊資訊網」網址：http：//www.minlun.org.tw/.

[106] 寄東：〈雪廬居士導師往生週年忌辰追思紀實〉，《明倫月刊》，173 期，頁 14.

[107] 釋道法法師、戴若梅等：〈讀者來鴻〉，《明倫月刊》，300 期，頁 66：「在本

思想上頗具參考價值；[108]有讀者亦反映，所刊之專欄，適合大人小孩；[109]正如讀者所言「每月的明倫，像是一劑清泉，一陣法雨，澆灌著為家事、工事、俗事而忙的心。」；[110]更有讀者以「對於貴刊以捧出心來與佛看的用心，令人感佩」[111]嘉許之。

此外，「青蓮出版社」成立於雪廬居士八十五歲時，以印行佛儒經書及各種社會教育書籍為主，並免費與各界結緣。早期出版之刊物，大多是「弘化社」所出版之書籍，如《學佛淺說》、《佛法導論》等，淺顯易懂。目前所出版的刊物，略歸為七類：淨土類、法華類、性宗類、相宗類、儒學類、其他類；[112]舉凡有益於社會人心

寺，我們一致認為「明倫」是唯一單純可靠的雜誌，對於裡面刊載的內容，我們都很喜歡。方丈和尚也是每期必看，而且整本看完，還常常在日常生活中提及「明倫」裡頭所刊載的內容；或詩偈或雪廬居士法語，或故事引喻等，都可以做為很好的修行教材。」

[108] 釋道法法師、戴若梅等：〈讀者來鴻〉，《明倫月刊》，300 期，頁 66：「〈明倫月刊〉對我而言有很多的參考價值，在工作上、修行上、藝術欣賞上、文學欣賞上，對我都有很大的助益，關於這一點，我是非常感激的！對於貴刊作者及繪圖者，在藝術創作及文學思想上的成就，也是非常的欽佩，也常引為學習的對象。」

[109] 陳志逢、洪逸美：〈讀者來鴻〉，《明倫月刊》，301 期，頁 58：「◎「明倫」編輯很仔細，為全家人準備了各人所需，所以它是屬於全家的刊物！」

[110] 未署名：〈讀者來鴻〉，《明倫月刊》，301 期，頁 58.

[111] 魏金坤：〈讀者來鴻〉，《明倫月刊》，301 期，頁 58：「於今物慾橫流，功利主義盛行，上行下效，戾氣充滿的時代，貴刊所推廣的佛法和中華文化若能使之擴展，則必可收端正人心、安定社會之效。另外，貴刊無論在文字、編排和內容上，都極其用心，尤其在封面和封底的設計，更是用心，於小小的篇幅裡都使讀者能受到一次藝術的洗禮。對於貴刊以「捧出心來與佛看」的用心，末學至為感佩！」

[112]（1）淨土類：《淨土十要》、《佛說阿彌陀經要解》、《淨土十疑論》、《彌陀圓中鈔》、《佛說阿彌陀經要解便蒙鈔》、《阿彌陀經要解講義》、《佛說阿彌陀經要解導讀》、《佛說觀無量壽佛經疏妙宗鈔》、《當生成就之佛法》等。（2）法華類：《妙法蓮華經科註》、《妙法蓮華經冠科》、《妙法蓮華經玄義》、《妙

之通俗書籍，或能為念佛助功者，如性相二宗典冊等，皆為流通之項目。

第二節　慈悲濟世、普利群生

　　雪廬居士一生除志在倡導儒佛融會，外儒內佛思想，藉以轉移污俗外；更運其慈悲濟世之胸懷，行普利群生之事業。雪廬居士之所以民胞物與，視民如子，可以說是源自其學佛之徹底悲心；換言之，其於因果心性之理通徹明了，並悲世人不明因果，遂陷於劫難之中，為挽救劫難，應從明因果下手。又以時下倫常式微，人格沒落，特強調忠孝節義，以立住人格，方能求學佛之解脫，以此為普利群生之良藥與門徑。茲分述如下：

法蓮華經文句》、《妙法蓮華經綸貫會義》、《天台四教儀註彙補輔宏記（上中下）》。（3）性宗：《金剛般若波羅蜜經集註》、《般若波羅蜜多心經要釋佛說阿彌陀經要釋》、《永明心賦註》、《大乘起信論》、《大乘起信論直解》等。（4）相宗：《唯識新裁擷彙》、《唯識開蒙》、《相宗八要直解》等。（5）因果類：《念佛感應見聞記》、《歷史感應統紀語譯》、《因果輪迴實錄》、《了凡四訓白話解釋》、《護生的故事》等。（6）儒學類：《論語講要》、《儒學簡介》、《讀易簡說》、《詩階述唐》等。（7）其他：《台中蓮社春秋祭祖法節》、《地藏菩薩本願經講錄》、《佛教初學課本註解》、《護生畫集》、《唐三藏玄奘大師畫傳》、《影塵回憶錄》、《壽康寶鑑》等。

一、樹立因果知見

（一）佛家因果觀

1.因果概述

　　所謂之因果觀，詳細言之，應包括因、緣、果三個部分，此以佛法闡釋最為透闢。宇宙萬有，森然羅列，總歸不外色心二法。若依佛法所言，不論是色法或心法，皆托緣而生起。《百法直解》云：「生者，依於色心仗緣顯現假立。」所謂：色法二緣生（即親因緣、增上緣），又心法四緣生（即親因緣、增上緣、所緣緣，等無間緣）。宇宙之間一切現象界所生之一切法，皆假因緣和合而生之暫時存在假相耳，故並無實體！[113]就唯識家而言，建立萬法唯識，使萬法皆歸於第八識所變現，然第八識亦為有為法，仍非實我，以此來掃蕩執我執法之過失。雖建立因果，卻強調其為因緣假合，故待因緣散滅，便如幻影而已！故應時時觀察萬法皆為依他起（依緣而生），以破除遍計所執性，方能契入圓成實性。再則，雖一切人事萬法，皆吾人心識所變現，亦為因緣所生，然因果（律）卻不無，故種瓜得瓜，種豆得豆，否則便為撥無因果之謬論。

　　細而論之，所謂之親因緣、增上緣、所緣緣、等無間緣，指一切萬事萬物的發生，必先有因，後遇之以緣，方能結果。親因緣，如植物種子，播種於地，種子是因，若沒有親因緣，即沒有發生之源頭，更遑論結果；增上緣即似種植時須注意土質、光照，並要施以肥料、水分，植物才能漸漸成長。例如心裡想要買一支筆，則必須主體的心，起一客體之「心相」（即筆之形象），此即所緣緣；且

---

[113] 智果：〈大乘百法明門論研究——其四十四〉，《明倫月刊》，227 期，頁 6.

要能念念相續，此即等無間緣；待時機成熟，如有錢有時間等因素，此即增上緣；便上街去購得，此即心之所向，並落實於事實，即能結果。此外，就增上緣而言，尚有順、逆之別。如霜雪能令青葉變為黃葉，此霜雪對於青葉即是逆增上緣，對於黃葉則是順增上緣。由上可知，一切萬法皆不離「因緣果」，簡稱為因果。著實言之，說因果，即包含了「緣」，故「種瓜得瓜，種豆得豆」此一因果定律，不僅為哲學形上學所探究之範疇，更能合乎科學上之觀察與驗證，可以說是符合現實人生的狀況。[114]佛法要人成佛，亦為一因果律之實踐，從初發心，歷十信、十住、十行、十回向、十地、等覺、妙覺，三大阿僧祇劫，勤苦修習六度萬行，以種淨因，故得淨果，故知佛法崇尚因果，而非僅示人以玄妙之境界，此皆佛法崇尚現實之面。

2.三世因果觀

佛家三世因果說，早在佛陀時代，即已道出「萬法唯識」之奧秘，然後經唯識宗諸祖闡發，以有情第八識即阿賴耶識，建立三世因果總報體。所謂「萬法唯識」是指宇宙萬有一切諸法，皆為心識所變現之假相。既有所變則必有能變之心識，若就有情眾生中，心識作用最顯著的，則有八種，稱之為「八識」，即眼識、耳識、鼻識、舌識、身識、意識、末那識、阿賴耶識。宇宙間之一切，森羅萬象，不過是這八個識所變現之假相而已！[115]

---

[114] 《李炳南老居士全集・弘護小品彙存・佛學常識課本》，〈第十一課因緣果〉，頁 235~236.

[115] 淨常：〈唯識簡介（一）〉，《明倫月刊》，147 期，頁 11.

　　然而三世因果說能建立，乃因眾生各有各的阿賴耶識，唯此第八阿賴耶識具有「集起」的功能。又世間一切有情，皆各有其阿賴耶識，而各個阿賴耶識，皆互相交遍於整個宇宙之間！[116]阿賴耶，為梵語，譯為藏。藏是含藏義，謂此識能含藏一切法，如倉庫之能含藏種種物品。世間倉庫只能含藏有形之物，且藏量有限，然而阿賴耶卻能含藏無形之物，而且藏量無限！所藏之內容為前七識所落謝之種子，所以此識是萬有之本，諸法之因，世間森羅萬象，皆不離此阿賴耶識。[117]

　　第八識之行相，深廣無涯，不可窮盡，就第八識的自相來說，如同倉庫一般，又如田地一般，能含藏種子，其自相有能藏、所藏、執藏三義。若就第八識之果相（即酬業受報情形來說），梵語稱為「毘播迦」，舊譯為果報，新譯為異熟，又稱為果報識或異熟識，以第六識所造之善惡業因，即引業為殊勝之增上緣，牽引第八識至六道中去投生，以酬償苦樂果報。

　　吾人一期之生命酬業受報完畢，第八識即被善惡引業所牽引，另一期生命便隨之到來。若業力無盡，則受報無窮。眾生之第八識，永遠在三界六道之中，生死輪迴不停。以第八識為酬業受報之主體，為六道輪迴之根本，所以舊譯第八識為果報識。又第八識在酬業受報過程中，則有「異熟」之義，即具異時而熟、異類而熟、變異而熟三義。

　　（1）異時而熟：指「造因果熟，定異時故」，即從造善惡業因，到受苦樂果報，這中間往往會有一段時間的間隔。故有今

---

[116] 淨常：〈唯識簡介（四）〉，《明倫月刊》，150 期，頁 12.
[117] 淨常：〈唯識簡介（十）〉，《明倫月刊》，156 期，頁 6.

生造善惡業，今生即受苦樂報的。（稱順現受業）。亦有今生造善惡業，下一生才受苦樂報的。（稱順生受業）。亦有今生造善惡業，直到第三生、第四生，乃至十百千生之後方才受苦樂報。（稱順後受業）。

但是不管時日間隔之久暫，我們一旦造了業，則一定要受報的。經言：「縱使百千劫，所造業不亡，因緣會遇時，果報還自受」。俗話：「善有善報，惡有惡報，不是不報，時候未到」。以上都是說明因果報應，在時間上是有差異的。

(2) 異類而熟：指「因通善惡，果唯無記」，即第六識所造之業因，或是善性，或是惡性，然其所感得之第八異熟果，不可說是善或是惡，而為非善非惡的無記性，譬如富貴人之身體，與乞丐之身體，同是五官百骸，無有差異，此即是無記性之「異熟果」。以「因果性異」，所稱「異類而熟」。

(3) 變異而熟：指「種變異時，果方熟故」，即從種因到結果之過程中，皆是剎那剎那變化。譬如：由播種子至發芽，然後長出枝葉、樹幹，乃至開花、結果。所結之果，在形體上由小漸漸變大，在顏色上由青漸漸變紅，在味道上由酸漸漸變甜。從因到果，隨時都在變化之中。此乃因為因與果的中間，有「緣」加入之關係。緣如陽光水分，陽光水分充足與否，足以影響種子的生長結果。故佛法雖言因果不無，若已造惡業，只要在緣上下手，只要在果報尚未成熟之前，誠心懺悔，改過自新，加強念佛的功夫，並且要多做善事，這樣雖然造了惡因，但是又因種了這些「善緣」，自然能轉變以前所造的惡因，而使我們重罪輕報，

輕罪消除。[118]以上這些都是佛法修行上了解業如何形成，以及如何自轉因果，以趨吉避凶之理論依據。

就業之結果，如上所說是需要時間的，且業種剎那剎那在變化，此與親因之性質有關，又於過程中依所注入之緣不同，導致結果時間方有遲速不同。若因之力量，有遲速性質不同，或動機之因有常暫之別，如西瓜種子與桃子之種子性質不同，西瓜種子是當年結瓜，桃子種子至少須經三年方能結成果；又如達成某一目標之企圖心強弱不同，皆會影響事情完成的時間有早晚之別。再者，緣之力量有強弱之別，四種助緣具足與否，強弱程度不同，皆會影響結果之遲速。[119]

第八識由於具集起諸法之功能，因之前六識所造之善惡業果皆含藏於第八識中，此業種是不相混濫且永不滅亡的，故佛家有語云：「假使百千劫，所造業不亡，因緣會遇時，果報還自受。」又無始劫以來，吾人起心動念，所造之善惡業，佛家形容「若有體相，盡虛空不能容受」，因此要能消除煩惱痛苦，唯有誠心懺悔、行善積福，使惡業能重報輕受，甚至消滅，方是釜底抽薪之方法。

既已明白三世因果及六道輪迴之理，接著再探究三世因果之實情，此即佛家所謂之「十二因緣法」。生命之奧秘就在於生命遵循著十二支因緣的支配，此十二支因緣即無明、行、識、名色、六入、觸、受、愛、取、有、生、老死，其過程為「無明」引生「行」，「行」再引生「識」，「識」又引生「名色」，如是乃至「生」引生「老死」，

---

[118] 以上有關第八識果相之內容引自，淨常：〈唯識簡介（十一）〉，《明倫月刊》，第 157 期，頁 6.

[119] 李炳南編表，吳聰敏演述：《佛學概要十四講》，台中：青蓮出版社，2004，頁 12~24.

至此即為一期生命終了。然而生命並非如此即消失，前已知吾人過去所造之善惡業因為引業，接著便會引第八識去六道輪迴，故投胎於人道時，便又依「老死」引生「無明」，「無明」再引生「行」，「行」又引生「識」之歷程，如此一期一期之生命便接續不斷。[120]

十二因緣尚有另一個特色，即具雙重因果之特性。第一重為「過去因緣而生現在之苦果」，第二重為「現在因緣而生未來苦果」。此即為雪廬居士所謂「人生三際之抉秘」。[121]

第一重因緣，其重點在於以無明為緣，以行為因，因緣和合而有今世。所謂無明為一切煩惱總稱，即為迷惑之代稱，此乃吾人迷昧於清淨之「真如本性」，所起之煩惱，故《大乘起信論》云：「一念不覺，而有無明」即是此義。無明乃不如實知諸法畢竟空義，遂生我法二執，以四大五蘊假合身心為實我，以吾身及外境為實有，遂起惑造業，而生死輪迴。若於人道，則因神識顛倒，而入母胎，此即引業之功，歷十月而降生於世， 生之福祿、壽命及際遇，人人不同，此即滿業之作用。古德謂：「欲知前世因，今生受者是；欲知來世果，今生造者是。」在在說明因果乃自作自受，而要人能甘願受，進而為將來修福修慧，以為解脫之因。

第二重因果，其重點在於今世酬償果報時，又同時在造未來之生死業因，故「欲知來世果，今生造者是」。細而究之，以現在因緣即愛、取、有招感未來之生死苦果。以吾人因迷惑於外境之感受，遂生染著，此即愛之表現。又由染而生執，遂追於五欲六塵，此即

---

[120] 李炳南編表，吳聰敏演述：《佛學概要十四講》，台中：青蓮出版社，2004，頁 52~65.

[121] 李炳南編表，吳聰敏演述：《佛學概要十四講》，台中：青蓮出版社，2004，頁 52，見第五講表之標題。

取之表現。既追求，則已種下未來之生死業種，未來之果報將有了，此即有之意義。故《地藏經‧利益存亡品第七》說：「閻浮眾生舉心動念，無非是罪；脫獲善利，多退初心；若遇惡緣，念念增益。」即闡此理，佛家要人能時時觀照心念，而儒家特別注重「慎獨、存誠」，原因即在此。

　　佛家因果觀，實自有其理論體系，究其實人生三際之抉秘，不出因果業報之作用，並非僅是虛構之勸善口號而已。更進一步，論及因果之實用性與重要性，更可擴及諸佛菩薩之度生上，誠如印光祖師所言：「因果報應者，世出世間聖人平治天下，度脫眾生之大權也。」以此推之，不難體會雪廬居士之言：

> 佛分五乘說教：人、天，凡乘，世間之因果，易見者也；菩薩、聲聞、緣覺，聖乘，出世間之因果，難明者也。
> 以眾生根器萬殊，權實必契乎機，是權為藉之以顯實，五為導之以歸一也。若必專談一乘，不設方便，猶不梯而樓，不花而果，其能登之人，能結之木，幾何哉？[122]

佛之度生本懷，便是要眾生皆能圓成佛道，然捨因果，而別談虛玄，不異說食數寶。觀雪廬居士一生「廣學三藏教，不改彌陀行」之宗旨，亦必不捨因果一途，而為度生之寶筏。

---

[122] 按：通俗講演筆記。參見《李炳南老居士全集‧弘護小品彙存‧通俗講演稿表》，〈啟悟得樂〉，頁359：「偈曰：五乘之樂太參差，了義從權應自知；百歲光陰馳似電，認清真假出頭時。」

（二）儒家因果觀

儒釋皆談因果報應之道理，印光祖師〈因果錄序〉曾言：「因果者，世出世間聖人，平治天下，度眾生之大權也。」又曰：

> 因果之理，大發明實惟佛經，而儒教經，亦屢宣說。……如《書》之作善降之百祥，作不善降之百殃。《易》之積善之家，必有餘慶，積不善之家必有餘殃。莫不皆以因果報應之理示人。

又於〈與佛學報館序〉中指出：「不信因果，不唯悖佛，亦悖儒經處。」[123]儒家雖不似佛家，細究因緣果報之理，然而因果之概念，早已深入儒家思想之中。

在中國文化裡，尤其在儒家思想中，不管是修身、齊家、治國、平天下，是要內聖或外王，皆遵循因果之觀念，尤其賦予善惡果報之價值評判，以此方能肯定聖賢教誨之價值。雖然就因果之概念上，佛家偏重於業報說，即重視自作自受，三世因果之概念；至於儒家多僅就現世而言，然其皆肯定因果律之必然性。

就三世因果之意義，可於《尚書・洪範》找到端倪，印光祖師曾以五福、六極來說明三世因果之證據，其言：

> 箕子之陳洪範也，末後方說嚮用五福、威用六極[124]。五福、六極，乃示前生之因，為今生之果。嚮，順也。用，以也，得也。壽、富、康寧、考終命，乃前生修道修德所感之果；

---

[123] 蔡惠明：〈印光大師的儒釋無二思想〉，《明倫月刊》，222期，頁18.

[124] 按：五福，一曰壽，二曰富，三曰康寧，四曰攸好德，五曰考終命。六極，一曰凶短折，二曰疾，三曰憂，四曰貧，五曰惡，六曰弱。

攸好德，乃前生修道修德之習性也。極，窮厄也。威義當作
違，悖逆也。謂前生所作所為，悖逆道德，致今生得橫死之
凶、與夭壽之短折（凶與短折合而為第一），及身不康之疾，
心不寧之憂，用不足之貧，貌醜之惡，身無能力之弱也。儒
者昧於前因後果，一一歸於王政，不幾滅天理而誣王政乎？
小兒生於富貴家則享福，生於貧賤家則受苦，豈王政分別令
生乎？[125]

又云：

五福、六極，乃前生現世因果之義。世儒不知因果，通歸於
王政。然則性情之凶暴，壽命之短促，與身之疾病，心之憂
患，境遇之貧窮，面貌之醜惡，身體之孱弱，皆王政所為乎？
其誣王政而悖聖人之心法也大矣。[126]

繼云：

若不併過去、現在、未來，三世而論，則上天之昇與，聖人
之言論，明王之政令，諸多矛盾（如奸黨榮貴、忠藎誅謬、
顏淵短命、盜蹠長壽等）。若知前後因果，則窮通得喪，皆
我自取，縱遇逆境，不怨不尤，只慚己德之未孚，不見人天

---

[125] 釋印光：〈挽回世道人心標本同治錄序（民國己卯冬作時年七十九）〉，《印
    光法師文鈔續編卷下》，台中：青蓮出版社。
[126] 釋印光：〈挽回世道人心標本同治錄序（民國己卯冬作時年七十九）〉，《印
    光法師文鈔續編卷下》，台中：青蓮出版社。

之或失，樂天知命，無往而不自在逍遙也。此則因果之賾隱而難明者矣。[127]

由此知印祖以為儒者昧於三世因果之理；實則若就五福、六極而言，乃今世之果報，若不為前生所造之業因所感，何能有今世之果？可知中國儒家早已有三世因果應用教化之實，唯尚未探究其理論及系統化之學說出現耳。

《尚書》為中國最早闡述政治之典籍，後列為五經之一，顯見其於儒家思想中，以為外王之政治典範。然一書中實以善惡因果為政治之用，如〈湯誓〉一文，闡述商湯伐夏傑之事，商湯雖以天命為由，征伐夏傑，其理由夏傑暴虐無道，此亦顯現種惡因得惡果，此乃將善惡因果轉化為政治用途之一例。又如〈高宗肜日〉一文，序殷高宗祭成湯時，假借一隻山雞，表達成湯之命，其中言及：

> 惟天監下民，典厥義。降年有永有不永；非天夭民，民中絕命。民有不若德，不聽罪；天既孚命正厥德，乃曰：「其如台？」嗚呼！王司敬民：罔非天胤，典祀無豐于泥昵。

其意言上天監視人民，以行善多少而賜予壽命長短，而要人民以道德為準繩，此亦為善惡因果轉化為政治用途之又一例。又於〈西伯戡黎〉一文中，西伯戰勝了黎國後，祖伊非常恐懼，趕緊告訴紂王，並假天命暗喻暴政必亡之道理，此亦為將善惡因果轉化為政治用途之另一例。於《尚書》中，此種假天命以陳善惡因果之例，不勝枚舉！

---

[127] 釋印光：〈挽回世道人心標本同治錄序（民國己卯冬作時年七十九）〉，《印光法師文鈔續編卷下》，台中：青蓮出版社。

《大學》云：「古之欲明明德於天下者，先治其國。欲治其國者，先齊其家，欲齊其家者，先修其身……致知在格物。」則明自修身以至於平天下之相依因果關係，層層相疊，此一邏輯實為中國政治之一大特色。又《大學》云：「財聚則民散，財散則民聚。言悖而出者，亦悖而入；貨悖而入者，亦悖而出。」指出財貨盈虛，言行順逆之因果道理，可以專指一般人，亦可言及持家治國之道。

《左傳》載明魯史，亦多可見善惡因果之事。如於隱公三年，敘述衛莊公寵愛妾之子公子州吁，且州吁好武事，衛大夫石碏諫之於莊公，若其愛子，應「教以義方，弗納於邪」，不應放縱之，否則便會發生「六逆」，違反倫常之事，可惜莊公不能接納雅言，於隱公四年，州吁便刺殺其兄衛桓公，自立為王，如此逆倫之事，亦在在說明因果報應之事。又於莊公八年，冬十二月，齊襄公遊於姑棼，並於貝丘田獵，見一頭大豬，結果侍從大喊為公子彭生，襄公以箭射之，結果此一頭豬竟如人一般站立哀號，後齊襄公亦死於叛賊手中。《左傳》此一記載，實似三世因果之記載，因齊侯誅殺公子彭生，後彭生示豬來報復，倘若視之以寓言，此一則記載仍要人能留意因果報應之理。其餘備載於《左傳》中，因不行仁義，而冤冤相報之史例尚多，此皆說明善惡因果之理。

由此可知，先秦儒家經典，亦多有因果之概念。然自宋代以來，理學興起，宋儒幾乎無不闢佛，而尤以朱子為闢佛之集大成者。朱子自謂早年嘗留心於佛學，其出入於佛老者數十年，且其師友鮮不學佛者，知朱子受佛法薰染亦深，固其闢佛不為不烈，然取之亦不為不多，無論是心性問題，理氣問題，無極、太極之辨，以至於涵

養、省察，主敬、存誠之教，在在皆有闢佛之論，亦見其在在深受佛法之影響。[128]

　　宋明理學雖為中國文化之特色，然亦多有偏頗之處，以朱子代表理學之集大成者來看，其闢佛之處斑斑可見，單舉本體論以論之：朱子所斥釋氏之空，乃誤解佛家之空為斷滅空，執世間法皆悉斷滅無常，此即為「斷見」。又朱子以為佛家「不染一塵，不捨一法」之說互為矛盾。此乃不知前者所言為真諦，後者為俗諦，真俗不二，方為中道，故禪宗常言：「終日吃飯，不曾咬破一粒米；終日著衣，不曾掛著一條絲。」乃言真諦或言俗諦，並非互為矛盾。[129]又朱子非難佛家「心與理二」，然由華嚴之法界觀，知理為心之本體。又朱子非難佛家「一向歸空寂去」，然由華嚴之四緣起論，森然羅列之萬象，亦不出一心，知朱子之謬。又朱子以為「儒者以理為不生不滅，釋氏以神識為不生不滅」，豈知不生不滅乃佛家用語，為朱子所暫借，然佛家本以性為不生滅法，以神識為生滅法，[130]使得朱子之言，不攻自破。其餘朱子闢佛錯謬之知見，不勝枚舉，實難令人信服。

　　宋儒為護儒而謗佛，故印祖以為宋儒：「竊取佛經之義以自雄，用以發揮儒教之奧；又恐後人看佛經，知彼之所得處，遂昧心闢佛」[131]，其中涉及佛家所謂之「斷滅見」最為嚴重，必將使人輕視因果，故印祖又云：「程朱之毒大，由程朱以後之理學，無

---

[128] 熊琬：《宋代理學與佛學之探討》，台北：文津出版社，1985，頁 6.

[129] 熊琬：《宋代理學與佛學之探討》，台北：文津出版社，1985，頁 290~291.

[130] 熊琬：《宋代理學與佛學之探討》，台北：文津出版社，1985，頁 293.

[131] 釋印光：〈第三日申述因果原理並以事實證明〉，《上海護國息災法會法語》，頁 20.

不偷看佛經，無不力闢佛法，以致釀成此大亂。皆由此諸居士，門戶之見致之也。[132]」時至今日，西洋文化傳入，唯物思想猖行，人心更加澆薄，社會暴戾、貪婪、巧詐之風氣，益加瀰漫，可以說受此一遺毒之害甚深。為消弭此一邪見，挽回劫運，雪廬居士乃秉承印祖見地，融會儒佛，提倡人格之確立，以為解脫之依據，並力倡深信因果，以挽救劫難。

（三）深信因果挽救劫難

對於當前社會風氣之敗壞，除有其歷史因素外，雪廬居士特示以「減劫」時，因人心貪瞋癡三毒熾盛，故天災肆虐、人禍橫行、戰亂頻仍，此皆歸於人心敗壞，故心識所共變現之世間，便濁惡不堪，故今日又有「五濁惡世」之稱。五濁指見濁、煩惱濁、眾生濁、命濁、劫濁等五，何以稱之為濁？楞嚴經云：「譬如清水清潔本然，如若有人，投以沙石土失流礙，水亡清潔，容形汩然，名之為濁。」此之形容甚是恰當。

所謂見濁，見是指見解，即思想，就佛學術語上有五種見解錯誤，即身見、邊見、邪見、見取見、戒取見，此五種見又稱「五利使」，是說這五種見，能驅使一切眾生造出種種惡業，墮落生死，所以稱之為「使」，又以其作用迅速敏捷故稱為「利」。[133]

所謂煩惱濁，煩惱指使人心神不寧、惱亂不安之意，此煩惱濁，障蔽了自身之真如本性，故名煩惱濁。包括貪、瞋、癡、慢、疑五種，此五種妄心，能驅使眾生造業，而趨入惡道。眾生由於貪

---

[132] 《印光大師文鈔續編》上，〈復翁智奇居士書二〉，頁214.

[133] 林看治：〈佛說阿彌陀經淺講──其十九〉，《明倫月刊》，243期，頁22.

而感招飢饉，由於瞋而感受刀兵，由於癡而感招病痛，甚至水火風三大災。[134]

所謂眾生濁，眾是非一之稱，生是天上人間及三惡道中，處處去受生，即叫眾生。又須藉地水火風等要素，方才有生，所以稱之為眾生。以眾生迷於緣生法，遂執著我相，因而起利己私己之私心，遂造種種惡業，而墮於三途，於此故名眾生濁。[135]

所謂命濁，命是身體心理精神皆能正常作用，謂之命。然由於寒暑遷流，更有因人力不可抵拒之天災人禍等苦惱逼迫，使得壽命減短損，甚至斷滅命根，故稱之為命濁。[136]

所謂劫濁，劫俱云劫波，譯為時分。佛家之時分有成住壞空四大時分，又每一時分有二十翻增減之久，由人壽十歲，每一百年增壽一歲，增至八萬四千歲，謂之增。從八萬四千歲每百年減一歲，減至十歲止是一減，以一增一減為一小劫（合計一千六百八十萬年），又二十小劫為一中時分，即中劫，四中劫為一大時分，即大劫。且時劫是漸增，增至人壽八萬四千時，即開始漸減，減至人壽十歲時，即又開始漸增，如此反復不息。然劫濁本無自體，是以其他四濁交雜為相，在每一個減劫裡，當人壽減至二萬歲時，始進入

---

[134] 林看治：〈佛說阿彌陀經淺講——其十九〉，《明倫月刊》，244 期，頁 32。五鈍使即「貪，貪是求取無厭，私欲無盡曰貪。眾生對於世間的財色名食享受等等，無時不貪求，不能看破。瞋，發脾氣，把以上五種貪到就高興，貪不到，不得貪忍而起怨恨，瞋恨他人，自己煩惱。癡，愚癡，不是順境，不是逆境所起種種迷惑，對於一切正法，聽不明白，說邪言邪語就聽得明白，最大愚癡是不信因果。慢，心起驕傲，自高，自大，靠自己勢力或靠背景勢力，輕賤他人叫慢。疑，對於一切善法自心起疑，不能決心選擇，迷昧法相，叫迷。」

[135] 林看治：〈佛說阿彌陀經淺講——其十九〉，《明倫月刊》，244 期，頁 32.

[136] 林看治：〈佛說阿彌陀經淺講——其十九〉，《明倫月刊》，244 期，頁 32.

劫濁，此是由眾生共業所感。亦即因眾生貪瞋癡三毒日增，遂起刀
兵等災害，後小三災亦隨之而來，人壽十歲時，則遍地草木皆兵，
眾生受報，苦不堪言。[137]

　　雪廬居士以為減劫時，雖然表面科技發達，然而天地自然之
物，卻愈來愈少，以人造物取代了天然物品，此或為不得不然之勢，
然此種種皆傷害吾人之身體，人類面臨了空前環境污染問題，再加
以物慾橫流，煩惱增深，據佛經所載，往後恐將更形惡化。[138]此皆
因人心敗壞，不信因果所致，故雪廬居士對於未來時局並不表樂
觀，而言：

> 從現在起，往後尚有許多災難，學佛者皆知，有火、水、風
> 大三災，三災發生時，連二十八層天皆毀壞掉，而此大三災
> 未到之時，現在即有小三災，何以會發生此三災，其總根由，
> 在於「人心」，若在增劫之時，人心日益向善，道德日漸增

---

[137] 林看治：〈佛說阿彌陀經淺講——其十九〉，《明倫月刊》，243 期，頁 22.

[138] 李炳南：〈雪廬老人佛七講話——民國六十四年靈山寺彌陀聖誕〉，《明倫月刊》，290 期，頁 10。該文言：「減劫時，人之壽命、福報亦日減。減到十歲，可以說是壞到了極處。我們現在為減劫，已經減到人壽百歲之時，今已從八萬歲減至百歲，情況愈來愈差，大家看看中國歷史即知，從前軒轅黃帝時之情況，與現在大不相同。遠的不談，即言來臺灣此二十餘年來，亦一年不如一年，現在表面上愈來愈浮華，然天地自然生長之物愈來愈少，人造之物愈來愈多。所穿之物，大都在勾引五欲六塵之煩惱，有何好處？所吃之物，大都在令人壽命短促，東西大都加了農藥，吃了就得生病長癌。現在連吃的油條都加「阿摩尼亞」，喝的水也放漂白粉。人又不能不吃飯、不喝水。大家仔細想想，現在人壽平均百歲尚且如此，往後只有愈來愈差，再經九千年，人壽減至十歲，壞到極處，再從頭每百年增一歲。真正要享福，得人壽增至二萬歲，才算真正有福享，時間非常漫長。以上所言皆根據佛經所記載，佛經上沒有的，吾亦不敢亂言，否則會墮地獄。是故，若想要將來能享福，大家慢慢去等那漫長的歲月吧！」

長。在減劫時，人心、道德每況愈下，未學佛者，不用說，即使學佛者，亦包含在內。心若不好，將來如何往生？不但不能往生，即使將來圖個「善終」亦不容易。外國亦復如是，人會遭遇災劫，皆人心所造，現在不好，將來更差。[139]

雪廬居士繼之而言，應從人心下手，並特教以念佛伏惑，見其言：

上述所言乃人活著時所受之苦，然而人造了罪業，死後如何？有人云：「死了就完了！」沒那麼簡單，死後尚有靈魂，尚有輪迴，現在造何因，將來受何報應。故教大家要念佛伏惑，不要再造業。[140]

此外，人道除須領受八苦之外，雪廬居士對於刀兵劫，即戰爭之危害，特別予以叮嚀，並為文專論之，顯見其危害甚大，特示以戒殺為其拯救之方法。

　　就刀兵劫之狀況，雪廬居士以殺人、放火、家破、人散四項來描述其慘狀，而云：[141]

1、　「殺人」：古時候打仗以後，老百姓就跟當兵的同生死，對方一但攻入城內，無辜的老百姓也和兵一樣被殺死，發生屠城悲慘的事情就是如此。有的就會說：古時候已經過去了，現在是沒有屠城殺人了！要知道現在是立體

---

[139] 李炳南：〈雪廬老人佛七講話──民國六十四年靈山寺彌陀聖誕〉，《明倫月刊》，290 期，頁 10.

[140] 李炳南：〈雪廬老人佛七講話──民國六十四年靈山寺彌陀聖誕〉，《明倫月刊》，290 期，頁 10.

[141] 李炳南：〈戒殺是息刀兵之本〉，《明倫月刊》，227 期，頁 10.

戰，更厲害，更悲慘，甲國製造原子彈，乙國亦製造原子彈，我請問大家，製造原子彈的目的在何處？是否永遠放在倉庫裏？假若一粒原子彈從空中投下來，什麼人都不能絕對保證，不會死在戰火之下的。

2、「放火」：有戰爭就有放火，現在有什麼汽油彈，燒夷彈等等，專為燒燬對方，一旦起了火，不是燒死就是房屋財產一概燒光。

3、「家破」：為了避免戰亂的傷亡，就要逃避？家庭也就破了，好像內地的同胞，他們的故鄉有很多田園，萬貫的家財，都為戰爭不能帶出來，流亡到臺灣。

4、「人散」：炮火迫近城內，趕緊想要逃走，一手拉男一手拉女，車站馬路，人潮擠的水洩不通，車開了，耳聽著孩子的哭聲，也沒有辦法，父母妻兒兄弟都離散，刀兵劫就是這般狀況。

雪廬居士前半生皆於烽煙戰火中度過，深知戰爭之痛苦，哀鴻遍野，家破人亡，妻離子散，並警之以言：

> 現在刀兵劫雖然未來，可是因造了太久，一旦遇緣就爆發，但是當刀兵劫的緣未來，也有辦法挽救，不過多數人是不信刀兵劫的因果，也就愛莫能助了。[142]

---

[142] 李炳南：〈戒殺是息刀兵之本〉，《明倫月刊》，227 期，頁 10.

雪廬居士以為世人認為刀兵劫之發生，是起源於帝國主義侵略或肇自於國內野心家反叛所致。然此僅為刀兵劫之助緣，非根本原因，此乃因凡人之智慧有限，僅知現世，而不能洞明三世因果之短淺見識。遂舉聖人之智通三世，如慈壽禪師偈云：「世上多殺生，遂有刀兵劫；負命殺你身，欠財焚汝宅。離散汝妻子，曾破他巢穴；報應各相當，洗耳聽佛說。」[143]復舉宋僧入定知安陽劫、[144]三舉琉璃王滅釋迦種姓之史實、[145]四舉方孝儒之父造墳燒蛇[146]為證，以明佛菩薩現量（天眼通）即能洞明前因後果，以刀兵劫既為殺業，必有殺因，如此方能符合因果之規律。又殺有直接殺業及間接殺業二種，直接殺業固然直接受刀兵劫之迫害，如法律中之主犯，然間接殺業亦招感共業，猶如法律中從犯，亦將捲入戰爭之中。[147]

　　要消除刀兵劫，則必須戒殺，以「戒殺是息刀兵之本」，雪廬居士更示之以戒殺之三種功德：

> 上等功德就會息滅上等災難，中等功德會息滅中等災難，下等功德會息滅下等災難。上等功德是長年茹素，若做不到，須要看果怕因。中等功德是，六月、十二月及每天早上吃素，這樣假若做不到，就做下等功德，下等功德是，十齋、六齋、隨分花齋，以及佛菩薩的聖誕日吃素，最少限度亦

[143] 李炳南：〈戒殺是息刀兵之本〉，《明倫月刊》，227 期，頁 10.

[144] 李炳南：〈戒殺是息刀兵之本〉，《明倫月刊》，227 期，頁 10.

[145] 李炳南：〈戒殺是息刀兵之本〉，《明倫月刊》，227 期，頁 10.

[146] 李炳南：〈戒殺是息刀兵之本〉，《明倫月刊》，227 期，頁 10.

[147] 李炳南：〈戒殺是息刀兵之本〉，《明倫月刊》，227 期，頁 10.

> 要吃三淨肉。什麼叫三淨肉呢？就是不見殺，不聞殺，不為我殺者。[148]

上等功德須長年茹素，中等功德則初一、十五、每天早齋，若皆做不到，佛法慈悲度眾，亦以三淨肉為限，雪廬居士末後又特別教誨：「奉勸諸位，為了消滅正將來臨，可怕的刀兵劫難，趕快來持素，趕緊要戒殺。」故知雪廬居士教人要深信因果、茹素、戒殺、念佛伏惑來挽救危難。

佛家有偈云：「菩薩畏因，眾生畏果」，因此凡事皆須要「慎因」，雪廬居士以今之人學佛，多流於玄妙，鮮言因果，[149]此或因近代學者受到撥無因果之影響，不知不覺恥於掛齒因果，故感慨而言：

> 謗因果有為者，又豈能造乎鴻儒真釋也哉！大言則無實，狂肆則寡德，入乎耳，則心汩亂而行放逸，風乎世，則禎祥隱而妖孽興，國步世運，將有不堪思議者矣。[150]

雪廬居士揭示，深信因果不僅使己身能自轉因果[151]，亦能免於危難，更進一步將樹立社會優良之德風，人各盡其分，將使國運步入

---

[148] 李炳南：〈戒殺是息刀兵之本〉，《明倫月刊》，227 期，頁 10.

[149] 《李炳南老居士全集·雪廬寓台文存》，〈重印太上感應篇直講序〉，頁 46~47：「縱觀今之宿學，每學進而道退，辨給空有，而鮮及因果，甚則恥出諸口，浸尋有撥無之概。學風如是，反不若未及門者，謹愿有功。世尊後說地藏，或古今有同慨耶？」

[150] 《李炳南老居士全集·雪廬寓台文存》，〈重印袁了凡四訓序〉，頁 51~52.

[151] 《李炳南老居士全集·雪廬寓台文存》，〈重印袁了凡四訓序〉，頁 52：「知福惟自召，不拘乎宿命，天定可回之。禍能消滅，不任乎因果，異熟可轉之。心造心轉，繫鈴解鈴，宿命因果，操之惟在我也。」

昌隆之地。於此動盪不安之時局，雪廬居士特重因果觀念之闡揚，呼籲世人要深信因果，以挽救劫難，並為安邦治國之本。

二、倡導正助雙修

雪廬居士一生以「廣學三藏教，不改彌陀行」為信念，教人深信因果，以立住人格為基礎，並以修習淨土法門為解脫之要，同時發揚大乘佛法之精神，走入社會，興辦各類慈善事業，徹底發揮佛陀普度眾生之慈悲精神。此即彌陀經所言：「不可以少善根福德因緣得生彼國」；善根，即正功夫，執持名號；福德，即助功夫，眾善奉行；正助雙修，為雪廬居士一生所倡導。

（一）正功夫專修淨土

雪廬居士以為世人皆望得福，所謂福者即位名祿壽也。欲得此福，依孔子言，須有大德；依佛法言，須行十善。然而，人身短暫，一切之名位祿壽，能享受幾時？就佛法之角度來看，吾人所依存之世界，又何嘗不壞滅？且於此減劫時，天災肆虐，人禍不斷，若僅以現世為滿足，實為偷安之舉，《法華經》所謂「三界無安，猶如火宅」，在在提示世間之真相，如火宅般不是久安之處，若不修習佛法，以求解脫，則為不究竟。雪廬居士以為世間法皆不究竟，任何眾生皆要受六道輪迴之苦，如在監獄，不得自由，即使生天，報盡後仍須六道輪迴，皆為不究竟。然欲出世間，非為出家，或隱遁山林，乃為解除纏縛之義，須修習出世法，以求解脫。以眾生之身，皆不免一死，然靈魂不滅，更精確言之，應為神識不滅，以神識顛

倒，故隨業受生，全做不了主，六道生死輪轉，故須修習出世法，以轉識成智，破除神識之迷惑顛倒，待本性現出，方能得自在。[152]

就佛法而言，是求解脫之法，雪廬居士以為有半解脫與全解脫之分。所謂半解脫者，是指已斷見思惑之四果阿羅漢，已永除輪迴，然須人間天上七番生死，方得成就。至於全解脫者，則指佛果，大乘佛法修習六度萬行，經三大阿僧祇劫，轉第八識成大圓鏡智，即使三千大世界外之一滴毛毛雨，悉皆能知，其智較僅證四果阿羅漢之小乘行人，神通道力懸殊，實不以相比，且可以為九界導師，說法度眾，變化自在。[153]

既然要求解脫，至少也得證四果阿羅漢，然斷惑卻非常不易，所謂「斷見惑如截四十里流」，斷除見惑後仍須除盡思惑，艱苦非常，恐非常人所能，且為時過長；然若要成佛，則更是遙遙無期，故使人望之卻步。若此，學佛求解脫恐淪為言談文字而已！然而，雪廬居士依諸祖意，特別拈出淨土念佛一法為「門餘大道」，而言：「然佛法不離慈悲方便，於八萬四千法門外，尚有特別法門，可令學者當生成就。」[154]又言：「通途法門，無論修大小乘，皆仗自力，門餘大道，自力復加佛力，謂之二力法門，如步高樓，得人扶助，自較易也。」[155]然恐人誤門餘大道為佛代修，故雪廬居士特釋之曰：「通途之法固須自行，門餘之法亦須自行，惟多佛力加被之殊勝因緣而已。」[156]若此方不致落入外道之說。所謂之門餘大道，即勸人

---

[152] 李炳南：〈佛法五講之四〉，《修學法要》，台中：青蓮出版社，1997，頁108~110.

[153] 李炳南：〈佛法五講之四〉，《修學法要》，台中：青蓮出版社，1997，頁114~116.

[154] 李炳南：〈佛法五講之五〉，《修學法要》，台中：青蓮出版社，1997，頁116.

[155] 李炳南：〈佛法五講之五〉，《修學法要》，台中：青蓮出版社，1997，頁117.

[156] 李炳南：〈佛法五講之五〉，《修學法要》，台中：青蓮出版社，1997，頁117.

往生西方極樂世界修行。以十方諸佛，以阿彌陀佛悲願第一，造一極樂世界，以免眾生受三重障礙，並接引十方世界眾生之神識前往極樂世界，享稱性五塵成佛，不必如同此世界，修行艱苦，障礙重重，易生退轉心。

此方世界與極樂世界之狀況，相距甚遠，前已明此土具三重障礙，就修行能得解脫而言，雪廬居士特別點示出：

> 眾生修持八萬四千法門，為何不能成就？以有三障故也。
>
> 一者無因希果：眾生之心，事事皆想不勞而獲，生前不願修持，但期死後生善道，如喪家眷屬，往往為死者誦經超度，期其超生。或樹幢幡，祝禱西方接引。或於夢境，幻見死後作神鬼，而得常生不滅。是為眾生普遍之錯覺。
>
> 二者放逸畏學：眾生學佛難成，病在好逸惡勞，只知求福，不明佛法之妙用。經云：「佛以一大事因緣出現於世」。何謂大事？以六道眾生皆不能為之者，此即生死大事也。佛為此一大事出現世間，而眾生惟知求其消災延壽，如勸其了生死，鮮有能聞者，縱能聞之，而又不能覺悟。
>
> 三者牽欲怠修：中國聖人教人以窒欲，窒之不得，則以禮樂治之，使其發乎情，止乎禮。今人崇尚西洋文化，倡行縱欲狂歡，迷於聲光享樂，卒致身耽現前五欲六塵，而心散亂，如勸其修出世法，未有能耐長久之苦勞。[157]

雪廬居士提示學者修學之三障：無因希果、放逸畏學、牽欲怠修。無因希果乃眾生不勞而獲之心態，放逸畏學乃眾生好逸惡勞之病，

---

[157] 李炳南：〈佛法五講之五〉,《修學法要》,台中：青蓮出版社,1997,頁118~119.

牽欲怠修乃因眾生迷於五塵，此皆眾生處與此世界之病態，亦為此
世界不易修行。相較之下，極樂世界則專為修行者所設計，且科技
極為發達，雪廬居士曰：

> 極樂世界，實為科學發達之世界。吾人今日所見之科學，尚
> 在幼稚之期，佛法無邊，故在極樂世界之科學，遠非吾人所
> 能想見者。[158]

雪廬居士舉數例言之：

> 今日常見屋內之地，磨以石子，嵌以銅條，常人但知學自西
> 洋，不知極樂世界早已如此。……極樂世界之天耳通，遠優
> 於此界之無線電……言其住處，則為七寶樓臺，非惟裝飾，
> 凡建屋之材，無一而非珍寶，非如此世界之屋由土木泥瓦堆
> 成。……言其食物，此界所食之穀，粒粒皆從辛苦中來，縱
> 為富豪，猶須點菜之勞。極樂之食，百味俱全，舉念即至，
> 食畢即隱。……言其衣者，此界之衣，必須量體剪裁，至為
> 煩瑣，且易污損。極樂之衣，形色隨心所欲，自然化成，永
> 無污穢。……以言其行，此界必須種種交通工具，如車船飛
> 機。極樂世界一律不需，身居屋內，欲遊他處，不必出門，
> 房屋隨身起飛，任意所至。若嫌屋牆障礙外景，牆即自行隱
> 沒，隨出大蓮花，為托其身，若嫌有風，牆又隨念合之。是
> 皆微妙之機器，載人飛行，欲遊他方世界，一念即達。……

---

[158] 李炳南：〈佛法五講之五〉，《修學法要》，台中：青蓮出版社，1997，頁120.

> 我輩所居之世界，雖有電視可攝遠地之聲光，然尚須舉手按
> 機之勞，極樂世界可從一花一葉，遍覽無量世界。……[159]

知極樂世界乃一高度科技之世界，且於極樂世界常可隨佛學，又與諸上善人，即等覺菩薩為師友，壽命與佛同，且皆一生補佛位，只要能伏惑帶業往生，即可橫超生死，享受上三土之受用，相較於此土，眾生欲成佛道，必遭三種障礙，若能往生，則三障即可轉為佛之坦途，故雪廬居士言：

> 此世眾生，無因希果，必無得果之理，極樂則無因得果。一
> 經往生，即能成就三十二相，六種神通，光壽無量，不生不
> 滅。吾人在此世界，放逸畏學，必無得法之理，極樂則放逸
> 得法。凡遊覽公園，聞風聲鳥語，即是修行聞法，此界之風
> 鳥，聞之不明其意，且多屬噪音，極樂則是法音，聞之即能
> 明理，苟有不能明者，浴於八德池水，即開其慧。吾人在此
> 世界，心念六塵，耽於享樂，必無入道之理，極樂則隨欲入
> 道。此界今以科學發達，亦可駕機飛遊，但如不慎，即有墮
> 機喪生之患，極樂無此危險，一切皆順眾生之心，極盡其享
> 樂之能事。[160]

為能真導引眾生趨於涅槃之境，捨淨土念佛一法，難以成辦，故雪廬居士一生紹佛慧命，倡淨土念佛法門，對於淨土念佛法門之殊勝，及雪廬居士獨到之見解，已於第四章雪廬居士的淨土思想中，詳細探討之。

---

[159] 李炳南：〈佛法五講之五〉，《修學法要》，台中：青蓮出版社，1997，頁 122-124.
[160] 李炳南：〈佛法五講之五〉，《修學法要》，台中：青蓮出版社，1997，頁 121.

　　觀雪廬居士一生悲願甚深，於初來台之際，即要將彌陀聖號遍傳台灣各地，如今各地念佛道場林立、佛七法會興盛，可以說皆是始自雪廬居士弘揚倡導之功，就真實往生者，載於明倫月刊者，如民國 61 年鐘世賢居士「當生成就！臨終猛利念佛，蒙佛放光接引」，[161]民國 63 年鍾靈毓居士念佛感應往生，[162]民國 63 年台中蓮友李素貞居士往生，火化得五彩舍利，[163]民國 68 年呂日新居士生西，[164]民國 71 年施老水閣居士往生，[165]民國 72 年林培松老居士生西，[166]民國 73 年台北淨廬念佛會邱番薯老居士往生。[167]民國 74 年計有潘淑媛居士往生、[168]朱伯驥老居士往生、[169]羅立富居士往生、[170]陸湘田居士往生、[171]巫忍娘居士往生、[172]謝妙娘老居士往生，[173]民國 75 年史清源老居士往生。[174]以上皆多為預知時至，臨

---

[161] 明倫社：〈往生傳裡添新章鐘世賢居士當生成就！臨終猛利念佛，蒙佛放光接引〉，《明倫月刊》，16 期，頁 4.

[162] 蓮痴：〈當生成就又一實例鍾靈毓居士念佛感應往生〉，《明倫月刊》，32 期，頁 7.

[163] 明倫社：〈台中蓮友李素貞居士往生火化得五彩舍利〉，《明倫月刊》，35 期，頁 2.

[164] 呂富枝：〈先父呂公諱日新生西事略〉，《明倫月刊》，86 期，頁 38.

[165] 慧光：〈施老居士水閣先生往生事略〉，《明倫月刊》，120 期，頁 46.

[166] 希仁：〈林培松老居士生西記〉，《明倫月刊》，134 期，頁 20.

[167] 淨智：〈台北淨廬念佛會竭誠助念邱番薯老居士往生記〉，《明倫月刊》，146 期，頁 18.

[168] 弘安：〈潘淑媛居士往生記〉，《明倫月刊》，152 期，頁 14.

[169] 炯如：〈朱伯驥老居士往生記〉，《明倫月刊》，155 期，頁 12.

[170] 淨毅；〈羅公舍利彰勝緣〉，《明倫月刊》，157 期，頁 14.

[171] 長壽班：〈念成舍利超生死──陸公往生見聞〉，《明倫月刊》，158 期，頁 16.

[172] 松喬：〈黃母往生見聞〉，《明倫月刊》，159 期，頁 10.

[173] 弘安：〈賴母謝老居士往生記　念念若能離潤濁　生生從此脫胞胎〉，《明倫月刊》，160 期，頁 12.

終能正念分明，甚有瑞相者。然雪公於民國七十五年四月十三日黎明五時四十五分示寂，往生時正念分明，並於前一日即預知時至，[175] 火化後舍利千餘顆，享年九十七。雪廬居士不僅一生弘揚淨土念佛法門，更親為表率，示現念佛往生，往生前仍講經不輟，其度生之悲願及對於生命之解脫，在在皆有大德之風範。

上述往生者，不及備載者亦多，凡能往生者，無異於已解脫生死，相較於此世界，時下罕聞一人真正開悟，更遑論能證四果阿羅漢者，並能示現涅槃相者，故知通途法門與淨土念佛法門難易殊別！凡此皆可見雪廬居士之徹底悲心，弘揚淨土念佛法門，真正實踐佛陀究竟度生之本懷。

（二）助功夫眾善奉行

除倡導淨土念佛外，雪廬居士更本著佛陀慈悲濟世之精神，興辦社會救濟事業，並以此為念佛之助功，以此业不違背念佛宗旨。雪廬居士於〈新元講席貢言〉曾云：

> 佛法明心見性是內裡的工夫，廣度眾生，作種種善，是外邊的功德，這就是善根福德，正助雙修。學佛成天在家打坐，什麼事也不作，那是小乘法，佛所謂的焦芽敗種，佛法所不取的，必得為眾生辦事。[176]

雪廬居士以大乘佛法應為眾辦事，即要能重善根福德，至於所謂之為眾辦事，可見於台中蓮社重新落成典禮時，雪廬居士所言：

---

[174] 周宣德：〈史將軍往生極樂滿面紅光示瑞相〉，《明倫月刊》，163 期，頁 12.
[175] 鄭勝陽：〈雪廬老人示寂前後〉，《明倫月刊》，164 期，頁 12.
[176] 李炳南：〈新元講席貢言〉，《修學法要》，台中：青蓮出版社，1997，頁 373.

> 蓮社只准研究學術，辦理慈善公益事業，再就是辦社會教
> 育……以後還是希望同修們，本著過去的宗旨，盡力做慈善
> 事業，辦社會教育，不能變質，所謂「人存政舉，人亡政息。」
> 變質則對不起各界這樣愛護我們，也對不起佛。[177]

雪廬居士為眾辦事即要興辦慈善公益事業與社會教育，且皆要能會
歸念佛往生上，其云：

> 我講經、我教書，我無論幹什麼，我在台中辦這些慈善事業，
> 我都是為著佛我才辦，不是為著佛，我不辦！……我做的
> 事，不是弘法，就是護法。只要給大家辦好事，大家都是未
> 來佛，你是未來佛，有了什麼煩惱我得給你解決，給你辦事，
> 我這是供養佛。你別給大家增加煩惱，一增加煩惱就是向大
> 家心裡放瓦斯。[178]

雪廬居士視大眾皆為未來佛，為能成就未來佛，而興辦一切事業，
除前一節已述之社會教育外，則包括了社會慈善事業，此於其於成
立蓮社時，即訂蓮社之社務：「一者，講演儒佛經典，化導人心；
二者，集眾念佛，各求當生成就；三者，興辦文化慈善事業，以勵
道德，而善風俗。」相符，舉凡有利益眾生之事業，如育幼、安老、
施醫、或救濟，無不以不疲不厭之心圓成之；且一旦事成後，遂即
引退，從不沾染名利，觀其一生之行誼如此，真可謂為「處世不忘
菩提，要在行解相應」之謂歟，[179]足可為學佛者之楷模。

---

[177] 李炳南：〈臺中蓮社重建落成典禮開示〉，《明倫月刊》，71 期，頁 8.
[178] 李炳南：〈淨土精華（六）〉，《明倫月刊》，282 期，頁 12.
[179] 吳聰敏：〈雪廬老人學術思想與貢獻（下）〉，《明倫月刊》，269 期，頁 30.

三、興辦弘法事業

　　雪廬居士一生講學、弘法利生，皆為開啟眾生菩提覺性，並引領眾生歸向究竟涅槃解脫而努力。除了前述之文教事業外，為能實現畢竟解脫，以歸蓮邦安養，並發揚大乘慈悲濟世精神，首先成立台中市佛教蓮社，以為弘法之根本，據此廣設佈教所、念佛會等，藉以提倡念佛，並使大眾能同霑法益。

（一）成立台中市佛教蓮社[180]

　　台中市佛教蓮社成立於民國四十年十一月，其成立緣起於，民國卅八年二月雪廬居士隨孔奉祀官德成來台，定居台中，以雪廬居士大願，志在弘法度生，故甫於安頓公務，便即尋覓弘法場所。開始假各處佛寺，方便演說，並在寺內設施醫療，以接引初機。鑑於學者日眾。遂於民國卅九年，發倡建蓮社之宏願。而於民國四十年，即於今日之社址，創立蓮社。

　　雪廬居士親訂蓮社之創社宗旨為：一、講演儒佛經典以化導人心，二、集眾念佛，各求當生成就，三、興辦文化慈善事業，以勵道德而善風俗。並要大眾遵守「四為三不」之社訓：所謂之四為，指「為求學問，為轉移污俗，為求解脫，為宏護正法」；所謂之三不，指「不以佛法受人利用，不藉佛法貪名圖利，不昧佛法同流合污」，以為蓮社之規範。並親訂社風十條[181]，以為大眾實際之行為準繩。

---

[180] 台中市佛教蓮社網頁：http://www.tcbl.org.tw/modules/mylinks/.

[181] 社風十條：一、真心奉行教義；用智慧上求佛道，用慈悲下化眾生。二、力遵三皈五戒；雖未受戒，亦當發心守戒。三、深信因果，多積福德，勿爭名利。四、社內同修，不宜分黨分派，互相攻擊。五、不得兼修外道，

　　蓮社目前主要從事社會教育、慈益救濟、及文化傳播三方面之
為主，社會教育主要為儒佛經典講座，成立念佛班，以倡導家庭共
修念佛[182]，並開設啟蒙教育，成立大專佛學講座，辦理社教科，並
有祭祖活動。就慈益救濟方面，主要以佛經流通、放生護生、蓮友
助念、協助聯體機構、平常辦有急難救濟、每年春節前舉辦濟貧之
冬令救濟。就文化傳播方面，主要發行《明倫月刊》、辦理青蓮出
版社，以倡印經典，並設有「明倫之聲」，以利空中弘法。

　　台中市佛教蓮社至今仍為繼承雪廬居士弘法利生之主要機
構，成立至今已逾半個世紀，雖然整個社會環境生態早已改變，然
而雪廬居士度生之悲願，以及弘法之目標，一直被實踐著，並不因
哲人日已遠，而有所撼動。

（二）設立佈教所、念佛會

　　為能推展念佛法門，使得各地民眾，皆能親聆法音，而得畢竟
解脫，在雪廬居士精神感召之下，自民國四十六年至七十四年間，

　　使邪亂正。六、同教團體中，不問出家在家，凡有弘法事宜，必須讚嘆維
　　護，不許嫉妒。七、除探討教義外，不議論同教中任何人之是非。八、凡
　　遭毀謗，平心自省！有改無勉，不與人諍。九、要常覺知，自己道德、修
　　持、學問，皆極淺薄，不可心生驕慢。十、要精進修持，積德求學，不惜
　　心身二力，布施一切，為眾生拔苦與樂。

[182] 念佛班為蓮社內部的蓮友組織，目前念佛班共分六十二班，以落實念佛共
　　修為宗旨。目前念佛班分別是：九蓮、大千、中化、中正、文藝、方廣、
　　布施、由義、先度、吉祥、旭光、竹林、佛喜、依仁、長青、長壽、青光、
　　青蓮、信義、咸信、咸儀、持戒、施法、施財、能仁、能忍、高光、高峰、
　　國光、崇禮、雪蓮、復興、智海、朝新、等觀、菩提、進德、開智、圓覺、
　　新慧、誠中、端立、精進、德聚、翰香、勵德、彌陀、醫王、雙修、懷西、
　　寶華、覺音、妙蓮、平等、普禮、慕蓮、中蓮、十二光、妙音、養正、正
　　蒙、香積等，約二千個家庭。

各縣市佈教所、精舍、念佛會，陸續成立。如霧峰佈教所、豐原佈
教所、東勢佈教所、鹿港佈教所、后里佈教所、中和佈教所、沙鹿
佈教所、太平佈教所、員林佈教所、水湳佈教所、卓蘭佈教所、桃
園蓮社、般若精舍、淨業精舍、福海念佛會、台北淨廬念佛會、青蓮
念佛會⋯⋯等。此外，亦有僑民於海外建立道場，如馬來西亞等。[183]
對於佈教所之設立，雪廬居士勉勵大眾，須「志同道合」，其云：

> 今晚要在這短短的時間裏，很簡單扼要地說一句話：「難得
> 大家志同道合」——「志同道合」，並不是學了佛就志同道
> 合，因為教內的門派太多，門派雖多，卻皆是佛所說的法，
> 然而今日之下，修學的人往往不談如法修行，卻只去談那利
> 害關係，一談利害，便去體萬里了。須知：古德云：「佛法
> 在世間，不離世間覺」，談世間法求個覺也不錯，然而，現
> 在的世間法，那裏有讓人覺悟之處，簡直都在談世間的壞事
> ——諸位試攤開報紙看看，不都是誨淫誨盜的文字？所以，一
> 說「志同道合」，便指歸到淨土法門來—三藏十二部，浩如
> 煙海，然而，「歸元無二路，方便有多門」，佛法原不分宗派，
> 有宗派皆是方便法，方便法就是巧妙地運用權智，行權法，
> 教大家隨著機緣，領略進去，今天，我們大家正是走著這極
> 方便的淨土路子。[184]

---

[183] 劉靜宜：〈雪廬老人儒佛教化事業探述〉，《紀念李炳南教授往生 20 週年學
　　術研討會會議論文》，台中：國立中興大學中文系，2006.4.8，頁 142.
[184] 淨持：〈雪廬老人太平佈教所講話三資糧　發願、憶念〉，《明倫月刊》，162
　　期，頁 6.

雪廬居士勉勵各佈教所、精舍、及念佛會，要能時時有道，在道場，不談是非利害，更不要去妄談世間事，大眾須能「志同道合」，以淨土念佛法門為修行歸趣，這樣才能獲得真實利益。

四、興辦慈善事業

「老有所終」「幼有所長」為雪廬居士之一貫悲願。為能行社會救濟，則成立菩提仁愛之家，使老者皆有所養，內附設菩提醫院、善果林弘法等單位，俾益老者能安養天年，神棲淨域。為能收容孤苦無依之兒童，又成立慈光育幼院，為解決社會問題盡一分心力。

（一）成立菩提仁愛之家

雪廬居士為發揚佛教慈悲精神，協助政府推行社會救助事業，以使鰥寡孤獨者皆有所養，並解決人生之老病等問題，遂於民國五十二年四月八日在朱斐、黃雪銀、于凌波、林進蘭、張慶祝等諸位大德的護持下，成立一小型門診，為佛教四眾及台中市貧病市民服務。後應各方之期盼與樂捐，同時於市郊台中縣境大里市現址購地一公頃餘，營建房舍。[185]並於民國五十三年五月十九日立案改為「菩提救濟院」，同年 6 月 13 日召開第一屆董事會第一次會議，擬定發展之業務有醫院、安老所、施醫所、保嬰所及佛教善果林等事業，計劃逐步完成，此是佛教在台灣對社會大眾慈善事業之開端。至六十年七月奉政府通令改為「菩提仁愛之家」。[186]

---

[185] 淨成：〈菩提仁愛之家的回顧與展望〉，《明倫月刊》，263 期，頁 72.
[186] 菩提仁愛之家網頁：http://www.bodhi.org.tw/index.php.

雪廬居士並親訂四種誓願：一、施診施藥：不分任何宗教，凡有疾病、家貧無力醫療者，本家概予施診施藥。二、精神安慰：由發心蓮友組織慰問團，輪流在病房及老人宿舍服務，使病人、老人得到一切便利。三、祈禱法會：在本家太虛紀念館，定期修法，專為樂捐善士、來診病人與老人，消災延壽。[187]以為本家發展之綱領。

就其設立之單位，包括施醫所：此設於本院功德堂，凡貧病無力醫療者，發給醫療券，持往菩提醫院就醫。安老所：以收養貧苦無依老人，使其安享天年。另有養心堂、耆德樓，專供老年佛教徒自費安住修持。兒童福利：本院以「寶松和尚紀念療養院」三樓大廈一座，與臺灣省政府社會處合辦小康計劃兒童福利中心，推展兒童福利事業。佛教善果林：設本院「太虛紀念館」，為本院弘法利生之機關，師於每星期四晚間在此講經，常年不輟，聽眾恆在三百餘人。此外，每年定期舉辦各項社會救濟。另有保嬰所之設置。[188]

菩提仁愛之家，可以說是結合安養、醫療、兒童福利以及弘法之小型社區，此即實現《禮運・大同》所謂「使老有所終，壯有所用，幼有所長」之理念，為社會慈善事業默默奉獻，也使佛陀慈悲精神及雪廬居士悲願能繼續發揚下去。

（二）設立慈光育幼院（慈馨兒少之家）[189]

民國四十八年由於「八七水災」造成許多孤兒流離失所，雪廬居士與台中蓮社蓮友秉持慈悲濟世之精神發起創辦育幼院，民國四十九年五月正式立案，訂名為台中市私立慈光育幼院。由於於民國

---

[187] 菩提仁愛之家網頁：http：//www.bodhi.org.tw/index.php.

[188] 淨成：〈菩提仁愛之家的回顧與展望〉，《明倫月刊》，263 期，頁 72.

[189] 慈光育幼院網頁：http：//www.tkcy.org.tw/.

四十九年立案時，經濟拮据，無法設立基金會成立財團法人，因此將不動產皆登記於財團法人慈光圖書館名下，至民國六十二年修訂章程，而回歸台中市佛教蓮社蓮友創辦，於民國八十四年登記為財團法人組織，訂名為財團法人台中市私立慈光育幼院，然而於民國八十五年因慈光圖書館來函謂育幼院所使用土地房舍為該館所有，故育幼院無權佔用，經多方協調無功，又民國八十七年雙方提起民事訴訟，至民國九十三年九月本院被判決敗訴。台中市政府並依判決結果，撤銷育幼院設立許可。於是育幼院不得不於民國九十三年十二月撤離居住四十多年的家園。於民國九十年及九十一年分別於台中市東區東英路旁購置土地共計 210 坪，並延請建築師設計，擬建新院舍，做訴訟敗訴時，院童安置之所。且於民國九十二年成立「財團法人台中市私立慈光社會福利慈善事業基金會」，以為永續經營之準備。基金會目前正積極規劃籌建「慈馨兒少之家」，為安置協助更多家境困難或受虐兒童，結合社會及專業資源，共同培育兒童獨立自主的能力，同時協助家庭關係重建，進而作社區服務。

慈馨兒少之家其宗旨如下：一、發揚儒家幼人之幼的精神及佛家慈悲濟眾的心懷，並配合政府推行社會福利工作，提供需協助的兒童安置處遇的服務。二、確保兒童基本人權和尊嚴，提供法律制定的兒童保護服務。三、在和諧、尊嚴、寬容、自由、平等的精神及安全、溫馨的環境之下，讓兒童學習成為能夠為自己負責的獨立個體。四、協助家庭關係重建，使兒童早日回歸家庭。

慈馨兒少之家目前收容三足歲以上，父母雙亡、無親可依；單親家庭、無力扶養；棄童；父母入獄、無親可依；受虐兒童。採教與養並重方式，每六位院童即有一位專任教保老師照顧生活起居、

身心健康及課業學習；並著重倫理、品格、因果教育。至今撫養成人之院童超過 700 人，曾榮獲內政部評鑑為全國績優育幼機構。

慈馨兒少之家雖面臨著困境，然為能使「幼有所長」之社會慈善事業永續經營，將秉持雪廬居士創辦慈光育幼院之精神，持續來解救社會之苦難。

第三節　淨化社會、德澤群萌

雪廬居士一生對於文化、教育、社會、宗教各個層面貢獻良多，周邦道先生並以為，就佛教史或佛教教育史上，在近代中國佛教界居士大德中，實無人能出其右，其云：

我們當代的佛學大德很多，清朝末葉到民國年間，研究佛學的人特別多。比方丁福保、江味農、范古農、劉洙源、王小徐、尤智表、黃懺華、梅光羲、呂澂、唐大圓、黃智海、尤惜陰、李圓淨、陳海量等，這許多大德，著作非常豐富，但多屬文字般若。[190]

縱然如楊仁山居士與歐陽竟無居士，雖亦興學弘法，但受益者有限，皆無法與雪廬居士相媲美，又云：

楊仁山先生首先創金陵刻經處，辦祇洹精舍；歐陽竟無先生創支那內學院、法相大學，羅致很多高深學者在那邊研究。

---

[190] 周邦道：〈李公雪廬導師平生簡介〉，《明倫月刊》，165 期，頁 4.

> 但是他兩位大德，造就的人數不很多，因為他的範圍所限，
> 傳播法音，沒有現在我們這樣的工具。[191]

與上述諸佛教在家大德相較之下，雪廬居士以書信、著述、廣播弘法，並以身教相從，感動海內外人心，從而學佛者，實難計數，又云：

> 我們的老師他直接的講述，確切的指導，通函答問。還有間接聽他的廣播，看他的著作，及海內外感受人格、聲望、學問的影響，而私淑崇仰的人很多，不過數目不容易統計。[192]

雪廬居士以一介白衣，弘法度生，而於生西荼毘時，感念者眾多，可說是史無前例，觀其一生行誼與貢獻，就佛教史或佛教教育史上，其地位實無以倫比，又云：

> 當他老人家捨報生西時、移靈時、大殮時、荼毘時，多少人痛哭流涕，來給他念佛、跪拜，這種感人深切的事實，是過去所沒有看見的。今天的公祭，從諸山長老、諸位法師、諸位長官、諸位長者、諸位大德、諸位同修、諸位同學，遠道近處來的。如此之多，都是他老人家人格學問感動所致。以他老人家一介白衣，宣揚佛法，有這種偉大的成就，我們反觀過去歷史，似乎還沒有看到相同的人。所以，他的偉大之

---

[191] 周邦道：〈李公雪廬導師平生簡介〉，《明倫月刊》，165 期，頁 4.
[192] 周邦道：〈李公雪廬導師平生簡介〉，《明倫月刊》，165 期，頁 4.

處，我們從佛學史上，佛教教育史上來說，他是站在一個特別重要，難可比倫的地位。[193]

觀雪廬居士一生以「廣學三藏教，不改彌陀行」為其奉行之信念，故展現於其一生弘化事業，則可分文化事業與社會教化事業而言。就廣學三藏教而言，以開啟眾生之菩提覺性為目標，至於不改彌陀行而言，則以引導眾生歸向涅槃解脫之境為主。前者，雪廬居士以樹立人格為學佛基礎，故倡儒佛同源，進而融會儒佛思想，並示以外儒內佛思想；就後者而言，主深信因果以挽救劫難，並以茹素、戒殺放生、念佛為出離苦厄之方法，並以倡導淨土念佛法門為究竟解脫之本，同時以興辦社會慈善事業，為發揮大乘慈悲濟世之精神，並為念佛之助功。以此為線索，則可管窺雪廬居士一生之貢獻，影響今日甚深者，如下所申述：

一、開創啟蒙教育之先河

時下讀經風氣盛行，實源自雪廬居士重視啟蒙教育，並獨具慧眼，特別拈出中國文化之精髓，以教導大眾，使家長與孩童皆能受聖賢教化，故今日讀經風氣之盛行，開始重視聖賢教育，究其實，雪廬居士早已播下種子，今日方才逐漸開花結果。

雪廬居士重視啟蒙教育，實源自於自幼即受國學薰陶，後更受業於諸師，國學根柢深厚，深知聖賢教育之內涵與重要性，再加以豐富之人生歷練為印證，故知啟蒙教育之重要。雪廬居士曾憶及：

---

[193] 周邦道：〈李公雪廬導師平生簡介〉，《明倫月刊》，165 期，頁 4.

> 昔吾六周歲上學，先背三百千千—《三字經》、《百家姓》、《千
> 家詩》、《千字文》，詩文並行。然後再背《龍文鞭影》，至十
> 四、五歲讀《論語》。[194]

知雪廬居士自幼即受完整之啟蒙教育，然亦將啟蒙教育施行於其子
李俊龍先生，李先生回憶父親之啟蒙教育，特重人倫教育，至今仍
印象深刻，其言：

> 在五歲那年，父親下班後常為我講歷史故事，如赤壁之戰、
> 楊家將抗金兵、以及廿四孝、古人苦學的啟蒙教育，使我思
> 想上對中國的歷史知識和倫理觀念有了一個概念。[195]

故雪廬居士甫蒞台灣，隨即開辦「兒童德育週」，並成立「蓮友子
弟輔導團」，以及今日之「國學啟蒙班」，且以《三字經》、《弟子規》、
《常禮舉要》、《論語》、《唐詩》、《千家詩》、《百家姓》、《千字文》，
《德育課本》、《佛學常識課本》等為教材，將聖賢心法灌溉於孩童
幼小心靈，以待其開花結果，雪廬居士開創啟蒙教育，實開今日啟
蒙教育之先河。

二、開創佛學講座之風氣

　　雪廬居士創辦大專佛學講座，實屬本土之先驅，其規模之大，
影響之鉅，蔚為盛況。此一現象，除說明今日各地道場佛學講座風

---

[194] 李炳南：〈幼年背誦〉，《雪廬居士師訓集錦》，台中：青蓮出版社，2000.11.，
頁 69.
[195] 李俊龍：〈回憶父親〉，《明倫月刊》，193 期，頁 22.

氣盛行之原因外，另一項重要意義，實開啟知識分子學佛之風氣。今日道場林立，佛學倡行，除有賴佛教各界大德之提倡與努力外，應關注的便是人才培育的問題。佛法興旺與否，端賴於弘法人才，今日佛教界僧眾之中堅，多親聆雪廬居士所舉辦大專講座，如淨宗大德釋淨空法師，曾隨雪廬居士學習，如今創佛陀教育基金會、華藏講堂、華藏衛視等弘法事業，其弘法早已遍及世界，亦襲捲大陸，造成一股風潮。又如律宗行者釋果清律師，為雪廬居士內典班之入室弟子，一生精持戒律，僧俗二眾受其戒行感動而歸依者，不計其數，影響甚眾。其餘如釋慧律法師、釋法藏法師等僧眾，皆為當年之大專知識青年，如今皆已弘化一方，擔負教化之責。

此外，就在家眾而言，當年大專明倫講座來自各個佛學社，如中興大學智海社、彰化師範大學進德社、輔仁大學大千社、東海大學覺音社、靜宜大學東方哲學社、逢甲大學普覺社、台灣大學晨曦社等學員，如今已是社會中堅，或任職於政府機關、或於商界、教育團體、科技等單位，多能密護佛法，亦多有組成佛化家庭，實為社會之一股安定劑。

雪廬居士創辦大專佛學講座，實以系統化之講座方式，來教導知識分子如何學習佛法，將艱深複雜的佛法，以清晰明了之表解來闡述之，並將佛法之系統，如性相二宗納入教學體系，末後收攝以淨土念佛法門，其融貫諸宗之學養，至今仍德馨四溢。

三、立講經之範式及科判

雪廬居士一生以弘揚佛法為急務，故講演為不可或缺之教化儀式，為使講演者能俾益眾生，故設講經規矩，並著〈實用講演術要

略〉[196]一文，使講演者能有所遵循及規範，方不致失態、或流於表達不當等弊病，遂失去教化之先機。

　　講演為言語之表達，故居士云：

> 講演之道，處世之大端，中外古今，莫不崇尚。釋門說法，常贊無碍辯才，孔氏四科，言語高列次要；燭武數語，能退秦師；展喜片言，立存魯國；富翁費里浦願學演說，不樂資本家；鐵王卡尼基屢擬退休，擬習講演術；可見言語之說重且要也。[197]

可見居士以為講演應有一定之方法，要能弘法、立身，語言為重要因素，且居士亦勉人初學難免遇挫折，惟不斷練習方為成功之秘訣。

　　就講演時應注意資料內容結構、講經之態度及威儀、言語聲調之適當表達，以及要能觀機等四大部分。就資料之內容結構而言，首先必須先定主旨，並分節分段，使有起承轉合，符合文章之結構，同時須注意章法之變化，為使內容有所本，應引經舉喻，又為生動有趣，可安插趣味故事，或點綴偈頌，使演講之內容結構嚴謹，又不失生動，令聽者印象深刻。[198]

　　居士特別重視講經之儀態，對於登臺之禮節，應注意為長期或臨時講場，有無佛像等問題之禮節。開講以前須和藹莊重，並於臺

---

[196] 李炳南：〈實用講演術要略〉，《弘護小品彙存》，台中：青蓮出版社，1996.3.，頁 523~537.

[197] 李炳南：〈實用講演術要略〉，《弘護小品彙存》，台中：青蓮出版社，1996.3.，頁 523~524.

[198] 李炳南：〈實用講演術要略〉，《弘護小品彙存》，台中：青蓮出版社，1996.3.，頁 524~529.

上靜立數秒，待聽眾秩序定後方發言。此外，亦應注意頭部、面部、手足之姿態是否恰當，講畢下臺亦應有一定之禮節。[199]

就言語聲調而言，居士特別強調，講前應將講表溫習揣摩，以免遺忘，待開講後，則以不再看為佳。至於聲調之表達，始講時語言應和緩，聲調不妨低平，如此節節推進，語應漸急，聲應漸高，至終結時，狀如萬流赴壑，語急聲高，要達最高點。至於中段為主旨，應全神貫注，至於結束之後，語取緊張，聲取高響；有時亦當放緩，以示誠懇；或略帶遲疑，以表謙敬。凡此種種，應與辭文配合發揮，使其吸引聽眾，引之入神。[200]

最後一項為觀機，於入場講演時，應先觀聽眾之根器，為男為女，為老為少；次觀其面貌神情，推度其聰明魯鈍；再細審其攜帶之筆記文具，著何種服裝，藉以推判其教育程度，如是種種，方能應機發言。居士又主張，所擬教材不宜過於主觀，對於長期講演，尚可以己意宣講教材，使聽眾遵循之；倘若為臨時講演，則應隨順大眾之機宜。對於教育程度高者，應以說理為主，反之則以事喻為主。演講時，目光可投於能解者，數分鐘後，改譬喻故事，並將目光射於低教育背景觀眾，俾使講演功不唐捐。此外，應隨時觀察觀眾之反應，如頻看錶或打瞌睡或多人離去，則可縮短內容，早作結束。最後，講演者必定要遵守赴約時間，並應詢問主人講演時間長短。

---

[199] 李炳南：〈實用講演術要略〉，《弘護小品彙存》，台中：青蓮出版社，1996.3.，頁 529~532.

[200] 李炳南：〈實用講演術要略〉，《弘護小品彙存》，台中：青蓮出版社，1996.3.，頁 532~535.

　　總之，講演應契機，恰到好處為止，使聽眾有未饜足之感，希企能再度聽講，如此方能使聽眾獲佛法長期薰陶之功用。

　　雪廬居士講經特色之一，乃撰科判表解，對於科判，[201]見居士之定義：

> 此乃辨明文體，揭示章法之學，科者等類也，判者分析也，即就全文提其綱領，分其條目，使知井然有次，如觀掌紋。喻人身之骨骼脈絡，有總有分，總則脊椎大脈，分則百節千絡。[202]

　　以科判乃辨別文體，揭示章法之學，羅列綱領及條目，使人一目了然，知文體結構，不致陷於文義之中，而不得各段旨趣。

　　就科判之形式比喻，如上所言，喻如人身之骨骼，對於科判之定位，居士以為：

> 總攝於分，分統於總，無不枝枝相接，息息相通，短篇若心經，巨帙若華嚴，各有章次，如繩貫鬘，不論頭緒繁簡，絕不雜亂支離。古人謂出言尚須有章，行文益重法度，是篇章之有科判，猶字句之有注疏。質言之，注疏者解釋字句之工具也，科判者解釋篇章之工具也。[203]

---

[201] 據李炳南居士弟子連淑美居士回憶，雪廬老人作表解，除使講演或研經體系架構分明外，又科判表解，淺者見淺得淺，深者見深得深，可深講亦可淺講，彈性較大。此外，倘講演內容已表述為文字，恐不肖之徒，竊取為不當宣傳使用，故基於上述理由，居士一生所留下之表解，遠多於文字著作。

[202] 李炳南：〈內典講座之研究〉，《弘護小品彙存》，台中：青蓮出版社，1996.3.，頁 490~491।

[203] 李炳南：〈內典講座之研究〉，《弘護小品彙存》，台中：青蓮出版社，1996.3.，頁 490~491।

居士則明言：「篇章之有科判，猶字句之有注疏」，易言之，科判乃解釋篇章之工具也，此即科判之作用。故以此推之，若不明科判，恐不達篇章之旨，見居士言：

> 不明科判者，定不達乎章體，不達章體者，又安能述文也哉。惟科判功用，大半助於自修，故愈細而愈明，愈疏而愈通，甚至二句四句，皆立標目。[204]

又科判大有助益於自修，倘能詳作科判，則大有助益於疏通文義與文章結構，至於配合講演時，應注意：

> 若升座講經，雖須依之，祇宜標寫大段，不可全部搬出。蓋講說之要，貴乎充暢。倘處處停頓，解釋段落，勢必氣不連貫，失去精采，且過繁瑣，聽眾亦恐少趣生厭也。[205]

知講經時，為求流暢，雖仍須依科判宣說，然只宜標寫大段，若細節盡說，便無法一氣呵成，失之於繁，致使觀眾興趣缺缺。

就科判之形式而言，居士採「樹式喻」，即今所謂之「樹枝狀圖」，此理乃如觀樹，應先從根開始，縱枝葉繁複，仍能見其結構。至於樹之形狀如何？根或本一，或有二或三或四，本各生幹，幹生枝，枝生條，條生杪，杪生葉，葉有各脈，葉間又生花，花中又含蕊，蕊中復含子，總觀渾然為一樹，分觀則各部皆有所由，亦有所發展，萬緒千端，無不連貫，色澤香味，無不出一體。又經之題，

---

[204] 李炳南：〈內典講座之研究〉，《弘護小品彙存》，台中：青蓮出版社，1996.3.，頁491.

[205] 李炳南：〈內典講座之研究〉，《弘護小品彙存》，台中：青蓮出版社，1996.3.，頁491.

如樹之根也，序分、正宗分及流通分皆本也，每分中之大段如幹也，中段如枝也，小段如條也。其餘繁多節目，如杪、葉、脈、花、蕊、子也。居士言能如此分科分判，始明乎其理，始可以言文章也。[206]

科判從根至本脈絡繁多複雜，欲求清楚，見古德以天干地支為符號，其中甲如樹之本，乙如樹之幹，丙如樹之枝，丁如樹之條，戊如樹之杪，己以下各字代表葉、脈、花、蕊、子也。倘十干支不敷使用，則再加十二地支繼之。

略舉《彌陀要解》之「平擡式」科判：[207]

> 甲序分為二 乙初通序 二別序
>
> 乙初通序分二 丙初標法會時處 二引大眾同聞，今初

經文『如是我聞……祇樹給孤獨園』

> 丙二引大眾同聞分三 丁初聲聞眾 二菩薩眾 三天人眾
>
> 丁初聲聞眾分三 戊初明類標數 二表位歎德 三列上首名，今初

經文『與大比丘僧，千二百五十人俱』

> 戊二表位歎德

經文『皆是大阿羅漢，眾所知識』

> 戊三列上首名

經文『長老舍利弗……如是等諸大弟子』

> 丁二菩薩眾

經文『並諸菩薩摩訶薩……與如是等諸大菩薩』

> 丁三天人眾

---

206 李炳南：〈內典講座之研究〉，《弘護小品彙存》，台中：青蓮出版社，1996.3.，頁 491.

207 李炳南：〈內典講座之研究〉，《弘護小品彙存》，台中：青蓮出版社，1996.3.，頁 491~495.

經文『及釋提桓因等，無量諸天大眾俱』

　　　乙二別序

經文『爾時佛告長老舍利弗……今現在說法』（序分竟）

為使全經科判一目了然，古德亦有將全經科判編為目錄，列於卷首，便於前後對照，略舉《彌陀要解》之「目錄式」科判：

　　　甲序分為二

　　乙初通序

　　　丙初標法會時處

　　　丙二引大眾同聞

　　　　丁初聲聞眾

　　　　　戊初明類標數

　　　　　戊二表位歎德

　　　　　戊三列上首名

　　　　丁二菩薩眾

　　　　丁三天人眾

此外，若能採體系表式，則更加清楚醒目，茲略舉《彌陀要解》之「體系表式」科判：

總之，雪廬居士一生講經弘演，廣度眾生，由其講經表解，如〈華嚴經講述表解〉、〈講經表解〉上下二冊，及保存於《弘護小品彙存》中之〈通俗講演稿表〉者為數之多，可以震古爍今比喻之，自古以來恐無人能出其右，雪廬居士或可稱之為「表解居士」，真名符其實也。

四、闡揚外儒內佛之行誼

外儒內佛思想雖古來即有，為印祖所特重，然雪廬居士不僅提倡外儒內佛思想，觀其一生行誼風範，無不在具體實踐外儒內佛之行誼。

然此又具二層意義，第一要能如是行，必得能融會儒佛二家思想。中國自古皆遵儒家思想為主流，至隋唐佛學亦曾大放異彩，融會佛學，必能增美儒家文化。惟自韓愈謗佛開始，此一火燄遂瀰漫至宋朝，雖宋明理學暗自採取佛家之理甚多，然亦闢之尤烈，誤謬百出。不明道理者，視佛法為外來物，使儒歸儒，佛歸佛，遂使二學不能恰當地融會，而致自家文化扞格不入，甚至角立，時至今日，仍可見其跡象；反觀雪廬居士數十年講學，提倡儒佛同源，並援佛解儒，使孔孟心學又一次大明。

就第二層意義而言，雖儒佛同源，就理上來說，佛法以究心為務，而儒家重視倫常之表現，故以心為內，以倫常為外，且以佛之菩提心為內，心量則擴大至十方世界，怎肯任意傷害眾生，傷害道德，甚至要能慈悲益物，倫常豈能不重視。若就身分而言，雪廬居士弘法以接引在家眾為主，以居士須營生，有其正常之人際關係，故以中國之倫常大道，方能為社會所接受，倘若，在家居士以出家

眾之方式與人相處，恐自身動彈不得，亦與社會格格不入；尚不被家庭、朋友所接受，更遑論治國、平天下；終致招人毀謗，如何能攝生度眾？因此，雪廬居士從歷史發展，以及現實需要及道理上，承襲印祖，提倡外儒內佛，並為一生之行誼風範，如今雪廬居士門庭，已遍滿社會各階層，在家居士多漸能以外儒內佛為其行為準繩，此一歷程雖隱微，卻影響早年羞以啟齒之佛法，顯見佛法在本地已逐漸被接受，並融合之，雪廬居士之提倡，其功厥偉。

五、提倡佛化典禮之儀節

雪廬居士弘揚固有文化，特別重視倫常，要恢復固有倫常，則須施以禮教，以「道德仁義，非禮不成」。雪廬居士感嘆世之禮衰，時下一般人，對於禮主敬之大意不明，故特重視禮之弘揚，除於中興大學開講《禮記》之外，亦選講《禮記》以為入蓮社之課程，同時編有《常禮舉要》，作為待人接物之禮儀規範。

雪廬居士特重佛化婚禮之禮節與意義，以家庭為社會之根本，能明了佛化婚禮之意義，婚姻才能幸福，故參照大成至聖先師奉祀官府之婚禮儀節，制訂「佛化婚禮」之儀軌，並於民國三十九年首創台灣第一次之「佛化婚禮」，擔任證婚人。

雪廬居士之所以重視「佛化婚禮」，乃為能盡孝，雖為夫妻，但亦應如益友，以此「志同」而結合，並因「道合」而共組佛化家庭，以堅固淨業，彼此應相敬如賓，故家庭亦即道場，夫妻亦即是法侶，如此婚姻方能圓滿幸福。[208]

---

[208] 李炳南：〈證婚致詞〉，《弘護小品彙存》，台中：青蓮出版社，1996.3.，頁383.

　　此外，結婚擇偶應重視賢賢易色，如《詩經・關雎》強調擇偶要選德重於美色，更提出「與化佛為侶」[209]之觀念，將交友與憶佛念佛結合，此實於日用平常中鍛鍊修行之功夫。

　　雪廬居士提倡佛化禮儀，實為保住人格，故其云：「如何保持人格呢？先從禮儀上著手。」[210]以學習禮儀，為學佛求解脫之基礎。由於西風東漸，只重視追求物質享受之今日，雖似大家都提高生活品質，然而就佛法角度而言，其實是道德淪喪之徵兆，雪廬居士云：

> 現在大家一天天的隨洋人走，殊不知都是拉著人往下走。名字好聽說是提高生活品質了，其實以佛法說，是提高了五欲六塵；以世法說，是提高了男盜女娼。這樣下去，人格只會一天天往下墮落，人生不但不得平安，而且毫無所得，只是造了一堆罪業，遺害社會國家而已。[211]

雪廬居士不僅提倡禮儀，亦提倡佛化禮儀，從禮則可以概括世間及出世間法，拯救沉淪固有倫常道德，以保住人格，方能實現佛法解脫之可能。

---

[209] 〈與化佛為侶〉說：「念佛之人，一念相應，即浸入彌陀光海，得與化佛為侶。悉必曰：『命中往生，方侍彌陀哉』。」，見《雪廬居士師訓集錦》，青蓮出版社，2000.11.，頁63.

[210] 李炳南：〈研求佛法之次第（七）〉，《明倫月刊》，311期，頁14.

[211] 李炳南：〈研求佛法之次第（七）〉，《明倫月刊》，311期，頁14.

六、提倡家庭共修之芳規

雪廬居士提倡三代同修，並以勸父母念佛為克盡大孝之表現，同時以為子孫之楷模，故於國學啟蒙班、念佛共修時，不僅鼓勵三代參加，同時提出「德智雙攝度家人」[212]，使家人心悅誠服，建立家庭即為道場之觀念。

此外，雪廬居士亦主張擇鄰要能符合里仁為美之原則，[213]雪廬居士往生後，部分弟子秉持雪廬居士遺訓，組織佛化社區，如台中之明園、德苑、東林樓，台北之淨苑等社區即是。以學佛道友相聚一處，能互相提攜，更能實踐在家學佛，使三代同修得以落實。

七、倡導持名念佛之風氣

雪廬居士以弘揚淨土法門，為其一生之最大悲願。其秉承印祖之淨土思想，將廬山一瓣蓮花，分植於台中綠川水畔，建立台中佛教蓮社為淨土專修道場。

雪廬居士對於淨土念佛法門之殊勝，及其獨特之詮釋，已於前面專章論述。今日淨土道場林立，實由雪廬居士來台弘法，以教育方式宣揚佛法教義，漸為信眾所接受；再者，雪廬居士之弘法率皆會歸淨土，並強調解行並進，倡導信願念佛。

如今淨土道場林立，佛七法會盛行，皆可說源自於雪廬居士之倡導，此可說為雪廬居士為使眾生今生能求解脫，以入涅槃解脫境之苦心。

---

[212] 〈德智雙攝度家人〉，《雪廬居士師訓集錦》，台中：青蓮出版社，2000.11.，頁53.
[213] 李炳南：〈擇鄰處〉，《雪廬居士師訓集錦》，台中：青蓮出版社，2000.11.，頁45.

八、倡導臨終助念之風氣

　　成就眾生往生西方極樂世界，是雪廬居士一生弘法護教之結穴。居士除提倡淨土念佛法門外，特別重視臨終助念，以臨終四大即將分離，神識之超生聖域亦或是墮落於三途，此時至關緊要。雪廬居士對於助念之重要性，曾云：

> 又「助念往生」，是吾人以為最後之保險者，然助念也者，幫助欲命終者提起正念之謂也；彼臨命終，四大分散，猶如風刀解體，往往忘失正念，果於此時，有人提醒，命欲終者，自能執持名號，便謂助得上，若助者念，被助者不念，亦不往生。[214]

又云：

> 臨終須有助念的，助念乃幫助你念，你平日裏自己念，到臨終時有人助念，那惑雖未斷，也伏而不起，心不顛倒了，即得往生極樂國土，所以這助念，別的宗幫不上忙，唯有淨土宗可以有人幫助。[215]

以臨終若有惑未斷，則必隨業受報，此時若能有人幫助念佛，使行人暫時伏惑，心不顛倒，則方可往生極樂世界。雪廬居士深知助念之重要性，故使蓮友組織助念團，並製「助念之意義與規矩」一文，以為助念之規範。並教戒助念者須注意「（一）自己吃飯，不麻煩別

---

[214] 李炳南：〈知果畏因宜謹慎　逢緣遇境好修行〉，《明倫月刊》，166 期，頁 14.

[215] 李炳南：〈雪廬述學語錄〉，《明倫月刊》，162 期，頁 6.

人，只喝茶可以。（二）萬不可收紅包，此絕對不可破例。」助念過程中，最重要不能碰觸亡者，以免其痛苦而墜落三途，雪廬居士云：

> 班長要告訴家人，十二小時內不許動，不許換衣服或摸身體等，誰都不准動，過了助念時間才能動。身體若硬了用熱水敷即可。助念到此告一個段落，念四句回向文，行個禮就完畢。班長有陀羅尼經被的送一條，光明咒砂送一包。出了門，我們就一概不管。[216]

由於雪廬居士之倡導，助念已蔚為風氣，台中蓮社及各地佈教所已組成助念團，為亡者助念，不僅如此，其他蓮社道場亦開啟助念之風氣。人生最重要之一件大事，莫過於生死問題無由解決，由於淨土法門，使得佛陀實現度眾出離生死，得以落實，助念實幫助亡者往生淨土之重要時機，在台雪廬居士首開助念之先河，可見雪廬居士之徹底悲心。

第四節　小結

　　雪廬居士雖已西歸，然其一生行誼及貢獻實可照耀千古，至今仍是「未減清光照世人」[217]。觀其一生度眾之志業，即以「廣學三藏教，不改彌陀行」為其自利度他之信念。可以分成二部分：第一「廣學三藏教」實為開啟眾生之菩提覺性，第二部分「不改彌陀行」

---

[216] 參見〈助念意義與規矩〉一文。
[217] 雪廬居士詩〈阿姆斯壯登月後述懷〉：「遺貌嘗聞解取神，舉杯依舊兩情親。漢時關上秦時月，未減清光照世人。」

實為引領眾生趨入涅槃解脫之境。就開啟菩提覺性而言，雪廬居士一生講學，及所創之文教事業，皆以此為圭臬。就系統上，以儒佛同源思想為其體，以外儒內佛為其相，以化導人心為其用，就方法上，以樹立儒家人格標準為始，以學佛求解脫為終。就引眾歸涅槃境而言，觀雪廬居士之行誼，以深信因果為解脫之正因，以持名念佛為正行，以社會救濟為助功。其行誼及思想體系，可以分析如下：

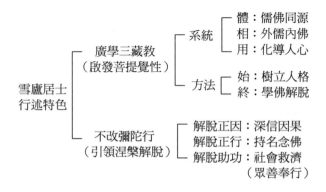

佛陀一代度生本懷，如《法華經》所謂，要使眾生能開佛知見、示佛知見、悟佛知見、入佛知見，總不出啟發眾生之菩提覺性，使其自覺迷失原有真性，並導以契機法門，以持戒修定發慧，究竟解脫成佛。觀雪廬居士一生行誼，以立住人格為學佛基礎，此即太虛大師所謂：「仰止唯佛陀，完成在人格，人成即佛成，是名真現實。」故為此而弘揚儒學，並以為儒佛同源，更進一步以佛解儒，融會儒佛，以啟發吾人本具之覺性，藉以化導人心。此外，為使眾生入佛知見，深信因果，確能挽救劫難，以淨土念佛法門為解脫正因，故興辦社會慈善事業為助功。雪廬居士雖已西去，然其德澤，普利群萌，對於改善社會風氣，轉移污俗，貢獻良多；尤其於宗教、文化、教育上，其精神仍舊「未減清光」照世人。

第六章
結論

　　綜合本論文之研究，可以發現雪廬居士一生之學佛歷程及弘法事蹟，實符合佛家之因緣觀。若依歷史觀分述居士一生之學佛歷程為五期——蘊育期（1～26）、奠基期（27～41）、抉擇期（42～56）、淬鍊期（57～89）、圓熟期（90～97）——可以發現蘊育期為學佛之遠因，居士家庭世代奉佛，庭訓嚴竣，再加以稟性醇厚，好擊劍任俠，又勤奮好學，國學根基厚實，惟於學堂早聞西學，誤以為佛法迷信，遂興謗佛毀典之舉；後經研究，始覺前非。至奠基期，學佛因緣逐漸成熟，實為修習淨土之近緣；始習唯識於梅擷芸大士，奠定學佛基礎，加以社會不安，見獄囚貧病，又身陷圍城之苦，感悟人生如幻，世間無常，善根萌發；後閱《護生畫集》，發心茹素。於抉擇期，實為修習淨土之增上緣，自受業於印光祖師後，始受五戒、菩薩戒，開始信奉佛法；繼之以學禪、習密，復深研唯識，始知出苦之難，淨土因緣於焉成熟，至此為自行之始。後撰《阿彌陀經義蘊》，正式展開度生之事業，並至各地監獄、寺院弘法。至淬鍊期實為淨土行之所緣緣，除前三年於大陸弘法，至 60 歲後，即浮海來台，大興度生之事業，五時教典並弘，自行化他兼重，創建今日弘法規模之基礎，使淨土念佛法門遍傳於寶島，其功厥偉。最後，於圓熟期，實為弘法利生之等無間緣，孜孜不倦化度眾生歸淨

土，遍撒佛法種子，如法華涅槃時，開權顯實，注重人格，專弘淨土，直至往生。觀居士一期度化之事跡，可以下表示之：

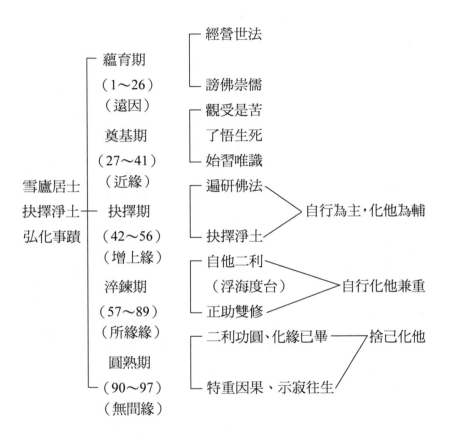

　　雪廬居士一生學佛及弘法歷程，猶如寫作之啟、承、轉、合，皆有妙示，其弦外之音值得後人一再吟詠、咀嚼和玩味。

　　本論文對於雪廬居士之佛學思想及行述研究，可得結論如下：

一、倡「立住人格」為學佛基礎

居士一生雖以弘揚佛法為首務，然為使眾生能立住人格軌範，遂弘揚儒學，即以世間之倫常道德，為修學出世法之基礎。為融通二家之說，則以心性觀點，倡儒佛同源之思想，並闡外儒內佛之行誼，此則有別於純儒或純佛學者。居士一生雖弘揚儒學，卻以「立住人格」為重，並以之作為學佛基礎，故知雪盧居士一生之思想，主要在弘揚佛法，併因之融通儒佛思想。

二、覺幻化人世，發菩提心；悟娑婆難出，抉擇淨土

居士於前半生感悟人世苦難，幻化無常，遂發出世之心；後遍學諸宗，知出苦不易，遂抉擇淨土，以自度度他。浮海來台後，大興弘法利生之事業，於 90 歲前，五時教典並弘，指歸淨土；90 歲後專弘淨土，由理而事，重因果事修，如法華開權顯實，使眾生得無上醍醐，徹底興佛度眾悲心。

三、弘演五時教典，法法指歸淨土

居士雖倡持名念佛法門，然一生五時教典皆宣演，將如來一代時教，法法會歸淨土：如於華嚴時，以華嚴為大彌陀、彌陀為小華嚴，溝通華嚴境界與彌陀淨土；於阿含時，以詮因果善惡，作為淨業助功；於方等時，詮立相住心，是為淨之表詮；於般若時，詮破相顯性，是為淨之遮詮；於法華涅槃時，因詮心作心是之理，會以極樂淨土為成佛極致。使五時教典皆有歸趣，愈明如來一代設教之

本懷終始，則愈深信淨土。又居士承蕅益、印光等諸祖師，抉擇持名一法，以契末法根機，實為徑中之徑，如此則將一代時教之理，收攝於一句彌陀洪名之中。末後又示現涅槃生西，使理事圓融，堪稱助佛弘化。

四、顯弘淨土，密護諸宗

居士一生之佛學思想，雖重在弘揚淨土法門，然對於他宗，亦採護持態度；以各宗之教典皆不離五時，又五時皆可指歸淨土，廣研他宗亦可為淨業之助功，故許「解於他宗，行於淨土」。如此方不致謗佛教法，又能契眾生機，使得諸宗圓融；故於他宗，常密護之，並代佛化度，或開、或遮、或斥、或讚，運用之妙，存乎一心。故知，居士之佛學思想，實為整個如來之一大藏教，雖顯弘淨土，實未捨八萬四千法，又密護諸宗，實為密護一大藏教。歸結上述內容，謹以下表管窺雪廬居士佛學思想大要：

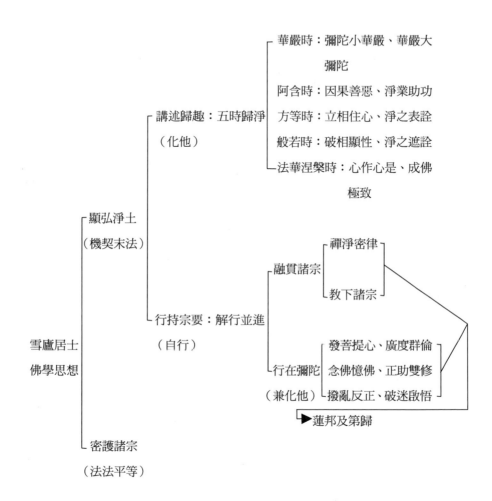

五、倡淨土殊勝及帶業往生

　　雪廬居士一生弘揚淨土念佛法門，特別強調淨土之殊勝在於：信願具足，便可橫超生死，不必如通途法門專仗自力，經信解行證次第過程，方了脫生死。對於淨土持名念佛一法，居士以其為立相

住心之法，不須如他宗以不著相為要，故難易懸殊，縱未能斷惑，臨終只要能具足信願，心不顛倒，即能伏惑往生極樂世界。往生極樂世界後，便托質蓮胎中，繼續修行，以為成佛之因。眾生生極樂世界，受稱性之樂，六塵說法，又有諸上善人薰陶誘掖，必證三不退，一生成佛，此乃凡夫二次橫超，雖位在凡夫，卻例同等覺階位，此乃一代教網所不能收，十方世界所未曾有。

　　消業往生一案曾引起佛教界一波鼓動，為能釐清真相，並扶持信心為之動搖之淨土行者，居士遂長時講演，駁斥消業往生之誤謬。並以九界眾生無一人不帶業往生正面論斥之，復以消惡業往生，仍為帶善、無記業，間接駁之，使帶業往生之真相大明。

六、淨土詮解釋疑生信，功在日用助得一心

　　居士淨土思想精華，以《佛說阿彌陀經義蘊》最具代表，其著述緣起乃為矯唯識行者藐視淨土，或如莊生寓言，或為廣告範式，同時為懺悔年少謗佛之過，並普代一切謗淨土者懺悔。又為憫念眾生，生死輪轉，無力斷惑，須乘彌陀慈悲願船，方能度脫生死。又持名念佛，下手易，成功高，若能如法修持，必萬修萬去，實為末法之寶筏，遂興著述動機。

　　《義蘊》一書就解門上，具文法奇特與教法奇特二大特色。其中文法奇特，居士以為《彌陀經》為三根普被絕妙好文，至於教法奇特，居士以為三根普被，利鈍全收。就行門而言，可分為慧行與行行二門。對於慧行而言，居士特自設問答，以釋疑解惑，增強往生信心。就行行而言，居士針對本經，提出加強念佛功夫之

法。可說《義蘊》除加強往生信願，同時增進念佛功夫，使閱者易於此得力。

七、倡正助雙修及伏惑往生

除思想弘揚外，為落實淨土功夫，居士特別提倡正助雙修之修持，以持名念佛為正行，日訂二課，平時亦訂散課念佛，俾得一心不亂；除念佛外，又須憶佛，觀一切皆彌陀變化所作，轉娑婆染緣成極樂淨緣。除正行外，亦重助行，須持戒修福，舉凡一切善行皆回向西方。又於生活中，須培養欣厭之心，使娑婆染緣漸薄，極樂法緣漸熟。又為伏惑往生，平素於妄念起時，急壓佛號，久之便能使佛號轉熟，妄念轉生。如此正助雙修，便助易一心不亂，至少能伏惑往生，雪廬居士不僅提倡此法，亦親自實踐，臨終示現伏惑往生，實為後世念佛之楷模。

總之，雪廬居士之淨土思想雖不出古德範疇，惟其更重信願之闡發，及平素念佛得一心之功夫，對於持名念佛之要訣，更易於掌握，此為其特色。

結歸上述二點內容，僅以下表羅列雪廬居士之淨土思想要義：

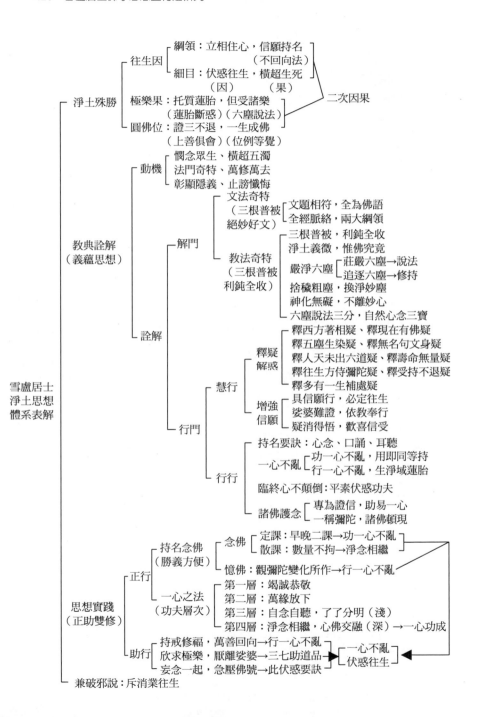

八、以廣學三藏教不改彌陀行，為深契菩提涅槃諸佛行旨

　　居士一生以「廣學三藏教，不改彌陀行」為其自度度他之宗旨，論居士一生之行述，則以「廣學三藏教」來開啟眾生之菩提覺性，故孜孜於講學、著述、興辦各類文教事業，無不緊扣此主旨行之；至於其「不改彌陀行」之宗旨，則以引領眾生趨向涅槃解脫境為其目標，於此而興辦弘法利生之宗教事業，及社會慈善事業。其中之廣學三藏教，實以儒佛同源為體，以外儒內佛為相，以化導人心為用，並宣揚立住人格為學佛之基礎。至於不改彌陀行，則以深信因果、茹素戒殺為淨業正因，以持名念佛為淨業正行，以社會救濟等眾善為淨業助功。依此，以實行其自利利他之菩薩行因，並以淨化社會、轉移污俗為近程目標，以同生西方佛國為中程目標，以圓滿佛果為遠程目標。故知雪廬居士一生行述，實欲昌明佛知佛見，而佛陀示現之本懷，於此開顯矣！茲表列居士一生行述特色以清眼目：

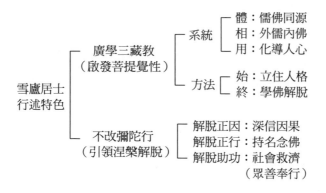

　　總之，對於雪廬居士之佛學思想及行述特色，綜合上述表解及內容，可以得出如下體系：

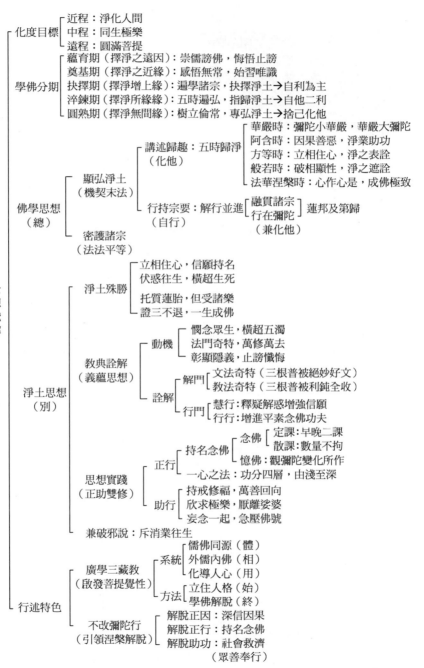

雪廬居士
佛學思想
行述研究
體系表解

化度目標
- 近程：淨化人間
- 中程：同生極樂
- 遠程：圓滿菩提

學佛分期
- 蘊育期（擇淨之遠因）：崇儒謗佛，悔悟止謗
- 奠基期（擇淨之近緣）：感悟無常，始習唯識
- 抉擇期（擇淨增上緣）：遍學諸宗，抉擇淨土→自利為主
- 淬鍊期（擇淨所緣緣）：五時遍弘，指歸淨土→自他二利
- 圓熟期（擇淨無間緣）：樹立倫常，專弘淨土→捨己化他

佛學思想（總）
- 顯弘淨土（機契末法）
  - 講述歸趣：五時歸淨（化他）
    - 華嚴時：彌陀小華嚴，華嚴大彌陀
    - 阿含時：因果善惡，淨業助功
    - 方等時：立相住心，淨之表詮
    - 般若時：破相顯性，淨之遮詮
    - 法華涅槃時：心作心是，成佛極致
  - 行持宗要：解行並進（自行）
    - 融貫諸宗
    - 行在彌陀（兼化他）　蓮邦及第歸
- 密護諸宗（法法平等）

淨土思想（別）
- 淨土殊勝
  - 立相住心，信願持名
  - 伏惑往生，橫超生死
  - 托質蓮胎，但受諸樂
  - 證三不退，一生成佛
- 教典詮解（義蘊思想）
  - 動機
    - 憫念眾生，橫超五濁
    - 法門奇特，萬修萬去
    - 彰顯隱義，止謗懺悔
  - 詮解
    - 解門
      - 文法奇特（三根普被絕妙好文）
      - 教法奇特（三根普被利鈍全收）
    - 行門
      - 慧行：釋疑解惑增強信願
      - 行行：增進平素念佛功夫
- 思想實踐（正助雙修）
  - 正行
    - 持名念佛
      - 念佛
        - 定課：早晚二課
        - 散課：數量不拘
      - 憶佛：觀彌陀變化所作
    - 一心之法：功分四層，由淺至深
  - 助行
    - 持戒修福，萬善回向
    - 欣求極樂，厭離娑婆
    - 妄念一起，急壓佛號
- 兼破邪說：斥消業往生

行述特色
- 廣學三藏教（啟發菩提覺性）
  - 系統
    - 儒佛同源（體）
    - 外儒內佛（相）
    - 化導人心（用）
  - 方法
    - 立住人格（始）
    - 學佛解脫（終）
- 不改彌陀行（引領涅槃解脫）
  - 解脫正因：深信因果
  - 解脫正行：持名念佛
  - 解脫助功：社會救濟（眾善奉行）

第三章附件一：《華嚴經‧十行品第二十一》導歸淨土一覽表

十行名	雪廬述學語錄題目	導歸淨土	備註
總說品名	十行品	◎師曰：十行品注重菩薩行。經云：「菩薩行不可思議，與法界虛空界等。」十行之理甚深，前已解說。此在明理之後，進說修行之法。台中同修所學淨土法門，已二十餘年，所聞皆大乘經，必須明理，方能堅其信願行也。 ◎經云：「學三世諸佛而修行故也。」十行如佛所行之道，佛至而菩薩未至，如是而已。學佛不修，無須論也，修則必須行佛之行。吾人去此圓教十行遙遠，善思惟定無由而入，然持彌陀名號，即是佛定。勉之勉之。	雪廬述學語錄 p176
初、歡喜行		◎經云：「為學習諸佛本所修行」，學佛即學佛之修行，……一般言學佛三大阿僧祇劫才成功，……然佛法不呆板，……有當生成就之佛法，……念佛人皆知，「一念相應一念佛」，一念相應（本身）即是佛，「念念相應念念佛」，接續不斷，成功則快。 ◎十方三世諸佛皆是如此修行，咱學佛亦學此，即戒定慧，……修淨土之人，維摩詰經說的很好，行住坐臥皆可修定，……心不攀緣外面之六塵，即是定，……例如彌陀經云：「青色青光，黃色黃光」，言四色光時，即是修四禪八定。但何以不教大家修此？我教大家念阿彌陀佛，此是彌陀大定，……一句阿彌陀佛即佛即心。念阿彌陀佛，行住坐臥皆可念，只要隨時照顧六字洪名，即可得定。	民國六十三年三月二十日，華嚴講席親聞記

二、饒益行		◎若求有滿福報，真正好處則得不到，若不著相，則無過錯。……走錯路，則不能得到真正好處。如我們念佛，若玉皇大帝帶了很多東西來接你去當玉皇大帝，你若跟著去，則走錯路了。 ◎持戒是為求解脫，若求威勢、種族、富饒等，就無法解脫。……例如念阿彌陀佛，我是教大家將來往生西方極樂，了脫生死。……如念佛是希望將來到閻羅處當財寶，那就太可惜了。	民國六十三年五月一日，華嚴講席親聞記
三、無違逆行	安受眾苦	◎師曰：十行菩薩修忍辱時，自念從無始劫，住於生死，受諸苦惱，我今雖遭苦毒，應當忍受。……今行大道，受苦皆為眾生，愈苦愈能成就忍辱行，自他二利，故能安受眾苦。吾人亦從無始劫，備受生死諸苦，今修念佛法門，但苦數十年，即可了脫，所得之利，不言可喻。如此思惟，則一切苦亦當安受。	雪廬述學語錄 p178
	三事練磨	◎師曰：菩薩修忍辱度，遭大楚毒……以三事練磨其心，而不退屈故也。……此約修華嚴而論，勤苦多劫，至十行位，仍須如是練磨。吾人雖是凡夫，果然念佛不退，當生即在此土橫超極樂同居，再在同居橫超至寂光，而證一生補處，圓頓之法，復有逾於此哉？	雪廬述學語錄 p179
四、無屈撓行	難易之殊	◎是故十行菩薩修精進時，必先修忍辱，成就無違逆行。否則遇障不能忍，無不退轉。……如是修定開慧，歷三僧祇，方成佛果。時劫遙遠，辛苦備嘗，唯大行之士能爾。吾人力之不足，幸得淨土法門，忍一生之苦，成長劫之功，難易懸殊，何啻天壤。	雪廬述學語錄 p181

五、離癡亂行	離癡亂行	◎經云：「此菩薩成就正念。」乃總顯無癡亂。正念即是定。定則「心無散亂，堅固不動，最上清淨，廣大無量，無有迷惑。」此即成就無癡亂行。淨土行人大都知「無念」一詞，惟「無念」僅指無妄念言，非無正念也。正念之要義，在止觀雙運。止者止妄念，住於正念。如持名念佛，方起煩惱，即止之以佛號。觀者念正法而不忘。如修淨土，具信願行，念茲在茲，而不忘失。……此第五行可謂為學禪之初階。吾人應知，萬法皆不離禪，淨土宗亦即是禪，念佛一心不亂，即是禪定。	雪廬述學語錄 p184
	覺知魔事	◎師曰：道之不成者，敗於魔也。……故十行菩薩修無癡亂行，必須覺知魔事。……一者蘊魔。……二者煩惱魔。……三者業魔。……此三魔事即是三惑，不斷則必永流生死，惟學淨土，伏之，即得解脫。此須身口意不造惡業，助持萬德洪名，命終可帶業往生，既生極樂，必能斷惑。四者心魔。……修道者既知魔在其心，則不可令第八識續進惡種，而須藏以佛號種，……。	雪廬述學語錄 p185
六、善觀行	觀察音聲	◎菩薩不待離散句身，聞之無毀無譽，乃能不失正念。成就正念，為入華嚴大定之階。吾人力不足以修此大定，然可助修彌陀大定。此即一心不亂，亦須成就正念。修定之法厥在止觀。華嚴之止，不偏空有，而止乎圓。修彌陀大定，止於六字洪名，即如華嚴之止乎圓。觀者，明一切法皆是緣生，明了萬緣而不隨萬緣。念佛不隨萬緣，但隨佛號，是謂之觀。	雪廬述學語錄 p187~188

	善現行	◎菩薩不唯住無所得，且須百尺竿頭更進一步，「應無所住而生其心」，然後方能成就善現行。設問，念阿彌陀佛，有所得乎？不必曰得，阿彌陀佛即是汝自己也。	雪廬述學語錄 p189
七、無著行	無著	◎如於念念中見無數佛，於諸佛所，心無所著，……此理甚難體會，……惟學淨土者必須念念有佛，方能成就。	雪廬述學語錄 p191~192
	願波羅蜜	◎師曰：十行第八為難得行，即十度之願波羅蜜也。願有多種，此為菩薩大願，其要有二：一為上求佛法，二為下化眾生。法門無量，眾生無邊，菩薩上求下化，不畏其難，故曰難得。修淨土者，願為往生資糧。	雪廬述學語錄 p192
八、難得行	方便伏惑	◎師曰：八行菩薩十善根中，第二難伏善根，謂於佛菩提行得廣大解，一切障礙所不能伏。 ◎貪瞋癡慢等惑，念念相續，不能自已。惟眾生之念，必俟前念心滅，後念方起，一心無二用，如窄水橋，只行一人。若前念煩惱既滅，不待後念煩惱生起，即念彌陀，則煩惱不續。若念念彌陀，則念念不起煩惱，是為伏惑。諸宗以自力伏惑，極其艱難。淨宗念佛為二力法門，以自力隨佛力，伏惑則易，是為方便。在家雖有謀生之業，不礙念佛。正作事時，一心作事，惑亦不起，事畢即以佛號續之，實不妨求一心不亂。	雪廬述學語錄 p193~194
	無盡善根	◎師曰：八行十善根之無盡善根，為一切諸佛之所護念，故云無盡。此至八行位始得成就，淨宗不必論位，一句彌陀即具如是善根。彌陀經題為「稱讚不可思議功德一切諸佛所護念經」，流通分云：「若有善男子善女人，聞是經受持	雪廬述學語錄 p194~195

		者，及聞諸佛名者，是諸善男子善女人，皆為一切諸佛之所護念。」足見念佛功德不可思議。惟念佛時須以至心與佛相應，始得護念，否則無量光明無從加被。云何相應？喻如寫字，筆須觸紙，念佛亦然，心須合佛，心光佛光不為凡情間隔，心佛感應道交，是為相應。一念相應一念佛，善根豈有盡哉。	
	修行之階	◎時當末法，求其不思惡者，已嘆乎其難矣，遑論不思善者，今日惟修淨土一法，始能當生了脫分段生死。禪宗知識常謂：「智人求心不求佛，愚人求佛不求心。」此亦方便語。經云：「心佛眾生三無差別」，吾人修淨土，心佛皆求。老實念佛，即是求佛，去惡行善，力求伏惑，即是求心。	雪廬述學語錄 p195~196
九、善法行	善法行	◎經云：「此菩薩為一切世間天人等作清涼池，攝持正法，不斷佛種。」清涼者，清淨無惱熱也。法池者，具二義故。一為攝持正法。如極樂蓮池，含八功德水。二為不斷佛種。	雪廬述學語錄 p196
十、真實行	真實行	◎無二語者，如說而行，不違本誓，如阿彌陀佛四十八願。學淨土者，必發再來之願，方能往生。經云：「不捨一切菩薩行，欲教化一切眾生，悉令清淨故。」是謂大乘精神。	雪廬述學語錄 p198

第三章附件二：《佛說孛經》指歸淨土文一覽表

宣講日期	經文	指歸淨土文
63.02.14 釋題意		此經專注重因果作人之道，此為因緣。不信因果，念佛縱至一心不亂，亦不可靠，多招魔障故也。

		經題：佛說孛經，經題加以佛說二字者，或為無問自說，如阿彌陀佛，或前無人啟請，後有人啟請，亦加佛說。孛，人名，此經即說學之事。孛，即釋迦牟尼佛多生多劫前之前身，釋迦牟尼佛多生多劫前即行善事。譯經者：吳月支優婆塞支謙。吳，三國時孫權之吳國。月支，讀肉支，古時之國。優婆塞，在家男居士。支謙，支以支國為姓，謙，即其名。
63.02.28	二、悲世間，欲令解脫。	世間在三界，三界如火宅，大皇帝，大總統，皆在三界不離八苦，生時作威作福，死時一兵一卒不能指使，任由鬼使牽去，可悲，悲憫眾生，必須教以方法，令其自行解脫。例如念佛，必須一心不亂，始能蒙佛接引。
63.03.07 宣講此經用意	又絕五欲：目不貪色，耳不貪聲，鼻不貪香，舌不貪味，身不貪細滑。	佛以五乘說法，聞法人根器不一，普通人而學佛，聞了生死之法，不能了解。只能說作人之道。信有靈魂神鬼者，為說天道。人天道皆世間法。此經即講世間法，屬人天之道。諸位皆會出世法，今又學世間法，何也？余在台中諸位至今已二十六年，前十年內，聞經之同修與今不同，彼時聞之少，而修者多，今則退轉，本可往生，而今退至天道，猶可，再退至人道，大家大毛病是不信因果。故在此處選此經，保全人格，守持之戒，必須保持人格，始能成佛。深信因果，作人完全，往生西方始有把握，此為講本經之用意。
63.03.14	然皆佞諂，不為忠正。	學佛往生有無憑據，必須人格健全，世間法有成績，往生始有把握。
63.04.04 正助雙修	知識相過，主人視之，一宿如金，再宿如銀，三宿如	余在台中講經，迄今二十五年不輟，無所希求，但願大家學佛、明道。此經重世間法，在慈光圖書館所講者重出世間法，一

	銅，證現如此，不去何待。	名正、一名助，一名善根、一名福德。不講世間法，不種福德，則無法修出世法。六祖壇經：佛法在世間，不離世間覺，離世覓菩提，猶如覓兔角。余講經，但望諸位得解脫，多指學者之病，亦是言以忠告，可以為厚之意。
63.06.20	學曰：智者有十二念。	人天道修完善，方易學佛。此經講世間法，人天之道，修之完善，方易於學佛，若人天道有虧欠，則屬三途眾生，如何學佛。念佛不得一心，即因人天私欲不能去。此經講作人之道，起念皆是人道，不能出三界，然若念念皆合人道，則易於解脫。
63.06.20	雞鳴念悔過作福：	若念佛不誠心，無真心，如何往生。念佛作佛，但以口念不以心念，不能往生。諸位每日晨初醒即知念佛乎，值得警惕。
63.06.20	受善不忘：	學佛初學發心猛，後來懈怠，雖學而忘，口雖念佛，而心身仍作惡業，忘即是失念，受善不忘，即是賢人，一定成功。
63.07.18	惡望生天難：	若作惡而望生天，難，不祇生天難，再生人道猶難。修淨土雖曰萬修萬人去，然必須諸惡莫作，眾善奉行。
63.09.05 學理	「察其出處，被服施為，……」	淨宗為佛與佛，乃能究盡，吾非懂也，吾講淨土如錄音帶也，華嚴、法華導歸西方極樂。
63.09.19	國家急難，則能分解：	念佛若是當獃子，亦不能往生。
63.10.10	眾官群寮，發調受取……	學佛最好是知識份子，非僅令之終日在家念佛，如《孝經》之能治國也，非終日坐著念佛也。

第三章附件三：《佛說四十二章經》會歸淨土一覽表

章別	會歸淨土
經序	◎佛云法門至多，念佛即是大定。 ◎然西方極樂世界，特以五塵說法，學者盍捨此以取彼。
第一章	◎佛法八萬四千，若不斷愛，無一能入其門，惟淨土一宗，能順眾生貪愛之心，導入西方極樂世界，既入極樂，愛心自除，是為特別法門。
第三章	◎在家佛子，修念佛法門，五欲離之不淨，可帶業往生，然離之愈多，往生愈妥。
第四章	◎如戒此十惡，可保生天無虞，否則不惟不能生天，極樂亦為之障，念佛同修勉之。
第五章	◎修行者既得重報減輕，復加精進，斷見思惑，或往生極樂，報皆不受矣。
第九章	◎今之學者，所行不外禪淨二法。禪為靜慮，即是心不外緣。不然，徒誦五燈會元、指月錄，誤以為道，失之遠矣。淨宗之念佛，若得一心不亂，與禪亦無異也。
第十六章	◎佛法八萬四千，通須不著相，斷見思惑。而修淨土者，必須著相，可不斷見思惑，是八四之外特別法門也。故淨宗念佛，禪宗目為著相，若知法門不同，疑寶自釋矣。此經所說，皆是通途法門，故須捨愛斷惑，否則無能成之者。而今無一人能捨能斷，故修特別法門，老實稱念阿彌陀佛，以求帶業往生，迨至西方極樂世界，自易離相斷惑。若在娑婆，高論其不著相，實不自量耳。
第十八章	◎第十六章說見道修行，不能著相，解之甚難。此章之理，其難尤甚。修淨土者，往生後，再求往生常寂光土，必須學此章。 ◎淨土念佛，初學口念耳聽，迨至功深，則念而無念，無念而念。惟此語念佛者率能云之，而明其義者，蓋寡也。 ◎念佛之法殊多，其要有四，曰觀像、觀想、持名、實相。前三易解，後一難明。實相即是佛之真實相，亦即眾生本性之真實相，是相維何？皆無念也。念佛者心中無念，即見自性之真相，亦即見佛之真相。故實相念佛，即是無念而念。而所謂參禪者，即是實相念佛也。

	◎此章純說修行，修淨土者能依此修固可，不然，老實持名亦無不可，然修通途法門者，離此必無成就。 ◎修念佛法門者，以佛號轉之，即以佛念去惡念也。……如參禪之照顧話頭，淨土之念佛，皆是法念。
第十九章	◎是法既聞之矣，孰能行之，若曰能行，實未能知也。既不能行，說之何為耶？為期學者知之而後，不事他求，專念阿彌陀佛可耳。一句彌陀，盡攝三藏，佛無我法二執，念阿彌陀佛，即是總持三藏，能破二執，念至一心不亂，則如祖師所云：一句彌陀，是無上禪。學者果能念至一心不亂，此章經即得之矣，生死大事即了之矣。
第二十一章	◎惟通途之外，淨土一門，不須斷惑，先求往生西方極樂世界，得一安穩地，再求其斷惑證真，一經往生，即了分段生死，是以當生即得解脫。末法時期，學通途法門而得解脫者，十萬人中莫得其一。惟修淨土，可以無慮。 ◎在家學者，若求閉門自修，亦不可得。接欲又須斷欲，豈不難哉。吾人幸修淨土，不然，成就當在驢年。
第二十三章	◎修淨土者，雖許帶業往生，然若不離色欲，亦有障礙。 ◎凡夫惑既不能斷，妻子舍宅又不能離，捨修念佛法門，何能超出輪迴。念佛之人，識田逐入佛號種子，覆諸善惡業種，命終之際，識田宿種競相起現行，而起一句彌陀佛種，即可仗之往生，以其欲惑未斷，故云帶業也。然此不可倖致，佛種須能遍覆業種，是以念佛學者，生平必須念之勤，不造新業，臨終猶恐道力未充，再藉他人助念，庶可濟拔於生死關頭。不念佛者，縱修禪定，作大善事，臨終或善種現行，生欲界天，或以禪定力，生色空諸天，依然生死凡夫。
第二十八章	◎孔子聖人也，於其論述，猶引詩云，或曰於傳有之，末云我見如何，於其誨人也，又諄諄於毋意毋我。佛之說法，亦不自是，而曰古佛皆如此說，故經云「佛佛道同」也。 ◎自審色欲不能斷，惟可修淨土，以求帶業往生，亦須嚴戒邪淫。
第三十章	◎修淨土者應不造新殃，其於舊業，惟以佛號壓之，例如舊業厚一尺，而佛號厚一丈，臨命終時，舊業種子雖競起現行，然有佛號壓在其上，即得帶業往生。故修念佛法門，雖可不必斷惑，但必熟持一句彌陀，不復造業。

第三十一章	◎惟如何寂靜二心，實非凡夫學者所能為力，但以念佛調之可耳，正念佛時，念即是佛故也。
第三十二章	◎純想者，心無他念，惟想道耳。修道不離止觀，觀即是想，時時觀想於道，即可超升。不事止觀，念佛亦爾。念佛之時，放下萬緣即是止，想念於佛即是觀。吾人念佛，工夫不進，即由念之不純耳。……今人根鈍，雖欲不墮不憂，莫由自主，惟以念佛，志求往生可耳。然念佛亦須明此道理，始期有成。
第三十三章	◎一切法門，不離六度，否則不能成功。例如念佛，一句彌陀，即含六度。六度最要者禪定，一心不亂即是禪定，得一心不亂，即斷見思惑，即得明心見性。 ◎吾人修淨土，淨土即是吾人所修之道。若有參禪者，禪即是彼所修之道。 ◎今諸學者，惟具聞慧，尚無思慧，更無修慧，如此縱建佛七，又何得一心不亂。修道者，必須戒定慧三力皆充，始能得勝而還，是即證道之謂也。
第三十四章	◎修行方法，不離聞思修。……以言淨宗，則此三者，適為信願行。 ◎今之念佛者，求一心不亂而未得，其人境遇甚或逆轉，亦思退矣。 ◎是凡佛經，皆當恭聽，參禪修淨，無非度人法門，今佛與此沙門之問對，宜深致意焉。 ◎淨宗諸同修者，常問何以不得一心，今聞此經，可以喻矣。掉舉即是琴弦之急，昏沉即是緩，若求得一心，必先去掉舉，再去昏沉，苟能如此調之，自得一心不亂。 ◎不修念佛法門，於是二病，容或不解……念佛之前，可誦阿彌陀經一卷，攝其散心，當可不掉舉矣。不昏不掉，但念六字洪名，念念相繼，即入佳境。 ◎暴躁也，躁則不能調適，念佛即不得一心，故須調之有素。
第三十五章	◎頗多學人，不明事理，念佛念經，求佛加被，不知道非外得，若日日念佛二小時，餘二十二小時，則懷惡念，縱得外佛之加被，自性依然覆垢，解脫云乎哉。是以修道無他，但去凡情是也。 ◎念佛之人，去其心垢，始為真念佛者。阿彌陀佛洪名，如熔爐，必能使念佛人去滓成器，得其清淨。

第三十六章	◎淨土法門與其他法門迥異。他法必須斷惑，淨土可帶業往生。何謂帶業往生？謂修淨土法之前，所造惡業甚多，不能消去，今以佛號壓之，臨命終時，仗此佛號帶其舊業往生淨土。然若念佛之後，仍造新惡業，則不能帶往淨土，惟由惡業帶往六道，以惡業過多，未能盡壓於佛號故也。 ◎由是觀之，往生極樂世界，方屬良謨。阿彌陀經曾載善女人，足證往生不論男女。設得男身，而六根不完具，亦不能成佛，然亦不礙修學淨土，盲者但能念佛，自能往生。淨土法門，慈悲至矣。 ◎是以經固當聞，然須有聞經之力，如於彌陀經蕅益祖師要解，或圓瑛法師之要解講義，可以自力讀之者，則可聞經矣。
第三十七章	◎若在佛之左右，不遵佛戒，終不能得佛之道。念佛亦然，學者縱不常隨於師，但常念佛，斯可矣。然若持戒而不念佛，或念佛而不行善，皆不能往生，故須三者並行。
第三十八章	◎凡夫欲求不生不死，惟有二途可行：一斷見思惑，一求往生極樂。然見思惑，今無一人可斷，實惟念佛往生，可以當生了脫。
第三十九章	◎初入佛門，必由悞會而退，甚或以為經不我若也。久學佛法，病亦不免，信其所修，謗其所不修者，例如參禪則謗修淨，修淨亦謗參禪，學佛而有此偏，何期於成，此章即除如是偏病。 ◎苟非如是根機，而有信德，亦可學頓法，斯修淨土法門是也。是法不經七番生死，三僧祇劫，當生往生，位居不退。 ◎阿彌陀經，皆是頓法。 ◎如余勸人念佛，當生可以成就，然根機不厚者，念之不久，輒退轉矣，欲其不退，故須聞經求解。
第四十章	◎心在道者，一為無念證真，苟能無念，即能成佛，末法時期，眾生根鈍，不能無念，但可求其一念，一念當可往生。
第四十一章	◎學淨土者，不破我執，尚可帶業往生，否則必學四念住，我執不破，何能起修？ ◎余之學佛，歷四十年，備嘗艱苦，幸親六位名師，猶自號為不通。六師者，學淨於印光法師，學禪於真空大師，唯識學於梅擷芸高士，密法則受於三位活佛，今求之不得矣。……念佛應得一心不亂，參禪開悟，尤須大死一番，故無論求修何法，捨精進而能成者，未之聞也。

	◎至如修念佛法門，當生得理一心，往生可必者，甚罕有也。若得事一心，伏惑而已，不繼之念佛，臨終惑起，往生猶恐不能也。是故修淨土者，未得理一心，無可蘇息也。 ◎如修淨土，心即在淨土，如此可免苦矣。
第四十二章	◎佛法甚多，參禪也，數息也，念佛也，止觀也，無非破我執。 ◎然修淨業者，往生極樂世界，遍地盡為七寶，成佛更無論矣。由此觀之，娑婆之金玉紈素，何足為奇。

第三章附件四：《佛說四十二章經》會歸淨土概況表

十	九	八	七	六	五	四	三	二	一
	✓（1）				✓（1）	✓（1）	✓（1）		✓（1）
二十	十九	十八	十七	十六	十五	十四	十三	十二	十一
	✓（1）	✓（5）		✓（1）					
三十	二十九	二十八	二十七	二十六	二十五	二十四	二十三	二十二	二十一
✓（1）		✓（1）					✓（2）		✓（2）
四十	三十九	三十八	三十七	三十六	三十五	三十四	三十三	三十二	三十一
✓（1）	✓（3）	✓（1）	✓（1）	✓（3）	✓（2）	✓（5）	✓（3）	✓（2）	✓（1）
							經序	四十二	四十一
							✓（2）	✓（2）	✓（4）

第三章附件五：《法句譬喻經》指歸淨土一覽表

宣講日期	經文	指歸淨土文
63.12.26 善果林		此經屬何乘？五乘皆有，首為無常品，注重出世法。 題：法句、名句、成語，由成語再求譬喻，一喻一段，譬喻重要，講經不離事理，事有不可得見者，理有難明者，任何事理皆難說明，縱使本身之事亦不可說。佛經不論大部小部，皆不可說，聞知一句，即得利益。不

		可說,可用譬喻。無論世出世法,皆須譬喻。此經,是集法句而成,以譬喻明之。經、通題、略。 司馬之晉。法炬、法立二人。
64.01.02	本以何德致此巍巍。神谷梵志,吾本所居在舍衛國,時國大臣名曰須達,飯佛眾僧詣市買酪,無提酪者,左右顧視,倩我提之。經到精舍,使我斟酌。訖行澡水,儼然聽法。一切歡喜,稱善無量。	台中講經已二十餘年,諸位必須求其成就。行十善業,即能伏惑,念佛正功,如汽車;信因果、行十善,助功,如汽油。行十善業,即須自我受苦,苦時雖受,受則有功德,吃虧方占大便宜。 ◎一日八關齋戒,即是一日佛。連續七日八關齋戒,即是七日一心不亂。佛常時八關齋戒,何也?佛無時不在定也。
64.01.09	昔佛在舍衛國精舍中,為諸天人龍鬼說法。時國王波斯匿大夫人,年過九十,卒得重病,醫藥不差,遂便喪亡。	◎為阿彌陀經所說處。
64.01.09	一日過去,人命亦然	◎佛家警眾偈,是日已過,命亦隨減,如少水魚,斯有何樂。惜乎不能醒悟。未學佛者須即學佛,已學佛者須求往生。念佛者,今日不能一心不亂,即是大危險。
64.03.06	佛告比丘,汝寧自識本宿命不……五蓋雲除,即羅漢道。	◎懈怠則萬事不成,必俟事成,方能入眠,修到成就,方能入眠,為入定等。今生學佛,必須當生了生死,惟淨土法門可當生了。
64.03.20	令樹下坐,數息求定,知息長短安般守意。	◎數息可以求定,為念佛記數,亦易於得定。
64.03.27	去我萬里奉行經戒,此人則為在我目前。	◎佛在世以佛為師,佛不在世,以戒為師。守戒、依教奉行,即在佛之目前。念阿彌陀佛亦然。
64.04.03	道人答曰,吾博學無厭、奉法不懈。精進持戒忍不放逸,緣是得	◎不放逸,時時攝持,時時照顧。否則是放逸。念佛是執持名號,道也者不可須臾離也。

	道，自致泥洹。	◎警眾偈，但念無常，慎勿放逸。在家各有職務，閒時，即持名號，工作時，心在工作，即是道。
64.04.24	於是化人舉弓一發，使五百賊各被一箭，以刀指擬各被一瘡。瘡重箭深，即皆顛倒。	◎吾人不必妄想在此成佛，惟求往生西方修學，乘願再來。成佛必須一切皆知皆能。
64.05.01	問化人曰，吾等先人以來居此江邊，未曾聞人行水上者。卿是何人，有何道術，履水不沒，願聞其意。	◎此是佛之神通，然神通亦出自心法，萬法唯心，修淨土深信不疑，必得往生，半信半疑，則不得生，如雖信有西方，而不能伏惑（信：往生、伏惑），即是半信半疑。信西方不深，不能伏惑。今如不信，萬修萬人去，必須深信。
64.05.22	昔佛在時，弗加沙王與瓶沙王親友，弗加沙王未知佛道，作七寶華以遺瓶沙，瓶沙王得之轉奉上佛。	◎念字最重要，一切法門皆由念起。中國聖人最早即注重念字，克念作聖，罔念作狂。學佛成就與否，端在知念與否。楞嚴念佛圓通章，淨念相繼，禪家照顧話頭，皆是念。
64.05.22	常當晝夜念佛與法及眾。	◎正式念，淨念相繼。
64.05.22	念身念非常，念戒布施德，空不願無相，晝夜當念是。	◎打佛七，由善知識主七，若一日、若二日，即得一心。此為佛授與念法，故能成就。
64.05.22	佛遣諸弟子，闍維起塔。佛語諸弟子，罪對之根不可不慎也。	◎念佛不能再造業。
64.06.19	今歡後歡，為善兩歡，厥為自祐，受福悅豫。	◎諸位念佛聽經即是福。聞經二小時，即是伏惑，不聞道者，百年不能伏惑二十分鐘。圓瑛老法師自署三求堂主人，求福求慧求淨土。余始不以為然，後方了解，無福不聞佛法，修必有障，善根聞慧，福德去障。故此云受福悅豫。
64.07.03	七十婆羅門所說，欣然意解，願作沙門。	◎大乘成佛，三大阿僧祇劫。小乘七番生死，得數千年。若佛在世，不須七番生死，

		當生即阿羅漢。修大乘念佛法，七日即得一心不亂，即斷見思惑。此法雖易，無人肯修，故云難信之法。 ◎佛在世，求出家，當時為證羅漢果，再回小向大，然今佛前佛後，不念佛，又當如何。
64.07.17		佛教無論何宗，皆須斷見思惑，斷一品惑，如斷四十里流。通法斷惑如是難，方便法淨宗伏惑，帶業往生，阿彌陀佛有法助之斷惑。在此娑婆，有佛亦可，今佛已不在世，故須生西，親見彌陀。 ◎學佛者但知斷惑，不知尚有伏惑了脫之法，必須明師點識，行解相應。
64.07.24	夫人婇女見長者入會，便共至佛所，稽首作禮，小坐聽經各發願言，令我世世莫與惡人相遭遇。所生之處恆與道德聖人相值。聞來世有佛名釋迦文，願與相值出家學道奉持訓誨。佛語阿難，爾時夫人婇女五百人者，今此五百比丘尼是。本願懇側，今應得度。是以世尊就度之耳。佛說是時，莫不敬喜。	◎願，要緊。華嚴最重要在普賢行願品。十方三世佛，阿彌陀第一，以其發大願已也。念佛不發願往生，縱念一心不亂，亦不得往生。
64.07.24	王得香瓔以為奇異，即呼諸夫人羅列前住，若最好者，以香瓔與之。六萬夫人盡嚴來出。王問末利夫人何以不出。侍人答言，今十五日持佛法齋，素服不嚴，是以不出。	◎法齋，齋心，非僅素食也。修行念佛守心，故素服不嚴飾。儒者名其書房曰書齋，一心在書也。

64.09.11	彼樂空閑，眾人不能，快哉無姪，無所欲求。	◎已知萬法皆空，凡所有相，皆是妄慮故也。娑婆得一塊黃金，喜不自勝，往生極樂遍地是黃金，絕不希罕。
64.09.18		◎般特，即阿彌陀經之周利槃陀伽。
64.09.18	佛告知曰，汝今年老，方得一偈，人皆知之，不足為奇。今當為汝解說其意，一心諦聽。	◎一心諦聽，不但念佛得一心，聽經亦是一心不亂。
64.09.25	月千反伺，終身不輟，不如須臾，一心念法，一念造福，勝彼終身。	一念純善，即一念造福。儒家念茲在茲。念佛一心不亂，即是念茲在茲。 ◎一心念法，猶有如此功德，一心念佛，功德如何，不言可喻。念佛時一心不亂，布施等一心布施，皆須念茲在茲，方有功德。
64.10.09	戲為塔寺獲福如此，若當至心奉佛，其德難喻。卿等邪見不信正真，百劫懃苦無所一得，不如共往耆闍崛山，禮事供養，得福無限。	◎信必須以智慧成就。信以慧為本，不用智慧，念佛亦難入。
64.10.16	此七事意雖欲避，不能得自在。如卿威神可得作此宿對罪負不可得離。於是目連禮已便去。自以私意取舍夷國人知識檀越四五千人。	◎念佛，帶業往生，必須伏惑，以佛號壓於罪業之上，命終，佛號種子先起現行。如雖念佛，而又不免造罪業，命終不免罪業現行。念佛消罪，必須發露懺悔，後不再作。
64.11.16	合五百人，僉然應命，本願相引，咸議嚴出共詣舍衛。	◎佛經，願力重要。菩薩成就皆在願力，吾人欲求成就，亦復如是。台中修淨土者，皆知念佛得一心可往生，但得一心者少，不得一心，伏惑，帶業往生，信願行重要。信之於智，縱念得一心，無願亦不往生，阿彌陀佛亦是四十八願而成，願，縱遇任何苦樂，皆不改變。

64.11.13	時有遠方長老婆羅門七人，來至佛所，稽首於地。叉手向佛言。吾等遠人，伏聞聖化，久當歸命，而多諸難。	◎諸位來此聞法，皆有善根，足見學佛非至今生始。自昔為何不得涅槃？以有障礙也。今現仍有障礙。障礙不破，往生無望。 ◎信基於慧，無慧之信，不解其理，謂之迷信。信必須修，修必須斷見思惑。斷見思惑，難，是一大因。佛乃開念佛法門，伏惑、帶業往生，其他任何宗，皆須斷惑。念佛，去此橫超，往生極樂；生極樂，再橫超成佛。
64.11.27	座上道人，驚怖自悔，皆得羅漢，為王說法，莫不解釋。群臣百官，皆得須陀洹道。	◎吾人聞經二十五年，為何不得一心不亂？必有因果。汝等前生，必是學佛，今不得一心，皆是因果。必須懺悔。汝念六字洪名，我亦念六字洪名，汝等多生來，雖聞法，不知恭敬法。
64.12.18	我行無師保，志獨無伴侶，積一得作佛，從是通聖道。	◎一，萬法為一，一心，一通百通。會淨土則會禪，會禪則會淨土。
64.12.18	未到佛所於道路宿。至其夜半，卒便命終。	◎念佛、伏惑，則能帶業往生，妄念一起，即念十聲佛，不怕念起，就怕覺遲。以多壓少，起一妄念，壓以十聲佛，愈起妄念，佛聲愈多。
64.12.25	賢者阿難見佛與得道者俱來，前白佛言：此諸比丘，有何異德，乃使世尊自往臨度。佛告尊者阿難，我末下為佛時，世有辟支佛常處是山，去村不遠，在一樹下，欲般泥洹，現道神德，便取滅度。村人持薪火就往燒之，斂取舍利，著寶瓶中，埋在山頂。各共求願，願後得道，如是沙	佛家注重發願，普賢行願品，賴願成就。淨土無願不得往生。知願重要可知。 ◎此五百人若不遇世尊，則無可度之期，今吾人學淨土當生成就，視彼如何。

	門，滅度快樂也。緣此福故，應當得道。是故如來往度之耳。佛說是時，天人無數皆得到迹。	
65.02.26	佛說偈已，告諸比丘。汝等所論是其末耳，不究苦本。天下之苦，無過有身。身為苦器，憂畏無量，吾以是故捨俗學道，滅意斷想，不貪四大，欲斷苦苦源，志存泥洹。泥洹道者，寂滅無形。憂患永畢，爾乃大安。四禽聞之，心即開解。	諸位今生已聞佛法，好修、求生西方，如不往生，以有聞經，二十餘年之善根，次生亦可遇明師。 ◎證是斷惑，斷見思惑，須歷七番生死，佛前佛後不能斷，必須念佛求生西方。
65.02.26	前世已聞苦本之義，如何今日方復云云。	◎修淨土今生不往生，以此功德生富貴家，學道難，必墮戒懼。
65.04.29	一者三毒熾盛，自稱得道。	◎余學佛講經數十年，猶未息危險，然能往生，余不能斷惑，然能伏惑，貪嗔癡起則伏之，余但能伏惑而已，伏則能帶業往生。不能伏惑，念佛不得一心，欲得一心，必須伏惑，不能伏惑，必墮地獄。戒之。
65.04.29	佛說偈已，重告士曰：乃往昔時，有二獼猴王，各主五百獼猴，一王起嫉妒，意欲殺一王，規圖獨治，便往共鬥，數數不如羞慚退去，到大海邊海曲之中，有水聚沫，風吹積聚，高數百丈。獼猴王愚癡，謂是雪山，語群輩言，久聞海中有大雪山，其中快樂甘果恣口。今日乃	世尊猶曾得畜生身，吾人今生不得往生，三途可怖。

	見，吾當先到往行看視。若審樂者，不能復還。若不樂者，當來語汝。於是上樹盡力跳騰，投聚沫中，溺沒海底，餘者恇之不出，謂必大樂，一一投中斷群溺死。佛告王曰：爾時嫉妒獼猴王者，今富蘭迦葉是也。群輩者，今富蘭迦葉弟子五百人是也。彼一獼猴王者，我身是也。富蘭迦葉前世生性嫉妒，為罪所牽自投聚沫，絕群斷種，今復誹謗盡投江河。罪對使然累劫無限。王聞信解，作禮而去。	
65.05.27	佛告居士，但能調象，復能自調。即曰：不審自調，其義云何？唯願世尊，彰演末聞。	學淨土，分三根、九品，下下品亦難，下下品與上上品皆難，吾人十分之八為中品，下下、上上，各十分之一。唯上智與下愚不移。不移始得大力。 ◎此悟，不同於禪家之悟，禪不許解，淨土許講解。彌陀經一心不亂，即是入定。不斷惑，不及一心。一心不亂是斷惑境界，他宗難成就，乃轉學淨土，可不斷惑，然須伏惑，帶業往生。如何伏惑？行十善業，即是伏惑。
65.05.27	一者至誠制御口業。二以慈貞伏身剛強。三以智慧滅意癡蓋。持是三事，度脫一切。	◎行此十善業，準能念佛往生。
65.05.27	雖為常調，如彼新馳，亦取善象，不如自調。	◎念佛不能懈怠。

65.06.03		◎余在此講經，是弘法，亦是護法。
65.06.03	命令樹下座，思惟道德。比丘受教，便入深山，去精舍百餘里，獨坐樹間，思道三年。心不堅固，意欲退還。自念，捨家求道勤苦，不如早歸見我妻子。	◎思道三年，彼修小乘法，破見思惑，三年何能破？吾人更不能破，但有念佛法門，可以成就。
65.06.10	一切意流衍，愛結如葛藤，唯慧分別見，能斷意根源。	念頭不斷，一念一番生死種子，一切念頭，皆在意中，有念即有愛，如葛藤；慧為劍，能斬斷意識。在家惟有學淨土，念阿彌陀佛，可了生死。 ◎在家修淨土當生成就。
65.06.24		佛教戒定慧，念佛得一心不亂，即能生西，此是正路。 ◎今在無佛之世，無法感應。今日念佛，必須定力、得一心，方能感阿彌陀佛接引。
65.06.24	如有自歸，佛法僧眾，道德四諦，必見正慧。	◎道有八萬四千，簡易為念佛。
65.07.01	於是七人說此偈已，及諸梵志願為弟子。佛即受之，皆為沙門得羅漢道。國王及民咸各修道。天尋大雨，國豐民寧，道化興隆，莫不樂聞。	◎此七人及諸梵志，見佛即證羅漢果，吾人學佛數十年，猶未證果，以在佛前佛後之故，然經典尚在，可聞。再說，經典無人講，最後但留阿彌陀經住世一百年。今如不修可惜。
65.07.22	昔佛在舍衛國祇洹說法，時有年少比丘入城分衛，見一年少女人端正無比，心存色欲迷結不解，逐便成病，食飲不下。	◎修任何法門皆須斷婬，惟有修淨土法門，可許不斷正婬，有子孫，年事長，婬念漸淡，命終有人助念，可帶業往生。在家想了生死，惟有修淨土法門。雖修淨土，亦須斷婬。
65.07.29	覺意滅婬者，常念欲不淨，從是出邪獄，能斷老死患。	◎結婚生子、不邪婬、念佛，即可出三界之家。

65.07.29	為佛作禮，叩頭悔過，受佛自歸。	◎彌陀經，往生極樂，聞眾鳥演法，皆悉念佛念法念僧，往生已了生死，猶須三歸依，何況在娑婆，彌陀經，自然念佛念法念僧，即為自性三寶。
65.07.29	將還祇洹，沒命精進，得羅漢道。	◎學佛不能離善知識。十方佛皆有淨土，何以彌陀來講往生西方淨土？以有諸善上人俱會一處也。
65.08.12	須臾聞佛在世教化說法，見者歡喜，忘憂除患，將家大小，往到佛所，為佛作禮，卻坐一面。	◎求慧，如念佛求生西方，即是求慧。
65.08.12	爾時長者聞佛說偈，欣然歡喜，忘憂除患，即於座上一切大小及諸聽者，破二十億惡，得須陀洹道。	◎佛親教化，一聞即證初果。諸位須注意伏惑，可保一心不亂，往生西方。
65.08.19	佛命共止一房。二人共止，但念世間恩愛榮樂，更共咨嗟、情欲形體，說其姿媚，專老不捨，念不止息。	◎念佛即是明心見性。往生西方後，只說五根五力，不再說四念住，故在此方必須修學，不修四念住，念佛不得往生，只能種善根。四念住，只說其二，一為觀身不淨，厭不淨之身，欣取三十二相之淨身。二為觀心無常，心不能定，即是妄想，以佛號治之，妄想起則念佛。
65.08.26	佛令一人行便，自化一人，入房問之。言吾等所思，意志不離，可共往觀，視其形體，知為何如。但空想念，疲勞無益。	◎在家不能斷婬，可修淨土法門，伏惑帶業往生。出家不許娶妻畜財，必須斷婬，修淨土法門更好。
65.09.02	國王夫人歡喜信解，各受五戒，為清淨士女。禮佛辭退還入宮中。	◎吾人根器不一，善者，修淨土宗成就甚快，見思惑薄，如薄雲易散；密雲難散。然亦須伏惑。

第三章附件六:《法華經‧普門品》指歸淨土一覽表

宣講日期	經文	指歸淨土文
60.02.18	開講前語	此道場是淨土法門,雖淨法,他法亦須講,學佛行解相應,缺一則成功甚難。止解不行,無成就之望;單行不解,少分成就。 禪必須透三關,余未透本關,不敢多說。密宗余亦學八年。了生死法,律宗無分,出家猶難,在家更無論矣。惟有淨土法門,可以當生成就,有師固好,否則有良友指路,按淨土十要修行,穩當,亦可成功。淨土法門,余可下品下生,餘皆不成。汝若修到余之程度,亦可下品下生。自唐以後,多修淨土,禪宗亦歸淨土,淨宗十三代祖師,除印光祖師外,皆由禪徹悟而歸修淨土。 台中學人須有解有行。千經萬論,處處指歸。講淨宗,教主為阿彌陀佛。已講阿彌陀經,尚有二大士。一表悲,一表智,觀世音菩薩,與大勢至菩薩,皆助佛引眾生往西方,故續講普門品,此品消災免難是小事,其大事是了生死。
60.02.25	釋經題	阿彌陀經蓮華「微妙香潔」。諸寶行樹,又云「出微妙音」。皆含不可思議之法。五塵說法。開慧楞嚴,成佛法華。余未見性,但已知性。法華經開顯以後,心佛眾生是一事,三無差別。 念佛開始即講自性彌陀,即是引人走錯路。此講觀世音菩薩普門品,為求免苦難,誤矣,僅知權,不知實;僅開花,不得吃蓮子,會聽,亦是成佛之法。求成佛自然消災免難。因為吃蓮子,必然開花。開花即是消災免難。總結。觀音之智,觀察十法界所有眾生,除佛以外,連等覺皆在所觀察之中,依報,能觀,始能救苦。
60.03.04	釋品題	觀世音菩薩非小亦非大,是古佛,悲憫眾生,示現菩薩,助彌陀來此接引。

		佛學第一是戒，第二是定，要緊在定字，定法有八萬四千，念佛是八四法外之特別法，定成就則得智慧。地上菩薩，出定後，仍有微細無明，地前談不上微細無明。故捨念佛法門必無成就。楞嚴云返聞自性，入流亡所。念佛口念耳聽，再進一步心念心聽，第三步神念神聽，至心念心聽即是入流亡所。此即其秘密。
60.03.11	釋品題	觀音菩薩修行，出自楞嚴佛問二十五位大士圓通，各述得圓通之法，第二十四位是大勢至菩薩以念佛得之，第二十五位即是觀音大士，以聞得之。修淨土者，六根攀緣六塵，如何得一心？大勢至菩薩圓通章都攝六根，乃得一心。今日誰能寂滅現前，解脫生死豈非囈語。今日之人，離淨土法門，而參禪學密，功皆唐捐。
60.03.25	一心稱名	一心不亂稱名，始得感應，否則非菩薩不靈，實自己不一心，求往生須一心念佛，求救苦難，須一心念觀世音。念不到一心不亂，也有辦法，如念佛不到一心不亂，亦有往生之法。
60.04.01	若有持是觀世音菩薩名者，設入大火，火不能燒，由是菩薩威神力故。	觀世音菩薩智力所照顧，普及九界。因菩薩早已成佛，而示現菩薩相，助阿彌陀佛度化眾生。念佛念觀音，不感應者由於未得一心，如一心稱名得感應，而惡種子仍存在，可暫免災，令令惡種子斷，得真正一心不亂，即斷見思惑。
60.04.08	若有持是觀世音菩薩名者，設入大火，火不能燒，由是菩薩威神力故。	何以有如此威力，因其久已成佛，現在倒駕慈航，現菩薩身，助阿彌陀佛度眾生。不修淨土者，不知何為一心稱名，修淨土者皆知一心不亂，有事一心、理一心，以念阿彌陀佛之方法，一心念觀世音菩薩則得感應。
60.04.08	由是菩薩威神力故。	念阿彌陀佛，靜慮，即是禪定，念佛不靈者，未得一心，亦未執持名號故也。

		修淨土念佛至一心不亂，無果報火及業報火，尚有煩惱火。 諸位皆念佛者，今聞此，不能改念佛而念觀世音菩薩，念此品何為？西方三聖，阿彌陀佛為校長、觀世音菩薩為教務長，大勢至菩薩為訓導長，皆須求，然念佛不能改。 佛大慈悲開淨土法門，三根普被，下根不解理，亦能往生，但須工夫深，然必須求解，解理始不退，自己工夫說話，辦事皆有分寸。
60.04.15	以是因緣，名觀世音。	為無量無邊世界，有無量無邊佛，有無量無邊淨土，何以釋迦牟尼佛專教眾生求生極樂世界，為西方極樂世界因緣合也，其他佛並未發四十八願。
60.04.22	若有罪，若無罪，杻械、枷鎖檢繫其身，稱觀世音菩薩名者，皆悉斷壞，即得解脫。	平素勸大家念阿彌陀佛，已二十年，今聞念觀世音菩薩，應知阿彌陀佛名號亦是淨，念至一心不亂，見思惑斷，染分即盡。自然無災難。 觀世音菩薩，比阿彌陀佛普遍，但大家念佛已二十年，熟；念菩薩名號，生，如捨熟取生，則吃虧。念佛，真信，若遇七災難，亦能免災難，修淨土者，再念菩薩名號，更靈。然不能不念佛，因西方三聖，佛為主，如校長，菩薩如主任。 不論念佛、念菩薩，不從心裡引出無用。
60.04.29	若有眾生多於淫欲，常念恭敬觀世音菩薩，便得離欲。	觀心法雖好，然萬人中無一人能以念頭死法身活。方便法容易，心中不斷念觀世音菩薩，以萬德洪名代替一切，此與以心作佛，是心是佛同理。會念觀世音菩薩，即會念阿彌陀佛。經云便得離欲，欲為貪惑，離欲即是斷惑，念佛七日斷見思惑，何嘗不可。
	以是因緣，名觀世音。	斷惑首須斷貪，此講了生死，如不修淨土，修他法，不論功夫如何，絕難出輪迴，經云：眾生以淫欲而正身命。有身即有欲，有欲則不了生死。
60.05.06	無盡意，觀世音菩薩有如是力。	諸位聽後，仍須念阿彌陀佛。觀世音菩薩來自西方，來此接引。故念阿彌陀佛與念觀世音菩薩，無二無別。菩薩來此，代表阿彌陀佛，念佛，菩薩必不說：汝勿念，但念余。

	若有眾生恭敬禮拜觀世音菩薩，福不唐捐。	福，吾人學佛念佛是求解脫，非求福，但此福包括一切自在，此福範圍大，不僅福報，連慧，一切自在，皆含之。
60.5.13	是故眾生皆應受持觀世音菩薩名號。無盡意！若有人受持六十二億恆河沙菩薩名字，復盡形供養飲食、衣服、臥具、醫藥。	諸位念佛也是執持名號，名號為何如此重要。「名以召德」，諸位念佛皆知萬德洪名，念名號即召萬德萬能。 大家修行，皆須明心見性，念佛，不能明心，亦不能往生，何用？若得一心不亂，即斷見思惑，放光明。
60.05.13	於百千萬億劫不可窮盡。	如極樂彌陀攝眾，又是特別，十方三世佛，阿彌陀第一，觀世音菩薩所助之佛是第一，菩薩亦是第一。觀世音菩薩，在西方極樂世界，來娑婆是客人。阿彌陀佛是法界藏身，盡虛空遍法界，皆在阿彌陀佛法身之內，亦即在佛名之內。佛名如此，西方三聖一體，觀世音菩薩亦是法界藏身。
	無盡意，受持觀世音菩薩名號，得如是無量無邊福德之利。	前講彌陀經時，於執持名號，未如此講，諸位或誤以念佛名號功德無菩薩名號功德之力大，然三聖一體，念佛名即為念菩薩名號，念佛往生，念菩薩消災難，既一樣，念佛亦能消災，念菩薩方法對，亦能往生，假如以凡夫分別智言，阿彌陀佛是當今之佛，觀世音菩薩是當今之菩薩，菩薩比佛低一級，阿彌陀經，執持名號是念佛，未教念菩薩名，但經云：臨終，西方三聖同時來接，雖不念菩薩，而菩薩亦來接引。念佛，觀音、勢至皆來接引；為消災，但念佛、觀世音菩薩亦來救苦救難。觀世音菩薩頂上有一尊化佛，即彌陀之代表。如平時念觀世音菩薩，今改念阿彌陀佛，菩薩亦不分別。到西方，觀世音菩薩，亦見到三位一體。

60.05.20	無盡意菩薩白佛言：世尊，觀世音菩薩云何遊此娑婆世界？云何而為眾生說法，方便之力，其事云何？	念阿彌陀佛，亦如此，假名即是實相。念佛有持名、觀像、觀想、實相，假名即實相。
	佛告無盡意菩薩：善男子！若有國土眾生。	大家皆知極樂世界有四土，凡聖同居土、方便有餘土、實報莊嚴土、常寂光土。如在娑婆如此工夫，往生極樂，亦只是凡聖同居土。
60.05.26	應以辟支佛身得度者，即現辟支佛身而為說法。	念佛往生西方，斷分段生死，繼續斷變易生死，斷至相當程度，乘願再來。如不斷變易生死，來，無法度眾生，不度眾生，不稱菩薩，不能成佛。
		以台中而論，觀世音菩薩與阿彌陀佛誰尊，然大家皆知觀世音菩薩，不盡知阿彌陀佛，若釋迦牟尼佛，知之者更少，何也？契機與否也。
60.06.03	是故汝等應當一心供養觀世音菩薩，於怖畏急難之中，能施無畏，是故此娑婆世界皆號之為施無畏者。	吾人二十年來，工夫不好，即因為不知此理，余二十六種煩惱，常起，覺之，即念阿彌陀佛。一般人起煩惱時，大多忘記念佛。俟煩惱達高潮，稍退，始知念佛，喻如二國交兵，敵退，始知出兵，而敵已劫去民財，不可挽救。煩惱退後，始知念佛，而已造業，再念佛，力已弱。古人云，不怕念起，就怕覺遲。若照此行之，一年後必轉境界。
		汝等皆已有了生死之法，千萬勿改念觀世音菩薩，如至某地，數數改變交通之具，永不能到達。千經萬論，旨在增長智慧，所修之道，不能改變。念阿彌陀佛，即包括觀世音菩薩。

	爾時無盡意菩薩，以偈問曰：世尊妙相具，我今重問彼，佛子何因緣，名為觀世音。	民國二十年間，呂碧城居士〈女居士，世界保護動物委員會委員〉在歐洲新發現，又有一段偈文，頗重要，其義問觀世音菩薩以何因緣遊於娑婆世界，偈文之後，仍勸往西方極樂世界，與前文合。此文曾寄余。
60.06.10	侍多千億佛，發大清淨願。	今為末法時期，不論台灣、全球皆日益敗壞，修行成功不易，能以站住不受傳染，非有根基不可。今若無淨土法門，全球無幾人成就，捨淨土而修他法，若謂能成，大言而已。 淨土是二力法門，他力為阿彌陀佛之力，淨土法門能以成功者，即因有佛力。 淨土僅親近阿彌陀佛乎？非也。淨土宗何以多，見佛始能侍佛。一為看見佛身，一為心中有佛，一為聞佛名，皆為見佛，看見佛。人人看見佛像而不見，終日見佛終日不知。佛名，以及心中空空而有佛，皆是見佛。見佛必侍佛，如何侍佛？供養恭敬是也。此皆少數，如何侍千億佛？余能侍千億佛，余常教，諸同修不理，諸位二十年，未侍千億佛，機會失之可惜。今聞之，明日開始。一部彌陀經，任何聖人，講五百年，亦講不完，此經為一座寶山，太多。阿彌陀經，蓮池大師定為日課，至六方佛，合掌，每一方佛皆如是等恆河沙數諸佛，比千億佛更多。若有口無心，即是空過。余作功課，觀想十方佛，余在其中，即是侍佛，觀世音菩薩侍法身、報身佛，余侍佛之名號，然一般人名號亦不注意。即是秘密。
60.06.17	或漂流巨海，龍魚諸鬼難，念彼觀音力，波浪不能沒。	余念佛，同事驚怖，而炸彈皆滾落於山澗中，澗口小而底大，爆炸不到上面，烟霧瀰漫，經二十分鐘，烟消。聞有哭聲，知未死，尋路回，屋不見，炸彈崩山，山壓屋，塌後尋屋中物，余唯失一小鏡，餘皆全在，余之同事若不與余同逃竹林，將不知如何遭遇，一人稱名，餘皆解脫也。

60.06.24	咒詛諸毒藥，所欲害身者，念彼觀音力，還著於本人。	一念相應一念佛，一念觀音一念即觀音。
60.07.01	具足神通力，廣修智方便，十方諸國土，無剎不現身。	具足神通力，廣修智方便，十方諸國土，無剎不現身。
60.07.08	真觀清淨觀，廣大智慧觀，悲觀即慈觀，常願常瞻仰。	證羅漢果，斷見思惑，天上人間七番生死，此法吾人不必學，有一法七日即斷之，諸位不作，無可如何？真心為當前一念，離念靈知，一念相應一念佛，一念相應，即放光明。
60.07.15	妙音觀世音，梵音海潮音，勝彼世間音，是故須常念。	念觀音菩薩，即等於念佛。
	具一切功德，慈眼視眾生，福聚海無量，是故應頂禮。	聞此品，念佛之人不能改變念佛，觀世音菩薩來自西方極樂世界，度化眾生，將來仍回極樂世界。云何遊此娑婆世界，中文本未見譯，清朝發現，英文本篇末諸偈讚揚淨土，說明觀世音菩薩居處及來歷，尤見完善，且為蓮宗有力之證。有長文之句，偈七首，觀音菩薩勸人念佛，殊為難得。

附錄¹

雪廬居士大事年表					
西元 紀元	中國 紀元	干支	年歲	大事紀要	備註
1890	清光 緒十 六年	庚寅	1	夏曆十二月初七日，誕生於山東省濟南市南券門巷之李家望族，世居此達三百餘年。曾祖銑公，祖父景純公，父壽村公，好禮尚義，崇德博學。母翟氏，諱師遠，持家有方，頗具膽識。	
1891 | 1894	清光 緒十 七年 至二 十年	辛卯 至甲 午	2-5	元宵夜，隨祖母娘家親戚至趵突泉賞花燈，走失於人海中。憑其機智，巧遇叔父學堂之師，載其歸家。甫抵家門，即奔告慈母，泣訴悔過！	
1895 | 1907	清光 緒二 十一 年至 三十 三年	乙未 至丁 未	6-18	1.入私塾，館設家有近之正覺寺內（今濼源大街消防隊處），諸經子史，循次誦讀，奠定良好國學基礎。 2.至尚志書院（明清育才機構，今趵突泉公園李清照紀念堂）就讀。 3.課暇，舅舅輒率至郊野，教習輕功彈躍。 4十餘歲即知冶遊，日著華服外出，好義逞勇。遊蕩數載，遭辱知恥，年二十乃發憤向學。 5.由接觸西學新知，受新思潮影響，崇儒而斥佛，焚佛經像，以為迷信。 6.及研哲學，涉及佛學，始起探究之心，兼學中醫、古琴、劍術，於傳統詩詞，興趣尤濃。	
1908	清光 緒三	戊申	19	1.至山東法政學堂（今併山東大學）學習法律，攻讀監獄專修科。此為清末	

¹　參見陳雍澤：《雪廬老人儒佛融會思想研究》，台中：青蓮出版社，2006.4.

	十四年			最早的新式教育。 2.依法相通家梅光羲（擷芸）研究唯識，奠定日後深入佛典基礎。	
1912	民國元年	壬子	23	與濟南學界組織「通俗教育會」，積極推動社會教育，提倡忠孝節義，居士榮膺會長。	
1914	民國三年	甲寅	25	日本攻佔膠、澳，在青島遍值櫻花，邀居士等官紳往觀。因感憤國土被竊，冀來歲改植牡丹。賦〈甲寅歐洲大戰日攻膠澳據之遍植櫻花逢春輒召我國官紳與會賞花〉詩述懷。	第一次世界大戰（1914～1918）
1916	民國五年	丙辰	27	「通俗教育會」更名為「私立通俗教育研究會」設講座於西門月洞，日日講學。時往市集演講，編印通俗詞曲，獲山東省府獎譽。	袁世凱竊國稱帝。
1917｜1918	民國六七年	丁巳至戊午	28-29	任職縣政府承審員、司法科長。常細查案件，徹夜不休，破解多起懸案。拯拔無辜，昭雪民冤。	
1919	民國八年	己未	30	賦〈返里度歲有憶〉詩。	五四運動，提倡廢經棄倫，世風日非。
1920	民國九年	庚申	31	1.任莒縣監獄管獄員（今典獄長），倡德化，醫囚疾，代收瘞。 2.賦〈莒州道上〉五律詩一首。 3.重建監舍，侖煥寬敞，設施完善，頗獲好評。 4.繼讀山東法科學堂，教授時講因果，以喻法學。	
1921	民國十年	辛酉	32	賦〈省里〉詩。	
1923	民國十二	癸亥	34	中秋次夜偕友宴於濟南趵突泉白雪樓。	見1963年〈八月十六

	年				夜對月回憶〉詩
1924	民國十三年	甲子	35	1.哲嗣俊龍誕生於莒縣。 2.賦〈甲子之變〉詩。	
1927	民國十六年	丁卯	38	1.六月，李冠儒攻莒，縣知事田立勛棄城南走，城內頓亂。居士親率警兵，武裝露刃，巡行彈壓，人心稍定。 2.六月，鐵血軍李自迷與叛警同攻莒。居士縋城入敵營磋商，兩解之。（註1） 3.六月，祝少蕃移軍來莒，兵渙苛索。居士說李冠儒使去少蕃。 4.七月，居士說俄軍滿者持「嚴紀律博榮譽」，住月餘，紀律佳。	註1：居士縋城入敵營，為賊羈留七閱月；義感賊酋，奉如上賓；後安然而返。
1928	民國十七年	戊辰	39	1.八月，劉桂堂復入莒，副官田嘉賓索需無厭，人多去城。居士以計間嘉賓于桂堂，去之。人心始安。 2.四月，大盜謀襲莒城，知事北去，縣府無人，公聯合各機關及邑紳，組臨時縣政委員會，搶救災民，以待軍援。	
1929	民國十八年	己巳	40	1.二月，劉桂堂入北杏大掠，楊虎城攻劉軍。桂堂收械、縱囚，擬縱火殺掠洩憤，民大恐。居士說桂堂：「此乃私鬥，不可自絕中央。」桂堂允北退。 2.次日桂堂北退。然是夜虎城王營長，四圍發槍襲莒。居士與李雨田冒險登城依堞，告以劉軍已去，請停攻擊。王營長乃收對入城。 3.賦〈戰同江並序〉詩一首。	
1930	民國十九年	庚午	41	1.三月，高桂滋橫據莒城，頑抗中央軍；城內遭圍軍砲擊，身困城中，朝不保夕。見居家園圃，蝶飛款款，逍遙自在，扼腕嘆曰：「人反不如蝶」。偶	

				閱豐子愷《護生畫集》，深悟弭兵之本，在戒殺放生。遂立誓，大難不死，終身茹素。 2.賦詩〈陷城有序〉、〈聞雁〉、〈戰地寒食日雨〉、〈哀時五首〉、〈攬鏡〉、〈碩鼠嘆〉、〈當罏嫗〉、〈莒城圍困憶趙阿南兼呈呂今山〉、〈莒城圍困數月夜聞碾磑之聲應軍役也斷續酸楚森動人魄依其聲以為短歌〉等十餘首，皆感時之作。 3.八月，莒城被困已達半年，民食殆盡，至此解圍。居士開始茹素。 4.賦詩〈撤軍有序〉、〈解圍四首〉誌感。	
1931	民國二十年	辛未	42	1.獲讀印光大師蘇州弘化社初機佛書，深能契入；回顧從前所讀大經·及眉批旁注，不免望文生義。遂於淨土，漸生信心。 2.因發起為鄰縣土匪埋屍事，得印祖弟子林氏函介，遂於孟秋通信皈依，蒙賜法號「德明」，並奉開示函。 3.此期間，逢濟南城東淨居禪寺，改為十方叢林，開十輪金剛法會，請北平真空禪師開示，遂依之學禪，與方丈可觀師共同參究，達八年。	
1933	民國二十二年	癸酉	44	1.自皈依印祖，即熱心弘化，常引介信眾皈依，甚得印祖嘉許。 2.印祖〈復宋慧湛居士書〉云：「莒縣監獄官李炳南，提倡不二、三年，莒縣人皈依者，已有一百多，皆士農工商政界之男子。」	
1934	民國二十三年	甲戌	45	1.受莊陔蘭之邀，重修莒縣志書。居士以獄政兼分纂，纂修古蹟、軍事、司法、金石四類。設局於莒縣賈氏花園，	

				三年而竟其事。 2.冬至日，往蘇州報國寺拜謁印光大師，蒙關中開示終日，大受感召。時值深秋，賦詩〈楓橋〉、〈報恩寺瞻塔〉，二首記實。	
1935	民國二十四年	乙亥	46	獲中醫師執照。	
1936	民國二十五年	丙子	47	1.莒縣縣志重修竣，治裝北返，任職濟南省法院。賦詩〈長揖謝盛情〉誌感。 2.八日三十日，於山東濟南淨居禪寺，依可觀法師求受五戒。 3.九日二十六日，於山東濟南女子蓮社，依大雲法師進求菩薩戒。由是道業益進。	
1937	民國二十六年	丁丑	48	1.一月，受莊陔蘭推薦，入「大成至聖先師奉祀官府」，榮膺主任秘書職。 2.七月，日本侵華，蘆橋變起，隨孔奉祀官德成避居重慶。（註1） 3.賦〈征車行武漢道中〉、〈避亂入蜀過漢皋小住重逢傅薀廬〉、〈入峽〉、〈濟南陷後骨肉未卜存亡尺素付郵每不能達幸賴故人傅覺夢在漢皋百計轉寄烽火三月初得家書開緘釋然感激賦贈〉、〈寄母〉、〈寄內〉等詩，誌離亂之感。. 4.過長安寺，謁太虛大師，蒙師推薦監獄弘法。偕蜀僧定九，遍菴講述。並在長安寺講四諦十二因緣。頗受大師器重。 5.重逢梅擷芸大士，每週參與所組佛學社研學，法相唯識，更加深入。 6.十一月，任孔府中醫師。	註1：七月七日，蘆溝橋事變，日本全面侵華。八年抗日開始。

1938	民國二十七年	戊寅	49	1.賦《七哀紀丁丑戊寅所見》詩誌感：（陣連紀七七戰作）、（地裂紀秋九月曹州地震連續兩月）、（扶搖紀渝州風災之異）、（黃河紀戰役中牟決河也）、（盜蹠紀盜匪蠭起也）、（弱喪紀難童也）、（焦土紀上海濟南長沙武漢大火也）。2.賦〈巴山戊寅歲除〉詩誌慨。	
1939	民國二十八年	己卯	50	1.為避日機轟炸，隨奉祀官遷入西郊歌樂山，結廬林間，命曰「猗蘭別墅」；賦〈孔上公歌樂山猗蘭別墅寄興〉詩。2.承太虛大師之命，任雲頂寺「佛學演講會」講席。二年後信眾日增，重修大殿及佛像。賦〈歌樂山儍嶺望雲頂寺〉、〈登歌樂山雲頂寺遠眺〉、〈歌樂山蓮社〉等詩誌感。3.日機轟炸，仍奔走硝煙彈雨間，為「振濟會」，賑濟災黎，無懼色。4.避渝八載，依白教噴噶、紅教諾那呼圖克圖修持密法，都百餘法門，愧皆無成。乃於淨土寶此一門，專修專弘。5.曾見唯識學者，藐視淨土為廣告式者，乃撰《阿彌陀佛經義蘊》駁之。	
1940	民國二十九年	庚辰	51	1.秋，印祖函云：「汝等好好念佛，將來世界，要造成人間地獄，以後再不可介紹皈依，有發心念佛者，即皈依當地僧。」遂疑老人家恐不多住世。2.十一月初四，印祖生西。居士以戰禍未靖，未能參如荼毘禮，悲痛逾恆。	

1941	民國三十年	辛巳	52	居士於雲頂寺設歌樂山蓮社,弘法二年來信眾日增,遂重修大殿及佛像。賦〈歌樂山蓮社〉詩述懷。	第二次世界大戰（1941～1945）
1942	民國三十一年	壬午	53	賦詩〈和呂今山撥悶偶成次元韻〉、〈自適六首〉詠嘆。	
1943	民國三十二年	癸未	54	1.賦詩〈野譙歐家灣賞桃李〉有序誌慨。 2.夏,慈母翟太夫人逝於濟南,以國難未克奔喪,居士悲慟欲絕,於寺延僧超度。 3.後凡興辦慈益事業,多以母難日（夏曆十二月七日）為成立日,以表孝思.	
1944	民國三十三年	甲申	55	賦詩〈強小競潘弟雲傅覺夢同讀書萬邑玄妙觀魏大堅畫師作圖徵題時烽火七年尚未息也二首〉述懷。	
1945	民國三十四年	乙酉	56	1.二月,獲得中醫師及格證書。 2.八月,日本降。賦詩〈歲乙酉秋聯盟國美利堅以原子彈轟炸日本廣島長崎寇降三首〉誌感。（註1） 3.八月,於四川歌樂山九道拐蓮社講:《心經》。 4.以內亂阻歸,次年始還金陵,從奉祀官住南京三載。 5.恆於南京普照寺、正因蓮社等處講經說法。	註1:八月十日,日本求降。
1946	民國三十五年	丙戌	57	1.秋,買舟東返歸京。賦〈過峽四首〉、〈出峽〉、〈中秋歸舟夜宿荊州〉、〈還京〉等詩。 2.秋返濟南。戰後,曾陪孔奉祀官三返曲阜,皆因歸路險阻,致流亡十年,僅此一趟返鄉。賦詩〈寇平陪孔上公返魯三首〉、〈還京後鄉路猶阻	

				寄慨〉、〈戰後陪孔上公三返曲阜以濟路尚阻難歸感賦〉、〈還家〉四首、〈濟垣雜興〉八首詠嘆。	
1947	民國三十六年	丁亥	58	春,賦〈今子夜歌〉詩,誌見聞,喻國祚。	
1948	民國三十七年	戊子	59	1.七月,致函如岑法師,在南京正因蓮社舉行代授皈依典禮,引薦蓮友皈依四川如岑法師。蒙如岑法師復函慈允。 2.〈如岑法師再復南京李炳南居士書附來書〉刊於《淨宗周刊》第八、九期合刊。	
1949	民國三十八年	己丑	60	1.一月,賦〈徐蚌之圍〉詩寄慨。(註1) 2.二月,奉命押運孔府卷宗行李,隻身浮海來臺,仍任奉祀官府祕書,寓台中。 3.初居日報巷(今民權路八十五巷),繼居復興巷,再遷和平街,後寓正氣街。 4.三月,獲南京正因蓮社弟子陳法青、李岫青等信函,勸居士速返南京,主持社務,以慰眾念。 5.居士公暇,正式展開寓台弘法利生事業。 6.四月,於台中市法華寺開講佛法,是蒞台首次說法。設「施診處」,親自義診,接引信眾。 7.五月,於法華寺開講《心經》《四十二章經》等。設圖書組,倡印《歧路指歸》等書。編印《當生成就之佛法》《佛說阿彌陀經摘注接蒙義	註1:一月,徐蚌會戰,國府大敗,蔣中正引退。十二月,國府還都台北。

				蘊合刊》。成立「放生組」，每月放生兩次。 8.十月，中秋夜，與法華寺智雄師等十餘人賞月。	
1950	民國三十九年	庚寅	61	1.一月，夏曆臘月初八，法華寺舉行世尊成道慶祝會，居士受邀解說三皈意義。並行方便法，領眾皈依四川定光寺如岑法師。 2.講解皈戒意義時提及：「奉祀官府孔德成居士，擬派其至臺北任職。」聽眾聞已痛哭跪求「請老師勿棄我們！」居士深受感動。遂有創建蓮社之議。 3.至員林演講佛學，講題「佛教的本質」。 4.赴台中監獄宏法，受聘為名譽教誨師。 5.二月，《阿彌陀經義蘊》、《佛學問答》在《覺群》月刊連載。（註1） 6.夏二月，於台中靈山寺首次春季佛七開示法要。 7.靈山寺星期念佛會舉辦佛學演講，開講《無量壽經》。 8.四月，隨中國佛教會臺灣省分會在中部巡迴演講。 9.台中市北屯慈善堂及霧峰贊化鸞壇，原為一般神壇，因執事等常參加靈山寺、法華寺念佛、講經法會，受居士感化日久，均改而皈依佛陀，成為淨土道場。 10. 六月起，至豐原慈龍寺、慈濟宮、龍意堂，台中寶善寺、二份埔慈善堂、彰化曇華堂、鹿港龍山寺等處弘法，	註1：《覺群》於民國三十五年由太虛大師在上海創辦，後來停刊。居士與朱斐在台改刊發行，以宏淨土為宗旨。

| | | | | 大扇蓮風。並於《覺生》刊登「應邀講經不受報酬」啓事。
11. 《覺生》取代《覺群》，居士任社長，撰「創刊辭」。《阿彌陀經義蘊》、《佛學問答》在《覺生》繼續連載。
12. 由賴棟樑等人發起，於法華寺舉行李炳南老居士講經壹週年謝恩會，並發行特刊。智雄師則在《覺生》撰文〈紀念炳公老居士一年間的弘化工作〉。
13. 十二月，靈山寺自夏曆十一目十一日起啓建彌陀佛七，居士應邀日夜兩次開示。其後每年佛七均應邀開示，直到民國七十五年初。
14. 假法華寺舉行「印公大師入寂十週年紀念日」大會，主持上香，並撰祝文及〈印光大師圓寂十周年紀念回憶錄〉文。 | |
| 1951 | 民國四十年 | 辛卯 | 62 | 1.一月，與周邦道、董正之、徐灶生、朱炎煌、張松柏等，籌組臺中市佛教蓮社，於庚寅臘月初七日，正式成立。社址暫設法華寺內，居士當選首屆社長。
2.二月，台中市慎齋堂建堂二百週年紀念會，應邀講演，講題「在世間出世間入世間的界說」。
3.五月，應屏東東山寺圓融師之邀，宣講《阿彌陀經》，並成立念佛會。
4.六月，台中蓮社假靈山寺召開臨時會員大會，商討社址問題，覓得南區公所對面房屋為社址。
5.於《覺生》刊登啓事，不敢以「泰斗通家」自居。居士私下講學常自嘲「不通」。 | |

				6.七月，由許克綏、朱炎煌施貲，購綠川南湄綠堤巷民舍一棟為社址，開始正式辦公。居士每逢星期一、三、五下午到社辦事。各念佛班，亦每月定時，借蓮社開會，研討佛學，親為解答。 7.八月，於彰化曡華堂，開講《八大人覺經》。 8.赴鹿港龍山寺講演佛法。 9.九月，於靈山寺續講《無量壽經優婆提舍願生偈》。 10. 十月，於台中蓮社成立男女二眾弘法團，男眾宏法於台中監獄，女子宏法於蓮友家庭。 11. 應台中寶善寺邀請，每周末舉辦「佛學通俗講座」，訓練佛學講演人才。 12. 十一月，於台中市法華寺續講《佛說四十二章經》。	
1952	民國四十一年	壬辰	63	1.一月，台中市佛教蓮社大殿兼講堂落成。獲得中醫師開業執照，診所名為「炳南中醫診所」，在台中市東區新庄里復興巷十六號。 2.臺中市佛教蓮社成立一年以來，宏揚佛法，居士不眠不休，台中市楊市長代表市民致敬。 3.居士手訂蓮社社風十條，旨在上求佛道，下化眾生，積德求學，深信因果。 4.訂定社務凡三：一者、講演儒佛經典化導人心；二者、集眾念佛各求當生成就；三者、興辦文化慈善事業以勵道德，而善風俗。	

				5.臘月七日，禮請證蓮老和尚，傳授三皈五戒。
				6.於《覺生》撰〈敬對佛徒兼修龍華先天等教者進一忠告〉文。
				7.二月，夏曆正月初九，居士在蓮社開講佛學，連續六日，爾後每周講經，率以為常。
				8.台中蓮社舉辦首次冬令救濟。並舉行春節講演大會，及成立天樂班西樂隊。
				9.於《覺生》撰載「素菜譜」，引人吃素學佛。
				10. 三月，於《覺生》撰〈佛教代人受過四面楚歌〉文，消除外教對佛法之誤會。
				11. 四月，創辦台中蓮社國文補習班，義務傳授中華文化。禮聘孔德成、傅文平、劉汝浩諸師，講授論語；周邦道、許祖成二師，講授國文，居士親授唐詩。並親編《佛學常識課本》。
				12. 九月，孔子聖誕，至台中市中山堂演講中華文化，作〈四十一年孔子聖誕在中山堂講辭〉表。
				13. 十一月，辭《覺生》社長職。
				14. 於法華寺、佛教會館講述〈《仁王護國經》大要〉。
				15. 十二月，撰〈《菩提樹》月刊創刊辭〉，提出五條編刊誓言：提倡淨土、勸導持戒、宣揚大乘教義、和平維護正法、灌輸愛國思想，文末附七律詩偈一首述志。〈佛學問答〉專欄，繼續在《菩提樹》連載。

				16. 撰〈參觀癩病樂生療養院因緣記〉，登載《菩提樹》呼籲各方捐助，籌建佛堂。兩年後新建佛堂落成，請居士命名，曰「棲蓮精舍」。其後常受邀演講佛法。 17. 於台中蓮社成立「往生助念團」。	
1953	民國四十二年	癸巳	64	1. 一月，居士功成身退，辭台中蓮社社長職。復受聘為導師及名譽社長。 2. 五月，於台中蓮社開講《阿彌陀經》，採教學方式，分析詳細，俾令弘法人員學習。 3. 六月，台中蓮社與靈山寺合辦佛學講習班，第二屆開學，居士與周邦道、許祖成、劉汝浩、賴棟樑等任講師。 4. 八月，親率女子宏法團，至台中縣大甲、大安等地，慰問妮娜颱風災胞，並宣揚佛法。 5. 十二月，撰〈《菩提樹》月刊一周年紀念感言〉，重申揀魔辨正弘護正法的決心。	
1954	民國四十三年	甲午	65	1. 二月，於台中慎齋堂開講《阿彌陀經》。 2. 三月，於台中靈山寺開講《妙法蓮華經》。 3. 五月《菩提樹》雜誌聘居士為社長。 4. 應邀至屏東東山寺、鳳山蓮社、高雄連雅佈教所、岡山龍湖庵等處，巡迴弘法。 5. 十月，於台中蓮社倡辦「兒童德育週」，以正童蒙。 6. 在《菩提樹》撰文〈敬為在家眾新受菩薩戒諸尊進一言〉。	

				7.十二月，撰〈《菩提樹》兩周年本願重申與立場檢討〉，強調「弘揚淨土法門，建設人間佛教」立場不變。	
1955	民國四十四年	乙未	66	1.二月，台中蓮社社員大會，選舉德欽法師任社長，居士為名譽社長。 2.三月，撰〈為一個小佛國呼援〉，登載《菩提樹》，呼籲各界贊助樂生療養院「佛教徒醫療基金」，居士慨捐千元為倡。 3.四月，編撰教材，訓練台中蓮社二十位女青年，於佛誕節前舉行演講大會。 4.六月，台中蓮社禮請斌宗法師，傳授菩薩戒，前後得戒者數百人。以後常請懺雲法師於白月黑月，主持誦戒「布薩」盛會。 5.隨章嘉大師至台南、豐原等地協助弘法，並代表大師講演數次。 6.七月，台中蓮社首次舉行佛化婚禮，居士應邀福證。 7.十月，中華佛教文化館組識之「影印大藏經環島宣傳團」訪問台中蓮社，居士呼籲請購藏經，蓮友共訂四十餘部，為全省之冠。 8.十一月，桃園蓮社落成，居士受聘為名譽社長。 9.十二月，撰〈檢討臘月八日《菩提樹》三周年紀念〉。 10. 十二月，台中市保護動物協會，假台中蓮社舉行成立大會，居士受聘為監事。	
1956	民國四十五年	丙申	67	1.一月，為《菩提樹》第三十八期撰寫〈卷頭語〉專欄，直至民國四十七年六月第六十七期為止。	

			2.三月，籌備創建「佛化圖書館」。 3.七月，居士偕章嘉大師、莫德惠、趙恆惕、孔德成、蔡運辰、周邦道、徐灶生、朱斐等共同具名，撰〈臺中佛教文化圖書館籌設緣起〉文。居士另撰〈籌建臺中圖書館樂捐啓文〉，登於《菩提樹》，呼籲各界隨喜功德。 4.十月，在台中蓮社開講〈唯識境略舉〉。	
1957	民國四十六年	丁酉	68	1.二月，基隆蓮社落成，念佛七日，居士受邀開示佛七要義。並赴棲蓮精舍開示念佛法要；又赴桃園蓮社講述「大勢至念佛圓通章」；再至新竹文雅佈教所說法座談。 2.三月，章嘉呼圖克圖圓寂，居士於台中蓮社領眾念佛一天回向，並說明舍利由來。 3.五月，慈光圖書館（原佛化圖書館）奉教育部核准立案，為國內私立圖書館奉准之首例，眾推居士為第一屆董事長。 4.六月，流行性感冒襲臺，居士在台中蓮社義診施醫。	
1958	民國四十七年	戊戌	69	1.五月，慈光圖書館開幕，兼任館長，開講《佛說尸迦羅越六方禮經》。爾後每週三晚間於此講經，直至往生前一個月，除法體違和由弟子代講數次外，說法不息。所講經典計有《地藏菩薩本願經》、《阿彌陀經》、《法華經普門品》、《大勢至菩薩念佛圓通章》、《普賢菩薩行願品》、《維摩詰徑》、《金剛經》、《楞嚴經》、《圓覺經》、《華嚴經》八十卷等。 2.居士應聘台中靈山寺靈山佛學苑教席。	

				3.六月，私立中國醫藥學院成立，居士為創辦董事之一，受聘為兼任教授，授《黃帝內經素問》專課。並將教學薪資所得壹萬元，以台中蓮社名義，獎助優秀學生。 4.七月，於慈光圖書館附設「慈光托兒所」。 5.十二月，推展兒童教育有功，榮獲台中市政府頒獎表揚。	
1959	民國四十八年	己亥	70	1.一月，撰〈新春敬為台中蓮友進一言〉。 2.四月，創立《慈光半月刊》，俾各念佛班藉此觀摩、研究、進修。 3.五月，籌設慈光育幼院於瑞光街九號，專收孤兒，並受聘為第一任董事長。 4.八月，發動台中蓮友，響應救助八七水災受難同胞。 5.十一月，於台中蓮社講授《常禮舉要》，藉以導正家庭、社會、學校等教育之偏差。 6.撰〈重印學佛初階序〉。	
1960	民國四十九年	庚子	71	1.一月，親赴霧峰、后里兩地，主持成立台中蓮社霧峰佈教所、后里佈教所。 2.五月，撰〈創建台中市私立慈光圖書館碑記〉。 3.六月，台中蓮社紀念創社十週年，假慈光圖書館，舉辦「居家千人戒會」。禮請證蓮老和尚，傳授五戒、菩薩戒。 4.七月，主持國內第一所佛教慈光育幼院，動土典禮。 5.八月，於《菩提樹》刊登啓事止謗，賦詩〈講學十年來者日眾因招嫉謗述懷〉。 6.參加律航法師示寂追思典禮。	

				7.撰文〈律航法師文鈔序〉云：「舍報前夕，夢赴蓮池海會，次日告人曰：『吾其去矣，召吾淨侶李居士來訣。』余至，互證淨功，不及世態。再一日，安詳西逝。荼毗，得舍利一缽。吾道聞之，咸振奮焉。」
				8.十二月，賦詩〈吾師印祖涅槃二十週年追思〉十首，追仰印祖並自勵。
1961	民國五十年	辛丑	72	1.一月，祀灶前夕，呂佛庭邀居士，及蔡念生、蔡北崙、戴興周、陳滌塵、朱時英等，共賞水仙。居士賦〈題呂佛庭西園雪夜七友賞水仙圖〉詩五首抒懷。
				2.二月，撰文〈新春敬向同修恭喜〉。
				3.三月，台中農學院成立「智海學社」，居士致勉同學：學佛要從基層做起、有恆心、不疲不厭、能改造環境、知行合一。
				4.五月，創辦「慈光學術講座」，每週六晚上，於慈光圖書館，接引中部大專學佛青年。居士親編《佛學概要十四講表》為教材。
				5.六月，慈光育幼院落成，盛況空前。附設慈德托兒所成立。居士題「長宜子孫」之塑膠錢袋，與觀禮者結緣。
				6.靈山佛學苑學僧，三年修業圓滿，居士代表教師致詞。
				7.八月，台中蓮社，舉辦國小、初中學童，免費暑期修身補習班。
				8.十月，辭台中蓮社董事長職，眾尊居士為導師。
				9.十一月，辭慈光圖書館、慈光育幼院董事長職，俾專心弘法。賦〈辛丑十一月

				望正逢冬至夜看月當頭有感余新辭退蓮社圖書館孤兒院諸務時也〉詩誌感。	
				10. 於台中蓮社,主持每周日「大專青年佛學座談會」,為青年解惑。	
1962	民國五十一年	壬寅	73	1. 二月,《菩提樹》連載之〈佛學問答〉,集結出版。	
				2. 三月,於慈光圖書館舉辦「慈光學術暨國學講座」,居士每週二講授《禮記》、週三講授《金剛經》。週四由董正之講授《孝經》。週五由傅世銘講授《易經》。週六學術講座,由居士講授「佛學」及「唐詩」。	
				3. 六月,中國醫藥學院成立「醫王學社」,居士親臨祝賀,為第一任指導老師。	
				4. 七月,應邀每週二晚間,往中興新村,介紹佛法。與會者均省府公務員及眷屬,約百餘人。日後成立「中興佛社」。賦詩〈題中興佛社〉紀念。	
				5. 十月,對台中蓮社念佛班「四十八願會」蓮友,開示〈人生三苦〉。	
				6. 十一月,因平日推行社會教育有功,與趙麗蓮博士、陳致平教授、郝更生博士四人,同獲教育部頒贈銀杯及獎狀。居士以事前未悉,不及婉謝。	
				7. 《雪廬詩集》開始在《菩提樹》連載。	
				8. 應「慎齋堂」邀請,自農曆十一月一日至七日,每天下午在該堂宣講《佛說八大人覺經》。	
				9. 十二月,試辦「佛眾菩提醫院」。院址暫租於台中市台中路26號。	
				10. 應邀至中國醫藥學院大體解剖慰靈祭典演講,連續數年。撰〈壬寅中醫	

				學院解剖公祭致詞〉講表，其後甲辰、乙巳、丙午、壬子、癸丑諸年，亦與祭並講演。 11. 撰文〈般若波羅密多心經講義再版序〉。
1963	民國五十二年	癸卯	74	1. 一月，撰寫〈《内經》摘疑抒見說明〉論文，獲得中國醫藥學院研究獎金。 2. 二月，於慈光圖書館開講《地藏菩薩本願經》。 3. 四月，小型佛教菩提救濟院於台中路開幕，並著手籌建「菩提救濟院」。 4. 五月，主持台中蓮社霧峰佈教所落成典禮，對蓮友開示「安靜、改心、有恆。」 5. 九月，台中蓮社啓請居士以「名譽董事長及導師」身份，繼續領導聯體機構。 6. 中秋節，居士喬遷至「台中市正氣街九號」。 7. 賦詩〈八月十六夜對月回憶〉懷舊。 8. 十月，中國醫藥理院附設中醫診所啓用，居士以中醫課程教授，與諸名醫，輪流前往應診。 9. 十二月，應邀至中國醫藥學院「醫王學社」年會講演。
1964	民國五十三年	甲辰	75	1. 元月，元旦應慎齋堂之邀，宣講「唯識」三天。 2. 五月，應中興大學（前台中農學院）「智海學社」邀請，講述〈東方哲學概述〉
1965	民國五十四年	乙巳	76	1. 元月，元旦應慎齋堂之邀，前往宣講《仁王護國般若般羅密經護國品》。 2. 四月，主持菩提醫院動土典禮。 3. 五月，應邀台中逢甲學院（今逢甲大學）「普覺學社」講演。

				4.六月，每周二應邀至中興大學「智海學社」國學講座，講授《大學》、《中庸》、《曲禮》、《樂記》等課程。 5.七月，受印順法師等人之託，於大里菩提救濟院動土興建「太虛紀念館」，次年十二月落成。 6.九月，中興大學中文系成立，居士受聘為兼任教授，講授《大學》、《中庸》等專課。	
1966	民國五十五年	丙午	77	1.四月，全國大專佛學社團聯誼會，假慈光圖書館舉辦中部「第一屆演講比賽」。講題「民族文化與國運」、「青年應有的修養」，居士與周宣德等教授擔任評審。 2.五月，蒞臨中興新村，主持「中興佛堂」動土儀式。 3.慈光圖書館舉辦第七期大專佛學講座，居士講授《十四講表》。 4.七月，「菩提醫院」於大里開幕。 5.十月，主持菩提救濟院附設「安老所」及「功德堂」動土典禮，建物於民國六十一年落成。	1.八月，毛澤東利用紅衛兵發動「文化大革命」，徹底破壞儒佛文化。 2.九月，蔣中正總統在臺灣發起「中華文化復興運動」。
1967	民國五十六年	丁未	78	1.九月，菩提醫院經營陷入困境，暫停營業。 2.十一月，每週二應邀至中興大學「智海學社」，講授《禮運大同篇》。	
1968	民國五十七年	戊申	79	1.元月，慈光圖書館結七念佛，每日前往開示，撰偈七首。 2.五月，撰〈印光法師文鈔重刊序〉。 3.七月，菩提醫院重新改組，醫院積欠百餘萬元債務，均由居士典賣私產、設法償還。	

				4. 慈光圖書館舉辦第八期大專講座，共廿八天，學員約百名。居士講授《十四講表》、《阿彌陀經》、《古文》及《唐詩》。 5. 十月，每週三晚上於慈光圖書館開講《華嚴經》，直至民國七十四年底，講至〈十回向品‧第九回向〉，全經未竟而往生。 6. 十二月，由「李柄南老居士八秩祝嘏委員會」，出版《雪廬述學彙稿》八種，為居士祝嘏。《雪廬闡佛彙稿》列入中華大典。	
1969	民國五十八年	己酉	80	1. 一月，元旦應「慎齋堂」邀請，演講〈徹悟禪師轉變因果開示〉。 2. 四月，「太虛紀念館」二樓，設為長期講經道場，居士作通俗講演五次。內容為〈佛法大意〉、〈佛法不離世間法〉，〈世間真相火宅不安〉、〈出要解脫〉、〈門餘大道〉。後即開講《佛說四十二章經》。 3. 五月，台中蓮社國文補習班第十八屆開學。居士於每週五講授「國文」。 4. 五月，慈光圖書館舉行中部大專青年第二屆演講比賽，居士與周宣德等擔任評審。又，省立台中商專成立「等觀學社」，居士親臨祝賀。 5. 七月，慈光圖書館舉辦第九屆大專講座，共二十一天。居士講授《十四講表》、《阿彌陀經》，並撰〈慈光大專佛學講座第九屆開學講話〉一文。 6. 十月，為台中蓮社青蓮念佛班，講述〈《大勢至菩薩念佛圓通章》要義〉。	

				7.十一月，主持台中蓮社國文補習班第十八屆結業典禮。	
1970	民國五十九年	庚戌	81	1.三月，設立「明倫社」於台中蓮社，專門負責接引大專青年。 2.四月，菩提醫院舉辦慶祝佛誕暨護士節晚會。居士以創辦人身分致詞慰勉。 3.五月，詹氏基金會與臺中蓮社舉辦「中部大專學生佛誕講演比賽」，居士任評審。 4.九月，於中興大學中文系夜間部講《詩階述唐》專課。一直講至九十二歲止。 5.十月，創辦《明倫月刊》，闡揚中華儒佛文化。撰《零刊辭》，闡述「明倫」二字正義。 6.菩提救濟院安老所落成，居士禮請臺灣省社會處長邱創煥蒞臨剪綵。	
1971	民國六十年	辛亥	82	1.一月，元旦應慎齋堂之邀，開示〈西方合論修持門選講〉。 2.二月，明倫社假臺中蓮社舉辦「第一期明倫大專佛學講座」，擴大接引學佛青年。為期二週，居士講授《彌陀要解》、《大乘起信論》、《實用講演術》等專課。又於善果林開講《觀世音菩薩普門品》。 3.四月，日月潭玄奘寺住持道安法師及陳子平訪居士，讚揚《明倫月刊》為青年學子最佳精神食糧。 4.五月，明倫社假臺中蓮社舉辦「中部大專同學講演比賽」，居士任評審。 5.泰國僑領高向如伉儷攜子女返國來訪，居士與彼暢談佛法。 6.醫王學社成立九週年慶祝晚會，居士應邀致辭，勉勵醫王社員立志救人。	

				7. 六月，菩提救濟院附設寶松和尚紀念療養院落成，特請省主席陳大慶夫人剪綵，省府社會處長邱創煥啟鑰，居士簡報承建經過。 8. 七月，明倫社舉辦大專佛學講座第二期，共三週。居士講授《十四講表》及《阿彌陀經》。 9. 八月，居士與臺中蓮社弘法人員赴桃園蓮社，弘法二天。 10. 十二月，撰《淨土叢書序》。 11. 捐資興建「寶松和尚紀念療養院」之星洲華僑郭鄭真如老居士與家屬返國專訪居士。 12. 《菩提樹》出版二十週年紀念，居士撰銘文為頌。	
1972	民國六十一年	壬子	83	1. 一月，元旦應慎齋堂邀請，開示〈已聞佛法不可空過〉、〈淨法解脫要義〉、〈念佛一心必知〉。 2. 二月，台中蓮社念佛班員假靈巖書樓打佛七，居士前往開示「信自、信他、信因、信果、信事、信理」。 3. 三月，為台北蓮友念佛團開示〈淨學知要〉。 4. 四月，台中水湳蓮社成立週年紀念，居士應邀慶賀並開示法要。 5. 五月，中國醫藥學院醫王學社十週年社慶，居士任指導老師，特往慶祝並演講「醫王學社十年紀念」。 6. 七月，明倫社舉辦第四期大專佛學講座，居士講授《十四講表》、《阿彌陀經》。並親題「白衣學佛不離世法，必須敦倫盡分；處世不忘菩提，要在行解相應」墨寶，嘉勉學子。	

				7.十一月，台中蓮社青蓮念佛班舉行三天佛法研習，居士講授《蕅益大師法語》。	
1973	民國六十二年	癸丑	84	1.三月，助圓弟子黃懷中（曾任國聲電臺臺長、董事長）開創「蓮友之聲」電臺弘法節目之願。撰文〈蓮友之聲開播宣言〉。後又增播「中華文化」節目，獲九所民營電臺聯播，開始展開空中弘法。 2.五月，中部大專佛學青年演講比賽，於慈光圖書館舉行，居士與蔡念生、呂佛庭等任評審。 3.六月，印祖舍利輾轉來台，供於菩提救濟院之靈巖書樓，居士前往參拜，設齋供養。 4.七月，明倫社舉辦第六期大專佛學講座，為期一個月，居士講授《大乘起信論》。 5.九月，居士應聘中興大學中文系佛學課程教授。編撰《佛學實況直介》講義。 6.赴台中體專講演《復興文化即是復興國家》專題。	
1974	民國六十三年	甲寅	85	1.正月，慈光圖書館新建「藏經樓」，居士主持動土奠基。 2.二月，承美佛會沈家楨之助，開辦「佛經註疏語譯會」，培養譯注人才。 3.三月，成立「青蓮出版社」，專責出版、印贈儒佛典籍。 4.四月，世界佛教友誼會副主席畢俊輝率「南洋大學佛學研究會港臺泰佛教文化考察團」十七人，來華訪問兩週，九日參觀臺中蓮社暨聯體機構，居士	

				代表致歡迎詞。	
				5.七月，明倫社舉辦第八期大專佛學講座，共二十一天，居士講授《十四講表》、《阿彌陀經》。	
				6.八月，於「佛經註疏語譯會」內，附設「內典研究班」，為期四年，培養佛學人才。居士任導師，講授《彌陀要解》、《顯密圓通成佛心要集》、《八大人覺經》、《御批歷代通鑑輯覽》、《常禮舉要》等專課。	
1975	民國六十四年	乙卯	86	1.三月，主持臺中蓮社改建工程動土典禮。 2.五月，受周榮富委託成立「榮富文化基金會台中辦事處」，興辦多項文化慈益事業。 3.六月，創辦「蓮友子弟輔導團」於慈光圖書館，嘉惠蓮友子弟。 4.八月，受臺中監獄趙典獄長邀請，至臺中監獄弘法；爾後，每週五由弟子前往佈教。	
1976	民國六十五年	丙辰	87	1.一月，元旦應邀至慎齋堂，開示《彌陀要解》中「善根福德因緣」要義。 2.二月，在台中蓮社新建大殿，與蓮友舉行新春團拜。 3.明倫社舉辦第十期大專佛學講座，講授《華嚴經》中之「慚愧二藏」與「國學提要」。 4.三月，參觀中興大學智海學社十五周年社慶文物展。 5.中慧念佛班結期念佛，開示「知果畏因宜謹慎，逢緣遇境好修行」。 6.四月，在台中蓮社新建講堂，每週四晚上開講《法句譬喻經》。	

				7.五月，詹氏基金會、慈光圖書館、明倫社合辦中部大專學佛青年演講比賽，居士任評審。 8.七月，明倫社舉辦第十一期大專佛學講座，共二十一天，講授《十四講表》及「國學提要」。	
1977	民國六十六年	丁巳	88	1.二月，明倫社舉辦第十二期大專佛學講座，共十天，講授《大勢至菩薩念佛圓通章》。 2.五月，詹氏基金會、慈光圖書館暨明倫社舉辦中部大專學佛青年演講比賽，居士任評審。 3.七月，明倫社假慈光圖書館舉辦第十三期大專佛學講座，共二十一天，講授《十四講表》。 4.每週四於台中蓮社宣講《四十二章經》。 5.九月，在東海大學中文研究所，陸續講授《杜詩習知類選》、《李杜詩選》、《陶謝詩選》及《古詩十九首》等專課。 6.中秋夜，居士與弟子約一百二十人，於台中蓮社頂樓涼亭，賞月吟詩。並主持東、西二亭命名比賽。結果：東亭得名指月，西亭得名懷西。居士賦詩二首誌感，一曰〈中秋薄陰同友賞月〉，二曰〈登懷西亭〉。 7.十二月，台中蓮社舉行重建落成典禮，居士致詞：（1）蓮社要務在研究學術，辦理社教、慈益事業。（2）在家人決不許傳授皈依、或收受供養。（3）應堅持戒法，不可變質。	
1978	民國六十	戊午	89	1.一月，元旦應慎齋堂邀請，開示〈雲棲法彙節要〉。	

	七年			2.臘八聞雷，賦〈臘雷〉詩，並開示蓮友，宜精進道業。 3.六月，內典研究班四年卒業，主持結業典禮，期勉學子學以致用奉獻社會。 4.九月，台中蓮社國文補習班第二十二期開辦，居士講授《禮記》。	
1979	民國六十八年	己未	90	1.一月，元旦應慎齋堂邀請，開示〈蓮池大師警眾法語〉。 2.九月，以電臺弘法成績斐然，乃設立「明倫廣播節目供應社」，擴大錄製弘法節目。 3.十月，台中蓮社國文補習班第二十三期開辦，居士續授《禮記》。	
1980	民國六十九年	庚申	91	1.四月，為重印《莒志》作序，賦〈重印莒志序〉詩三首誌慨。 2.八月，《明倫》月刊發行百期，賦〈明倫月刊十年百號紀念〉詩。內云：「緣生自我無他祕，捧出心來與佛看。」勉眾以誠任事。 3.六月，輾轉知悉大陸家人近況，居士始有書信聯繫。 4.九月，中秋夜，居士共弟子與論語班員約一百六十人，於台中蓮社指月亭賞月。席間有吟詩與國樂助興。賦〈庚申中秋夜節適秋分〉詩抒懷。 5.十月，創辦「台中論語講習班」，獲弟子周榮富樂助。親授《論語·上論》，培養弘揚文化人才。賦〈論語講習班成立誌感〉詩。 6.十二月，購入「弘道樓」乙棟，爾後作為明倫社、月刊社、出版社等用途。	
1981	民國七十	辛酉	92	1.一月，元旦應慎齋堂邀請，開示〈往生問答〉。	

	年			2.七月，台中蓮社舉辦國學講座，居士講授〈研求佛法之次第〉。 3.成立「國學啓蒙班」，招收國小、國中、高中之蓮友子弟，免費教授儒佛學說，奠人格，播文化。	
1982	民國七十一年	壬戌	93	1.一月，元旦應慎齋堂邀請，開示〈出交天下士入讀古今書〉。 2.四月，為第一期論語講習班同學講授《常禮舉要》。 3.九月，第二期論語講習班開辦，居士講授《論語・下論》。	
1983	民國七十二年	癸亥	94	1.一月，元旦應慎齋堂邀請，開示〈業相略舉〉。 2.台北淨廬蓮友參訪台中蓮社，居士解說「消業往生之謬誤」。 3.捐款設立「孔學獎金會」鼓勵創作儒學作品，提供《明倫》月刊及電臺廣播之用。 4.二月，《明倫》月刊擴版，居士主持編輯會議，指示編輯方向、辦刊原則、鼓勵投稿。 5.台中蓮社舉行新春座談，居士開示當前時局、佛教現況，以及未來應在人才培訓、自求學問、練習講經、論語廣播稿、明倫文稿上努力。並恢復員林、霧峰、水楠等講經道場。 6.四月，台中市南區公所舉辦「端正禮俗示範觀摩會」，台中蓮社以居士教授之吟誦法，吟誦唐詩，普獲在場人士讚許。 7.《論語集說》作者錢地之由台北范中專訪。居士於台中蓮社招待數日，並請為論語班學員演講。	

				8.五月，大專應屆畢業同學聯誼會在台中蓮社舉行。居士應邀開示，勉勵學子「維持現狀，學佛念佛」。	
				9.六月，居士與台中蓮社暨聯體機構負責人、蓮友等七十餘人，同遊石岡鄉五福坤木，並與鄉長會勘立「五福神木」碑地點。	
				10. 《明倫》月刊座談會，居士蒞臨勉勵，將內容歸為「法音、孔學廣播錄存、因果律、游藝組、明倫采掇」等五大主題。	
				11. 九月，賦《石岡鄉五福神木》詩二首，蓮友集資鳩工刻詩立碑，仲秋工竣碑聳。	
				12. 台北慧炬月刊社才董事長、席社長、王教授等蒞中專訪，居士撰〈為慧炬貢言〉勉以勤修當生成就之淨土法門。	
				13. 十月，創辦「台中蓮社動畫研習班」（後改名「社教科研習班」）培養人才。	
				14. 台北慧炬社師生，約一百二十人，蒞臨台中蓮社，居士為示學佛法要。	
				15. 撰文〈蓮友之聲十周年紀念宣言〉。	
1984	民國七十三年	甲子	95	1.一月，元旦應慎齋堂邀請，開示〈修淨須知、世間解簡述〉。 二月，誤食含有化學添加物之食品，致腳盤腫脹．未能參加蓮社新春團拜，眾以為憾。	
				2.藉「華嚴講座」，講述「《新元講席貢元——世出世法，本立道生》，共十九次。	
				3.獲黃懷中之助，居士指示弟子于復興電臺及台灣區漁業電台開播「明倫之聲」，全省聯播，裨益社教。	

				4. 於慈光育幼院，為輔仁大學大千社「儒佛講座」學員，開示法要。
				5. 八月，國學啓蒙班舉辦師資座談會，居士蒞臨勉勵。
				6. 十月，台北錢地之蒞中，探視居士足疾。
				7. 十一月，於台中蓮社，為台灣大學晨曦學社畢業社友，開示法要。
				8. 應邀赴鹿港佈教所弘法。
				9. 馬來西亞蔡榮華，返國拜見，居士為開示數次。
1985	民國七十四年	乙丑	96	1. 一月，元旦應慎齋堂邀請，開示〈無衆苦受諸樂〉。
				2. 二月，夏曆正月初一，台中蓮社依例新春團拜，居士主持新置鐘、鼓啓叩儀式。製作善款由江秀英等樂捐。
				3. 三月，召集台中蓮社暨聯體機構幹部，期勉精進道業，並咐囑一年之期。
				4. 五月，大專佛學社團在台中蓮社舉行講習活動。應邀開示「淨念相繼」。
				5. 居士與國學啓蒙班教師，暢遊杉林溪。
				6. 六月，第二屆論語講習班結業，居士勉勵「學習自立、實行做事、感化他人」。
				7. 自六月起，陸續主持十三次「內學質疑」，為弟子開示法要，並解答內典疑惑。
				8. 七月，台中蓮社舉辦大專佛學講座，居士開示青年學子「如何修學淨土法門」。
				9. 十一月，主持台中蓮社「六吉樓」動土奠基大典。
				10. 十二月，夏十一月初四，為印光祖師生西四十五週年，居士蒞台中蓮社禮拜祖師。

| 1986 | 民國七十五年 | 丙寅 | 97 | 1. 一月，元旦應慎齋堂邀請，開示〈極樂真詮〉。
2. 十二日，居士於台中蓮社為游式鈺佛化婚禮福證。
3. 二月，夏曆正月初一，居士於台中蓮社主持最後一次新春團拜。
4. 台中蓮社舉辦明倫大專佛學講座，居士以《論語・述而篇》「志於道，據於德，依於仁，游於藝。」章為題，期勉大專學子。居士不顧虛弱之身，為法忘軀，舉座師生感恩淚下。
5. 美僑林政彥伉儷發心，印贈《明倫》月刊海外版，流通美國。居士甚喜，囑以「撒菩提種子於美洲」，親題「明倫」二字為海外版刊首，此為居士最後之墨寶。
6. 三月十九日在慈光圖書館週三華嚴會上，開講《華嚴經》第三十二卷十回向品之第十法界無量回向，為居士最後一次「華嚴講座」。切囑：「少說一句話，多念一句佛；打得念頭死，許汝法身活。」
7. 三月二十三日（夏曆二月十四日），居士赴霧峰本淨寺，主持放生。
8. 四月十一日，赴霧峰本淨寺，最後一次禮拜阿彌陀佛。特囑侍側弟子必赴「有佛之處」。
9. 四月十二日下午，居士以「一心念佛」囑在側弟子。翌日（夏曆三月初五）清晨五時四十五分，居士吉祥右臥，持珠念佛，於眾弟子念佛聲中，往生於台中市正氣街寓所。 | |

重要參考書目

一、經論（依朝代先後排列）

漢・牟子：《理惑論》，《大正新脩大藏經・弘明集》第五十二卷。

元魏・菩提流支譯：《無量壽經優婆提舍願生偈經》（又名《往生論》），《大正新脩大藏經》第二十六冊。

晉・宗炳：《明佛論》，《大正新脩大藏經・弘明集》第五十二卷。

晉・孫綽：《喻道論》，《大正新脩大藏經・弘明集》第五十二卷。

南齊・張融：《門律》，《大正新脩大藏經・弘明集》第五十二卷。

姚秦・鳩摩羅什譯：《大智度論》，《大正新脩大藏經》第二十五冊。

北周・釋道安：《二教論》，《大正新脩大藏經》第五十二冊。

隋・智者：《佛說觀無量壽佛經疏》，《大正新脩大藏經》第三十七冊。

隋・吉藏：《觀無量壽佛經疏》，《大正新脩大藏經》第三十七冊。

隋・智顗說、灌頂記：《妙法蓮華經玄義》，《大正新脩大藏經》第三十三冊。

隋・智顗說、屈頂記：《阿彌陀經義記》，《大正新脩大藏經》第三十七冊。

隋・智顗：《淨土十疑論》，《大正新脩大藏經》第四十七冊。

隋・智顗：《釋禪波羅蜜次第法門》台北：新文豐出版社，1983.

隋・慧遠：《觀無量壽經義疏》，《大正新脩大藏經》第三十七冊。

唐・玄奘譯：《成唯識論》，《大正新脩大藏經》第三十一冊。

唐・善導：《觀無量壽佛經疏》，《大正新脩大藏經》第三十七冊。

唐・不空譯：《仁王護國般若波羅蜜多經》台北：華藏法施會，1976.1.

唐・實叉難陀譯：《華嚴經》台北：新文豐出版社，1986.

唐・實叉難陀譯：《地藏菩薩本願經》台北：臺灣印經處，1963.

唐・般剌密帝譯：《楞嚴經・大勢至菩薩念佛圓通章》台北：佛陀教育基金會，1990.

《法華經》，台北：佛教出版社，1976.3.

《淨土五經・佛說阿彌陀經》台北：修訂中華大藏經會，1989.1.

唐・迦才：《淨土論》，《大正新脩大藏經》第四十七冊。

唐・法藏：《大乘起信論義記》台中：青蓮出版社，1988.8.

唐・澄觀：《華嚴經疏鈔》台北：華嚴蓮社，1971.

唐・宗密：《原人論》，《大正新脩大藏經》第四十五卷。

安慧菩薩糅、唐・玄奘譯：《大乘阿毘達磨雜集論》台北：新文豐出版社，1991.

曹魏・康僧鎧譯：《無量壽經》台北：新文豐出版社，1974.

梁・智愷：《大乘起信論》，《大正新脩大藏經》第三十二冊。

劉宋・良耶舍譯：《觀無量壽佛經》台北：新文豐出版社，1974.
宋・知禮：《觀無量壽佛經疏妙宗鈔》，《大正新脩大藏經》第三十七冊。
宋・張商英：《護法論》，《大正新脩大藏經》第五十二卷。
宋・契嵩：《鐔津文集》，《大正新脩大藏經》第五十二卷。
元・劉謐：《三教平心論》，《大正新脩大藏經》第五十二卷。
明・蓮池：《佛說阿彌陀經疏鈔》台北：新文豐出版社，1991.
明・蕅益：《妙法蓮華經台宗會義》台北：新文豐出版社，1987.
明・廣益：《大乘百法明門論・八識規矩頌纂註》台中：榮富文化基金會受託
　　印經處，1980.9.
明・蕅益：《靈峰宗論》（上）台北：佛教出版社，1976.1.
明・憨山：《大乘起信論直解》台中：青蓮出版社，1976.1.
明・真界：《大乘起信論纂註》台北：志蓮精舍，1972.仲春。
明・傳燈：《維摩詰經冠科》青島湛山寺印經處印行。
明・蕅益：《淨土十要》《淨土叢書》第六冊台北：臺灣印經處，1972.4.
清・圓瑛：《阿彌陀經要解講義》台中：台中蓮社，1990.
清・道源：《金剛經講錄》台北：菩提樹雜誌社，1989.4.
清・續法：《大乘起信論疏記會閱》台北：大乘精舍印經會，1976.4.
清・通理：《五教儀開蒙增註》台中：青蓮出版社，1996.9.
清・阮元校：《十三經注疏》台北：藝文印書館，1976.5.
清・彭際清：《華嚴念佛三昧論》高雄：高雄淨宗學會，1994.4.
葛籫：《大般若經綱要》南投：正覺精舍，2002.10.
釋會性：《大藏會閱》台北：天華出版公司，1979.
靜權：《天台宗綱要》台北：佛教出版社，1979.
默如：《八識規矩頌筆說》台中：菩提樹出版社，1952.12.

二、史傳（依出版年代先後排列）

志磐：《佛祖統紀》《中華大藏經》第二輯 40 冊。
日本・望月信亨作、釋印海釋：《中國淨土教理史》台北：慧日講堂，1974.3.
釋印順：《太虛大師年譜》台北：天華出版社，1978.8.
釋慧嶽：《天台教學史、華嚴思想史》台北縣：彌勒出版社，1983.3.
釋東初：《東初老人全集之一・中國佛教近代史》（上）台北：東初出版社，
　　1984.6.
方東美：《台灣佛教史論集》台北：黎明文化公司，1986.6.
朱葵菊：《中國歷代思想史（清代卷）》台北：文津出版社，1993.12.
杜繼文、魏道儒：《中國禪宗通史》南京：江蘇古籍出版社，1995.2.
葛兆光：《中國禪思想史》北京：北京大學出版社，1995.12.
初編彭希涑、續編蓮歸、三編釋德森、四編毛凌雲：《淨土聖賢錄》台中：青
　　蓮出版社，1996.3.

林繼中：《中國佛教名山勝地寺志》台北：佛光出版社，1997.
藍吉富：《佛教史料學》台北：東大圖書公司‧1997.7.
曹仕邦：《中國佛教史舉史——東晉至五代》台北：法鼓文化，1999.1.
褚柏思：《中國佛擘史論》台北縣：佛光文化事業公司，1999.1.
鎌田茂雄著、關世謙譯：《中國佛教史》台北：新文豐出版公司，1999.9.
闞正宗：《台灣佛教一百年》台北：東大圖書公司，1999.11.
沈去疾：《印光法師年譜》台中：佛教蓮社，1999.11.
陳楊炯：《中國淨土宗通史》南京：江蘇古籍出版社，2000.1.
潘桂明：《中國居士佛教史》北京：中國社會科學出版社，2000.9.
釋印順：《中國禪宗史》南昌市：江西人民出版社，2000.9.
潘桂明：《中國居士佛教史》北京：中國社會科學出版社，2000.9.
魏道儒：《中國華嚴宗通史》南京：江蘇古籍出版社，2001.5.
涵桂明、吳忠傳：《中國天台宗通史》南京：江蘇古籍出版社，2001.12.

三、纂集（依出版年代先後排列）

明‧蕅益：《蕅益大師全集》台北：佛教出版社，1975..8.
明‧蓮池：《蓮池大師全集》台北：中華佛教文化館，1983.
李炳南：《李炳南老居士全集》台中：青蓮出版社，1991.

四、相關專書（依出版年代先後排列）

燕山沙門仁潮：《法界安立圖》台中：瑞成書局，1959.8.
毛惕園：《淨土叢書》台北：臺灣印經處，1972.4.
釋憨山：《老子道德經憨山註‧莊子內篇憨山註‧觀老莊影響論》台北：新文
　　豐出版社，1973.
清‧楊文會：《楊仁山居士遺著》台北：河洛圖書出版社，1973.12.
歐陽竟無：《內學三篇》台北：慧炬出版社，1975.6.
印光大師鑑訂、王博遷輯述：《學佛淺說》台中：瑞成書局，1976.
林子青：《現代佛教學術叢刊‧中國佛教史論集〈台灣佛教篇〉‧台灣佛教漫
　　談》台北：大乘文化出版社，1979.
民國‧太虛：《彌陀淨土法門集》人乘佛教書籍，1979.
民國‧太虛：《太虛大師全書》台北：善導寺佛經流通處，1980.
楊政河：《華嚴經教與哲學研究》台北：慧炬出版社，1980.12.
釋祥雲：《帶業往生與消業往生》台北：天華出版公司，1983.6.
《實用佛學辭典》台北：彌勒出版社，1984.
清‧印光：《印光大師文鈔》台中：青蓮出版社，1984.
熊琬：《宋代理學與佛學之探討》台北：文津出版社，1985.

李老居士炳南教授治喪委員會：《李雪廬居士事略》，1986.

周宣德：《淨廬佛學文叢》台北：慧炬出版社，1986.9.

高大鵬：《經-中國人的身份證》。影印再版。台中：青蓮出版社，1987.

陳海量：《蓮宗正範》台中：青蓮出版社，1987.3.

陳榮捷著、廖世德譯：《現代中國的宗教趨勢》台北：文殊出版社，1987.11.

李炳南：《雪廬老人法彙》台中：青蓮出版社，1988.4.

湯一介：《中國傳統文化中的儒道釋》北京：中國和平出版社，1988.10.

釋聖嚴：《明末中國佛教之研究》台北：臺灣學生書局，1988.11.

釋印光：《印光大師文鈔續編卷下‧挽回世道人心標本同治錄序（民國己卯冬
    作時年七十九）》台中：青蓮出版社，1989.

釋見正：《印光大師的生平與思想‧李炳南居士》台北：中華佛學研究所，1989.9.

白化文：《漢化佛教與寺院生活》天津市：天津人民出版社，1989.12.

李炳南：《述學語錄》台中：青蓮出版社，1990.

釋慧敏等著：《中華佛學研究所論叢一》台北：東初出版社，1990.9.

《明倫社刊論文彙集》第一集〈零刊辭〉台中：青蓮出版社，1991.

李炳南：《雪廬寓臺文存》台中：青蓮出版社，1991.

方廣錩：《佛教典籍百問》高雄：佛光出版址，1991.4.

朱斐：《朱斐居士文集‧炳公老師與我——兼述臺中早期建社弘法的經過》台
    北：慧炬出版社，1991.12.

《台中蓮社二課法節》台中：青蓮出版社，1992.5.

清‧彭際清：《一行居集》台北：佛陀教育基金會，1993.3.

朱葵菊：《中國歷代思想史‧清代》卷六〈第十一章李顒的「悔過自新」思想〉
    台北：文津出版社，1993.12.

李圓淨：《佛法導論》台北：佛陀教育基金會，1994.

李炳南：《阿彌陀經摘注接蒙義蘊合刊》台中：青蓮出版社，1994.

陳慧劍：《當代佛門人物‧李雪廬老師山水圖》台北：東大圖書公司，1994.2.

張榮明：《道佛儒思想與中國傳統文化》上海：上海人民出版社，1994.3.

賴永海：《佛學與儒學》台北：揚智文化公司，1995.4.

于凌波：《中國近現代佛教人物志‧雪廬老人李炳南》北京市：宗教文化出版
    社，1995.11.

李炳南：《弘護小品彙存》台中：青蓮出版社，1996.3.

高淑玲編：《跨世紀的悲欣歲月：走過台灣佛教五十年寫真》台北：佛光文化
    事業公司‧1996.7.

周一良：《唐代密宗》上海：遠東出版社，1996.7.

果清法師：《果清法師演說集》台中：今成，1997.

黃頌一：《佛教二百題》四川：四川人民出版社，1997.

李炳南：《修學法要》台中：青蓮出版社，1997.

李四龍：《中國佛教與民間社會》鄭州市：大象出版社，1997.4.

劉保金：《佛經解說辭典》開封市：河南大學出版社，1997.8.

方立天：《中國佛教與傳統文化》上海：上海人民出版社，1998.5.

傅偉勳：《死亡的尊嚴與生命的尊嚴》台北：正中書局，1998.11.

魏磊：《淨土宗教程》北京：宗教文化出版社，1998.11.

《淨土選集》台中：青蓮出版社，1998.12.

毛惕園：《念佛法要》台中：青蓮出版社，1999.6.

賴永海：《中國佛性論》北京：中國青年出版址‧1999.8.

譚桂林：《20世紀中國文學與佛學》合肥市：安徽教育出版社，1999.12.

慈舟：《普賢行願品親聞記》佛陀教育基金會，2000.

釋會性：《讀印光大師文鈔記》台中：青蓮出版社，2000.

釋印光：《上海護國息災法會法語‧第三日申述因果原理並以事實證明》台中：
　　　青蓮出版社，2000.

劉長東：《晉唐彌陀淨土信仰研究》成都：巴蜀書社，2000.5.

李炳南：《雪公師訓集錦》台中：青蓮出版社，2000.11.

黃夏年：《佛教三百題》上海：江蘇古籍出版社，2000.12.

楊曾文：《佛教與歷史文化》北京：宗教文化出版社，2001.1.

台中蓮社：《月滿師心——雪公示寂十五週年追思紀念》台中：雪心文教基金
　　　會，2001.4.

李炳南等：《助念生西須知‧助念之意義與規矩》台中：青蓮出版社，2003.

李炳南：《論語講要》台中：青蓮出版社，2003.

釋修善：《台灣淨土六十年‧專弘淨土——李炳南居士》台中：圓淨出版社，
　　　2003.3.

李炳南編表，吳聰敏演述：《佛學概要十四講》台中：青蓮出版社，2004.

關正宗：《重讀台灣佛教‧戰後台灣佛教（續編）‧李炳南居士與台中佛教蓮
　　　社》台北縣：大千出版社，2004.4.

陳雍澤：《雪廬老人儒佛融會思想研究》台中：青蓮出版社，2006.

李炳南老居士全集編輯委員會：《雪廬風誼》台中：青蓮出版社，2006.

五、相關論文（依出版年代先後排列）

（一）學位論文

吳麗娜：《李雪廬炳南先生研究》國立中興大學中國文學系，碩士論文，1997.7.

吳聰敏：《知禮「觀無量壽佛經妙宗鈔」研究》國立中興大學中國文學系，碩
　　　士論文，2003.1.

顧敏耀：《搜腸嘔血識辛酸‧天教留與後人看——雪廬老人李炳南在臺詩作研
　　　究》國立中央大學中國文學所，博士論文，2005.

陳雍澤：《李炳南先生儒佛融會思想研究》國立中興大學中國文學系，碩士論
　　　文，2005.6.

（二）期刊論文

趙楊步偉：〈先祖仁山公之生平〉《菩提樹》第 95 期・楊仁山居士示寂五十週
　　年紀念號，1960.10.8.

明倫社：〈明倫講座之緣起〉台中：《明倫月刊》第 5 期，1971.7-8 月合刊。

明倫社：〈第四期明倫大專佛學講座七月七日起假臺中蓮社舉行〉台中：《明
　　倫月刊》第 11 期，1972.7.20.

明倫社：〈第四期明倫大專佛學講座特別報導〉台中：《明倫月刊》第 12 期，
　　1972.8.22.

明倫社：〈慈光圖書館與明倫社合辦中部大專佛學講座〉台中：《明倫月刊》
　　第 15 期，1972.11.20.

明倫社：〈往生傳裡添新章鐘世賢居士當生成就！臨終猛利念佛，蒙佛放光接
　　引〉台中：《明倫月刊》第 16 期，1972.12.20.

希仁：〈林培松老居士生西記〉台中：《明倫月刊》第 134 期，1983.6.

蓮痴：〈當生成就又一實例鍾靈毓居士念佛感應往生〉台中：《明倫月刊》第
　　32 期，1974.5.20.

淨智：〈台北淨廬念佛會竭誠助念邱番薯老居士往生記〉台中：《明倫月刊》
　　第 146 期，1984.6-7 月合刊。

明倫社：〈台中蓮友李素貞居士往生火化得五彩舍利〉台中：《明倫月刊》第
　　35 期，1974.8.30.

董正之：〈財團法人臺中佛教蓮社簡介〉台中：《明倫月刊》第 44 期，1975.6.1.

李炳南：〈臺中蓮社重建落成典禮開示〉台中：《明倫月刊》第 71 期，1978.1.

張曼濤：〈台灣佛教篇〉《現代佛教學術叢刊 87・台灣佛教史論集》台北：大
　　乘文化，1979.1.

呂富枝：〈先父呂公緯日新生西事略〉台中：《明倫月刊》第 86 期，1979.6-7
　　月合刊。

慧光：〈施老居士水閣先生往生事略〉台中：《明倫月刊》第 120 期，1982.4.

李炳南：〈戒殺是息刀兵之本〉台中：《明倫月刊》第 227 期，1982.9.

淨常：〈唯識簡介（一）〉台中：《明倫月刊》第 147 期，1984.8.

淨常：〈唯識簡介（四）〉台中：《明倫月刊》第 150 期，1984.11.

弘安：〈潘淑媛居士往生記〉台中：《明倫月刊》第 152 期，1985.1-2 月合刊。

炯如：〈朱伯驥老居士往生記〉台中：《明倫月刊》第 155 期，1985.5.

淨常：〈唯識簡介（十）〉台中：《明倫月刊》第 156 期，1985.6.

淨常：〈唯識簡介（十一）〉台中：《明倫月刊》第 157 期，1985.7-8 月合刊。

淨毅：〈羅公舍利彰勝緣〉台中：《明倫月刊》第 157 期，1985.7-8 月合刊。

長壽班：〈念成舍利超生死——陸公往生見聞〉台中：《明倫月刊》第 158 期，
　　1985.9.

松喬：〈黃母往生見聞〉台中：《明倫月刊》第 159 期，1985.10.

弘安:〈賴母謝老居士往生記　念念若能離濁濁　生生從此脫胞胎〉台中:《明倫月刊》第 160 期，1985.11.

堅中:〈書鄉書香——阿彌陀經摘注接蒙義蘊合刊〉台中:《明倫月刊》第 162 期，1986.1-2 月合刊。

淨持:〈雪廬老人太平佈教所講話乘三資糧　發願、憶念〉台中:《明倫月刊》第 162 期，1986.1-2 月合刊。

李炳南:〈雪廬述學語錄〉台中:《明倫月刊》第 162 期，1986.1-2 月合刊。

周宣德:〈史將軍往生極樂滿面紅光示瑞相〉台中:《明倫月刊》第 163 期，1986.3.

淨成:〈菩提仁愛之家的回顧與展望〉台中:《明倫月刊》第 263 期，1996.4.

鄭勝陽:〈雪廬老人示寂前後〉，台中:《明倫月刊》第 164 期，1986.4-5 月合刊。

周家麟:〈無盡的諄思——悼恩師〉台中:《明倫月刊》第 164 期，1986.4-5 月合刊。

台中蓮社:〈雪廬老人紀念專刊〉台中:《明倫月刊》第 164 期，1986.4-5 月合刊。

雪廬老人:〈雪公遺音——人格是學佛初基〉台中:《明倫月刊》第 164 期，1986.4-5 月合刊。

周邦道:〈李公雪廬導師平生簡介〉台中:《明倫月刊》第 164 期，1986.4-5 月合刊。

徐醒民:〈雪公恩師教範〉台中:《明倫月刊》第 165 期，1986.6.

呂佛庭:〈哭李雪老〉《菩提樹》第 403 期，1986.6.8.

仁俊:〈炳公長者「無忝所生」——世法中的活人・佛法法的行者〉《菩提樹》第 403 期，1986.6.8.

李炳南:〈知果畏因宜謹慎　逢緣遇境好修行〉台中:《明倫月刊》第 166 期，1986.7.

董正之:〈無盡的追思——永懷雪公恩師（中）〉台中:《明倫月刊》第 168 期，1986.10.

吳聰敏:〈雪廬老人學術思想與貢獻（下）〉台中:《明倫月刊》第 269 期，1996.11.

寄東:〈雪公導師往生週年忌辰追思紀實〉台中:《明倫月刊》第 173 期，1987.4.

簡智果:〈修學法要——淺釋內典研究班班訓其一〉台中:《明倫月刊》第 173 期，1987.4.

佛日:〈近現代居士佛教〉《法音》第 5 期，1988.

戒光:〈談雪公的飲食起居〉台中:《明倫月刊》第 193 期，1989.4.

李俊龍:〈回憶父親〉台中:《明倫月刊》第 193 期，1989.4.

徐醒民:〈社論——永懷知識青年導師周公子慎老居士〉台中:《明倫月刊》第 197 期，1989.9.

淨毅:〈弘化點滴（一）——論語講習班師長勸勉〉台中:《明倫月刊》第 206 期，1990.7-8 月合刊。

三學:〈雪公老師的求學金針〉台中:《明倫月刊》第 213 期，1991.4.

蔡惠明：〈印光大師的儒釋無二思想〉台中：《明倫月刊》第 222 期，1992.2-3
　　月合刊。

智果：〈大乘百法明門論研究──其四十四〉台中：《明倫月刊》第 227 期，
　　1992.9.

吳希仁：〈國學啟蒙班的因緣與宗旨〉台中：《明倫月刊》第 235 期，1993.6.

林看治：〈佛說阿彌陀經淺講──其十九〉台中：《明倫月刊》第 244 期，1994.5.

如笙：〈台灣地區第一個創設的佛教圖書館──台中慈光圖書館〉台北：《佛
　　教圖書館館訊》第 2 期，1995.6.

勇健：〈點亮無盡心燈──十年來的明倫講座〉台中：《明倫月刊》第 263 期，
　　1996.4.

吳聰敏：〈雪廬老人學術思想與貢獻〉《山東濟南大學儒學研討會》，1996.7.

董時：〈論李炳南的倫理觀〉《濟南大學學報》第 3 期，1997.

黨明德：〈佛教教義的倫理化與世俗化〉《濟南大學學報》第 4 期，1997.

梅光羲：〈六十四自述〉吳立民主編《佛學研究》總第六期，1997.

鳥慚：〈雪廬老人的淨土思想〉《李炳南居士逝世十周年紀念集》台中：李炳
　　南居士紀念文教基金會 1997.4.

智果：〈懷恩師話唯識〉《李炳南居士逝世十周年紀念集》台中：李炳南居士
　　紀念文教基金會，1997.4.

吳希仁：〈憶雪公恩師內佛外儒的風範〉《李炳南居士逝世十周年紀念集》台
　　中：李炳南居士紀念文教基金會，1997.4.

李榮輝：〈雪廬老人儒學思想與實踐之研究〉《山東濟南大學儒學研討會》，
　　1997.4.

董時：〈儒學是人格學─李炳南教授的儒學觀〉《山東濟南大學儒學研討會》，
　　1998.

李炳南：〈淨土精華（六）〉台中：《明倫月刊》第 282 期，1998.2-3 月合刊。

吳碧霞：〈雪廬老人的精神與風範〉台中：《明倫月刊》第 283-284 期，1998.4-5
　　月合刊。

釋聖嚴等：《人間淨土與現代社會－第三屆中華國際佛學會議中文論文集》台
　　北：法鼓文化事業公司，1998.12.

李炳南：〈雪廬老人佛七講話──民國六十四年靈山寺彌陀聖誕〉台中：《明
　　倫月刊》第 290 期，1998.12.

釋道法法師、戴若梅等：〈讀者來鴻〉台中：《明倫月刊》第 300 期，1999.12.

何綿山：〈台灣當代佛教特點探微〉《安徽廣播電視大學學報》第 3 期，2000.

陳志逢、洪逸美：〈讀者來鴻〉台中：《明倫月刊》第 301 期，2000.1.

吳麗娜：〈雪廬居士之生平及其淨土思想探究〉《建國學報》第 20 期，2000.6.

吳思飛：〈廣學三藏教不改彌陀行──雪廬老人對佛教八宗的看法〉台中：《明
　　倫月刊》第 306 期，2000.7-8 月合刊。

李炳南：〈研求佛法之次第（七）〉台中：《明倫月刊》第 311 期，2001.1.

常隨：〈雪公諄諄教誨的法門〉台中：《明倫月刊》第 312-314 期，2001.2-5 月
　　合刊。
智果：〈唯識三十頌研究（七十八）〉台中：《明倫月刊》第 318 期，2001.10.
吳麗娜等：〈訪指導老師談雪廬老人〉《智燈社創社三十週年社慶特刊》台中：
　　國立中興大學，2002.3.
林文彬：〈試論智旭〈周易禪解〉天台學之特色〉台中：《興大人文學報》第
　　23 期，2002.6.
治喪委員會：〈富海仁山——周榮富大德〉台中：《明倫月刊》第 329 期，2002.11.
黃麗娟：〈台中蓮社創始人李炳南及其儒佛教化〉彰化市：《國文學誌》第 8
　　期，彰化師範大學國文系，2004.6.
密藏：〈一心不亂〉台中：《明倫月刊》第 348 期，2004.10.
釋印順：〈生・死・臨終助念・帶業往生－中國佛教瑣談（一）〉《法音》第 8
　　期，2005.
懷德：〈雪公學唯識的因緣〉台中：《明倫月刊》第 361 期，2006.1.
治喪委員會：〈周家麟老居士事略〉台中：《明倫月刊》第 362 期，2006.2.
吳聰敏：〈寶島遍栽九品蓮由《佛說阿彌陀經義蘊》管窺雪廬老人的淨土思想
　　（一）〉台中：《明倫月刊》第 363 期，2006.4.
吳碧霞：〈雪廬風誼——俠骨詩情醇儒本色，悲心忍力菩薩真行〉《明倫月刊》，
　　第 363 期，2006.4.
李炳南老居士全集編輯委員會：〈李炳南老居士年表（一）〉《明倫月刊》，第
　　363 期，2006.4.
連志道：〈廣弘大藏教指歸彌陀行——雪廬老人講經與修行歸趣探析〉《紀念
　　李炳南教授往生二十週年學術研討會》台中：中興大學中國文學系，
　　2006.4.8.
林其賢：〈雪廬老人的佛教教育理念初探——以大專佛學講座課程歸劃為核
　　心〉《紀念李炳南教授往生二十週年學術研討會》台中：中興大學中國文
　　學系，2006.4.8.
周玟觀：〈巧把金針度與人——雪廬老人《弘護小品彙存》講表試探〉《紀念
　　李炳南教授往生二十週年學術研討會》台中：中興大學中國文學系，
　　2006.4.8.
劉靜宜：〈雪廬老人儒佛教化事業探述〉《紀念李炳南教授往生二十週年學術
　　研討會》台中：中興大學中國文學系，2006.4.8.

　六、數位資訊

《雪廬老人生平簡介》（http：//www.shiueshin.org.tw/main.php）。
《淨空法師的恩師——雪廬恩師往生十週年紀念》
　　（http：//www.amtb.org.sg/sg/8/8_3/8_3main.htm）。

王文雄：《中國佛教在台灣的發展史研究》
　　（http：//gcpation.hihosting.hinet.net/chinese.htm）。
于凌波等：《李炳南老居士與台灣佛教》
　　（http：//www.minlun.org.tw/1pt/1pt-2-1/life.htm）。
明倫月刊資訊網（http：//www.minlun.org.tw/）。
台中佛教蓮社（http：//www.tcbl.org.tw/modules/mylinks/）。
菩提人愛之家（http：//www.bodhi.org.tw/index.php）。
慈光育幼院（http：//www.tkcy.org.tw/）。

國家圖書館出版品預行編目

雪廬居士佛學思想暨行述研究 / 許淑華著.
-- 一版. -- 臺北市：秀威資訊科技, 2006[民 95]
面 ； 公分. -- (語言文學類；AG0051)

ISBN 978-986-6909-04-7(平裝)

1. 李炳南 – 學術思想 – 佛教 2. 李炳南 – 傳記

220.9208 95019832

 語言文學類 AG0051

雪廬居士佛學思想暨行述研究

作 者 / 許淑華
發 行 人 / 宋政坤
執行編輯 / 賴敬暉
圖文排版 / 陳穎如
封面設計 / 林世峰
數位轉譯 / 徐真玉 沈裕閔
圖書銷售 / 林怡君
網路服務 / 徐國晉
出版印製 / 秀威資訊科技股份有限公司
　　　　　台北市內湖區瑞光路 583 巷 25 號 1 樓
　　　　　電話：02-2657-9211 傳真：02-2657-9106
　　　　　E-mail：service@showwe.com.tw
經 銷 商 / 紅螞蟻圖書有限公司
　　　　　台北市內湖區舊宗路二段 121 巷 28、32 號 4 樓
　　　　　電話：02-2795-3656 傳真：02-2795-4100
　　　　　http://www.e-redant.com

2006 年 7 月 BOD 一版
定價：590 元

讀 者 回 函 卡

感謝您購買本書，為提升服務品質，煩請填寫以下問卷，收到您的寶貴意見後，我們會仔細收藏記錄並回贈紀念品，謝謝！

1. 您購買的書名：＿＿＿＿＿＿＿＿＿＿＿＿＿＿＿＿＿

2. 您從何得知本書的消息？

　　□網路書店　　□部落格　　□資料庫搜尋　　□書訊　　□電子報　　□書店

　　□平面媒體　　□ 朋友推薦　　□網站推薦　□其他＿＿＿＿＿＿

3. 您對本書的評價：(請填代號　1.非常滿意 2.滿意 3.尚可 4.再改進)

　　封面設計＿＿　　版面編排＿＿　　內容＿＿　　文/譯筆＿＿　　價格＿＿

4. 讀完書後您覺得：

　　□很有收獲　　□有收獲　　□收獲不多　　□沒收獲

5. 您會推薦本書給朋友嗎？

　　□會　　□不會，為什麼？＿＿＿＿＿＿＿＿＿＿＿＿＿＿＿＿

6. 其他寶貴的意見：＿＿＿＿＿＿＿＿＿＿＿＿＿＿＿＿＿＿＿＿

　　＿＿＿＿＿＿＿＿＿＿＿＿＿＿＿＿＿＿＿＿＿＿＿＿＿＿＿＿

　　＿＿＿＿＿＿＿＿＿＿＿＿＿＿＿＿＿＿＿＿＿＿＿＿＿＿＿＿

　　＿＿＿＿＿＿＿＿＿＿＿＿＿＿＿＿＿＿＿＿＿＿＿＿＿＿＿＿

讀者基本資料

姓名：＿＿＿＿＿＿＿＿＿＿＿　年齡：＿＿＿　性別：□女 □男

聯絡電話：＿＿＿＿＿＿＿＿＿　E-mail：＿＿＿＿＿＿＿＿＿＿＿

地址：＿＿＿＿＿＿＿＿＿＿＿＿＿＿＿＿＿＿＿＿＿＿＿＿＿＿＿

學歷：□高中(含)以下　　□高中　　□專科學校　　□大學

　　　□研究所(含)以上 □其他＿＿＿＿＿＿＿＿

職業：□製造業 □金融業 □資訊業 □軍警 □傳播業 □自由業

　　　□服務業 □公務員 □教職　□學生 □其他＿＿＿＿＿＿

To：114

台北市內湖區瑞光路 583 巷 25 號 1 樓

秀威資訊科技股份有限公司　　　收

寄件人姓名：

寄件人地址：□□□

- -

（請沿線對摺寄回,謝謝!）

秀威與 BOD

BOD（Books On Demand）是數位出版的大趨勢,秀威資訊率先運用 POD 數位印刷設備來生產書籍,並提供作者全程數位出版服務,致使書籍產銷零庫存,知識傳承不絕版,目前已開闢以下書系:

一、BOD 學術著作—專業論述的閱讀延伸
二、BOD 個人著作—分享生命的心路歷程
三、BOD 旅遊著作—個人深度旅遊文學創作
四、BOD 大陸學者—大陸專業學者學術出版
五、POD 獨家經銷—數位產製的代發行書籍

BOD 秀威網路書店：www.showwe.com.tw
政府出版品網路書店：www.govbooks.com.tw

永不絕版的故事・自己寫・永不休止的音符・自己唱